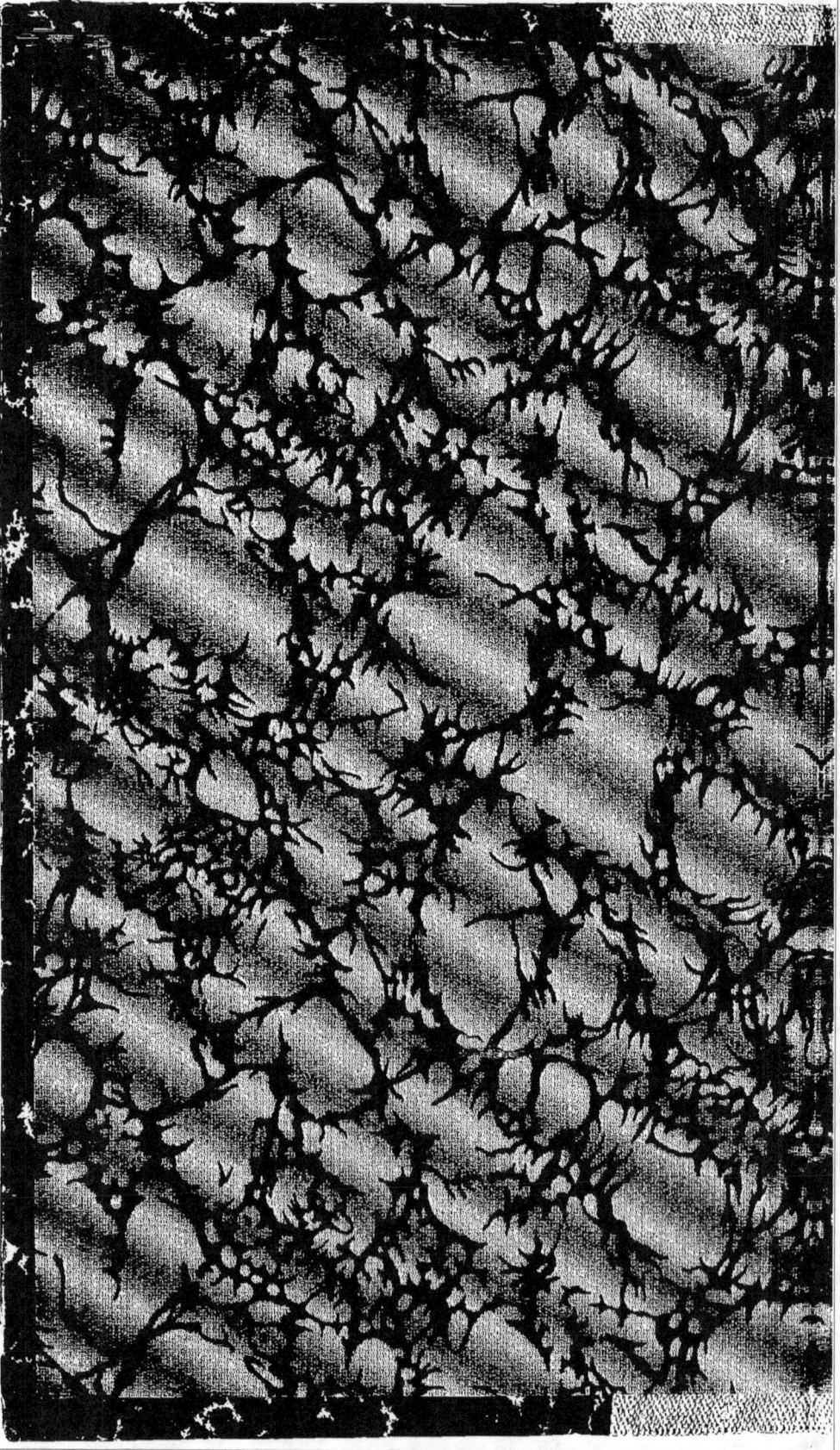

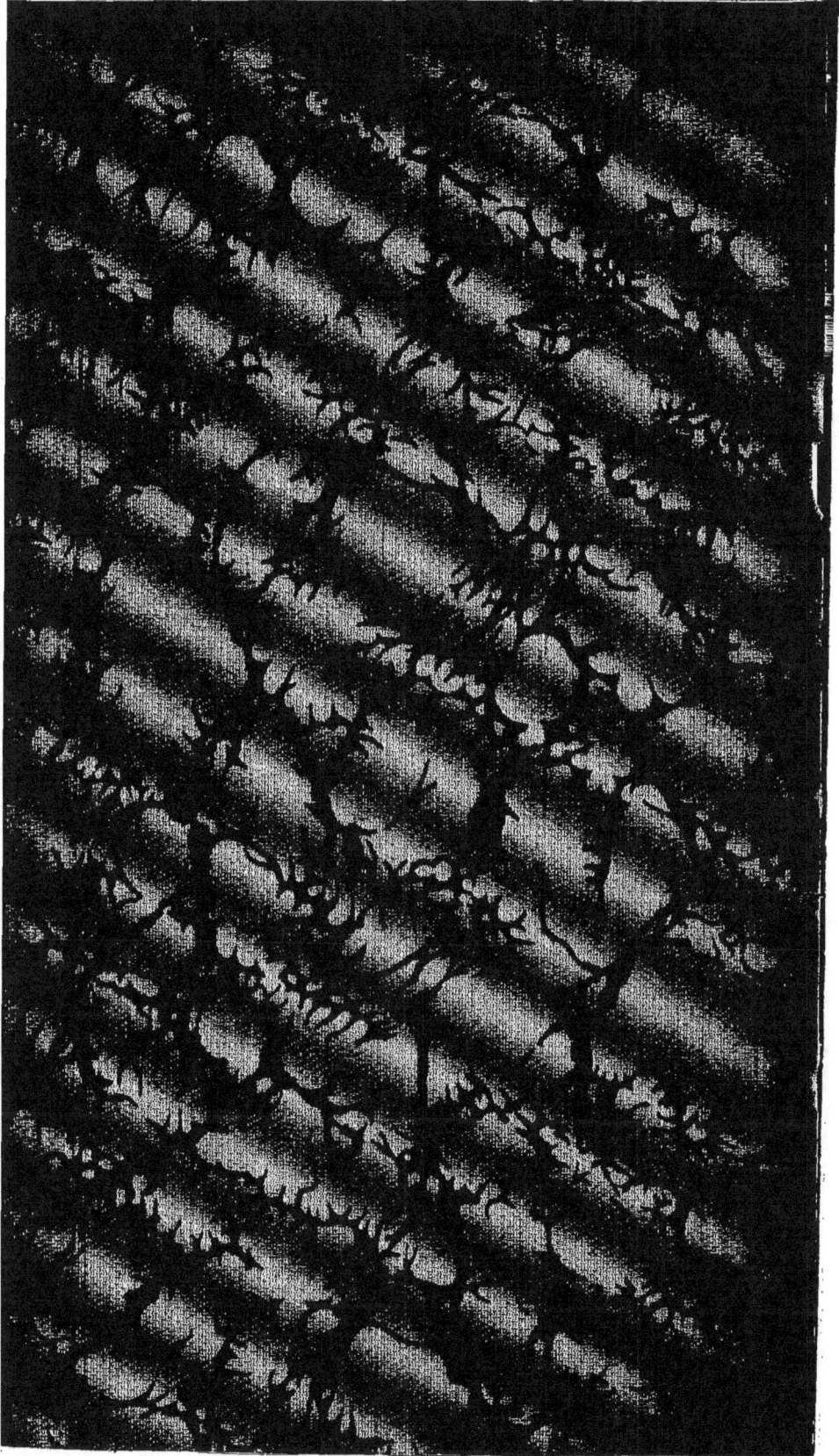

Dr CHALLAN DE BELVAL

AU TONKIN
1884-1885

NOTES, SOUVENIRS ET IMPRESSIONS

PARIS
LIBRAIRIE PLON
PLON-NOURRIT ET Cⁱᵉ, IMPRIMEURS-ÉDITEURS
8, RUE GARANCIÈRE — 6ᵉ
—
1904
Tous droits réservés

AU TONKIN

Partout et dans tous les temps la civilisation a nécessité le sacrifice du sang, tant celui des martyrs que celui des soldats.

L'auteur et les éditeurs déclarent réserver leurs droits de reproduction et de traduction en France et dans tous les pays étrangers, y compris la Suède et la Norvège.

Ce volume a été déposé au ministère de l'intérieur (section de la librairie) en mars 1904.

DU MÊME AUTEUR

Carnet de campagne d'un aide-major (15 juillet 1870 au 1ᵉʳ mars 1871). Un vol. in-16.......................... 3 fr. 50

Dʳ CHALLAN DE BELVAL

AU TONKIN

1884-1885

NOTES, SOUVENIRS ET IMPRESSIONS

PARIS
LIBRAIRIE PLON
PLON-NOURRIT ET Cⁱᵉ, IMPRIMEURS-ÉDITEURS
8, RUE GARANCIÈRE — 6ᵉ

1904
Tous droits réservés

AU TONKIN

CHAPITRE PREMIER

Le corps expéditionnaire. — Médecin major du 4e régiment de marche. — Le départ. — A bord du *Saint-Germain*. — Le détroit de Messine. — Port-Saïd, le canal de Suez et les Anglais. — La mer Rouge, le détroit de Bab-el-Mandeb et la pointe d'Aden. — L'océan Indien et la Mousson. — Socotora, les Laquedives. — Ceylan et la légende du Paradis terrestre. — Le golfe de Bengale. — Le détroit de Malacca. — Singapore. — Races, commerce et religions. — Poulo-Condore et les côtes d'Annam. — La baie d'Along. — L'escadre et l'amiral Courbet. — La flottille de débarquement. — Haï-Phong, aperçu général. — Les missions catholiques. — En route pour Haï-Zuong. — Concentration. — Médecin chef de la deuxième brigade.

La prise de Sontay (16 décembre), si glorieuse, mais si meurtrière aussi, décide l'envoi immédiat au Tonkin des renforts demandés par la Chambre des députés dans sa séance du 1er décembre dernier. Le nouveau corps expéditionnaire, sous les ordres du général Millot, commandant actuel de la 3e division du 6e corps d'armée, appelé à remplacer l'héroïque amiral Courbet, qui conserve seulement le commandement de l'escadre, a pour chef d'état-major le lieutenant-colonel Guerrier. Il comporte deux brigades, commandées : la première par le général Brière de l'Isle, l'ex-gouverneur du Sénégal, la seconde par le général de Négrier, dont l'énergie dans le Sud oranais, avec la légion étrangère, a été déjà si généralement appréciée. Les services administratifs sont confiés au sous-intendant de la Grandière, assisté d'un adjoint, M. Jeaux. Enfin, par décision ministérielle du 21 décembre, le service médical est assuré, à l'ambulance, sous les ordres du médecin principal Driout, par MM. Gentil, médecin major de première classe; Baudot et Hocquard, médecins majors de seconde classe; Renaud, Lasserre, Achard, Nimier, Lejeune, Morand et Claude, aides-majors, assistés des pharmaciens-majors Worms et Manget et des officiers d'administration Raby, Gitton, Sauce et Darbons. L'ambulance, approvisionnée d'un matériel suffisant pour constituer deux sections, comprend en outre deux aumôniers catholiques, les abbés Mac et Jaux, un pasteur protestant, M. Boisset, et 84 infirmiers.

La même décision affecte au service médical du 4° régiment de marche formé en France avec des bataillons du 23° (commandant Godart), du 111° (commandant Chapuis) et du 143° (commandant Farret), le médecin-major de première classe Challan de Belval, le médecin-major de seconde classe Rainaud et l'aide-major Dreyfus. Ce régiment de marche est commandé par le lieutenant-colonel Defoy, du 143°; mais chaque bataillon conserve son autonomie et relève du régiment de France dont il est temporairement détaché. Je donne cette explication afin de montrer les inconvénients d'une telle organisation. Il en résulte, en effet, que je n'aurai bien évidemment à m'occuper que du bataillon du 23°, sûrement appelé à agir isolément et sans corrélations immédiates avec les bataillons distincts du 111° et du 142°. C'est le rôle habituel d'un aide-major, et mes chefs en paraissent fort surpris.

« Je ne comprends pas, m'écrit le médecin principal de première classe Pallé, de l'École d'application de l'artillerie et du génie, votre nomination, même comme chef de service, dans un régiment de marche. Vous appartenez de droit au service des hôpitaux et, de plus, vous êtes plus ancien que M. Gentil. Votre place est donc à la tête de l'ambulance. »

Et mon chef actuel à l'hôpital militaire Saint-Martin, le médecin principal de première classe Tarneau, partageant le même avis, m'engage très vivement à présenter une observation à ce sujet à notre directeur du service de santé au ministère de la guerre, le médecin inspecteur Didiot. Je le ferai, mais très inutilement sans doute, quelles que soient son incontestable équité et sa préoccupation d'une bonne exécution du service. Je n'ai pas à discuter, du reste; quelque étrange que soit la situation, je suis prêt à partir, espérant bien n'être pas inutile.

Paris, 6 janvier 1884. — L'heure du départ a sonné. Avec ma femme et ma chère fillette, j'ai fait, cet après-midi, une dernière promenade au jardin des Buttes-Chaumont. Le temps est superbe, les cloches du dimanche sonnent en joyeuse envolée et quelques gros nuages du sud-ouest n'arrivent pas à cacher le soleil. qui éclaire la capitale. Adieu, dans une dernière étreinte, vous que j'aime comme j'aime ma Patrie!

A Lons-le-Saunier, mon vieux père m'attend. Il est, depuis la mort récente de ma sainte mère, épuisé par le chagrin, mais n'en conserve pas moins la mâle résignation des grands caractères. « Je ne te reverrai pas, me dit-il. Mes jours sont comptés. Que Dieu te garde ! »

Et nous nous séparons, moi fort de sa paternelle bénédiction, lui virilement résigné, me rappelant cette maxime de Lacordaire : « Rien n'est plus dur que le devoir en concurrence avec l'affection, car il faut que le devoir l'emporte. »

Marseille-Toulon, 8-10 janvier. — Voici mon frère Henri, mon meilleur ami, mon confident et mon conseil. Que de choses à nous dire, que de recommandations mutuelles à nous faire ! Notre père, ma femme, ma fille chérie, toute ma famille dont je veux avoir des nouvelles qui nécessitent une courte convention télégraphique. Puis les besoins de chaque jour, la durée de la guerre et ses conséquences probables. Deux jours ensemble, sans nous quitter, et cependant les heures sont bien courtes, le temps passe si vite.

11 janvier. — Me voici, presque inconsciemment, à bord du *Saint-Germain,* un beau transatlantique affrété pour le transport d'un bataillon du 111ᵉ, d'une batterie d'artillerie, d'une section d'ouvriers d'administration, constituant un effectif total de 1,082 hommes, parmi lesquels vingt-quatre officiers, de nombreux chevaux et bêtes de boucherie, et d'un énorme matériel. Il est quatre heures du soir; déjà s'est fait entendre le rude dernier appel de la sirène; voici que l'ancre est levée, que l'échelle est amenée; et mon frère est encore là! Ah! la poignante émotion, alors qu'il s'élance sur la jetée; un faux pas, il eût été perdu. Le général de Colomb, qui lui-même vient de quitter son fils, et qui se rend compte du danger, pousse un cri. Mais le vigoureux élan a suffi. Mon frère est sauf. Ainsi est la vie; on sait le danger auquel on vient d'échapper, souvent on dédaigne ou méconnaît celui qui va nous atteindre.

Le *Saint-Germain* s'éloigne, ne nous laissant plus, bientôt, que la possibilité de nous saluer, puis tout s'éteint. Adieu famille! Vive la Patrie! La France est un vaisseau dont l'Europe est le port, et qui a ses ancres dans toutes les mers.

J'ignore encore les officiers avec lesquels je me rencontre à bord. Mais voici l'heure du dîner; chacun paraît décidé à échapper, au moins pour le moment, aux rudes angoisses du mal de mer. A la première table, à côté de moi, voici le lieutenant Traub(1) commandant le *Saint-Germain*, et le docteur Barril, son médecin habituel; en face le lieutenant-colonel Defoy, détaché du 143ᵉ; le commandant Chappuis, du 111ᵉ; puis un jeune artiste, M. Sabatier, engagé par le journal *l'Illustration*. A la seconde table, les capitaines, lieutenants, sous-lieutenants et officiers du bord forment un groupement très animé. Et bientôt la conversation devient générale.

J'ai, du reste, tout de suite à intervenir dans le but d'assurer le repos de nos soldats. En raison de l'encombrement, la moitié de l'effectif doit demeurer sur le pont pendant que la seconde moitié pourra reposer dans l'entrepont, hâtivement aménagé à cet effet. Mais, et conformément aux habitudes de

---

(1) Le commandant Traub, devenu, après son héroïque conduite dans le naufrage de la *Champagne*, administrateur de la Compagnie transatlantique, est mort à Paris le 30 novembre 1890.

la marine, le tour doit se faire par quart de relevée, toutes les deux heures. J'obtiens facilement, du commandant Traub, l'alternance par nuit entière, la première portion couchant sur le pont pendant le repos de la seconde dans l'entrepont. Ainsi se trouve écartée une inutile fatigue. Et, m'étant assuré que les hommes étendus sur le pont ont pris les précautions nécessaires pour s'abriter du froid, je gagne moi-même ma cabine, où j'attends inutilement le sommeil. Malgré la fatigue du corps, l'esprit veille et l'imagination travaille.

12 *janvier*. — Vers sept heures du matin, le *Saint-Germain* se trouve à l'entrée du détroit de Bonifacio. A bâbord, les côtes de la Corse aux falaises verticales dominées par l'imposante citadelle et la grosse tour de Bonifacio. A tribord, la Sardaigne, dont les côtes arides paraissent également déchirées par la fureur de la mer. C'est là, dans le voisinage du cap Pertusato, que se perdit la *Sémillante*, chargée, comme l'est aujourd'hui le *Saint-Germain*, d'un millier de soldats se rendant en Crimée. Pauvres camarades! ils rêvaient de gloire, ainsi que nous aujourd'hui. Et la cruelle fortune leur a brutalement signifié les terribles sacrifices qu'elle impose. Combien de nous, pendant cette campagne que nous commençons, auront sans doute à subir ses mêmes lugubres exigences! La mer, dans ce détroit de Bonifacio, est du reste parfois si méchante qu'il faut éviter le défilé et passer plus au large, au sud, vers la pointe de la Sardaigne. A huit heures et demie la côte nous échappe; nous voici en pleine mer Tyrrhénienne, nous dirigeant à toute vapeur vers le détroit de Messine, entre la Sicile et la pointe de l'Italie.

13 *janvier*. — Un fort coup de vent a fait, pendant la nuit, sauter les poutres destinées à fixer la tente-abri de l'arrière-pont. La mer est assez calme, cependant. Il n'y a pas de tangage, mais un fort roulis qui incommode plusieurs d'entre nous.

Ce matin, vers huit heures et demie, nous sommes en vue du groupe des îles d'Éole, devenues les îles Lipari. On distingue nettement l'abrupt rocher du Stromboli et, sinon les terribles forges de Vulcain, du moins l'épaisse fumée, souvent mêlée de flammes, qui s'échappe d'un puissant cratère. Cependant, de nombreuses maisons à blanche façade, à toiture plate, entourées de bouquets d'arbres ou de vignes, paraissent insoucinates des dangers du volcan qui les domine, et qui, depuis de longs siècles déjà, a, paraît-il, cessé de vomir le fléau.

Tout près de là, sur la côte d'Italie, voici la malheureuse Scylla, cette pure nymphe sicilienne dont la jalousie de Circé fit l'horrible monstre, maintenant transformé en un redoutable rocher, dont les cris effrayants ont si souvent poussé les plus hardis marins vers le gouffre de Charybde; sur la côte de Sicile, Charybde, cette belle fille de Neptune et de la Terre dont l'impitoyable tonnerre de Jupiter punit si cruellement le vol au détriment d'Hercule. Mais les temps ont changé. Notre *Saint-Germain* se joue des courants qui, parfois, se livrent ici de terribles combats; il sait éviter de tomber de Charybde en Scylla.

A onze heures et demie, il double le cap Faro, à l'entrée du détroit de Messine, à peine large de 2 à 3 kilomètres. La mer est absolument calme, et la lenteur voulue de notre avancée nous permet de bien voir la haute tour du phare, au-dessous de laquelle un vaste bâtiment carré paraît une caserne fortifiée. Voici même qu'un rayon de soleil nous montre parfaitement la ville, formée de deux étages, le supérieur sur un plateau dominant la mer, l'inférieur au pied d'un rocher couronné par un fort, et se développant dans une sorte de faille, en pente douce vers la mer. Et toute la côte est semée de coquets villages, de belles églises, peut-être aussi de quelques usines dont on distingue les hautes cheminées. Dans le vague lointain, les sommets paraissent couverts de neige.

Voici Messine, l'antique Zanclé, dont le vaste port circulaire, protégé par une puissante citadelle et des forts détachés, abrité actuellement plusieurs navires. C'est une grande ville, dont plusieurs constructions de belle apparence paraissent, malgré les sièges, malgré la peste, malgré plusieurs tremblements de terre qui la décimèrent, révéler la constante prospérité. Le *Saint-Germain* hisse les couleurs nationales et son pavillon de la Compagnie transatlantique.

En face de Messine, sur la côte d'Italie, voici Reggio, plus ramassée et d'apparence moins importante que sa rivale de Sicile. Un train de chemin de fer en part au moment de notre passage; il contourne la côte, se développe sur un superbe viaduc et semble, dans son fier panache, emporter les derniers effluves du continent. Sur son parcours, le pays, très accidenté, sillonné de torrents, paraît aride. La côte de Sicile, plus verdoyante, plus boisée, semée de jolies habitations, paraît mieux cultivée. Au loin, l'Etna la domine et semble surveiller encore les redoutables géants enchaînés par Jupiter au sommet des montagnes couvertes de neige qui lui forment une ceinture.

Il est une heure après midi. Le *Saint-Germain* double le cap Pellaro. Le sémaphore a hissé le drapeau italien et paraît échanger avec lui de nombreux signaux conventionnels. Adieu, la terre d'Italie !

Elle-même, la côte de Sicile se perd dans la brume. On cherche encore à deviner Catane, si souvent dévastée par les éruptions de l'Etna, et cependant si riche de beautés naturelles qu'elle demeure, paraît-il, peut-être à cause du danger, l'irrésistible attrait de nombreuses colonies étrangères. Mais voici que l'atmosphère brumeuse et froide nous oblige à nous couvrir de nos manteaux, que le vent grandit, que la mer devient décidément méchante, et que d'énormes lames qui balayent le pont nous obligent à renoncer au plaisir de reconnaître Syracuse. Actuellement, du reste, me dit le commandant Traub, une bien modeste capitale, que le génie d'Archimède fut impuissant à garantir de l'invasion romaine et d'une fatale décadence, et que les eaux du fleuve Alphée, autrefois mêlées amoureusement à celles de la fontaine Aréthuse, entourent maintenant d'un pestilentiel marais.

Il faut, moi le dernier, je crois, réintégrer la cabine, renoncer au repas du soir, et même payer son tribut au terrible élément. Point de sommeil; la mer est furieuse. Le *Saint-Germain* gémit sous l'effort ; des vagues énormes balayent incessamment son pont, roulent tout ce qu'elles rencontrent et couchent au fond de leurs boxes nos malheureux chevaux, épuisés de terreur et de fatigue. Et chacun de nous, même parmi les officiers du bord, éprouve cette sensation d'inexprimable angoisse, de refroidissement général qui caractérise le mal de mer.

14 janvier. — Il pleut, il fait froid, le vent soulève d'énormes vagues qui, parfois, déferlent jusque sur le pont. Le baromètre a, depuis hier, baissé de 6 millimètres ; l'orage gronde, des éclairs sillonnent incessamment la nue. Et la folle du logis s'agite également en moi !

Le 14 janvier ! aujourd'hui, lundi : l'anniversaire de la naissance de ma fille, sept ans. Que de durs événements déjà, dans cette courte période ! La vie n'a pas été facile pour moi, et si, devançant l'appel, je suis actuellement en route pour le Tonkin, ce ne sont ni l'insouciance, ni l'indifférence, ni même l'ambition qui m'y conduisent. La vie ! Souvent rien autre qu'une lutte acharnée dans l'espoir d'une très temporaire victoire ; souvent aussi l'abandon de soi-même dans une décevante conception d'une destinée qui nous échappe. L'essentiel est d'aller droit son chemin. Ah ! ma fille chérie, toi mon bien le plus précieux ! Que Dieu te garde !

16 janvier. — La mer est moins dure, le roulis est supportable. Nos troupiers s'en réjouissent en chantant à tue-tête les vieilles chansons du régiment que leurs officiers ne dédaignent pas d'accompagner. Et la conversation qui s'engage entre le commandant Traub, le docteur Barril, le commandant Chappuis et moi fait oublier le temps. Le Gulf-Stream, ce véritable conducteur d'un torrent d'eau chaude qui paraît partir de la mer des Antilles pour se concentrer dans le golfe du Mexique, traverser l'Atlantique, fertiliser l'Angleterre et l'Europe occidentale, parfois aussi y déterminer de terribles conflits d'atmosphère ; puis les courants sous-marins et la vie dans les profondeurs de la mer... il y a là de quoi fixer l'attention la plus récalcitrante, et le docteur Barril est un savant causeur. Midi nous surprend devisant encore, au travers de l'île de Candie, la fabuleuse Crète de Jupiter et du mont Ida, du sage Minos, du savant Dédale, de son terrible labyrinthe et de son audacieux fils le malheureux Icare. Le point accuse 34°30 de latitude nord et 22°28 de longitude est, à 430 milles de Port-Saïd, où, dit le commandant, nous n'arriverons guère que jeudi matin, en raison du retard occasionné par le mauvais temps.

L'accalmie se fait progressive, cependant. Et ce soir, vers dix heures, après avoir reconnu, par tribord, vers le nord-ouest, la comète annoncée par les astronomes, nous pouvons jouir d'un sommeil qu'interrompt seul un brusque arrêt temporaire de la machine, surchauffée, paraît-il, et ayant, elle aussi, quelque besoin de repos.

Mercredi 16. — Le point, à midi, nous met par 32°25 de latitude et 27°26 de longitude, à 140 milles de Port-Saïd où, si la mer se maintient propice, nous pourrons arriver dans la nuit. Aussi chacun de nous prépare sa correspondance, heureux de dire, à ceux de France, là-bas déjà, les premières impressions du voyage. Et voici que vers huit heures du soir le commandant nous montre les Feux à éclipse de Damiette. Damiette, la Thamiatis des anciens, la première étape, à l'embouchure orientale du Nil, de saint Louis et des Chevaliers de la septième croisade, s'avançant à pied, ayant de l'eau jusqu'aux épaules; et, le 4 juin 1249, repoussant les redoutables mameluks du sultan d'Égypte, qui s'enfuirent en désordre; Damiette aussi, la fière rançon du roi de France, alors que quelques mois après s'en être rendu le maître, il fut lui-même fait prisonnier et dut se résigner, malgré son héroïque fermeté, que n'avaient ébranlée ni la maladie ni les privations, à traiter avec Turan Shah. Mais, depuis le canal de Suez, les paquebots ne touchent plus guère à Damiette. Vers dix heures du soir, en effet, le *Saint-Germain* passe en vue du phare électrique de Port-Saïd, et reconnaît, peu de temps après, le feu rouge qui paraît indiquer l'entrée du port. La mer est devenue superbe, les étoiles brillent d'un magnifique éclat, bien rare même dans les plus belles nuits de France, la lune nous inonde de sa blanche lumière. Le commandant échange avec la direction du port les fusées de convention, les moines, suivant le terme consacré, et demande le pilote, qui, si la santé le permet, ce qui du reste n'est pas douteux, puisqu'il n'y a pas de malade à bord, doit nous diriger jusqu'à l'amarre. A tribord, quelques navires paraissent, ainsi que le *Saint-Germain*, attendre la libre entrée. Rien de beau, vraiment, comme l'accès d'un grand navire dans un grand port, au milieu de la nuit. De fait, il est minuit alors que le *Saint-Germain* peut amarrer derrière l'*Annamite* et le *Poitou*, qui l'ont précédé seulement de quelques heures et sont activement occupés, déjà, à recevoir de nouveaux chargements de charbon déposés sur d'énormes chalands éclairés par d'ardents brasiers, et remorqués par des chaloupes à vapeur.

Le *Poitou*, avec le commandant Farret et son bataillon du 143e, bien qu'ayant quitté Toulon vingt-quatre heures avant le *Saint-Germain*, n'a touché Port-Saïd que ce soir à six heures. Et le commandant Farret vient se plaindre, au lieutenant-colonel Defoy, de la mauvaise installation de ses hommes, installation que le *Poitou* se dit, paraît-il, impuissant à modifier, à moins de renoncer au transport des chevaux, qu'il désire débarquer ici-même, et faire réembarquer sur un autre bateau. L'*Annamite*, parti presque en même temps que le *Poitou*, nous a précédés de trois heures seulement, ayant à bord le commandant Godard avec le 23e, l'ambulance avec le médecin principal Driout, et les services administratifs sous la direction du sous-intendant de la Grandière. Dès leur arrivée, la plupart des officiers ont pu débarquer, et s'étant rendus à l'Eldorado, le café-concert de l'endroit, y ont été acclamés, sous les chants de la *Marseillaise* et *Salut à la France*.

17 *janvier*. — Ce matin, les officiers du *Saint-Germain* peuvent également débarquer, mais seulement pour quelques heures, tout juste le temps indispensable pour parcourir rapidement la ville. De fait, on pourrait s'y croire en France. Et

cependant, à l'entrée du port, une frégate cuirassée anglaise, toute raide sous les armes, garde la passe, paraissant nous dire : « Je veux bien vous permettre d'entrer, mais sous la condition d'en bien vite sortir. »

La ville européenne n'est rien qu'une avenue de magasins, aboutissant à une petite place bien ombragée, dite place de Lesseps. C'est un hommage bien mérité. La poste et les consulats sont à proximité. Seul le consulat français est relégué au fond d'une cour, où, certes, il n'est pas facile de le découvrir. De fait, notre consul ne se montre pas ; il est ardent républicain, dit-on ; cela doit suffire à ses compatriotes. Vers midi, tous ont réintégré le bord. Et le *Saint-Germain* s'engage lentement, à son tour, dans le canal de Suez à la suite du *Poitou* et de l'*Annamite*. Le canal, cette conquête du génie français, est creusé sur une longueur de 160 kilomètres environ, bordé à l'est par la plaine sablonneuse de Peluse, à l'ouest par des marais qui sont autant de déversoirs du lac Menzaleh. Sésostris, dit la chronique, en avait eu la première idée, et ses successeurs en Egypte l'avaient en partie réalisé ; mais, sans doute, ils avaient été impuissants à le garantir des ensablements qui, actuellement encore, nécessitent l'usage presque continu de nombreux appareils de dragage. Il est large de 95 à 100 mètres, sur une profondeur moyenne de 12 à 15 mètres, et sillonné de poteaux indicateurs de distance, disposés tout le long de sa rive. Chaque lieue marine parcourue est signalée par un poteau plus élevé, indicateur de la distance de Port-Saïd. Des gares de stationnement sont aménagées tous les cinq milles environ, pour permettre les croisements. De fait, à peine sommes-nous en route depuis deux heures qu'il faut déjà se garer, pour permettre le défilé en sens contraire d'une quinzaine de navires, la plupart anglais et italiens (deux français seulement) qui se suivent à la queue leu leu. A quatre heures seulement ce défilé est terminé, et l'*Annamite*, qui nous précède, donne le signal du départ. Chaque gare, du reste, possède un petit sémaphore qui indique, à chaque navire, si la route est libre, et, dans le cas contraire, la place temporaire qui lui est réservée dans le port. Et quand le soleil se couche, il faut se garer encore, toute navigation dans le canal étant suspendue pendant la nuit.

18 janvier. — Ce matin, dès l'aube, recommence le long défilé de nouveaux navires se dirigeant sur Port-Saïd. Et le *Saint-Germain* est obligé d'attendre son tour. Nous en profitons pour une promenade à terre, mes camarades armés de fusils de chasse, à la poursuite des palmipèdes de toutes espèces qui pullulent dans le voisinage, moi-même occupé à visiter les employés de la compagnie. Tous habitent dans le voisinage immédiat du canal (généralement sur la berge ouest, puissamment garantie par une forte digue remplie d'épaisses fascines destinées à retenir les terres) de modestes maisonnettes, confortablement abritées sous des palmiers, des eucalyptus ou autres arbres, et entourés de petits jardins plantés, pour la plupart, de tous les légumes, choux-fleurs, salades, haricots, petits pois, tomates et divers arbres fruitiers qu'on rencontre dans le midi de la France. L'eau douce leur est abondamment fournie par une conduite de fonte qui longe la berge, et qui est approvisionnée, sous pression dans un réservoir établi à Ismaïlia, à l'aide de l'eau du Nil. Ils paraissent très généralement jouir d'une bonne santé, ne souffrent point de la fièvre, et n'ont, disent-ils, à redouter que les rhumatismes et les ophtalmies, ces conjonctivites granuleuses si fréquentes également chez les indigènes de notre Algérie, dont ils accusent beaucoup trop, peut-être, les sables du désert et pas assez la contagion. Bien qu'Autrichiens pour la plupart, au moins parmi ceux que j'ai rencontrés, ils paraissent aimer beaucoup la France, abhorrent les Anglais, dont les navires, disent-ils, encombrent le canal, et ont un véritable culte pour M. de Lesseps, qu'ils considèrent comme un génie bienfaiteur. L'un d'eux, après m'avoir amené à prendre le café, voulut, de plus, m'offrir les plus belles fleurs de son modeste jardin. « C'est au génie de la France que nous les devons, me dit-il, je suis tout heureux de les pouvoir offrir à un Français. » Tout ému, je l'avoue simplement, je lui serrai cordialement la main, embrassai sa fillette, une belle enfant qui voulut, elle aussi, cueillir une fleur de son petit jardin pour son amie de France, ma fille chérie. Et puis encore, avant de nous quitter, tous ensemble, hommes, femmes et enfants, nous trinquons, me disent-ils, à la gloire de France, au succès de ses armes, à son illustre fils M. de Lesseps et à notre heureux retour. Il fallait rejoindre le *Saint-Germain*. En quittant ces braves gens, j'avais au cœur cette constriction pénible qui veut refouler les larmes, et les rouges casaques anglaises me poursuivaient de leur occulte surveillance.

Notre tour arrive enfin ; il est près de midi. Le *Saint-Germain* poursuit son chemin avec la même prudente lenteur, à peine modifiée dans la traversée du lac Menzaleh, et vient se garer à El-Kantara, un très modeste village, d'où partent les caravanes se rendant en Syrie. Un pont de bateaux, mobile dans son milieu, y relie les deux berges. C'est dans le voisinage, nous dit-on, que huit cents Arabes égyptiens, suspectés partisans d'Arabi pacha, il y a deux ans à peine, furent impitoyablement mitraillés par un navire anglais. Les malheureux étaient réfugiés sur un mamelon entouré d'eau ; pas un n'échappa. Les Anglais ont couronné ce mamelon d'une redoute qui recouvre leurs ossements.

Dans la plaine, un long convoi de chameaux ; le long de la berge, une nuée de mendiants indigènes, avec lesquels nos troupiers, parmi lesquels quelques vieux africains, engagent les conversations les plus fantaisistes. Longtemps ils accompagnent le navire, se disputant avec acharnement les quelques sous et biscuits que nous leur jetons.

Et la route se poursuit, plus lentement encore, le long de cette berge de sable d'où n'émergent, de temps à autre, que quelque croix de bois, recouvrant la mortelle dépouille d'un chrétien. A courte distance d'El-Kantara, le canal, moins large, devient souvent tortueux, ce qui oblige chaque navire à se pourvoir d'un pilote qui le précède sur une chaloupe, et lui indique, à l'aide de signaux conventionnels, l'allure obligatoire pour éviter un échouage.

Nous voici dans le lac Kimsa, assez profond et assez large pour permettre d'accélérer la marche, sous la réserve de ne se point écarter d'un jalonnage de corps flottants soigneusement disposés par l'administration du canal. Et bientôt nous sommes en vue d'Ismaïlia, une véritable oasis plantée de superbes arbres. Tout près de là, sur un mamelon, se trouve le palais du vice-roi, chalet entouré d'une véranda. C'est de là, nous dit-on, que l'impératrice Eugénie, en 1869, a présidé l'inauguration du canal. Des fêtes splendides y furent données en son honneur par le khédive. La roche tarpéienne est tout près du Capitole. *Sic transit gloria mundi.* Voici qu'un prêtre, un Français sans doute, accompagné d'un jeune homme, s'approche de la berge, se découvre et se tient, malgré le soleil, tête nue jusqu'après notre passage, tout heureux, semble-t-il, de pouvoir saluer le drapeau de la Patrie, s'en allant fièrement au combat.

C'est d'Ismaïlia que part le chemin de fer qui relie le Caire à Alexandrie; c'est également à Ismaïlia qu'aboutit, dans un immense réservoir, la dérivation du canal de Mahmundipats, creusé dès 1819, au prix des plus rudes sacrifices, par Mohamed Ali, et lui-même dérivé du Nil, pour alimenter d'eau douce tout le pays, entre le Caire et Alexandrie; c'est aussi non loin de là que se trouve Tell el Kébir, où se livra la bataille qui, en 1882, soumit Arabi pacha et l'Égypte au joug des Anglais. Malheureusement le *Saint-Germain* n'y séjourne pas. Et quand, vers sept heures du soir, nous mouillons à l'entrée des lacs Amers, nous sommes trop éloignés déjà pour revenir à la ville et la pouvoir visiter.

19 janvier. — Dès le matin on franchit rapidement les lacs Amers, assez profonds et assez larges pour permettre une certaine allure. Et vers midi nous sommes en vue de Suez, à l'entrée de la mer Rouge. Suez, aux blanches maisons, aux minarets caractéristiques de toute agglomération musulmane, paraît s'étendre dans une oasis reliée au port par une longue digue, à l'extrémité de laquelle, entourés d'une luxuriante plantation, se trouvent les bâtiments de la compagnie du canal! J'avais quelque espoir d'y rencontrer ma nièce,

Mme Russovich, et son mari ; vaine attente ! Et le commandant Traub, qui subit aussi péniblement que nous l'inquiète surveillance des Anglais, étonnés, semble-t-il, de l'inertie de notre gouvernement en présence de leur mainmise sur le canal de Suez, nous laisse tout juste le temps de confier quelques lignes à la poste. Notre consul est là, du reste, redoutant peut-être quelque protestation de la part des soldats de France, et lui aussi presse notre départ, qui, cette fois, doit précéder celui de l'*Annamite*, obligé de renouveler ses approvisionnements de charbon.

Le canal de Suez, construit par les Français, avec de l'argent français, est-il donc véritablement devenu la propriété des Anglais ? On voudrait en douter, espérer encore qu'il redeviendra, sinon propriété française, du moins libre passage international, garanti par une convention des puissances intéressées. Et cependant, comme à Port-Saïd, non seulement une frégate armée en garde la sortie, mais encore les rouges casaques groupées en un camp retranché, dans le voisinage de la digue, paraissent le vouloir conserver sans partage. Comment n'être point attristé de notre apparent consentement de cette sournoise occupation progressive de l'Égypte, où la France, très généralement aimée des indigènes, a semé si largement son sang et son argent, où depuis longues années déjà, elle a construit, sur le cours du Nil, plusieurs barrages qui assurent la constante fertilité du sol, où, surtout, elle a, du fait même de sa situation en Europe, de si puissants intérêts ! Ce ne sont pas, certes, les avertissements qui lui ont manqué : « La conquête de l'Égypte, a dit déjà Leibnitz à Louis XIV, assure la possession des Indes, le commerce de l'Asie et la domination de l'univers. » Les Anglais le savent bien, et c'est là ce qu'ils veulent. Ils tiennent Gibraltar, il leur faut l'Égypte avec le canal de Suez et toutes les issues de la Méditerranée. Ainsi, sûrement, ils domineront le monde. Et la France et les grandes puissances paraissent s'y résigner ! *Rule Britannia !*

En route donc pour Aden ; le golfe s'élargit, Suez disparaît. Et voici, disent les érudits, que nous traversons, à notre tour, ce passage que Moïse fit à pied sec, alors qu'il entraînait à travers la mer Rouge les Israélites qu'il voulait soustraire à l'esclavage égyptien. Tout près de nous, à la côte, voici sa première étape dans la presqu'île, au pied du mont Sinaï, où il devait recevoir la loi de Dieu avant de conduire son peuple à la conquête de la terre promise. Voici la miraculeuse fontaine qu'il fit sortir de l'aride rocher pour étancher sa soif. C'est l'histoire de l'émigration d'Israël que nous revivons en passant. Puis, tout s'efface, la nuit vient subite ; et le *Saint-Germain* poursuit sa route.

20 *janvier*. — A sept heures, ce matin, le thermomètre, à l'ombre, accuse 29 degrés ; et l'eau de la mer, lentement puisée à 7 mètres de profondeur, en marque 21. Vainement, du reste, nous lui cherchons la rouge couleur que lui communiquent parfois, paraît-il, des algues microscopiques observées par les Hébreux, qui, de ce fait, l'avaient désignée sous le nom de mer des Algues. Elle n'est pas actuellement apparente.

Vers midi, nous cotoyons, par tribord, les îles des Frères, deux rochers dangereux, paraît-il. Et ce soir, nous reconnaissons les feux des îles d'El-Haura. C'est dans cette région, disent les anciens matelots, qu'on observe, le plus habituellement, le mirage, ce phénomène de réfraction dont l'armée française, pendant ses étapes dans les plaines de la Basse-Égypte, a si souvent éprouvé la décevante illusion, et dont l'illustre Monge fut le premier à donner une scientifique observation.

Cette nuit, nous franchirons le tropique du Cancer.

21 *janvier*. — Nous voici donc par le travers des côtes de Nubie, en pleine région tropicale. Et ce matin, malgré le temps couvert, le thermomètre marque 32 degrés. Vers midi, nous sommes à hauteur de Djeddah par 21°28 de latitude nord, et 36°40 de longitude est, mais au large, et ayant complètement perdu les côtes de vue. C'est à Djeddah que se trouve, dit la légende, le tombeau de notre première mère ;

là aussi que se groupent les caravanes de pèlerins, avant de se rendre à la Mecque, à cent kilomètres environ dans l'intérieur des terres. La chaleur devient pénible, mais notre très humoristique docteur, pour nous tenir éveillés, fait appel aux ressources de sa prodigieuse mémoire. Il nous propose, pour notre prochain voyage de retour, de nous conduire, sinon chez les houris, du moins à la recherche de la pierre noire qu'Adam put emporter du Paradis terrestre, et qu'il déposa pieusement à l'endroit même que choisit Abraham, guidé par l'ange Gabriel, pour y construire la Kaaba, ce merveilleux temple de l'islamisme et du tombeau de Mahomet, qu'il faut visiter, au moins une fois dans sa vie, pour être digne des faveurs du prophète. Il veut, de plus, nous montrer, non loin de là, dans l'étroite et stérile vallée qui groupe actuellement la Mecque, le puits miraculeux où la fugitive Agar, épuisée de passion et de fatigue, put enfin se rafraîchir. Et, grâce à lui, malgré l'accablante chaleur, le groupe des anciens, ainsi que l'appellent les marsouins, est aussi vaillant que celui des jeunes, dont un artiste de talent, M. Sabatier, aussi paresseux, dit-on, qu'il est artiste, est en train de crayonner les poses de fantaisie.

Le soir, à l'arrière, la mer sillonne un long panache d'éclatantes étincelles. Au-dessus de nos têtes, le ciel scintille sa pure lumière d'innombrables étoiles. Et derrière nous, l'espace fuit, nous entraînant toujours plus loin des chers nôtres, mais là aussi où nous appelle la Patrie.

22 janvier. — Ce matin, à sept heures, le thermomètre marque 34 degrés et l'eau de mer, à 7 mètres de fond, accuse 26 degrés. Dans la cale, sous nos pieds, des nègres entretiennent les feux des chaudières. Dans cette rude traversée de la mer Rouge, ils en sont seuls régulièrement capables. Ce sont généralement des Laptots, engagés à cet effet dans les ports de la côte, puis réunis à Suez, et ne reculant devant aucun travail, si pénible qu'il soit, pour acquérir la petite somme d'argent qui leur permettra d'acheter, au pays, la terre, la femme et le bétail qui en font des propriétaires économes, soumis quand ils sont à bord, insolents autant que braves alors qu'ils ont repris leur liberté, et devenant alors les tyrans des autres nègres. Leur quart de service ne dépasse habituellement pas deux heures ; et cependant, quand ils sont remplacés, ils paraissent véritablement à bout de forces, couverts de sueur et de graisse, n'ayant d'autre besoin qu'étancher une soif inextinguible, puis, dans une rapide succession de génuflexions, sans le moindre souci de l'entourage, de se tourner avidement vers la Mecque, et de prier ardemment le Dieu de Mahomet.

A midi, par le travers des côtes d'El-Yemen nous franchissons le groupe des îles Farsan-Kebi. La mer est à peine ridée par une légère brise de terre. Et ce soir, le sillon argenté que trace notre *Saint-Germain* n'est plus étincelant des paillettes qui diapraient hier sa surface, mais accompagné, sur ses deux côtés, de larges plaques lumineuses, véritables éclairs qui se forment et qui éclatent sous nos pieds. Et cet incessant changement dans les apparences de la mer m'apparaît l'image de notre pauvre cœur humain. Dieu seul peut lire au fond du cœur de l'homme qui, sous le masque d'une éclatante gaieté, pleure souvent au dedans de lui-même dans le souvenir du passé. Si la raison impose parfois une apparente renonciation, elle est généralement impuissante à réaliser l'oubli. Et ce soir, ma pensée s'en va tristement vers celle qui fut un instant mon rayon de soleil et qui m'a laissé ma fille !

23 janvier. — Chacun cherche, dans les ressources de ses habituelles occupations, à faire parfois plus courtes les heures de la journée. Ce matin, profitant du calme absolu de la mer et malgré la température torride, 36 degrés, que nous subissons, j'ai groupé autour de moi les officiers et sous-officiers du bataillon, et me suis efforcé de leur donner quelques indications hygiéniques qui, peut-être, ne leur seront pas inutiles au Tonkin. Nous filons du reste à toute vapeur, pour reconnaître, à midi, par 41 degrés de longitude est, et 13° 19 de latitude nord, à bâbord, les côtes de Moka, à tribord celles du Danakil.

Vers trois heures nous touchons à l'entrée du détroit de Bab-el-Mandeb, par le travers de l'île de Périm, actuellement occupée par les Anglais, qui détiennent ainsi le passage. Entre la côte et l'île, la passe Est, la seule praticable par tous les temps, n'a pas, en effet, deux milles de largeur, et se retrouve rétrécie encore par de nombreux rochers. La passe Ouest, le Ras Dir, est, paraît-il, plus large, mais aussi beaucoup moins sûre. L'île de Périm, qui les commande, est une falaise à pic dont la crête, garnie de canons, ne dépasse pas 155 à 160 mètres. Elle est occupée vers l'Est par le phare et par un fort puissamment armé, et la côte paraît, elle-même, garnie de batteries redoutables. Elle est du reste aussi aride que dangereuse, et plusieurs carcasses de bateaux, notamment un beau navire dont l'arrière a disparu sous l'eau, rappellent cruellement ses nombreuses victimes annuelles.

La France possède, à l'est de Périm, un assez vaste territoire, dit la baie de Cheick-Saïd, dont elle a été mise en possession, il y a près de vingt ans, par l'acquisition qu'en fit une importante maison commerciale de Marseille, la maison Rabaud. Le cap de Cheick-Saïd, d'une altitude de 190 à 195 mètres, domine absolument Périm. Mais, par une inexplicable aberration, cette zone, qui commande à la fois le détroit de Bab-el-Mandeb et le golfe d'Aden, n'est pas militairement occupée par nous. Et cependant, elle abrite un lac intérieur qu'on dit être de facile accès et susceptible de devenir un excellent refuge pour des navires de guerre.

Le *Saint-Germain* échange des signaux avec le sémaphore, semble demander la permission de passer, et franchit enfin le terrible détroit, la porte des Larmes, les *fauces mari rubri* des anciens, pour entrer dans le golfe, et gagner rapidement la pointe d'Aden, où nous serons dans la soirée.

Vers neuf heures, en effet, après un minutieux sondage et l'échange, avec le sémaphore, des fusées conventionnelles, notre navire vient mouiller en rade, sous le canon des Anglais.

Dès l'aube, nous sommes assaillis de sampans, de pirogues de toutes venues, la plupart gouvernés par des femmes ou des enfants, qui cherchent à nous vendre quelques fruits ou coquillages. De petits nègres, complètement nus et d'apparence vigoureuse, plongent avec une incroyable hardiesse, parfois à des profondeurs considérables, pour saisir, avant l'arrivée jusqu'au fond de la mer, la piécette d'argent ou parfois même le simple sou que leur jettent, depuis le bord, officiers et soldats. J'en ai vu passer de tribord à bâbord, sous la quille du vaisseau, c'est-à-dire à 7 mètres au moins de profondeur, pour saisir, pendant sa chute, une pièce de cinquante centimes encore en suspens dans le flot, et, pour ce maigre résultat, demeurer parfois plusieurs minutes sous l'eau sans en paraître aucunement incommodés. Tous montent de petites pirogues, grossièrement creusées dans un simple tronc d'arbre, et conduites à l'aide de longues perches terminées en raquette qui leur tiennent lieu, à la fois, de balancier, de rames et de gouvernail.

Quelques heures à terre; il serait plus rationnel de dire sur un rocher. La pointe d'Aden n'est rien autre, en effet, qu'un aride rocher dont toutes les aspérités sont garnies de canons. Avec les fortifications de l'île Périm, elle constitue, pour les Anglais, un second Gibraltar, à l'abri duquel peut se masser une formidable flotte de guerre, toujours prête à défendre l'entrée de la mer Rouge. La rade est, en effet, très vaste et, paraît-il, très sûre, même à une certaine distance de la côte. La ville anglaise, située à mi-côte, n'est rien qu'une vaste citadelle, aménagée du reste dans ses casernes avec tout le confort nécessaire à des Anglais; vérandas circulaires, nattes-abris, moustiquaires, rien n'y manque. Çà et là, disséminées dans la vaste enceinte, seulement quelques habitations de fonctionnaires, quelques bazars, et le temple, entouré d'un cimetière semé de croix, puis un bel hôtel et les consulats de diverses nations. Pas le moindre ombrage, pas la moindre verdure; c'est l'aride rocher dans toute sa nudité désolante. Et cependant nous y sommes pendant la belle saison!

Sur la place centrale, sans souci de l'ardeur d'un soleil brûlant, des nègres, généralement robustes et de belle prestance, se font appliquer sur la tête un mélange de chaux vive et de graisse. Ils obtiennent ainsi la décoloration de leurs noirs cheveux crépus, dès lors transformés en une tignasse jaune sale, et paraissent tout heureux de réaliser ainsi quelque ressemblance avec les Anglais leurs maîtres. Il faut être cuir nègre pour résister à de telles applications.

Les soldats anglais, uniformément vêtus de toile blanche et couverts du vaste salacco des colonies, rendent correctement les honneurs militaires à tout officier français sur leur passage.

La ville indigène, beaucoup plus importante, se trouve à 3 ou 4 kilomètres de la pointe anglaise, également sur la côte méridionale. Elle est, paraît-il, un centre commercial fort important. Les premiers conquérants du pays, les Romains probablement, y ont laissé des souvenirs de leur passage que les invasions ultérieures ont respectés, peut-être à cause de leur évidente utilité pratique, et que le temps est demeuré impuissant à détruire. Ce sont, notamment, des immenses citernes destinées à recevoir, aux très rares époques des grandes pluies, des quantités d'eau suffisantes pour alimenter pendant longtemps les habitants. Tout le parcours avoisinant est en effet d'une désolante aridité. Il n'y a pas un arbre, et les quelques chèvres qui vagabondent çà et là doivent trouver bien difficilement, dans les interstices des rochers, de quoi subvenir à leurs besoins. Actuellement, d'ailleurs, ces citernes, dont il paraît difficile de préciser les auteurs et l'époque certaine de construction, sont à peu près vides. Les Anglais suppléent à leur insuffisance, pour leur usage personnel, à l'aide de plusieurs appareils distillatoires d'eau de mer, qu'ils ont établis à proximité de la côte. L'eau distillée qu'ils fournissent est, de plus, avant son usage alimentaire, largement aérée par son passage sur des copeaux de fer disposés comme les fagots des anciens bâtiments de gradation des salines de l'est de la France. Cette eau, ainsi purifiée et aérée, ne laisse, dit-on, rien à désirer.

Mais l'heure du départ a sonné, la sirène nous appelle, et les quelques chars modestement conduits par des bisons à grosse loupe située entre les deux épaules que nous rencontrons sur notre parcours sont impuissants à nous éviter le pas de course que nous prenons, malgré la chaleur.

Enfin nous y sommes; notre *Saint-Germain* paraît avoir hâte de quitter cette côte désolée, et cependant si virilement préparée pour la lutte. A toute vapeur, il gagne le large pour se rapprocher de la côte d'Afrique et, dès demain sans doute, pénétrer dans l'océan Indien.

Notre France possède également, en face d'Aden, sur la côte d'Afrique, la colonie d'Obok, occupée depuis une vingtaine d'années déjà et dans une situation telle qu'elle peut devenir, en cas de conflit européen, et notamment en cas de guerre avec l'Angleterre, un centre défensif d'une réelle importance.

Mais il semble que malgré sa forte situation stratégique au fond du golfe de Tadjoura, qui est un excellent mouillage, dit-on, nos gouvernants n'ont pas plus songé à la mettre à l'abri, même d'un coup de main, que le cap de Cheick-Saïd en face de Périm. Les Anglais, plus pratiques, savent qu'il faut se préparer longuement afin d'être prêt, toujours, pour toutes éventualités. Et ressassant ainsi, entre nous, le passé, le présent et l'avenir possible, nous voici à hauteur du cap Guardafui, par 11°47 de latitude nord et 48°59 de longitude est, à l'extrême pointe des côtes de l'Afrique orientale, au pays des Somanlis.

Le *Saint-Germain* longe d'assez près la côte pour nous permettre de distinguer les quelques maisons disséminées jusque vers le sommet du rocher, qui paraît moins aride que la pointe d'Aden.

Le cap Guardafui marque la limite de deux zones très distinctes. A peine, en effet, sommes-nous à l'entrée de l'océan Indien, que la mousson du nord-ouest donne à la mer une agitation dont nous avions déjà perdu l'habitude. Le tangage est insupportable, et nous sommes destinés, paraît-il, à le subir jusqu'à Singapore. C'est que, dans l'océan Indien, il n'y a réellement que deux saisons annuelles, qu'on désigne sous le nom de moussons ou vents du nord-ouest et vents du sud-ouest. Ils soufflent alternativement, les premiers à partir du milieu d'octobre jusque vers la fin du mois de mars, les seconds depuis le mois d'avril jusqu'au milieu de septembre. Cette régularité des vents régnants à deux époques fixes de l'année est la conséquence du mouvement de rotation de la terre autour du soleil. Les limites sensibles en sont comprises entre l'équateur et 18 à 20 degrés de latitude nord ou sud, entre les côtes orientales d'Afrique, l'Indo-Chine, Bornéo et les îles de la Sonde. Vers le milieu du golfe du Bengale, au voisinage de la côte orientale, dans le détroit de Malacca, les calmes sont fréquents, mais non pas absolument réguliers, pendant les mois de janvier, mars et avril. Dans la partie nord du golfe, les vents sont très variables, ce qui tient sans doute au voisinage des monts Himalaya, vers le Népaul. A partir du mois d'avril jusqu'au mois de septembre, l'atmosphère de la Perse, de l'Arabie et de l'Hindoustan est surchauffée par le soleil. Alors, et pour rétablir l'équilibre, l'atmosphère australe se précipite à l'assaut du nord, est déviée vers l'est en raison du mouvement de rotation de la terre, traverse ainsi l'océan Indien et pénètre le golfe du Bengale, mais y rencontre les côtes de Siam et de l'Indoustan qui la rabattent vers le sud-ouest, où elle règne à partir du cap Guardafui. C'est la mousson du sud-ouest ou saison des beaux temps. A partir du milieu de mars, jusque vers le milieu d'octobre, c'est le contraire : l'atmosphère boréale se précipite vers le sud, traverse l'équateur, est repoussée vers l'est par les côtes et balaye l'océan Indien. C'est la mousson du nord-ouest ou saison des pluies et des orages, dont il importe de tenir le plus grand compte dans les expéditions militaires, en raison surtout du nombre alors beaucoup plus élevé des maladies observées. Au sud de l'équateur, à partir de 20 degrés de latitude, les moussons sont renversées : celle du sud-ouest régnant du 15 mars au 15 septembre, celle du nord-ouest régnant du 15 octobre au 15 mars approximativement.

En nous instruisant ainsi, nous voici, vers midi, par le travers de l'île Socotora, par 11°50 de latitude nord et 50°45 de longitude est. C'est, paraît-il, un pays très perfide, et que les

Anglais paraissent avoir été jusqu'à ce jour impuissants à occuper d'une manière définitive. Elle est, en effet, gouvernée par un sultan indépendant, et n'admet d'autres classifications sociales que celles basées sur le nombre plus ou moins grand des bestiaux possédés. Le *Saint-Germain* en passe assez près pour reconnaître les côtes, mais à toute vitesse, dans l'immensité de l'océan Indien. La mer demeure du reste agitée; notre navire craque et gémit comme pour se plaindre du surcroît de travail que lui imposent les vents contraires; le temps est lourd, et les passagers ont, pour la plupart, repris cette allure triste, défaillante, qui accompagne le mal de mer.

28 *janvier*. — La mer est moins agitée, le thermomètre accuse 26 degrés seulement à midi, et notre bateau file 14 nœuds, soit près de 25 kilomètres, à l'heure, comme pour alléger la monotonie de cette longue traversée chez des gens qu'un vague état de malaise empêche de se livrer à aucune occupation.

29 *janvier*. — Même état de la mer. Vainement je cherche à grouper quelques hommes pour en faire d'utiles brancardiers; chacun demeure lourdement étendu dans son coin.

30 *janvier*. — Vers sept heures, l'officier de quart signale les îles Laquedives, disséminées sur une certaine étendue à l'ouest des côtes de Malabar, jusqu'au 10° degré de latitude nord. Ces îles, que Vasco de Gama découvrit en 1499, sont habitées par des musulmans indépendants, dont le sultan a cependant, paraît-il, reconnu la suzeraineté des Anglais. Elles sont séparées par des bancs de rochers qui en rendent l'accès difficile, parfois même fort dangereux, notamment pendant la mousson de nord-ouest, saison de pluies et d'orages, qu'elles subissent pendant près de six mois. La température y demeure à peu près invariable entre 26 et 28 degrés. Il en résulte qu'elles sont très fertiles, mais aussi réputées très malsaines. La dysenterie y paraît endémique.

Les Laquediviens sont olivâtres, généralement de belle prestance, et ont des cheveux noirs abondants. Les femmes sont petites, bien faites, et, dit-on, de mœurs très faciles. De même que les hommes, elles mâchent constamment un mélange de bétel et de noix d'arec qui teint la salive et les dents en rouge, et purifie l'haleine.

Tous parlent l'arabe, en outre d'un dialecte qui leur est propre, et font avec les étrangers un commerce actif de poissons, notamment de bonites, puis de noix de coco et de sparterie. Ils ont à leur disposition une monnaie d'argent qu'ils frappent eux-mêmes, mais se servent plus habituellement, dans le commerce courant, de petites coquilles dites bolys ou cauris, de très petite valeur conventionnelle.

L'île de Mahé, résidence habituelle du sultan, est seule fortifiée; les étrangers y sont difficilement admis; on y rencontre cependant, paraît-il, de nombreuses tombes chrétiennes qui datent de 1578 à 1580, époque à laquelle les Portugais fréquentaient la région. Ces tombes ont toujours été respectées.

31 janvier. — Nous sommes en vue du cap Comorin, à l'entrée du golfe de Manaar, tout près des côtes de l'île de Ceylan, tour à tour possédée par les Portugais, par les Hollandais, qui s'en rendirent maîtres en 1655, et par les Anglais, qui la détiennent actuellement.

Pendant la nuit, le vent qui était sud-est est devenu nordest, la mer est furieuse et le roulis insupportable. Vue du large, la côte paraît basse, mais dominée de hautes montagnes. L'île est presque reliée au continent, vers sa pointe nord, au détroit de Palk par un banc de sable et de rochers connu sous le nom de banc d'Adam (Adam bridge), en souvenir de la légende qui en fait le passage du premier homme, obligé de quitter le Paradis terrestre à la recherche d'un nouveau monde. C'est aussi, du reste, le même passage constitué par des poissons écailleux réunis par le dieu Brahma, alors qu'il franchit la mer, accompagné d'une armée de singes.

Vers une heure après midi, le *Saint-Germain*, en vue de Colombo, dans une presqu'île au sud-ouest de l'île, échange avec le sémaphore les signaux conventionnels. L'accès de la rade est difficile, la mer décidément méchante. Il faut l'assistance d'un pilote, qui vient enfin nous amarrer non loin d'un superbe voilier à quatre mâts, entré presque en même temps que nous. Les indigènes accourent aussitôt, montés sur des pirogues fort étroites qu'ils manœuvrent et dirigent à l'aide de balanciers placés longitudinalement au grand axe de la pirogue, où ils sont fixés à l'aide de bambous recourbés en arc de cercle. Ces balanciers effleurent la surface de l'eau. Les conducteurs se tiennent debout ou assis les jambes pendantes sur l'eau. Ils se servent aussi de longues rames terminées en raquette, et chantent, en ramant, une mélopée plaintive à cadence très marquée. Tous paraissent robustes, ont le teint bronzé et portent des cheveux noirs maintenus à l'aide d'un peigne en écaille disposé en demi-cercle au-dessus du front. Ils ont le torse nu, le bas-ventre et les cuisses couverts d'un pagne de couleur blanche ou rouge. Les seuls plus complètement vêtus sont des employés anglais.

Le *Saint-Germain* mouille au large, à un demi-mille environ de la jetée, côte à côte du *Cholon*, transport français parti de Marseille le 25 décembre, et retenu depuis quelques jours ici par des avaries de machine.

Au débarcadère, une nuée de portefaix se précipite à notre rencontre. On se hâte de s'en débarrasser en sautant en voiture, généralement des espèces de cabriolets à deux roues, traînés par des hommes qui courent presque aussi vite que les chevaux attelés; et nous parcourons ainsi rapidement la ville. Le palais du gouverneur, l'hôpital, les casernes, le Grand-Hôtel oriental, où nous pensons pouvoir passer la nuit, sont de superbes constructions d'apparence européenne, mais admirablement aménagées contre les intempéries saisonnières. La ville tout entière, semée, côte à côte des cases indigènes, de fort coquettes habitations anglaises qui laissent deviner le confort, apparaît un véritable nid de verdure. Au centre, un pittoresque lac d'eau douce égaye une vaste pelouse qui paraît le rendez-vous des réunions mondaines et des faciles promenades. Par hasard, pendant notre passage, une excellente musique militaire, sous la direction d'un Allemand en habit noir et chapeau de soie, s'y fait entendre, et toute la haute société s'y trouve réunie; des dames en toilettes élégantes se prélassent en voitures découvertes qui se suivent à la queue leu leu. On se croirait autour du lac, au bois de Boulogne. Mais plusieurs femmes indigènes, bien que vêtues de tapageuses toilettes, ont la tête couverte d'une sorte de mitre blanche et bleue, et contrastent, autant par la vivacité de leur allure que par leur teint olivâtre, avec la bienséante indolence des miladies dans leurs victorias. Elles appartiennent, du reste, à la haute société, et paraissent, à ce titre, admises non pas seulement à la ceinture dorée, mais également à la fréquentation des pudibondes renommées. Les hibiscus, les manguiers, les jackiers polos, les canneliers, puis des arbres à larges feuilles qui abritent merveilleusement du soleil, les bananiers, et de nombreuses fleurs font une ravissante enceinte. C'est une féerie, vraiment, pour des gens échappés à vingt-cinq jours de mer.

En ville, on rencontre des types évidents de races fort diverses. En outre des Anglais, les Hollandais y sont, paraît-il, encore nombreux, bien qu'ayant été chassés depuis plus d'un siècle de toutes leurs possessions dans l'île. Les races indigènes y sont également très diverses. Ce sont surtout des Cinghalais, dont le teint varie du brun clair au brun foncé, suivant qu'ils habitent la côte ou le centre montagneux de l'île, et qui affirment leur origine commune, autant dans leur langage habituel, le pali, que dans leur religion, qui paraît être le bouddhisme. Il y a aussi des Malabares, généralement de couleur plus foncée, d'apparence plus robuste, plus soignée, et pour la plupart adonnés au commerce, puis des Hindous et quelques Bedas ou Wadas, les premiers habitants de l'île, mais que les diverses occupations européennes ont sans cesse refoulés vers la région montagneuse, où ils vivent en véritables sauvages.

On pratique, en conséquence, à Ceylan plusieurs religions.

Il y a des chrétiens, pour la plupart européens, puis des mahométans, fréquents surtout parmi les Malabars; des bouddhistes, des brahmanistes et des parsis ou adorateurs du soleil. Parmi les Cinghalais, les parsis sont, dit-on, les continuateurs du magisme ou culte des éléments, que les Perses pratiquaient déjà lors des conquêtes d'Alexandre le Grand. Le feu est tenu, par eux, comme étant l'expression saisissante du Dieu suprême. L'accès de leurs temples, généralement fort beaux, est difficile aux étrangers. Les brahmanistes paraissent croire à la métempsycose, pardonnent les offenses, ont horreur du sang, s'abstiennent de toute nourriture animale, et vénèrent la vache, dont ils ornent habituellement les cornes avec des boules d'or ou de cuivre doré. Si pacifiques qu'ils soient en apparence, ils n'en ont pas moins, en 1848, commencé, sous prétexte d'obtenir une constitution républicaine, une révolution qui, pendant quelques jours, a sérieusement menacé la domination anglaise.

Dans la soirée, nous pouvons, à la hâte, visiter plusieurs monuments, le muséum, qui est fort beau; un temple hindou richement orné; une église catholique confiée aux soins de missionnaires, français pour la plupart; quelques marchés couverts largement approvisionnés de denrées de toutes sortes; puis enfin notre consulat, où nous avons la joie de saluer le drapeau tricolore.

Le Grand-Hôtel oriental, où plusieurs d'entre nous ont retenu des chambres pour la nuit, est superbe d'apparence. Mais les chambres, malgré les prix fort élevés de la location, sont plus que modestes, et la cuisine anglaise détestable. Aussi bien, il y a, autour de chacun de nous, une nuée de domestiques, ou mieux de mendiants, qui nous poursuivent de leurs assiduités et s'entendent, à notre détriment, avec des marchands d'objets du pays, dont ils demandent régulièrement le double, au moins, du prix habituel. Il y a aussi les acrobates, les charmeurs de serpents, qui, dans l'espérance d'un gain rémunérateur, nous gratifient des titres les plus pompeux : votre seigneurie, votre excellence, mon prince ; il n'y a rien de trop beau pour nous, et cela ne coûte pas cher.

Ces mendiants acrobates sont, paraît-il, des condamnés, auxquels toutes autres fonctions sociales sont interdites. S'ils ne sont pas juifs, ils en ont du moins les habituelles pratiques. Fort tard, dans la soirée, nous nous décidons à chercher quelque repos. Mais, malgré les moustiquaires qui nous protègent, le sommeil ne vient pas. Un simple matelas fort dur, un coussin et un drap sans couverture, ce n'est pas assez pour nous garantir du froid, qui devient fort pénible vers le matin. Et nous avons hâte de profiter de nos dernières heures à terre afin de visiter un peu les environs de la ville.

L'île de Ceylan, l'île fortunée, l'île du bonheur, disent les indigènes, fut le paradis terrestre. De fait, les côtes seules en sont chaudes et malsaines. A Colombo, la température moyenne de l'année est de 27 degrés, la pluie est très fréquente, très abondante, et les bourrasques parfois redoutables, notamment pendant la mousson du nord-ouest, de mai à novembre. A Kandy, qui est la capitale de l'île et la résidence du rajah ou vice-roi, le climat est au contraire très tempéré, sec et agréable. C'est que Kandy, actuellement relié à Colombo par un chemin de fer, est à 2,000 mètres d'altitude, au milieu de superbes montagnes luxuriantes, de sources vives et de forêts odorantes. C'est aux environs de Kandy, où l'armée possède un vaste sanatorium, que les riches anglais vont se reposer des chaleurs du littoral.

C'est donc toujours, sinon le paradis terrestre, du moins le paradis de Ceylan. L'inquiète curiosité de notre père Adam, sa désobéissance aux faciles obligations de résidence que lui avait faites le Créateur, furent en vérité bien coupables. Adam, l'enfant de la terre, le fils de la lumière et de la nuit, ou bien du chaos mis en mouvement par l'Esprit passionné de l'amour fécondant, fut, dit la légende transmise par les parsis, placé dans un jardin délicieux de l'île de Ceylan. Il y jouissait, sous la seule réserve de l'obéissance, du bonheur parfait, lorsqu'il fut séduit, entraîné par le méchant Esprit, le menteur Ahrimane, à la recherche de l'inconnu. Et il s'en fut, franchissant l'étroit passage, Adam bridge, qui relie l'île au continent.

Il en serait vite revenu sans doute, si le même esprit n'eût résolu d'entraîner également Ève dans la désobéissance au Créateur.

— Adam, lui dit-il, vous a quittée pour jouir de l'idéale beauté. Il ne reviendra pas au paradis terrestre. Mais vous, Ève, vous y pouvez demeurer et y devenir, avec ma science, l'égale du Créateur !

— Non, répondit notre mère commune, je ne veux rien apprendre, mais je quitterai le paradis pour rejoindre mon bien-aimé.

Et, franchissant à son tour le passage interdit, elle abandonna le séducteur pour retrouver l'époux.

Telle est la légende conservée par les parsis. Elle vaut la Genèse biblique. Elle veut qu'Adam ait été le premier coupable, et que la femme ait été entraînée par la seule passion de l'amour, non par le besoin d'acquérir la science du bien et du mal. Elle justifie la vénération des musulmans, qui, disent-ils, conservent pieusement, à Djeddah, la pierre devenue le tombeau de notre mère commune, alors qu'épuisée de fatigue, et sur le point d'atteindre enfin le fugitif époux, elle fut frappée de la mort, conséquence de sa désobéissance, mais seulement après avoir mérité, par la constance de son amour, la divine promesse de la rédemption et de la résurrection. Elle montre aussi l'erreur du dédaigneux proverbe : C'est une fille d'Ève, dans son orgueilleuse prétention à condamner l'excessive curiosité, plus habituelle peut-être à l'homme que fréquente chez la femme.

Mais, il est dix heures du matin. A peine avons-nous eu le temps d'une magnifique promenade dans les environs de la ville, sur de superbes routes auxquelles le gneiss rocailleux ou cabock détaché des montagnes avoisinantes communique une coloration rouge qui contraste violemment avec la superbe verdure des côtés. La sirène se fait entendre ; il faut rejoindre à la hâte, sans espoir d'assister aux fêtes préparées à l'intention d'un ancien gouverneur, attendu d'un moment à l'autre.

A onze heures, et malgré la difficulté des approvisionnements de charbon, notre *Saint-Germain* reprend la mer, salué, au passage, par les clairons de la légion étrangère qui sonnent aux champs, et par les acclamations de toutes les troupes à bord du *Cholon*, encore retenu par des avaries de machine. Cette attention du lieutenant-colonel Duchenne, commandant de la légion, est une marque de l'esprit militaire et patriotique qui l'anime, et qui contraste agréablement avec l'apathique indifférence, dont, paraît-il, un de nos régiments du corps expéditionnaire aurait eu à souffrir déjà, de la part de son chef.

La côte défile rapidement sous nos yeux, superbe de verdoyante frondaison, coupée çà et là de larges rivières et de riches coteaux dominés par la haute crête du pic d'Adam, dont l'altitude dépasse 2,000 mètres. Et nous voici à hauteur de Pointe-de-Galles, qui fut autrefois, à l'extrémité sud de l'île, le port le plus fréquenté, mais qu'il a fallu, paraît-il, abandonner en raison de sa mauvaise tenue pendant la mousson sud-ouest. Non loin de là, d'épaisses vapeurs proviennent, dit-on, de nombreuses sources thermales.

Mais la mer devient pénible, la chaleur augmente et nous oblige au repos.

2 février. — Par le travers du golfe de Bengale, les courants nous sont contraires, paraît-il; la mer est démontée, et le baromètre, qui a très sensiblement baissé, fait craindre un de ces orages qui sont fréquents dans le golfe, notamment pendant la mousson de sud-ouest; le *Saint-Germain* avance péniblement. A midi le point nous indique 6°30 de latitude nord et 81°30 de longitude ouest, entre les sondes 2638 et 2412. La chaleur est accablante, sans cependant dépasser 28 degrés, mais en raison de la transpiration qu'elle provoque. Dans la soirée, une épaisse ligne de gros nuages noirs contraste avec le scintillement des étoiles et la phosphorescence de la mer. C'est l'annonce d'un cyclone, disent les marins. Et notre commandant ne quitte pas son poste d'observation sur la passerelle.

Dimanche 3 février. — La nuit a été pénible, anxieuse.

Les grains se sont succédé violents, presque sans interruption. La mer demeure méchante. Et le *Saint-Germain*, contrarié par les courants, avance péniblement.

A midi le point nous donne 5°30 de latitude nord et 86 degrés de longitude. Nous sommes en retard de quarante milles, me dit le commandant Traub, et cependant encore obligés de louvoyer avec prudence. Le thermomètre demeure invariable entre 30 et 31 degrés.

4 février. — Dans la soirée, le vent a tourné vers le sud-est et la mer est devenue fort calme. Vers midi nous sommes par le travers de la Grande-Nicobar, dont nous reconnaissons la côte. Le groupe des îles Nicobar constitue un archipel qui occupe, à l'entrée du détroit de Malacca, l'espace compris entre les 6e-9e degrés de latitude nord et 90°-92° degrés de longitude est. Elles sont couvertes d'épaisses forêts peuplées d'animaux nuisibles, et réputées fort insalubres. Les Anglais et les Hollandais y ont cependant établi plusieurs comptoirs pour le commerce des soies, du tabac et surtout des bois. Comme partout dans le voisinage de la ligne équatoriale, la température entre le jour et la nuit y demeure à peu près invariable. D'une saison à l'autre elle varie à peine de 5 à 6 degrés. Sauf à l'approche des orages, les vents y demeurent constants dans leur direction, et le baromètre y oscille fort peu.

Mardi 5 février. — Ce matin, vers dix heures, nous touchons la pointe d'Atchin, qui est l'extrémité nord-ouest de l'île de Sumatra, à l'entrée du détroit de Malacca. La grande île de Sumatra, malgré la richesse de son sol largement arrosé par de nombreuses rivières et généralement bien cultivé, malgré l'élévation des montagnes boisées (parmi lesquelles le mont Ophir, qui dépasse 4,000 mètres) qui en occupent le centre, est réputée fort insalubre. Elle est cependant très peuplée; les Chinois y pullulent et y prospèrent sans empêcher les Européens d'y entretenir d'importants comptoirs. La race autochtone, qui habite le centre, est demeurée, dit-on, rebelle autant à la conquête qu'à la civilisation, et a conservé des habitudes de sauvage cruauté. La ville d'Atchin, située au fond d'une rade, à quelques kilomètres seulement de la côte, paraît seule entretenir un commerce régulier d'importation et d'exportation. Mais, les vents, notamment pendant la mousson du nord-ouest, y sont parfois d'une extrême violence et en rendent l'accès fort difficile Les tempêtes y sont généralement, du reste, de courte durée.

C'est vers le centre de l'île de Sumatra que se trouve la montagne volcanique d'Ophir, le mont Ophir, où, dit une légende (qui du reste le place tantôt sur la côte orientale d'Afrique ou dans l'Arabie heureuse, tantôt dans l'Arménie, ou dans la presqu'île de Malacca), le roi Salomon envoyait ses vaisseaux chercher l'or, l'ivoire, les bois et les pierres précieuses destinés au temple de Jérusalem. Non loin d'Atchin, voici Poulo-Pinang, une grande île placée à quelques milles seulement de l'entrée du détroit, comme pour en défendre le libre passage. Les Anglais, cela va de soi, s'en sont emparés, l'ont armée de canons, et sont ainsi les maîtres du passage.

Dans la soirée, le commandant, avec qui je discute une question d'anthropologie poursuivie jusqu'à la dunette, me montre Poulo-Vareka, un caillou dangereux, habité par de hardis pirates, pêcheurs de tortues, mais surtout pillards et réputés pour leur cruauté. La navigation dans ces parages semés d'écueils est, dit-il, fort difficile, parfois très dangereuse. Heureusement, ce soir, la mer est superbe et le vent nord-est nous assiste dans notre lutte contre le jusant ou courant de la marée montante qui retarde notre marche. Cependant, des éclairs qui sillonnent incessamment l'horizon font craindre quelque lointain orage.

6 février. — Pendant la nuit, et ce matin encore, il a fallu, à plusieurs reprises, stopper et jeter la sonde afin de s'écarter des roches sous-marines qui pullulent à l'entrée du détroit de Malacca. De plus, voici qu'un typhon nous menace directement. Le ciel, du côté de l'est, devient subitement noir, puis, dans l'espace de quelques minutes, il semble que des nuages, poussés de toutes les directions, s'accumulent vers un même point autour duquel le ciel redevient relativement clair. Et tout près de nous, on distingue nettement une longue colonne d'un épais nuage, plus mince vers son milieu qu'à ses deux extrémités, ciel et mer, où elle s'élargit sous forme de cône tronqué, et paraissant animée d'un violent mouvement giratoire sur elle-même. C'est une trombe, disent les marins, et nous pouvons l'éviter. Et nous passons en effet à quelques encâblures de son évolution, sans en être autrement incommodés.

Voici, du reste, que le détroit se resserre, et de nombreux navires, parmi lesquels, dit-on, plusieurs chinois, le sillonnent en tous sens. Sur plusieurs de ces navires les voiles paraissent remplacées par d'immenses treillis de bambous qui rappellent les nattes-paillassons dont les jardiniers se servent pour abriter les primeurs.

La côte de Sumatra, que nous longeons à courte distance, paraît couverte de beaux arbres, mais basse, marécageuse et peu habitée.

A midi, le point nous met à hauteur de l'île Parelar. Nous avançons lentement, car la route, dans ce parcours, est semée de dangereux écueils. Vers cinq heures, nous sommes par le travers de Malacca, dont le port était, il y a quelques années encore, le plus fréquenté de la région, mais qui paraît actuellement bien déchu de son importance. Les Anglais, cependant, l'ont fortifié et y entretiennent toujours une garnison.

A partir de Malacca, le détroit se resserre de plus en plus, et des îles nombreuses le sillonnent. Mais les passes sont bien connues et, du reste, garnies de feux entretenus par les Anglais. Puis, la mer est superbe, et la lune, dans tout son éclat, nous permet de reconnaître les trois mamelons Binlang et les Deux-Frères, à l'entrée de la passe de Singapore.

Jeudi 7 février. — L'accès dans la rade de Singapore, ce matin dès l'aube, est véritablement féerique. De tous côtés des coteaux couverts d'une luxuriante végétation, paraissant abriter de superbes villas. On se croirait, par un beau temps, sur un de nos grands lacs de France, Mais, comme contraste, de nombreuses cases bâties sur pilotis émergent de l'eau à l'entrée des criques les mieux abritées, puis des navires de toutes nationalités, des pirogues malaises, des sampans chinois circulent autour de nous.

Le *Saint-Germain* accoste à quai, dans le port de New-Harbour, à proximité d'immenses approvisionnements de charbon. A bâbord, le *Win Long*, parti de Toulon le 24 décembre, est immobilisé, depuis plusieurs jours déjà, pour des réparations à ses machines. Il a fallu, paraît-il, transborder nos généraux et une partie du matériel. Il faudra probablement, si nous voulons arriver au Tonkin assez tôt pour agir pendant la saison favorable, en faire autant des hommes de la légion étrangère demeurés à Colombo, à bord du *Cholon*. A tribord, un grand voilier hollandais, sur lequel deux charmantes fillettes nous envoient des baisers. L'une d'elles, tout enfant, me rappelle ma petite Lucie.

Le port, long de deux milles environ, est protégé contre les mauvais temps par les îles Battam-Matti. Il est, de plus, entouré d'îlots du plus pittoresque effet, mais qui en font l'entrée difficile, parfois même dangereuse. Il est cependant très fréquenté, sans doute à cause des quais qui le bordent et des immenses approvisionnements de charbon qui se trouvent à proximité. Il y fait une chaleur atroce, et nos pauvres soldats, auxquels il est interdit de descendre à terre, y respirent plus de poussière de charbon que d'air pur. Les indigènes et juifs de l'endroit se chargent du reste, non sans profit, d'occuper leurs loisirs.

La ville en est distante de deux kilomètres environ. De petites voitures, sortes de cabriolets à deux grandes roues, traînées par des indigènes, à raison d'une demi-piastre (2 fr. 50) par personne, nous y conduisent rapidement. La route est poussiéreuse, mal entretenue, bordée, sur une petite distance, par un cimetière chinois dont toutes les tombes, orientées vers l'est, sont marquées de pierres debout. Deux pagodes, assemblage de bizarres constructions entourées de murs surmontés des dragons symboliques et de divers ornements en faïence, sont les seuls monuments qui fixent l'attention. Les autres constructions ne sont rien que fort modestes baraquements abrités du soleil et de la chaleur par des nattes épaisses. Ce sont des magasins chinois, pour la plupart.

La ville ne prend son aspect monumental qu'en arrière de cette première zone, dont elle est séparée par un modeste cours d'eau, aboutissant au vieux port, dit de Tayan-Pagar, à son extrémité sud. Du port de Tayan-Pagar, beaucoup plus resserré que celui de New-Harbour, part la superbe jetée Dalhousie qui aboutit à la place du Gouvernement. Le palais du gouverneur, l'hôtel de ville, le temple protestant, précédé d'une belle tour surmonté d'un clocher en pointe et entouré d'un vaste jardin, la douane, une belle fontaine à jets d'eau et les principaux hôtels, lui font une superbe ceinture. Au centre, un obélisque rappelle lord Dalhousie, le savant explorateur qui sut implanter l'influence anglaise dans les îles de l'archipel malais, et les soustraire à l'action française. De fait, Singapore n'était, il y a cinquante ans, qu'une fort modeste bourgade de pêcheurs malais. Les Anglais, pratiques, en ont apprécié l'importance dans une île facile à occuper militairement, et placée de telle façon qu'elle commande l'entrée du détroit. Ils en firent l'acquisition du sultan de l'endroit et ne tardèrent pas à s'emparer ensuite de l'île tout entière, à peine séparée de la terre ferme par un détroit d'une largeur moyenne de cinq à six cents mètres. Elle est aujourd'hui peuplée de cent mille habitants, Chinois, Malais, Javanais, Hindous, Arabes et Arméniens, sur lesquels, au nombre de trois ou quatre mille au plus, ils exercent une complète autorité. La ville, d'autre part, compose deux zones très distinctes, dont la première, exclusivement affectée aux affaires commerciales, est habitée seulement par les indigènes, alors que la seconde, qui en est séparée par un cours d'eau, paraît réservée aux seuls Européens.

La ville commerciale est elle-même partagée en autant de

quartiers que de races et d'industries spéciales. Le quartier chinois, occupé surtout par des tailleurs, des cordonniers ou marchands d'épiceries, est prodigieux de fébrile activité.

La ville européenne, d'apparence plus étendue, est semée de fort coquettes villas entourées de vastes jardins. Les maisons, généralement d'un seul étage, sont abritées de la chaleur par des vérandas circulaires. La température, du reste, y demeure à peu près invariable entre 20 degrés minimum et 25 degrés maximum, et des pluies journalières, généralement de courte durée, en tempèrent heureusement l'action. Aussi la végétation y est véritablement exubérante; toutes les plantes tropicales, le gambier, le poivrier, le café, y prospèrent en pleine activité, alors qu'au contraire nos légumes herbacés n'y sont que très difficilement obtenus.

Singapore, port franc, pratiquement ouvert alors que les ports chinois demeuraient encore interdits aux Européens, est devenu véritablement l'entrepôt de toutes les marchandises de l'Europe, de la Chine, du Japon, de l'Australie et de toutes les îles du grand archipel océanien. C'est, maintenant, le rendez-vous de tous les peuples. Bengalis aux yeux de femme, Cinghalais au peigne d'écaille, Malabars à la peau bronzée, Chinois à longue chevelure en queue, Malais athlétiques et guerriers, Birmans, Javanais et Siamois, nègres et sauvages de Sumatra se coudoient dans les rues, comme les jonques, les pracs, les sampans, les pirogues à balancier dans le port. Et cependant, elle n'était, il y a un demi-siècle, qu'un modeste centre habité seulement par quelques pêcheurs malais.

Les négociants européens n'habitent pas la ville commerciale et n'y viennent qu'aux heures des affaires. J'y suis attendu, cependant, par un correspondant anglais, M. Martin Dyce, que je ne comprends guère plus qu'il ne me comprend lui-même, puis heureusement aussi par l'excellent M. Hinnekindt, un Belge marié à une Française de l'île Maurice, chez lequel, grâce aux pressantes recommandations d'un ami de mon frère, M. Régis, de Marseille, je suis accueilli à bras ouverts. J'y trouve l'immense satisfaction d'un simple mot télégraphique de convention *Belval!* Tous les chers miens sont en bonne santé. Quiconque aime sa famille comprendra ma joie, celle aussi qu'éprouveront mon vénéré père et tous les miens alors que, ce soir même très probablement, ils recevront à leur tour communication de ce même mot conventionnel dont la transmission vaut certes bien les dix francs qu'elle me coûte. Vivre, c'est aimer.

L'excellent M. Hinnekindt se fait mon obligeant cicerone et m'accompagne partout dans mes rapides excursions. Au consulat de France d'abord, où nous sommes, quelques officiers et moi, tout heureux d'être reçus par le consul et par ses adjoints, tous ceints de l'écharpe tricolore. Puis, à l'église catholique! Pour qui est loin de son pays, l'église, c'est la Patrie absente, la prière s'y fait plus ardente! J'ai le plaisir d'y rencontrer Mgr Garnier, un robuste champion de la foi, Français de cœur et d'esprit, heureux, me dit-il, des bons résultats qu'il a obtenus déjà dans le pays, mais tout attristé aussi de l'attitude hostile de notre gouvernement républicain vis-à-vis des missionnaires qui s'efforcent de faire aimer la France, qui nous sont absolument dévoués et prêts à nous rendre, au cours de notre expédition militaire, de très réels services. Près de l'église catholique, un vaste pensionnat, dirigé par les sœurs françaises de Saint-Maur, reçoit les jeunes filles européennes catholiques, et entretient, en outre, un orphelinat pour les petites filles chinoises ou malaises abandonnées de leurs parents. Ces enfants y sont élevées jusqu'à l'âge de dix-huit à vingt ans, puis alors habituellement mariées à des Chinois ou Malais pour la plupart convertis au catholicisme par les pères de la Doctrine chrétienne, qui tiennent non loin de là un asile spécial pour les garçons. La charité, le sacrifice, écorce souvent amère, fruit généralement délicieux. C'est, du reste, une justice à rendre aux Anglais : toutes les religions sont respectées par eux. A Singapore, toutes ont un culte, sinon également protégé, du moins pratiquement toléré. A côté de la pagode bouddhiste, à côté de la mosquée, du temple grec-arménien, il y a l'église catholique, le temple protestant et même la synagogue. Puis, à côté des temples et des églises, les bazars remplis de tous les produits exotiques, de curiosités du pays, bronzes, laques, ivoires, bijoux orientaux, qu'il faut marchander avec la volonté bien arrêtée de les payer la moitié au plus des prix demandés. C'est, du moins, ce que me dit M. Hinnekindt. Aussi bien, dans l'Extrême-Orient, les Chinois, me dit-il, sont les juifs de l'Europe. Travailleurs infatigables, usuriers de profession, ils vivent misérablement d'un peu de riz, de quelques rares légumes, de poissons salés; et, quelle que soit leur situation de fortune, parfois très enviable, ils n'ont qu'un but, celui d'accumuler assez d'or pour pouvoir ensuite se retirer au pays qu'ils aiment véritablement, mais dont ils détestent le gouvernement. Ainsi s'explique leur apparente indifférence des conquêtes européennes. Pour eux, la Patrie, c'est le sol sous lequel ils pourront dormir leur dernier sommeil. Et l'essentiel est de gagner assez d'argent pour y acquérir une tombe. C'est le grand argument. Aussi la question religieuse ne leur est pas un obstacle infranchissable. Au contact des Européens, ils deviendront peut-être chrétiens, mais sans convictions, et souvent avec l'intention bien arrêtée de revenir à la religion des ancêtres, dès qu'ils auront pu réintégrer le pays d'origine.

Les Malais, ennemis des Chinois, plus difficiles, paraît-il, à convertir au christianisme, sont aussi plus fermes de convictions. Les Anglais, mettant à profit le principe de diviser pour régner, choisissent parmi eux les principaux agents de leur police, notamment leurs cipayes ou soldats indigènes commandés par des officiers européens, à l'exemple des compagnies autrefois organisées dans les Indes orientales, par le gouvernement français. Les Chinois, bien qu'étant d'apparence au moins aussi soumis, sont au contraire peu disposés à servir sous les armes; et, quand exceptionnellement ils s'y décident, ils ne sont généralement, paraît-il, que fort médiocres soldats. Les Européens, je l'ai dit déjà, habitent presque tous, à quelque distance de l'agglomération indigène, de belles villas, ordinairement isolées les unes des autres, et entourées de vastes jardins. Les appartements, un simple rez-de-chaussée sur voûtes, sont entourées de vérandas couvertes qui protègent l'intérieur contre la chaleur, le vent ou la pluie. Les chambres vastes, fort élevées de plafond, sont séparées par de simples nattes mobiles, parfois d'un grand luxe. Ces nattes tiennent lieu de portes; aussi l'air circule facilement, et la température, à peu près invariable de nuit et de jour, y est facilement supportée. Chaque jour, du reste, généralement vers dix heures du matin, une pluie abondante, d'une à deux heures de durée, vient rafraîchir l'atmosphère ambiante. C'est à la régularité quotidienne de cette pluie, qui parfois devient diluvienne, qu'est due la luxuriante végétation, aussi variée que productive, qui fait de chaque habitation un véritable nid de verdure. Mais, nos arbres fruitiers d'Europe, la vigne notamment, n'y réussissent pas, et non plus les légumes fins. Les très rares salades que j'ai pu voir sont cultivées dans des caisses mobiles, à l'abri des vérandas. On pourrait peut-être, de même, obtenir quelques fruits, et notamment le raisin de treille.

Quoi qu'il en soit, la longue promenade que j'ai faite ce soir, au jardin botanique, en compagnie de Mme Hinnekindt, de ses enfants et de sa nièce, une belle jeune fille de dix-huit ans, me demeure un fort agréable et très instructif souvenir. J'aurais pu m'y croire au bois de Boulogne par une belle soirée d'été; les oiseaux, parmi lesquels le cosmopolite moineau, complétaient l'illusion.

8 février. — Ce matin encore, avant le départ, j'ai pu, en compagnie de mes aimables hôtes, parcourir la ville commerciale, visiter surtout les belles habitations chinoises, toutes construites, du reste, sur le même modèle. Un vestibule d'entrée, orné de fantastiques lanternes de papier, puis une vaste cour avec pièce d'eau entourée de fleurs, d'arbustes bizarres, d'une nombreuse variété de crotons panachés et de la fleur sacrée du lotus, peut-être le Rhamnus lotus digne des dieux dont parle l'*Odyssée;* puis au fond, les appartements fermés seulement par de fines sparteries, ornés souvent de meubles d'un grand prix, et très habituellement de longues planches laquées couvertes d'inscriptions à la louange des ancêtres, comme aussi d'un autel privé qui rappelle leurs souvenirs.

Les Chinois, me dit M. Hinnekindt, n'ont d'autres passions que l'opium et le jeu. Dans chaque maison se trouve un réduit où chacun vient se livrer à la délirante fumée ; les riches, relativement plus sobres, résistent seuls au fatal entraînement. La ferme de l'opium constitue pour les Anglais un revenu considérable. Elle est généralement concédée à des Chinois qui sont, du reste, les mandataires habituels entre les Malais, les Indiens et les Européens.

Parmi les autres produits livrés au commerce, les principaux sont, paraît-il, le gambier, le poivrier, les noix de coco et l'étain, puis aussi les peaux, notamment celles de tigres, très nombreux aux environs. En dehors de l'opium, le commerce est libre ; la ville perçoit seulement un impôt de 10 francs sur les magasins occupés, quel que soit, du reste, le prix du loyer.

Il est dix heures et la sirène nous rappelle à bord, où je suis accompagné par les Hinnekindt (1), dont la gracieuse hospitalité a occupé tous les instants de mon séjour à Singapore. Et nous nous serrons la main, dans un cordial au revoir.

Il est onze heures, l'ancre est levée, et le *Saint-Germain*, prudemment piloté à travers un labyrinthe d'îlots, superbes d'exubérante végétation, ne tarde pas à prendre la direction nord-est, pour sa dernière étape.

La mousson est violente ; la mer, cependant, demeure relativement calme et nous permet jusqu'au soir de distinguer la côte.

(1) Lors du blocus de Formose, les Anglais, sous prétexte de neutralité, refusèrent de livrer aux escales le charbon nécessaire à nos bateaux. A Singapore, M. Hinnekindt père, absolument dévoué à la France, réussit à tromper leur mauvais vouloir. Il acheta pour son compte l'approvisionnement nécessaire, le conduisit au large et put ainsi le livrer à nos bateaux. Mais au retour, les Anglais le mirent en prison. Il fallut l'intervention du consul belge pour l'en tirer. En souvenir de cet acte de dévouement à la France, M. Hinnekindt a été fait chevalier de la Légion d'honneur.

Mais dans la nuit le temps change, et le golfe de Siam nous devient hostile.

9 février. — Le tangage est atroce. L'équilibre organique est rompu, et l'affreux mal de mer a repris ses droits sur la plupart d'entre nous Je n'y résiste pas mieux que les camarades et suis, ainsi qu'eux, condamné à la position horizontale. La température, du reste, s'est très sensiblement abaissée et contraste péniblement avec la chaleur des précédentes journées.

10 février. — Même état de la mer. La mousson nord-est souffle avec violence. Nous n'en sommes pas moins, vers midi, à hauteur de l'île Poulo-Condore, qui fut notre dépôt d'approvisionnements lors de l'occupation de la Cochinchine en 1858. C'est le pays des singes à longue queue (ce qui veut dire des Chinois) et aussi des coquins, disent nos marsouins; de fait, le gouvernement de Cochinchine y a installé un sanatorium très utile, mais aussi, paraît-il, un pénitencier très fréquenté.

Dans la soirée, le *Saint-Germain* se rapproche des côtes, qui forment, aux bouches du Mékong, autant de presqu'îles basses et marécageuses.

Lundi 11 février. — La mer est moins pénible, mais, dit le commandant, les courants nous éloignent de la côte et allongent notre route. Nous franchissons ainsi, sans le pouvoir reconnaître, le cap Saint-Jacques, à l'embouchure de la rivière de Saïgon, pour toucher vers midi le cap Tivan, qui est le commencement de l'Annam. Des rochers perdus dans la brume, et que nous longeons sans nous en écarter de plus de deux ou trois milles, sont semés çà et là tout le long de la côte. De temps à autre, des plages marécageuses, puis quelques barques de pêcheurs; mais on ne distingue aucune habitation.

A hauteur de Quinhon et de la baie de Tourane, vers l'entrée de la rivière de Hué, occupée par nos troupes depuis le bombardement des forts par l'amiral Courbet, le 21 août 1883, nous croisons, par tribord, deux vapeurs occupés, paraît-il, à la pose du câble sous-marin qui doit relier Saïgon à Haï-Phong. Puisse-t-il bientôt annoncer la victoire! Ce soir, la brise tombe, la mer devient très calme; la lune brille d'un pur éclat, mais dans un ciel à peine semé de quelques rares étoiles.

Nous approchons du but; il est temps, vraiment, car voici qu'un douloureux événement nous avertit d'un redoutable début d'infection à bord. Un artilleur vient de succomber en pleine évolution de fièvre typhoïde. Il était à l'infirmerie depuis cinq jours seulement. Et l'insuffisance de notre installation hospitalière est un avertissement d'autant plus grave qu'un second malade, du même escadron, est également sérieusement atteint, que de plus plusieurs sont atteints d'embarras gastriques fébriles fort suspects. Les précautions hygiéniques, douches et autres, ont pu retarder l'évolution du germe probablement apporté de France; mais, en raison de l'abaissement de la température, elles sont actuellement difficiles, et la contamination individuelle est menaçante. Il y a aussi quelques cas de rougeole, jusqu'à ce jour heureusement sans gravité.

Mardi 12 *février*. — Nous voici à l'entrée du golfe du Tonkin, à hauteur du cap Khioung-Tchéou, en face et à l'est de l'île d'Haïnam. La température s'abaisse sensiblement, il pleut presque constamment; l'eau de la mer, cependant, accuse encore 24 degrés. La côte se perd dans la brume.

13 *février*. — Ce matin, à onze heures, l'officier de quart signale le phare de la presqu'île de Do-Son. Vers midi, nous sommes à l'embouchure du Cua-Lac-Tray, à l'entrée de la baie d'Along, et le pilote demandé ne tarde pas à nous arriver.

Le pilote, M. Crochet, un ancien du Tonkin, un compagnon de Dupuy pendant sa périlleuse exploration du fleuve Rouge jusqu'à sa source dans le Yunam, nous apprend que l'*Européen* nous a seul précédés. Le *My-Tho* n'est point signalé encore ; il a dû, paraît-il, s'arrêter à Saïgon, où les généraux Millot, Brière de l'Isle et de Négrier l'ont quitté pour toucher Haï-Phong seulement hier, et de là se rendre immédiatement à Hanoï, où ils sont actuellement. Et le rude marsouin nous raconte, enthousiaste, la prise de Sontay. « Les Pavillons noirs, commandés par le redoutable Lu-Vinh-Phuoc, y avaient accumulé, dit-il, tous les moyens de défense, et s'y croyaient absolument à l'abri. La superbe tactique de l'amiral et l'héroïsme des troupes les ont désabusés. L'attaque a tout emporté, et les richesses accumulées dans la ville ont payé les courageux efforts de nos soldats. Plusieurs, malheureusement, sont glorieusement tombés, mais les Pavillons ont été si rudement poussés, qu'ils sont complètement découragés et dorénavant incapables d'une longue résistance ; seuls les Chinois tiennent solidement Bac-Ninh. A vous de les en chasser. » On l'écoute attentif, et chacun, dans son esprit, se prépare à la prochaine action.

Grâce à la régularité de sa marche, le *Saint-Germain* arrive premier au rendez-vous, devançant de quatre à cinq jours, dit notre pilote, l'*Annamite* et le *Poitou* qui, cependant, ont quitté Toulon plusieurs heures avant nous. Voici que nous franchissons les bouches du fleuve Rouge, le lac Tray, le Cuacam, le Cua-Nam-Trieu, pour longer la pointe de l'île Cac-Bá et bientôt pénétrer dans la baie d'Along. A tribord, les hautes-montagnes (Nui-Cac-Bá), perdues dans les nuages, nous paraissent couvertes de neige. Et l'illusion est permise, car le thermomètre accuse seulement 12 degrés, l'eau de la mer se maintenant cependant à 19 degrés.

Le pilote, dorénavant notre conducteur, nous engage dans un véritable labyrinthe formé de rochers à pic, dont plusieurs rongés à leur base, ou parfois même traversés de part en part, sous les incessants efforts de la mer. Il faut, en vérité, une parfaite connaissance de ce dédale pour s'y diriger sûrement. Parfois, l'étroit chenal dépasse de quelques mètres seulement la largeur du bateau. Il semble qu'on va se briser sur l'un de ces fantastiques rochers, derrière lesquels s'abritaient, il y a quelques jours à peine, les plus redoutables pirates. Et cependant, la sonde, au pied même, accuse une moyenne de 40 mètres d'eau. Quelle révolution géologique a pu produire un tel bouleversement? « Dans aucun voyage, nous dit le commandant Traub, je n'ai rien vu qui soit plus fantastique; le détroit de Magellan, si réputé pour son étrangeté, peut seul être comparé. »

Et brusquement surgit l'escadre. Le *Bayard*, vaisseau amiral; l'*Atalante*, le *Château-Renaud*, l'*Hamelin*, le *Kersaint*, le *Lynx*, l'*Aspic*, la *Vipère*, trois canonnières à fond plat qui fouillent incessamment tous les recoins de la baie, deux torpilleurs, puis le *Parceval*, le *Drac*, l'*Aveyron* se couvrent du pavillon national. C'est féerique. La France est là, majestueuse d'énergie virile.

Le *Bayard* salue notre arrivée d'une joyeuse fanfare; la haute silhouette de l'amiral se profile sur la dunette. Chacun sent battre son cœur, le *Saint-Germain* jette l'ancre à quelques encâblures, mais, sur le rapport du docteur Barril, s'interdit temporairement toute communication avec les autres bateaux de l'escadre. Des sampans tonkinois ne tardent pas, cependant, à nous entourer, nous apportant des œufs, de la volaille, des bananes, de la salade et quelques légumes verts, fort appréciés de nos soldats qui en sont depuis longtemps privés.

14 février. — Dès hier soir, du reste, après examen des deux malades en évolution de fièvre typhoïde que nous avons encore à bord, la libre pratique nous a été rendue. Et ce matin même, deux compagnies du 111e sont enlevées par le transport l'*Aspic* à destination d'Haï-Phong, où le reste du bataillon les rejoindra demain. L'amiral, nous dit-on, a décidément remis son commandement au général Millot, qui est, dorénavant, le seul chef du corps expéditionnaire. Malgré l'abstention du lieutenant-colonel Defoy, nous estimons, quelques officiers et moi, de notre devoir d'aller lui présenter nos hommages. Il veut bien, immédiatement, nous recevoir; il ne sait pas cacher sa déception et sa tristesse de l'obligation qui lui est imposée, au lendemain même de la prise de Sontay, d'avoir à remettre son commandement. Grand, sec, figure anguleuse des plus expressives, œil étincelant d'intelligence, d'énergie et de franchise, il s'entretient avec chacun de nous, et nous fait le grand honneur, au commandant Chappuis et à moi, de nous retenir à déjeuner.

« Assurément, nous dit-il, il m'eût été possible d'enlever rapidement Bac-Ninh. Quelques renforts m'eussent suffi; et la guerre, dans ce pays sillonné de rivières et canaux qui sont les seules communications usuelles, est assurément l'affaire d'un marin plus que d'un soldat. Le gouvernement de la République en a décidé autrement. Il m'est pénible de constater que la seule politique bouleverse les conceptions les plus pratiques, et que seule elle a motivé le choix de mon successeur dans le commandement du corps expéditionnaire, pénible surtout de constater que les Chinois, grâce au temps dont ils ont pu disposer, sont actuellement complètement organisés. » Et dans un élan patriotique : « Oui, certes, et malgré les obstacles, vous enlèverez rapidement Bac-Ninh, et de tout mon cœur je me réjouirai de votre succès. Mais il ne suffira pas, j'en ai l'absolue conviction, pour assurer à la France la tranquille possession du Tonkin. Vous aurez longtemps à lutter; bien que nous ne soyons pas en guerre avec la Chine, les Chinois résisteront longtemps. Je souffre de n'avoir pas à vous conduire dans cette rude campagne que vous commencez sans pouvoir encore en apprécier les difficultés. »

Et les officiers de son entourage, parmi lesquels notamment le commandant de Maigret, dont mes amicales relations avec son frère, mon ancien camarade au 6ᵉ régiment de cuirassiers, facilitent l'expansion, et le docteur Douai, médecin en chef de l'escadre, ne cachent pas davantage leur mécontentement de la mesure *inqualifiable,* disent-ils, prise contre leur chef, dont ils ont eu, si souvent déjà, l'occasion d'apprécier la bienveillance, la droiture, l'énergie, l'intelligence et le courage.

« Pour lui-même, me dit le docteur Douai, il ignore le danger et n'a d'autre souci que d'en garantir ceux de ses soldats qu'il doit fatalement y conduire. Il veut tout voir et sait se rendre compte de tous les incidents de la lutte. A Sontay, au moment de l'assaut, il se tenait, visible pour tous, sur un mamelon à deux cents mètres du front d'attaque. Il y fut aperçu d'un habile tireur ennemi dont il devint le point de mire. Et déjà son officier d'ordonnance venait, à ses côtés, d'être gravement atteint, lorsque deux balles parties de son escorte jetèrent bas l'ennemi dont il était le principal objectif. Et lui de s'écrier : « Merci, mon brave ! il en voulait « décidément à ma peau, et je n'étais pas à même de lui « répondre. » Ah ! les rudes soldats que nos turcos et légionnaires ! Ils valent notre héroïque infanterie de marine. Avec de telles troupes on doit vaincre partout et toujours. » Que Dieu l'entende !

Le docteur Douai veut bien, d'autre part, me donner de précieux renseignements sur le pays. Son expérience personnelle est concluante : « Le delta n'est pas malsain, dit-il ; il y a peu de fièvres, et il suffit d'y éviter les excès, notamment de femmes et de boissons alcooliques, pour espérer de s'y maintenir en bonne santé. Mais il n'en est pas du tout de même dans la région des montagnes et des forêts. La fièvre y est endémique, s'y présente sous les manifestations symptomatiques les plus diverses, et, malgré l'énergie du traitement spécifique, y est le plus souvent mortelle. Méfiez-vous de l'eau partout et toujours. Faites-la bouillir et ne buvez que du thé. Méfiez-vous de même des coups de chaleur ; alors que le soleil est caché, la saturation hygrométrique du pays les rend plus redoutables encore. »

Mais voici qu'il faut se séparer. Le transport *Parceval* nous attend pour nous conduire à Haï-Phong. A bord du *Saint-Germain* on vide joyeusement la coupe de champagne. « A vos rapides succès ! nous dit l'excellent commandant Traub ; je souhaite revenir bientôt vous chercher et n'emporter que d'heureux vainqueurs. » Et nous nous serrons la main.

A bord du *Parceval* le commandant s'impatiente. En vrai loup de mer, il s'étonne, nous dit-il, dans sa franche brusquerie, que quelques officiers au moins n'aient point accompagné leurs hommes pour les installer à bord, où ils devront passer la nuit. Et cette boutade, parfaitement méritée, étant arrivée à son adresse, le brave commandant, satisfait d'avoir rappelé le devoir, se fait un plaisir de nous offrir à sa table la plus cordiale hospitalité. Il veut même nous abandonner sa cabine, où, dit-il, nous pourrons, le colonel et moi, seuls officiers supérieurs, éviter les inconvénients d'une longue nuit passée sur le pont. Le lieutenant-colonel Dejey boude et croit devoir refuser; « il entend, dit-il, demeurer au milieu de ses hommes. » Je suis moins rigoriste, et j'ai, par mon acceptation, la bonne chance d'éviter un inutile froissement. De suite nous devenons, le commandant et moi, les meilleurs camarades.

« Voyez, me dit-il, ce gros village perdu au milieu des rochers. C'est Cac-Bà, il y a quelques mois à peine un repaire de brigands. C'est là que les pirates conduisaient les femmes et le butin enlevés dans leurs nocturnes expéditions contre les villages isolés du delta, là qu'ils se livraient à toutes les débauches. Il a fallu une incessante croisière de nos canonnières pour y mettre un terme. Après nombre de jonques, sampans et pirogues capturés, brûlés, ou coulés, les pirates n'osent plus s'en approcher. Les femmes qui y demeurent encore attendent, sans inquiétude, qu'il nous soit possible de les rapatrier en toute sécurité. » Et les fantastiques rochers paraissent se soulever autour de nous, comme pour nous raconter quelque terrible drame. Quelque don Juan, ou mieux quelque Fra Diavolo s'y abrite peut-être encore. Les loustics du bataillon en ont, ainsi que nous, la vague intuition. L'un d'eux, leur interprète sans doute, chante superbement la sinistre évocation. Et, comme pour lui permettre de se faire entendre, voici que le *Parceval* demeure immobile à l'entrée même du fleuve. De fait, la nuit est très noire, et malgré le feu fixe qui marque le passage, la barre, paraît-il, est d'accès trop difficile, trop découverte, pour être actuellement franchie sans danger. Il faut attendre le jour, la marée haute et le pilote.

Dès l'aube le pilote est à bord, et sous son habile direction le *Parceval* pénètre hardiment dans le Cua-Cam. Tout de suite

CHAPITRE PREMIER

le pays change d'aspect. Vu du milieu du fleuve, il me rappelle les plaines marécageuses de la Dombe, avec leur lointaine couronne de montagnes.

Vers huit heures du matin, nous touchons Haï-Phong, une vraie ville d'eau qu'on croirait bâtie sur pilotis. Elle est, en effet, enfermée, au confluent du Cua-Cam, dans un véritable méandre de canaux en communication les uns avec les autres, et parfois aussi larges que le fleuve lui-même. Sur la rive droite, quelques belles constructions forment ce qu'on appelle la Concession, c'est-à-dire la portion de terre dont l'occupation par la France a été régulièrement consentie, dès 1874. Ce n'était alors qu'une lagune entre le fleuve et son principal canal de dérivation, le Song-ton-bac. Des travaux considérables dirigés par un jeune officier du génie, le lieutenant Espitallier, en ont fait un agréable réduit, véritable nid de verdure au milieu d'un marais. L'hôtel de la résidence et du commandant d'armes, l'hôpital, de vastes baraquements occupés par les troupes ou remplis d'approvisionnements, y sont étroitement groupés. La ville indigène en est séparée par le Song-ton-bac. Elle est un mélange de misérables paillottes tonkinoises, de quelques magasins chinois aux devantures solidement protégées par d'énormes bambous, de modestes pagodes, et de trois ou quatre habitations européennes, dont une seule, au confluent même du fleuve et du canal, paraît véritablement confortable. Seuls quelques négociants français, notamment les frères Roques et M. Valentin, fixés depuis plusieurs années déjà, en ont fait, aujourd'hui, un centre commercial de réelle importance. Il n'est cependant actuellement question que de l'abandon prochain de cette cité mère, où l'espace manque, paraît-il, pour de nouvelles constructions, et de l'adoption d'un nouveau centre, à Quan-Yem, qui est une importante citadelle située un peu plus au nord, à l'entrée d'une autre branche du Cua-Cam.

Pour l'instant, Haï-Phong est une véritable fourmilière en pleine activité de travail. Tous les éléments du nouveau corps expéditionnaire y affluent, pour s'y organiser en vue d'une rapide action. Nous sommes, le lieutenant-colonel Defoy, le commandant Chappuis, quelques officiers supérieurs et moi, logés à la Résidence, dont un jeune résident, M. Marquis, nous fait très courtoisement les honneurs.

Sur le fleuve et ses affluents, des sampans sont les seuls moyens de communication; ils paraissent constituer l'habitation permanente d'un certain nombre d'indigènes. A part les Européens et les Chinois, la population paraît misérable et d'une repoussante saleté. De fait, hommes, femmes et enfants travaillent, sinon avec ardeur, du moins sans trêve, portant des pierres, de la terre, des pièces de bois destinées à de hâtives constructions. Et tous, sans soucis apparents, paraissent très satisfaits du modeste salaire, un franc par jour, en moyenne, qui leur est alloué, mais qu'ils savent à l'abri des exactions habituelles des mandarins.

Ma première visite est pour l'hôpital. C'est l'ancienne caserne de l'infanterie de marine; un simple rez-de-chaussée de pavillons construits en briques, suffisamment séparés les uns des autres, et reposant sur des piliers disposés de distance en distance de manière à faciliter une active circulation de l'air, et à éviter ainsi l'humidité. Bien que contenant environ deux cents lits, il est actuellement très insuffisant et pauvrement approvisionné. Néanmoins, les efforts du médecin en chef, M. Rey, du service de la marine, et des sœurs de Saint-Paul de Chartres, ont pu, jusqu'à ce jour, parer aux plus pressants besoins. Depuis plusieurs mois déjà, paraît-il, des carcasses en fer pour hôpitaux du système Tollet attendent qu'on se décide à les monter. Pourquoi ce retard, on ne le dit pas. Et cependant les malades, déjà fort nombreux, manquent de places. Ce sont, notamment, des diarrhées et des convalescents de dysenterie qui paraissent avoir grand besoin d'être encore activement soignés et surveillés. Mais tous les lits sont occupés par des fièvres d'apparence typhoïde et par les blessés des dernières affaires, parmi lesquels de nombreux soldats indigènes à notre service.

Mon entretien avec le docteur Rey confirme le dire du docteur Douai. — « Le delta lui-même est sain, me dit-il, les fièvres graves sont rares dans toute la zone des rizières, ce qui paraît dû, peut-être, autant à la nature argilo-ferrugineuse du sol qu'à la culture intensive du riz, qui nécessite un travail incessant et un véritable drainage du terrain. Cependant, et malgré la rareté des fièvres graves, la chirurgie conservatrice ne paraît pas heureuse. La plupart des amputés tardivement opérés ont succombé à des accidents infectieux, parfois aussi au tétanos. Du reste, au fur et à mesure qu'on s'éloigne du bas delta, la fièvre devient plus fréquente et plus grave. Dans la région montagneuse et surtout dans les forêts, où, sans doute, elle trouve des éléments d'exceptionnelle gravité dans une incessante décomposition de détritus végétaux accumulés par les siècles, on la désigne sous le nom de fièvre pernicieuse des bois. Elle revêt alors les formes les plus insidieuses qui, si elles ne sont pas immédiatement combattues, sont mortelles parfois dès la première atteinte. D'autre part, on s'accorde à tenir l'eau du delta comme étant généralement de fort mauvaise qualité. Dans le bas delta surtout, il n'y a pas de sources; l'eau du fleuve est la seule ressource, et comme elle est un mélange saumâtre d'eau douce et d'eau de mer, qu'elle est, de plus, polluée par une masse de détritus organiques, elle provoque presque fatalement la diarrhée, souvent aussi l'évolution du tænia. Il faut donc s'en abstenir autant que possible, ou du moins n'en faire usage qu'après l'ébullition. Les indigènes la clarifient parfois à l'aide de l'alun. Mais cela paraît une très insuffisante garantie. »

Dans une promenade que nous faisons ensemble au village de An-Duong, au milieu des aréquiers, il me fait remarquer que le sol, dans le voisinage des habitations, est partout très fortement tassé, soigneusement balayé et parfaitement entretenu. Bien que n'étant qu'un misérable torchis d'argile et de menus débris de paille, les habitations, encombrées cependant d'habitants au facies d'un jaune terreux, généralement tatoué des cicatrices de la petite vérole, sont proprement tenues. Toutes sont entourées d'un jardin planté de choux, de salades, de patates et autres légumes.

Par hasard, notre promenade coïncide avec l'heure habituelle du repas du soir dans les familles du village. Et c'est un curieux spectacle que celui de ces familles accroupies à la manière des singes, devant de petites tables basses couvertes d'une commune écuelle de riz et de très petites assiettes, contenant chacune un peu de poisson fermenté mélangé avec de la salade à saumure fortement pimentée. L'absence de barbe et l'aspect général permettent à peine de distinguer les sexes. Chacun saisit, avec une merveilleuse dextérité, à l'aide de deux baguettes tenues entre le pouce et l'index, le morceau de son choix, ou fait délicatement couler jusqu'à la bouche la sauce qui l'accompagne. Cela ressemble à une dînette d'enfants qui s'amusent.

A côté du village, voici le cimetière; un simple groupement de tumuli signalés à l'attention par une motte d'argile, sans inscription ni pierres. Il n'y a là, très probablement, que des corps de pauvres gens.

17 février. — Haï-Phong réunit, avec le corps expéditionnaire, un commencement de société; quelques dames, parmi lesquelles une fort intelligente et très gracieuse Parisienne, femme du trésorier-payeur M. de Custine, qui, malgré les apparences d'une très délicate santé, demeure ici depuis quelques mois déjà. Grâce, sans doute, à la présentation du docteur Rey, elle veut bien m'admettre parmi les intimes de la maison, et sait faire apprécier bien vite la femme instruite qui, sans perdre les grâces de son sexe, a acquis de l'expérience et des idées.

Notre table, servie sous paillotte par le seul restaurateur de l'endroit, un Français assisté de nombreux Chinois, réunit tous les officiers supérieurs en résidence fixe ou de passage, parmi lesquels le capitaine de frégate Drouin, commandant d'armes, le docteur Borius, le commissaire de marine Chardin, puis le jeune lieutenant de vaisseau Hautefeuille, l'héroïque et très sympathique vainqueur de Nam-Dinh, et les capitaines Gentz et Delacroix, officiers d'état-major demeurés ici pour transmettre les ordres du général en chef. Et malgré le bon vouloir de tous, les ordres donnés sont parfois ou très mal interprétés, ou, le plus souvent, très incomplètement expliqués. Voici, par exemple, le commandant Chappuis qui, depuis hier déjà en route pour Hanoï, reçoit ce matin l'ordre de rebrousser chemin et de ramener son bataillon du 111e à Haï-Phong, où il doit se rembarquer à destination d'Haï-Zuong, appelé à devenir le centre de concentration de la brigade Négrier. Et, dit-on, ces malentendus, ces retards, ces marches et contre-marches inutiles, eussent été sûrement évités dans une entente préalable avec la marine, actuellement systématiquement écartée. De fait, et j'en acquiers ce soir même encore la pénible certitude, il y a décidément guerre sourde entre la marine et la guerre. L'amiral Courbet, obligé de se retirer, entraîne avec lui ses meilleurs auxiliaires de lutte, entre autres le général Bichot, le colonel Badens, de l'infanterie de marine, et la plupart des officiers qui, connaissant déjà le pays et les difficultés de la situation, eussent pu, sûrement, éviter de très fâcheuses hésitations. Sans aucun doute, ils voudraient pouvoir nous assister au moins de leurs conseils pratiques. Mais le nouveau commandement paraît décidé à s'en passer. Ils en sont d'autant plus affectés qu'ayant brillamment commencé l'œuvre, ils espéraient pouvoir, au moins, s'associer à nos efforts pour la mener à bonne fin.

A vrai dire, du reste, et pour plusieurs d'entre eux, parmi lesquels notamment le résident, M. Marquis, dont l'autoritaire activité et l'intelligente observation sont très généralement appréciées, la question du Tonkin n'existe pas.

« Le pays, disent-ils, subit une étroite centralisation. Les ordres partent de Hué, pénètrent jusque dans les moindres bourgades, lentement mais sûrement, et y sont ponctuellement exécutés. En apparence seulement, le gouvernement annamite accepte notre autorité; mais notre influence disparaît dès que cesse l'occupation militaire. Alors les mandarins redeviennent tout-puissants; à de très rares exceptions près, et bien que paraissant soumis, ils méconnaissent nos instructions et n'ont d'autre souci que l'exécution des ordres donnés par la cour. C'est donc à Hué qu'il faudrait immédiatement envoyer des forces capables de maintenir le gouvernement, de l'obliger à dicter nos ordres et à les faire exécuter sans hésitation. »

Tel est l'avis du résident, tel était aussi, paraît-il, celui du docteur Harmand alors que, tout dernièrement encore, il remplissait les fonctions de gouverneur civil (1).

« C'est à Hué, nous dit M. Marquis, qu'est le nœud de la question, un nœud qu'il faut trancher, ajoute-t-il froidement, avec la tête des grands mandarins. » Et l'ayant entendu, plusieurs d'entre nous partagent ses convictions.

D'autres, au contraire, parmi les marins surtout, estiment que toutes les difficultés seront soulevées par la Chine seulement, que c'est par conséquent l'influence chinoise qu'il faut combattre, et qu'il serait sage d'occuper militairement Canton.

Chacun dit son avis, plus ou moins pratique. Et c'est triste de constater si peu d'entente quand on est à quatre mille lieues de la patrie. Mais cela n'est qu'apparent, il faut au moins l'espérer.

18 *février*. — Le régiment d'infanterie paraît devoir se concentrer à Haï-Zuong pour de là marcher sur Bac-Ninh. Haï-Phong est actuellement encombrée de troupes de toutes armes. J'ai cependant la bonne chance, grâce à l'obligeance du premier secrétaire de la résidence, M. Ranchot (2), qui veut bien partager son logement avec moi, de conserver une chambre que j'aurai sûrement à regretter bientôt.

Le passage du médecin en chef des ambulances, M. Driout,

---

(1) Le docteur Harmand, un de mes anciens à l'école impériale du service de santé militaire à Strasbourg, passé depuis au service de santé de la marine, et devenu, grâce à l'autorité de sa diplomatique intelligence, notre premier gouverneur général de l'Annam et du Tonkin.

(2) Mon ami Ranchot, devenu ministre plénipotentiaire à Siam et officier de la Légion d'honneur, est mort à Bankok, à peine âgé de cinquante ans, le 5 juin 1897. Soldat dans l'âme autant que catholique et patriote, il sut, en 1893, par sa loyale autant qu'énergique et prudente attitude, en qualité de Résident supérieur à Tananarive, s'opposer aux hypocrites empiètements de la colonie protestante anglaise, près la cour d'Emyrne, et fut, pendant l'expédition, le meilleur conseiller du général Duchenne. Si la gloire est le pâle soleil des morts, il a mérité, assurément, le pur rayon qui, là-bas, fait auréole à sa tombe.

se rendant directement à Hanoï, me confirme son étonnement de l'erreur bureaucratique commise à mon égard par la direction du service de santé au ministère de la guerre.

« Vous n'étes pas à votre place dans un régiment, me dit-il. Votre grade, votre ancienneté, votre titre de médecin des hôpitaux vous désignent pour diriger une ambulance de guerre ; je m'y emploierai de tout mon pouvoir. »

De fait, pour l'instant j'en suis réduit aux modestes fonctions d'aide-major dans un bataillon. Heureux encore si je puis y être de quelque utilité ! J'ai à faire signaler aux hommes les dangers des maladies vénériennes dans les pays chauds et humides, ceux non moins graves de l'abus des liqueurs alcooliques et notamment du chum-chum, sorte d'eau-de-vie de riz, qui détermine très rapidement soit l'ivresse furieuse, soit un fort dangereux coma. Je cite, à l'appui, le fait tout récent d'un artilleur, jusqu'à ce jour d'une irréprochable conduite, qui, ayant usé du chum-chum, fut atteint, dans un véritable accès de folie délirante, du besoin immédiat de tuer. Le malheureux, sans aucun motif, s'en fut, en effet, décharger son mousqueton sur l'un de ses camarades, qu'il faudra sûrement amputer de la cuisse. De même encore je rappelle la nécessité de tinettes mobiles dans le voisinage des casernements et les dangers de la dissémination des ordures. Mes avis demeurent à l'état de lettre morte ; notre colonel s'abstient même d'en dire un mot dans les instructions qu'il donne aux officiers.

19 février. — Cette misérable population, humble et soumise, du moins en apparence, à la manière des esclaves de l'Extréme-Orient, parait effrayée des allures de nos soldats.

Tout est pour rien ici ; tel a été, semble-t-il, le mot d'ordre, et nos troupiers en abusent, s'emparant sans plus de façon de tous légumes ou victuailles dont il est demandé un prix d'apparence exagéré. De fait, les indigènes cherchent évidemment à profiter de la situation et ont, disent les anciens, au moins triplé les prix depuis notre arrivée. Et les soldats sont généralement peu disposés, alors surtout qu'ils sont en campagne, à subir les exigences du commerce. Les Chinois, les véritables juifs du pays, se montrent plus retors encore; ils ont aussi grand soin de protéger leurs marchandises en fermant leurs magasins non plus à l'aide de simples bambous, mais bien dans un assemblage d'épais madriers, comme s'ils avaient à subir une effraction. De fait, ils ont à se garer autant des entreprises de nos soldats que des légitimes investigations de l'autorité. Qui d'entre eux, en effet, ne s'est pas livré à la piraterie, lequel n'a pas, sur la conscience, l'enlèvement de quelques enfants et jeunes filles qu'il a bien vite transportés à Canton pour les vendre comme esclaves ou filles de joie? Et combien, alors même qu'ils n'ont pas procédé à des enlèvements violents, n'ont pas entraîné des malheureux auxquels, après de mirifiques promesses, ils ont fait absorber de l'opium? Souvent, ainsi, filles et enfants sont ouvertement vendus au prix de 8 à 20 piastres. Le gouvernement annamite ne paraît pas s'en émouvoir, mais il en est tout autrement sous notre autorité. Tout individu convaincu de piraterie, ou d'enlèvement clandestin de filles et d'enfants, est impitoyablement condamné. Maintenu sous la cangue traditionnelle, porteur d'un immense écriteau qui dit son crime, et précédé d'un crieur qui en raconte les détails, il est, après un sommaire jugement, conduit au lieu du supplice; et, séance tenante, maladroitement décapité par quelque bourreau d'occasion.

Sous l'autorité des mandarins indigènes, la moindre infraction aux ordres donnés est, du reste, immédiatement punie. Et si le coupable n'est pas assez riche pour payer grandement ses juges, il n'échappe pas au moins au supplice de la cangue, habituellement subi au fond de quelque cachot empuanti d'ordures, autant au moins que de prisonniers.

La cangue (c'est l'argument banal) : un long rectangle fermé et fait de lourds madriers, parfois de simples bambous, passé, à la manière d'un carcan, autour du cou du condamné, et pesant de tout son poids sur les épaules. Le misérable qui la porte est obligé de travailler et même de se reposer, alors qu'il est à bout de forces, revêtu de cet étrange collier. Et nos résidents ont adopté ce même système coercitif, mais avec toute l'atténuation qu'il comporte. A de très rares exceptions près, les lourds madriers qui, chez les détenus des mandarins, écrasent absolument les épaules, sont remplacés par de légers bambous qui paraissent facilement supportés. Aussi bien, les Tonkinois, véritables esclaves des Annamites et des Chinois, paraissent peu sensibles aux peines corporelles. Du riz, un peu de poisson fermenté, quelques légumes, très rarement un peu de viande de porc, constituent leur habituelle alimentation. Et la monnaie, divisée à l'infini, paraît démontrer que les dépenses sont généralement fort minimes. Le franc, au cours actuel, vaut six à sept cents sapèques, soit une ligature. La sapèque est une petite pièce percée d'une ouverture carrée. Les indigènes la portent enfilée à la manière d'un chapelet; elle sert à toutes les opérations commerciales. Il faut un homme, dit-on, pour porter, en sapèques, une valeur approximative de quinze francs. On rencontre également, dans les transactions commerciales, des barres d'or et d'argent d'une valeur nettement déterminée. Mais elles sont fort rares dans le commerce courant. Certains prétendent, même, que des billets, représentant une valeur fiduciaire conventionnelle, ont eu cours dans le pays, il y a plusieurs siècles déjà. Ils auraient été émis dès 1395, à l'instigation d'un ministre chinois, et admis dans la circulation au même titre que nos billets de banque. On ne les rencontre plus aujourd'hui.

Les mandarins et fonctionnaires tonkinois ne reçoivent, de leur gouvernement, que des appointements insignifiants, 10 à 15 francs par mois. Un tong-doc ou gouverneur de province est généreusement rétribué à raison de 250 à 300 francs par an. Mais le peuple supplée largement la parcimonie du gouvernement. Les cadeaux sont incessants, et chacun obtient, non pas suivant l'équitable justice, mais bien seulement suivant qu'il donne plus ou moins. C'est ainsi qu'un fonctionnaire, s'il jouit de quelque autorité, peut officiellement recevoir des appointements de 250 à 300 francs par an, mais très facilement aussi se constituer un revenu de dix à vingt mille francs. Il en a, du reste, grandement besoin, afin de pouvoir lui-même payer sa rançon, quand le gouvernement, l'appréciant suffisamment engraissé, imagine pratique de l'accuser de quelque méfait justiciable de la prison, des supplices ou de la peine capitale. C'est l'habitude chinoise, paraît-il; les Annamites au pouvoir s'en servent naturellement, et les Tonkinois la subissent en parfaite résignation.

Il y a, du reste, si complète différence d'aspect entre Chinois et Annamites d'une part, entre Annamites et Tonkinois d'autre part, que la soumission des seconds vis-à-vis des premiers paraît véritablement d'ordre naturel. De fait, les Tonkinois sont des émasculés, sans barbe pour la plupart, indistinctement revêtus de longues robes; on a peine, sous l'habituel chignon qu'un peigne d'écail maintient sur le sommet de la tête, à distinguer un homme d'une femme. Les linh-má eux-mêmes, qui cependant sont des soldats, conservent cette allure féminine. Et, malgré le tricolore chapeau de bambou qu'ils fixent sur leur tête à l'aide de larges rubans rouges flottants, malgré leur courte blouse et leur large pantalon fixé à la taille par une ceinture, malgré la cartouchière et le sabre, nos soldats, les turcos notamment, ne savent les désigner que sous la rubrique : « soldats mamzelles ». Ils ne manquent ni de courage ni d'énergie cependant, alors qu'ils sont bien commandés; et déjà dans plusieurs affaires, notamment à Sontay, ils en ont donné des preuves. « Aussi bien, disent les lettrés, les Tonkinois furent autrefois des hommes; ils sauront le redevenir. Sans doute, avec l'invasion chinoise, ils ont perdu l'idée de l'indépendance, oubliant jusqu'à leur propre langue, et notamment leur écriture phonétique, pour un mélange de chinois et d'annamite actuellement seul en usage, au moins dans les relations officielles. Mais il n'en sera pas toujours ainsi; les Français nous viennent en libérateurs, nous ne l'oublierons pas. »

Et dans le peuple : « Les Chinois et les Annamites ont été nos maîtres. Vous êtes plus forts qu'eux, vous nous promettez de nous arracher à leur exploitation : nous devons donc vous obéir. » Leur patriotisme ne paraît aucunement alarmé du changement de pouvoir. Seront-ils plus heureux sous notre domination? Ils peuvent assurément l'espérer.

A vrai dire, ce sont surtout, sinon peut-être seulement, les indigènes catholiques qui paraissent nous être, dès maintenant, sincèrement attachés. Et cependant, il faut l'admettre, les convictions ne sont pas encore bien solides. Très généralement, les Annamites comme les Tonkinois sont devenus catholiques parce qu'ils ont rencontré chez les missionnaires asile et protection, non pas parce qu'ils ont raisonné notre religion meilleure. De fait, ils n'ont guère d'autre religion que le culte des ancêtres. C'est peut-être la seule pratique qui leur tienne encore au cœur. Les missionnaires, aussi bien les dominicains espagnols que les lazaristes français, ont obtenu, non pas, sans doute, des convictions réfléchies, mais bien une soumission facile aux pratiques apparentes du catholicisme. Les néophytes entendent leur témoigner ainsi leur reconnaissance des soins qu'ils en ont reçus alors qu'ils étaient malades, de l'asile et de la protection qu'ils leur ont donnés alors qu'ils étaient poursuivis et persécutés. Il est à constater, cependant, que plusieurs, pendant les périodes de persécution, n'ont pas craint de se déclarer catholiques, bien certains cependant d'être, seulement en raison de leur aveu, exposés tôt ou tard à subir les plus atroces supplices.

Nos missionnaires eussent-ils pu mieux faire? Assurément non! On a voulu, cependant, leur reprocher de n'avoir appris à leurs néophytes que la seule langue latine, et d'avoir négligé peut-être de leur inculquer, avec notre langue, les idées d'un dévouement nécessaire à la France. C'est là, bien certainement, une très injuste accusation. Qu'on veuille bien, en effet, se reporter aux époques d'arrivée, dans le pays, de nos premiers missionnaires français. Ils étaient alors sans cesse pourchassés, et cruellement menacés. Et la langue latine, du reste le seul idiome dogmatique de l'Église catholique, était aussi la seule qui pût leur permettre de recruter secrètement des adeptes, et de les reconnaître ensuite, la seule également capable d'éviter toutes difficultés internationales, toute crainte légitime de conquête au profit exclusif d'un seul peuple. Et c'est grâce à cette prudente réserve que nos missionnaires ont pu, non sans périls ni sans sacrifices, s'implanter dans le pays, y propager la saine doctrine, y faire connaître ceux qui la pratiquent et apprendre à les aimer.

Les missionnaires anglais, dit-on, ne procèdent pas de la même façon. C'est vrai. Mais aussi, c'est parce qu'ils ne poursuivent pas le même but exclusif. La doctrine catholique s'adresse aux âmes, elle néglige la terre pour regarder vers l'au-delà. Et, si française qu'elle soit, elle demeure surtout catholique. La doctrine protestante, alors qu'elle est anglaise, considère avant tout le monde pratique, elle entend lui être utile. Sans aucun doute, pour les protestants anglais de même que pour les catholiques français, il n'y a qu'un seul Dieu ; mais pour les Français, ce Dieu répand sur le monde entier les bienfaits de son immense bonté ; pour les Anglais, il n'aime que les Anglais et les heureux néophytes qu'ils ont pu convertir à leurs croyances. Et, dans leur utilitaire conception, les Anglais, sous prétexte de religion, s'efforcent d'insinuer qu'il n'y a véritablement qu'un peuple méritant, le peuple anglais, et surtout qu'un commerce utile, le commerce anglais. Ils donnent aussi des instructions fort sages et de l'ordre moral le plus élevé, mais parfois entachées de mensonges dont l'abnégation est absolument incapable. Ce qui n'empêche aucunement, du reste, nos missionnaires français au Tonkin, leur vénérable évêque, Mgr Puginier (1) en tête, de demeurer surtout des Français de cœur, et, partout où ils pénètrent, de rendre à la patrie les plus signalés services. Il semble, du reste, et sûrement grâce à eux, que la doctrine protestante a, jusqu'à ce jour, fait ici un très petit nombre de prosélytes. Les Anglais n'ont pas encore la prétention de s'y croire chez eux.

Les dominicains espagnols recherchent avant tout, eux aussi, les salutaires conquêtes du catholicisme. J'ai eu,

---

(1) Mgr Puginier, vicaire apostolique du Tonkin occidental, officier de la Légion d'honneur, est mort à Hanoï le 25 avril 1896, à l'âge de cinquante-cinq ans, victime, après trente-quatre ans d'apostolat, de son infatigable dévouement. Son corps a été déposé à la mission catholique française de Ké-So.

aujourd'hui même, l'occasion de visiter leur mission et de causer longuement avec Mgr Cerèz, assisté d'un prêtre, le père Fuantez, parlant très correctement le français. Et j'ai bien vite acquis la conviction qu'en véritables dominicains quelque peu inquisiteurs qu'ils sont demeurés, les missionnaires espagnols, pour obtenir des conversions, usent, parfois encore, de procédés que réprouverait assurément notre pratique française. Le gouvernement théocratique, chez les Espagnols, demeure fort autoritaire. Certains accusent les bons pères d'obtenir des conversions autant par le rotin et la cangue, que par la charitable persuasion. Tous, du reste, paraissent nous être dévoués. Par eux, j'apprends que les Chinois ont fortifié tous les villages avoisinant Bac-Ninh, qu'ils ont établi sur le fleuve un formidable barrage, solidement protégé par de l'artillerie, que très probablement même ils ont semé le fleuve de torpilles.

« Les Chinois, me dit le père Fuantez, sont au nombre de vingt mille au moins, dans les environs de Bac-Ninh. Mais Annamites et Tonkinois sont las de leurs exigences et désirent être débarrassés de leur domination. Ils vous ouvriront la ville dès qu'ils vous sauront en force, et résolus à ne les point abandonner ; si surtout vous consentez à leur donner des chefs choisis parmi eux, et responsables vis-à-vis de vous seulement. » Et, dans le cours de la conversation, il insiste sur la bonne situation sanitaire du delta, et sur les dangers de la fièvre des bois dans la région des montagnes. « Dans le delta, me dit-il encore, méfiez-vous surtout des coups de chaleur. Il faut s'en garer alors même que le soleil est caché sous des nuages épais, et plus encore, peut-être, à cette époque de l'année ordinairement froide dès qu'il pleut, chaude, lourde, souvent accablante dès que la pluie cesse. »

Et je crois en effet le constater moi-même. Mais, vainement, j'insiste auprès du colonel Defoy pour obtenir qu'il donne à nos soldats les conseils hygiéniques que dictent la prudence et l'expérience. « Je n'ai pas le temps, répond-il, de m'occuper de pareils détails » ; et les foyers d'infection s'accumulent autour des cantonnements comme pour créer plaisir des foyers de futures épidémies. Que lui importe? Il n'est pas personnellement en cause; il y a un médecin, l'apparence est sauve, c'est l'essentiel; il n'en désire pas davantage. Comment excuser une telle indifférence? Peut-être, ce ciel gris sans soleil, cet incessant crachin et l'atmosphère surchargée d'électricité m'impressionnent plus qu'il convient. Cependant, comment n'être pas ému de cette réponse écrite que fait le colonel Defoy aux observations techniques que j'ai dû lui adresser, tant au point de vue de l'organisation de notre service de santé régimentaire que des précautions hygiéniques à prendre!

« Au régiment, m'écrit-il, chaque bataillon est indépendant et s'administre lui-même. Vous n'avez donc pas à intervenir dans l'organisation non plus que dans l'exécution du service de santé aux bataillons du 111ᵉ et du 143ᵉ. Les docteurs Raynaud et Dreyfus en sont chargés. Vous n'avez à vous occuper que du 23ᵉ. »

C'est clair. Et si précise que soit la lettre ministérielle qui m'a nommé « chef du service médical du régiment de marche formé, en France, avec des bataillons des 23ᵉ, 111ᵉ et 143ᵉ régiments d'infanterie, à destination du Tonkin », je n'ai en réalité qu'à m'occuper du 23ᵉ. C'est peut-être assez.

Jeudi 21 février. — Dès aujourd'hui le câble télégraphique qui relie Haï-Phong à Saïgon, puis à la France, avec l'assistance, encore obligatoire, des câbles anglais, est mis à la disposition de tous, pour la transmission des dépêches privées, à raison de onze francs par mot. Les bureaux télégraphiques seront ouverts de six heures du matin à minuit, et les dépêches privées transmises après l'obligatoire visa du commandement. D'autre part, Haï-Phong est en communication avec Hanoï et les divers centres occupés par des postes de télégraphie optique établis sur les hauteurs avoisinantes. Rien de plus pratique, dans ce pays si peu sûr encore, que cette lanterne magique munie à sa partie antérieure d'une forte lentille biconvexe, et à sa partie postérieure d'un miroir parabolique entre lesquels se trouve disposée une lampe à pétrole dont les rayons, concentrés par une deuxième lentille intermédiaire, convergent vers la grande lentille d'avant, d'où ils émergent dans l'espace. Une planchette percée d'une étroite ouverture à opercule mobile est disposée entre les deux lentilles. Cet opercule est mis en mouvement à l'aide d'un bouton, d'un doigté analogue à celui de l'appareil Morse. Il laisse ainsi passer à volonté des rayons lumineux sous forme de traits longs, traits courts ou points dont la perception, au poste récepteur, signifie, suivant la convention, tantôt la lettre, tantôt même le mot tout entier, qui forment la phrase. Une forte lunette de campagne, fixée sur les côtés, permet de fouiller l'espace, et de disposer l'appareil de manière à envoyer au poste récepteur les faisceaux lumineux conventionnels. Dans la journée, à l'aide de miroirs disposés à cet effet, on peut remplacer le pétrole par la lumière du soleil; mais il faut un temps clair, relativement très rare dans le delta. Le poste optique en correspondance avec Haï-Phong est situé à 160 mètres d'altitude, sur la montagne des Éléphants (Nui-Voi), au confluent de Cua-Thaï-Binh avec le canal dit des Bambous, qui l'unit au Cua-Cam. Et, si près qu'il soit de nous, ce poste n'est pas sûrement à l'abri des bandes de pirates, qui, cette nuit même, ont attaqué le groupe de soldats tonkinois chargés de le garder. Il a fallu, de suite, envoyer une compagnie du bataillon d'Afrique, avec le commandant Dugenne, pour le débarrasser du dangereux voisinage.

Voici, du reste, que le commandant Chappuis, avec le bataillon du 111e, reçoit l'ordre de s'embarquer de suite pour Haï-Zuong, où se concentre la brigade de Négrier. Mais la flottille chargée de le transporter arrive trop tard, et l'opération ne pourra s'effectuer que demain matin.

22 février. — A son tour, le bataillon du 23e (avec le lieutenant-colonel Defoy, le commandant Godard et moi) doit immédiatement partir pour Haï-Zuong. L'*Éclair* (commandant Tesmard), qui nous emporte, est un bateau plat, calant seulement 80 centimètres, mis en mouvement par des roues à palettes, et muni de deux canons à l'avant avec hotchkiss (canons à mitraille, d'une portée de 1,500 à 2,000 mètres) sur les côtés.

On remonte le Cua-Cam, pour s'engager bientôt dans le canal des Bambous (1) jusqu'à son confluent avec le Cua-Thaï-Binh. Le ciel est couvert, une pluie fine, incessante, nous pénètre jusqu'aux moelles. Sur les deux rives du fleuve, des rizières à perte de vue, coupées seulement de nombreux bouquets d'arbres qui abritent autant de villages. On distingue à peine les habitations, misérables paillottes perdues au milieu des bambous, des aréquiers et des bananiers. De temps à autre, une toiture de belle apparence. C'est presque toujours une pagode. Les lettrés et les hauts fonctionnaires ont, paraît-il, seuls le droit d'habiter des maisons couvertes de tuiles; pour tous les autres, la simple paillotte est obligatoire.

Chaque village paraît entouré d'une épaisse digue destinée à l'abriter, peut-être autant des pirates que des inondations. De fait, une sorte de hutte élevée sur des bambous formant charpente domine chaque village. C'est le mirador où se tiennent constamment des guetteurs chargés d'avertir le village en cas d'alerte. Il arrive assez souvent, d'ailleurs, que la plaine tout entière n'est plus qu'un immense lac, et que les digues de séparation des rizières disparaissent elles-mêmes sous l'eau. Le fleuve subit parfois, en effet, des crues considérables, et se répand partout où quelque digue puissante ne met pas obstacle à son extension.

A peine, de ci de là, surgit un mamelon, égaré, semble-t-il, dans cette immensité, et parfois pompeusement qualifié montagne; tel notamment la montagne des Éléphants ou Nui-Voï, à 160 mètres d'attitude, sur le Song-Ton-Bac. Sur tout le parcours, de nombreux confluents d'aroyos en communication les uns avec les autres. Et chaque confluent est voisin d'un important village, habituelle résidence d'un haut fonctionnaire, le phu, qui paraît remplir, dans la circonscription, des fonctions analogues à celles de nos sous-préfets. Tout autour le sol plat, argileux, couvert de superbes cultures de riz. Sur

(1) Ou Song-Ton-Bac.

le fleuve, de nombreuses embarcations remorquées à la cordelle par des indigènes à peine couverts de quelques misérables haillons, ou bien dirigées soit à la perche, soit à la pagaie. Elles sont fréquemment habitées par des pêcheurs, munis d'immenses éperviers qu'ils jettent en se tenant debout sur l'avant de la barque, ou de longs filets, qui parfois, maintenus à la surface par des bambous flottants, barrent toute la largeur du fleuve. Souvent plusieurs barques se groupent pour la pêche, qui est, paraît-il, la principale ressource alimentaire du pays. Très souvent aussi, les pêcheurs cachent d'audacieux pirates qu'il faut surveiller de près.

La marée ne nous permettant pas, paraît-il, de franchir certains bancs de sable en aval d'Haï-Zuong, l'*Éclair* se trouve dans l'obligation de nous conserver à bord pour nous débarquer demain matin seulement.

24 février. — Haï-Zuong, au confluent d'un important aroyo avec le Thaï-Binh, n'est plus qu'un monceau de ruines. Les constructions de la ville marchande, entre la rive gauche de l'aroyo et la rive droite du fleuve, ont été incendiées. Seules la cathédrale et la mission espagnoles ont été soigneusement épargnées. Bien que très énergiquement bombardée, la citadelle, située en arrière, à 1,500 mètres environ du fleuve, a relativement peu souffert. C'est une vaste enceinte à la Vauban avec redans, bastions, lunes, entourée de larges fossés et dominée par une haute tour, dite le mirador, où se trouve actuellement installé notre poste de télégraphie optique, en correspondance, d'une part avec le poste de la montagne des Éléphants, d'autre part avec le mamelon dit des Pins-Parasols et Hanoï. Ainsi que toutes les citadelles construites en Annam et au Tonkin, la citadelle d'Haï-Zuong est l'œuvre d'un officier français, le colonel du génie Ollivier, que le roi Louis XVI avait mis à la disposition de Nguyen-Anh, alors empereur d'Annam (1787-1802), sur la demande que lui en avait faite un de nos missionnaires, Mgr Pigneau de Behaine, évêque d'Adran, et en échange de la concession à la France du port de Tourane, qu'il fallut reprendre en 1857-58, lors de l'expédition franco-espagnole en Cochinchine.

Le bataillon du 111ᵉ et l'artillerie y sont logés temporairement. Le bataillon du 23ᵉ est envoyé à 2 kilomètres environ de la porte ouest, dans un petit village dont les habitants paraissent effrayés, peut-être autant de notre présence que de celle des pirates qui rôdent encore dans les environs. Personnellement, je suis logé à l'entrée d'une modeste pagode privée, simplement recouverte de chaume, et dans laquelle les lambris dorés, les lances en bois, les trophées et tables d'autels contrastent avec la pauvreté de la toiture et des murs en torchis. Le propriétaire, un vieux bonze aux ongles aussi longs que crochus, se hâte d'enlever tous les ornements précieux. Autant par crainte que par persuasion, je réussis cependant à obtenir le maintien des autels et lambris; je puis même conserver une superbe chaise curule que j'apprends bientôt être l'autel des ancêtres. Je puis ainsi me constituer un curieux entourage de trophées d'armes, de tablettes incrustées d'or et de laque au nom des ancêtres. Et le vieux qui surveille mon installation, constatant mon respect de sa propriété, ne tarde pas à m'assister lui-même. Avec son concours, les malades du bataillon sont réunis à côté de moi, et aussi bien abrités qu'il est possible. Sous la garde d'une bonne escouade, nous pourrons ainsi, si les moustiques, les rats, les grenouilles, les jeckos veulent bien le permettre, réparer deux nuits d'insomnie à bord de l'*Éclair*. L'état sanitaire demeure, du reste, très satisfaisant, mais les précautions hygiéniques que j'ai sollicitées paraissent bien négligées, et le commandement pourrait bientôt, je le crains, avoir à regretter sa négligence à cet égard.

25 *février*. — J'ai décidément conquis les faveurs de mon vieux bonze. Très satisfait de l'emploi que j'ai fait des ornements de sa pagode, et convaincu que le tout sera restitué intégralement dès notre départ, il m'assiste lui-même auprès des malades; et notre installation sous le chaume devient presque confortable. Grâce à lui encore, je puis utilement visiter une

importante pagode voisine, et me rendre compte de ses diverses allégories.

Une pagode, au Tonkin, c'est ordinairement un vaste rez-de-chaussée, formé de briques incrustées de marbres et de porcelaines de diverses couleurs, à toitures parfois étagées les unes au-dessus des autres, et surmontées d'un faîtage de chimères allégoriques.

Au fond, en face de l'entrée, dans l'obscurité voulue pour le recueillement, un large autel en gradins, au sommet duquel siège l'épaisse statue d'un premier Bouddha, assisté d'autres divinités d'ordre inférieur. Le Bouddha principal, la main droite élevée, l'index et l'indicateur étant seuls ouverts, est ordinairement accroupi sur un fauteuil doré et abrité d'un immense parasol. A ses pieds, des imitations, en carton, de barres d'or ou d'argent, d'animaux divers, véritables jouets d'enfants, et, parfois, d'un plat de riz constituant la symbolique offrande des fidèles. Un store de soie et de fines lanières de bambou ferme le tabernacle; il ne s'ouvre qu'à l'occasion de certaines cérémonies. Sur les côtés sont disposés des faisceaux d'armes, hallebardes, piques ou trophées de justice, en bois doré. Et des statues d'animaux symboliques accroupis constituent la garde d'honneur.

Mais mon vieux bonze, malgré son bon vouloir et les efforts d'un interprète d'occasion, est impuissant à me faire comprendre l'idée directrice de cette manifestation du culte, et m'invite fort courtoisement à dormir à l'abri même de la pagode, où, sans doute, je serai mieux protégé des insectes, grâce surtout aux fumées d'encens qu'il y entretient en permanence.

27 février. — Je suis nommé médecin chef de l'ambulance de la deuxième brigade, et remplacé dans mes fonctions du 23ᵉ par un jeune aide-major, M. Claude. Le médecin chef des ambulances, M. Driout, a pu faire comprendre au général l'irrégularité de ma situation. Il n'a pas eu de peine à lui démontrer que mon expérience me permettait de rendre, dans une ambulance, des services plus grands, et que ma présence y était actuellement nécessaire.

Voici, du reste, que le corps expéditionnaire paraît devoir, très prochainement, commencer les opérations. Dès aujourd'hui le général prescrit de désigner, parmi les officiers et sous-officiers qui ne sont pas immédiatement appelés à combattre, ceux qui paraissent aptes à remplir les fonctions de président, juges, commissaires rapporteurs, substituts, greffiers, etc., nécessaires à la constitution immédiate du conseil de guerre. Il interdit, d'autre part, à tous les officiers montés, d'entretenir et de posséder un nombre de chevaux supérieur à celui que leur attribuent les règlements. Il prescrit que tous les chevaux en excédent des fixations réglementaires seront, en raison notamment de leur pénurie et aussi de la pénurie des fourrages dans le pays, immédiatement livrés à la remonte, qui en fixera les prix, et rendra compte du nom des vendeurs, ainsi que des acquisitions de chaque jour.

Enfin des approvisionnements considérables sont constitués pour être hâtivement aménagés dans des jonques de transport à des destinations inconnues. La lutte est proche, on le sent, et chacun s'y prépare de son mieux.

CHAPITRE II

L'ambulance de la deuxième brigade. — L'hôpital d'Hai-Zuong. — Aménagement de bateaux pour l'ambulance. — Marche, reconnaissance d'essai. — Dernières dispositions. — En avant. — Les Sept-Pagodes. — Action parallèle de la flottille et de la troupe à terre. — Assaut de Yen-Dinh, des forts Nao et Do-Son. — Le lieutenant Duchez, l'infirmier Debeaune et les premiers blessés. — Le barrage de Lac-Buoï, les retranchements de Kéroï. — Assaut de Dap-Cau et prise de Bac-Ninh. — La première brigade devant le Trung-Son. — Poursuite tardive et insuffisante. — L'ambulance à Phu-Lang-Tuong. — La pagode Thoman. — L'assaut de Lang-Kep. — Retour à Bac-Ninh. — Repos forcé. — La mission espagnole. — La situation à Bac-Ninh et l'hôpital projeté de Ti-Kao. — Le service des hôpitaux assuré, exclusivement, par la marine. — Difficultés d'exécution. — En route pour Hong-Hoa. — Devant Sontay. — Bombardement et occupation sans poursuite — Le jour de Pâques à Hong-Hoa. — Retour à Hanoï. — Cessation des hostilités et rapatriement prévus. — Le traité de Tien-Sin. — Insuffisance des hôpitaux. — Organisation défectueuse des infirmeries régimentaires. — Mort de mon père.

Haï-Zuong, 28 *février*. — J'ai ce matin pris la direction de l'ambulance de la brigade Négrier. J'y suis assisté de MM. Baudot, médecin-major de seconde classe; Renaud et Achard, aides-majors; Mangé, pharmacien; Gitton et Darbon, officiers d'administration, avec quarante infirmiers.

On se ferait difficilement en France une idée vraie de la situation actuelle de nos divers services au Tonkin. En raison de la précipitation du départ, peut-être aussi, je le crains, d'une sourde animosité entre l'armée de terre et la marine, et surtout en l'absence d'une direction nettement affirmée, tout n'est encore que confusion. Il faut se débrouiller, tel est plus que jamais le mot d'ordre, et chacun s'y emploie de son mieux.

L'ambulance doit demeurer essentiellement mobile, toujours prête pour toutes éventualités. Il importe, en conséquence, de se préoccuper de la difficulté des moyens de transport. J'y pare en répartissant entre les infirmiers les divers pansements qu'il faut avoir sous la main. Pour les blessés et les gros colis, deux cents porteurs sont nécessaires. Il faut les recruter parmi les indigènes. Mais chaque service en ayant un égal besoin, il est fort difficile de les grouper en vue d'une affectation déterminée.

Il faut aussi prévoir l'alimentation; car il serait imprudent, au moins à l'ambulance et sous un climat aussi débilitant, de compter seulement sur les conserves. Des vivres frais sont nécessaires, et d'autant plus difficiles à assurer que les indigènes se contentent de poissons fermentés et de riz, qu'ils ignorent les viandes usuelles, le lait, le vin, le blé et même les légumes verts, à l'exception des patates et taros, qui pourraient remplacer les pommes de terre, mais sont peu goûtés de nos soldats.

Il faut de même assurer l'eau potable. Et comme les filtres manquent ou sont insuffisants, on doit se contenter de nouets d'alun qui précipitent rapidement les détritus en suspension, et permettent l'ébullition d'une eau claire.

L'ambulance occupe provisoirement l'emplacement réservé, sur la rive droite du Thaï-Binh, à l'installation d'un hôpital d'évacuation.

Un hôpital! Est-il véritablement possible de donner ce nom à cette succession de hangars à peine couverts de chaume, construits sur bambous dont les intervalles sont remplis d'un mélange de débris de paille avec la boue noirâtre et puante des flaques d'eau du voisinage, sans protection autre qu'un léger tassement contre l'humidité du sol, et, de plus, empuanti de tous les détritus qu'abandonne le fleuve après les grandes crues? Il faut cependant s'en contenter, et répéter, avec le commandement, que dans cet étrange pays, les situations les plus malsaines en apparence demeurent généralement inoffensives. La pratique, assurément, ne justifiera pas cette assertion, actuellement nécessaire peut-être, mais non moins fâcheuse, en ce sens, au moins, qu'elle maintient un dangereux provisoire.

Il faut, d'autre part, s'habituer à la marche d'un convoi de malades au travers des rizières, car tel sera, le plus habituellement, notre champ d'action. Le général de Négrier le prévoit et m'invite à m'y préparer.

« J'ai, me dit-il, transmis à Hanoï votre demande de brancards et de matériel de couchage, mais n'ai reçu encore aucune réponse, et prévois qu'il ne sera rien envoyé. Entendez-vous, si vous le pouvez, avec les commissaires de la marine actuellement à Haï-Zuong, pour obtenir de la toile et des cadres, et faites confectionner des brancards par vos infirmiers. Il n'y a pas de tonnelets pour le transport des liquides et les barriques sont beaucoup trop lourdes. Faites pour le mieux. Je vous autorise à recruter cent cinquante coolies porteurs. Dans l'imminence d'une action, je vous ferai connaître la marche que je compte donner aux opérations ; je m'en rapporte à vous pour la direction et pour l'exécution du service à l'ambulance. »

Il faudra sûrement, pendant les marches, utiliser les fleuves et canaux pour l'évacuation pratique des malades et blessés. Mais toutes les jonques sont requises déjà. Et c'est à grand'peine que j'en obtiens quatre, en fort médiocre état. Et me voici de suite transformé en menuisier-charpentier pour l'aménagement, aussi sommaire que difficile, de ces bateaux utilisés seulement par les indigènes pour le transport des marchandises. Chacun, du reste, se met activement à la besogne, ayant conscience de son devoir autant que de sa responsabilité. Il faut rehausser les toitures, construire des planchers, diviser l'espace en locaux distincts, d'une part pour les blessés ou les malades, d'autre part pour une chambre d'opérations, une cuisine et tisanerie, un abri pour le personnel, pour les infirmiers et pour les coolies. Et tout cela se réalise. C'est très primitif, très insuffisant surtout, mais cependant assez pratique, ce qui est l'indispensable, pour parer aux premiers besoins. Plus tard, on fera mieux.

Les toiles à paillasse sont temporairement transformées en brancards, et pourront ainsi servir à double fin. Le matériel est aménagé de telle sorte qu'il est possible de le mobiliser partiellement, suivant les besoins. Des nattes sont disposées pour garantir les couchages. On réalise ainsi une petite flottille, modeste ambulance flottante, qui pourra suivre partout, le long des fleuves et canaux, les opérations militaires, conserver une relation constante avec le service de santé régimentaire, par conséquent recevoir, abriter et soigner temporairement les malades et blessés, qu'il faudra souvent apporter d'une distance de 8 à 10 kilomètres, à travers les rizières, et sans autres routes que les digues de séparation.

De leur côté, nos soldats ne demeurent pas inoccupés. Ils se préparent à la très prochaine action par des marches et des exercices de chaque jour. Dès le premier effort, le général Négrier a pu, sans pertes, s'emparer d'un point stratégique de la plus haute importance, les Sept-Pagodes ou Quatre-Bras, au confluent du Song-Gian vers le nord, du Song-Cau, qui passe devant Bac-Ninh, du Thaï-Binh et du canal des Rapides, qui met ces divers cours d'eau en communication avec le Song-Koï ou fleuve Rouge, en avant de Hanoï.

Des ordres sont donnés pour former, dans chaque bataillon, une section dite de forteresse, composée des indisponibles malades, placée sous les ordres d'un sergent et de deux caporaux. Les sections formées dans chaque bataillon seront groupées sous les ordres du plus ancien officier appelé par ses fonctions à demeurer à Haï-Zuong, et seront spécialement affectées, avec le capitaine Dominé, de la légion étrangère, à la garde de la forteresse, qui n'est pas à l'abri d'un coup de main. L'artillerie, le génie, l'ambulance, les services administratifs devront également fournir les éléments nécessaires. Des sentinelles sont placées aux endroits suspects, et fréquemment visitées, de jour et de nuit. Et nos loustics ne perdent rien de leur joviale humeur.

— Sentinelle, prenez garde à vous! Et le loustic de répondre : — Camarade, as-tu vu la grenouille? Et le voisin : — A vos amours, ma grenouille; ce à quoi quelque autre répond invariablement : — Sentinelle, prenez garde à vous!

Sous l'incessant crachin de ces nuits sans lune et sans étoiles, cela tient en éveil contre le spleen et les cauchemars. La grenouille! c'est ici l'interminable concert, le prodigieux coassement, sans analogie avec celui des grenouilles de nos chaudes nuits d'été. Souvent, paraît-il, les Pavillons noirs, qui rôdent encore dans les environs, l'imitent en un lugubre signal. Et souvent aussi quelque coup de feu retentit dans la nuit noire, sinon toujours contre un ennemi, du moins contre quelque chien errant qui n'a point daigné répondre au qui-vive, et qu'un timide a pris pour un Chinois prêt à s'élancer pour lui couper le cou.

De fait, et si pénibles qu'elles soient pour nos soldats, les précautions ne sont pas exagérées Nous ne sommes pas en sécurité au milieu de cette population aussi craintive que dissimulée; et pas davantage à l'abri d'une attaque, puisque les bandes chinoises sont à 20 kilomètres à peine, et que chaque nuit l'incendie de quelque village nous révèle leur présence.

1ᵉʳ *mars*. — L'activité chez tous est véritablement prodigieuse. Chacun s'ingénie, s'efforce de transformer le matériel dont il dispose, afin de le rendre pratique pour le but à atteindre. Le génie confectionne hâtivement des fascines de bambous pour faciliter les passages difficiles à l'artillerie, pour les embarquements et débarquements à bord des jonques, puis encore des échelles pour les assauts prochains. Le général de Négrier, toujours accessible, veut tout voir et tout entendre. Il rappelle aussi que toute violence envers les habitants inoffensifs, tout pillage, formellement interdits, seraient sévèrement punis.

« On ne doit pas oublier, dit-il, que les habitants de la région où nous aurons à combattre nous attendent comme des libérateurs, que ce serait nous abaisser que leur faire regretter leurs ennemis actuels et les nôtres. En outre de l'action de la justice militaire, quiconque contreviendrait à ces instructions devrait être immédiatement signalé, et privé de l'honneur de marcher à l'ennemi. »

Il décide également que les moyens de transport seront assurés par seize coolies pour les officiers de l'état-major de la brigade, par quatre coolies pour l'état-major d'un bataillon, d'une batterie, d'une section du génie ou des aérostats, et que ces fixations réglementaires ne devront pas être dépassées. C'est bien peu, mais les coolies sont rares, et ceux dont on dispose sont indispensables pour les transports généraux, qui, tous, doivent se faire à dos d'homme, les voitures étant absolument impraticables. Il faut renoncer même aux gamins, aux boys qui se présentent pour remplacer nos soldats d'ordonnance, et qui, cependant, nous seraient bien utiles, car presque tous ont appris déjà, ou apprennent avec une merveilleuse rapidité quelques mots usuels de français, et se chargeraient volontiers aussi bien de l'entretien de nos effets que des approvisionnements alimentaires de chaque jour. Mais, par prudence, il est interdit de les introduire dans les colonnes en marche.

2 mars. — Ce matin, marche militaire de préparation. « L'ennemi, dit l'ordre, est à Phu-Nam-Sach et pousse des reconnaissances jusque sous les murs d'Haï-Zuong. En conséquence, la brigade exécutera une marche dans la direction de Bac-Ninh, vers Phu-Nam, de manière à étudier le terrain et à préparer la voie. »

La colonne est précédée d'un fort détachement de Tonkinois auxquels leur épais chignon et leur bizarre accoutrement (blouse tombante (kékoin) légèrement serrée à la taille sur une large culotte descendant seulement jusqu'au genou; chapeau plat de bambou peint aux couleurs nationales et fixé au chignon par de larges rubans rouges flottants au vent, pieds nus et teint cuivré) donne un fantastique aspect d'enfants jouant au soldat. Une forte section de l'ambulance a pris rang derrière le train d'artillerie, en avant de l'arrière-garde. Quelques coolies, recrutés à la hâte, sont transformés en porteurs de brancards. Et chaque groupe s'avance, serpentant à la file indienne, le long des digues de séparation des rizières.

Dès la première halte horaire, je donne ordre, à titre d'essai, d'un développement à droite et à gauche de l'endiguement principal, en vue de blessés fictifs abandonnés dans les rizières. Infirmiers et coolies brancardiers forment ainsi deux groupes qui, sous la direction d'un aide-major, s'en vont, brancards déployés, jusque dans les rizières, y recueillent quelques blessés fictifs qu'ils déposent doucement sur les brancards, et qu'ils chargent ainsi sur leurs épaules, pour les rapporter parfois de 1,500 à 2,000 mètres, jusqu'au point de ralliement indiqué par le fanion de l'ambulance. Cela oblige de constater que l'instruction, même chez les infirmiers, est bien rudimentaire; que cependant, et malgré les difficultés du terrain, il sera possible de s'en tirer. Mais, quatre coolies au moins seront indispensables, assistés d'un infirmier, pour porter un brancard chargé. Les indigènes n'ont ni la force ni l'expérience nécessaires pour porter à deux.

L'artillerie éprouve les plus sérieuses difficultés. Il est généralement impossible de se servir des attelages, les canons sont traînés à bras, placés sur les avant-trains; les chemins sont impraticables, souvent trop étroits pour le passage; et malgré les artilleurs qui suivent, à droite et à gauche, les pentes inclinées de la berge et s'efforcent d'empêcher les écarts, il arrive parfois qu'une pièce roule dans la rizière, entraînant canonniers et munitions. Il faut tout démonter. Alors canonniers et coolies s'attellent à la bricole, et finissent par démarrer. Nos artilleurs barbotent dans la boue, mais ils sont superbes d'entrain.

L'infanterie serpente à la queue leu leu le long des endiguements, mais parfois est obligée, pour se développer en terrain convenable, de traverser quelque rizière, ayant de l'eau jusqu'à la ceinture.

Et c'est une singulière sensation faite de lutte et de mélancolie qu'on éprouve à parcourir ainsi ces plates rizières, dont la verdeur contraste parfois brusquement avec la teinte jaunâtre de celles très temporairement demeurées sans culture. De l'eau et des champs de riz, il n'y a que cela, coupé de temps à autre par un bouquet d'arbres, par une ceinture d'épais cactus qui enserre quelque village. Et de superbes buffles, dont la menaçante allure paraît inquiétante, mais qu'il suffit d'un mot indigène pour ramener au rude travail du labour. Quelques indigènes, peu préoccupés, semble-t-il, de nos évolutions, nous fournissent, en effet, l'occasion de remarquer un singulier mode de labour. Le buffle est conduit à l'aide d'une longue corde passée dans un anneau qu'il porte fixé dans le naseau. La charrue, très primitive, n'est rien qu'un léger binoir à coutre triangulaire garni d'une forte armature de fer. Le buffle est attelé au long timon qui l'en sépare, à l'aide de deux cordes partant d'un demi-collier de bois qu'il porte fixé sur le garrot. Le laboureur appuie sur le manche de la main droite, et dirige le buffle de la main gauche. Assurément, il n'est pas possible, ainsi, de soulever profondément la terre, mais cela ne paraît pas nécessaire pour la culture du riz; les sillons superficiels suffisent pour l'ensemencement.

Au retour de cette manœuvre d'essai, le général réunit les officiers supérieurs et chefs de service, et leur fait part de ses observations. Il m'invite, personnellement, à réclamer par télégramme direct au médecin chef, M. Driout, le matériel qui manque encore à l'ambulance, et me transmet une dépêche du commissaire de la marine à Hanoï, m'avisant de la prochaine arrivée de deux cents coolies porteurs.

Tout serait pour le mieux, mais ces coolies sont à peine annoncés qu'ils sont immédiatement requis par l'artillerie. Il faut, hélas! d'abord faire avancer les canons; ensuite on s'occupera des malades et des blessés.

3 mars. — A partir de ce jour, le commandement de la place est confié au capitaine Dominé, et l'armement de la citadelle augmenté d'une pièce de 12, avec approvisionnement de quatre-vingts coups. D'autre part, mon ami le capitaine Cuvelier, du 143ᵉ (fils du médecin inspecteur), est désigné pour remplir, à l'état-major, les fonctions de chef du service topographique.

Le vaguemestre! Une lettre de mon frère Henri, la première depuis mon départ. Sauf mon cher père, dont l'état de santé continue à inspirer les plus vives inquiétudes, toute ma famille est bien. Il y a de cela quarante-cinq jours. Comme c'est loin déjà! et qu'en est-il aujourd'hui? L'action est proche, la victoire est certaine, et peu après le retour! Je veux quand même espérer les retrouver tous!

Ce soir, le général réunit de nouveau tous les officiers supérieurs. Dans une instruction d'une remarquable précision, il fait connaître à chacun le rôle spécial qu'il aura dans la lutte. Il prévoit tout, s'occupe de tout et précise tout.

« Une section d'ambulance, me dit-il, paraît devoir marcher immédiatement après l'avant-garde. Ainsi mobilisée, elle sera plus facilement à portée de rendre des services, et pourra plus rapidement évacuer sur l'ambulance centrale. »

Les dispositions que je prends, basées sur cette donnée, reçoivent son entière approbation. Sur ma demande, les infirmiers seront armés de fusils et pourvus des cartouches retirées aux malades. Ils auront, en effet, mission spéciale de diriger et de surveiller les porteurs indigènes. Pour la section avancée, ce sera difficile, souvent dangereux. Mais nos infirmiers militaires sont, eux aussi, des soldats; ils ont appris le courage dans le danger auquel ils sont journellement exposés dans les hôpitaux, ils sauront le montrer également sous le feu. J'ai, d'autre part, mission d'assurer le service religieux. Et les aumôniers venus de France paraissent devoir demeurer à Hanoï. Mais j'obtiens facilement l'assistance d'un missionnaire espagnol, l'abbé Velasco, que son évêque, Mgr Colomer, du vicariat nord du Tonkin, actuellement en résidence à Ké-mot, aux portes d'Haï-Zuong, veut bien autoriser à accompagner l'ambulance partout où elle devra se rendre. Ce prêtre, en outre des obligations de son ministère, me sera sûrement aussi d'un grand secours comme interprète. Mais il est étranger, et le général de Négrier, avant de consentir, est, me dit-il, obligé d'en aviser le général en chef, qui décidera.

4 mars. — Les dernières dispositions sont prises. Les clairons des différents corps sont réunis pour se communiquer leurs refrains, et apprendre celui de la brigade. Les interprètes et le personnel de renseignements sont pourvus de brassards tricolores marqués de la lettre R en étoffe rouge, et timbrés du sceau de l'état-major. Dans son ordre du jour, le général recommande d'éviter le gaspillage des munitions, et insiste sur les difficultés du transport des approvisionnements. « On devra, dit-il, ne commencer le feu qu'à bonne distance, six à huit cents mètres au plus de la position à enlever, tirer avec calme, sans précipitation, sans s'occuper des isolés non plus que des retranchements muets. » Il prescrit, d'autre part, que la tenue de marche sera le pantalon de toile, remplacé, dès l'arrivée au gîte et pendant la nuit, par le pantalon de drap ou de flanelle. Le havresac devra renfermer un ustensile de campement, un pantalon, une chemise, un tricot en parfait état, puis, par chaque escouade, trois nécessaires d'armes et sacs de petite monture. Les casques seront recouverts de coiffes noires. Les couvertures et la deuxième paire de souliers seront laissées au dépôt, ainsi que les effets divers. La troupe portera quatre jours de vivres; chaque homme d'infanterie recevra cent vingt cartouches; les pièces seront approvisionnées au fur et à mesure des besoins; les canonniers et cavaliers recevront dix-huit cartouches de revolver. Il rappelle, enfin, que les ordres, même verbaux, transmis par les officiers d'état-major, devront être immédiatement exécutés, comme s'ils étaient signifiés par lui-même.

A l'ambulance, et tout en déplorant l'insuffisance de la préparation, du matériel et du personnel, on peut cependant déclarer que des efforts considérables ont été faits pour arriver à un bon résultat, que chacun s'y est prêté de tout son pouvoir, avec tout l'entrain que donnent le cœur et la raison. Le général s'en rend compte, et me charge de dire au personnel sous mes ordres son entière satisfaction. De fait, à l'encontre de certains autres, il imprime à chacun le mouvement utile, et veut par lui-même se rendre compte des résultats obtenus. Le succès, malgré la médiocrité des ressources, doit couronner de tels efforts.

Et sans doute, il ne se fera pas longtemps attendre, car tout paraît disposé pour une très prochaine marche en avant. Il faut cette conviction et notre gauloise bonne humeur pour nous faire accepter, dans une parfaite insouciance, le temps profondément attristant, on pourrait dire démoralisant, que nous subissons. Une pluie fine et continue nous pénètre jusqu'aux moelles; une terre boueuse, argileuse, sur laquelle on ne se maintient stable que par d'incessants efforts de gymnastique, et comme installation une bicoque ouverte à tous les vents. Et si le soleil daigne se montrer, une chaleur accablante, la sueur profuse qui remplace la puante humidité. Il faut avoir l'âme chevillée dans le corps pour y résister. Heureusement, à côté de nous, l'activité fiévreuse de toute une fourmilière de femmes et d'enfants remuant la terre, d'hommes creusant des fossés, construisant des redoutes pour assurer la sécurité de la place contre quelque surprise de l'ennemi, réveille les énergies. On charge les jonques de vivres et de munitions de guerre, on fabrique des fascines, d'énormes faisceaux de bambous pour des besoins prévus, des échelles pour les assauts. Chacun active sa besogne, inconscient, semble-t-il, autant de la pénétrante humidité que des accablantes chaleurs. Il faut, du reste, se tenir constamment en garde, car, bien certainement, l'ennemi entretient avec les indigènes d'Haï-Zuong et des environs des relations qui sont au moins suspectes. Aussi le général prescrit que, par mesure de précaution, il sera formellement interdit à tout auxiliaire tonkinois, même gradé, de sortir de la citadelle sans autorisation écrite, délivrée par l'officier commandant le détachement. Les chefs de poste devront immédiatement arrêter tout auxiliaire tonkinois qui chercherait à sortir sans cette autorisation écrite. Enfin des conseils de guerre et de revision sont, dès maintenant, constitués, les premiers à Hanoï, sous la présidence du lieutenant-colonel Brionval et du commandant de Maussion, le second sous la présidence du commandant Revillon, assisté des commandants de Mibielle et Coronat, de l'infanterie de marine, et du capitaine de Beauquesne des tirailleurs algériens.

5 mars. — Une dépêche du 2 mars annonce la nomination du contre-amiral Courbet au grade de vice-amiral. Et chacun estime que c'est, non pas seulement une satisfaction à la marine tout entière légitimement émue de la conduite du gouvernement vis-à-vis de lui, après la prise si glorieuse de Sontay, mais encore une très méritée récompense. On paraît également, en haut lieu, et véritablement il en est grand temps, se préoccuper d'assurer à nos soldats des vêtements en rapport avec les exigences du climat. Le pantalon rouge et la capote sont inutilisables dans le service courant ; des ordres sont donnés, dit une dépêche officielle, pour que tous les hommes soient, dorénavant, pourvus de pantalons de molleton ou de flanelle, réglementaires pour les troupes de la marine employées aux colonies. Le gouverneur de Cochinchine doit, à cet effet, faire confectionner d'urgence, et diriger immédiatement sur Haï-Phong, trois mille pantalons de flanelle bleue, qu'il se procurera sur place.

6 mars. — Les derniers ordres ont été donnés. La deuxième brigade doit s'embarquer ce soir, et des instructions précises sur le service de l'arrière sont transmises par le capitaine Fortoul, notre chef d'état-major. La base d'opération demeure fixée à Haï-Zuong, la base secondaire aux Sept-Pagodes, dans la boucle formée à la jonction du Thaï-Binh et du Song-Cau avec le canal des Rapides, la tête d'étapes de guerre demeurant variable avec la nature des opérations. Le convoi, comprenant vingt jonques du parc et du génie gardées par des canonniers, vingt jonques de subsistances, avec un détachement de cent douze hommes fournis par le IIIe sous les ordres du lieutenant Lobios, et les cinq jonques de l'ambulance, avec un détachement de quarante infirmiers, devra avancer jusqu'à la tête d'étapes de guerre. Seule, une partie du convoi des subsistances, avec le commissaire de marine Boucart, s'arrêtera aux Sept-Pagodes, pour ravitailler la première brigade, et assurer le service entre cette base secondaire d'opérations et la tête des étapes de guerre. Les ravitaillements en vivres seront remis, en arrière des troupes, aux officiers d'administration, qui, sous escorte, et accompagnés de guides pris dans le pays, en assureront l'exacte distribution aux divers détachements. Les jonques, dès qu'elles seront vides, seront ramenées à Haï-Zuong, où elles seront immédiatement remplacées par d'autres jonques chargées, et ramenées vers la tête d'étapes de guerre. L'ambulance sera fractionnée en deux parties, l'une à terre, à hauteur des officiers d'approvisionnement des corps; la seconde sur jonques aménagées à cet effet, la première évacuant les blessés sur la seconde, qui devra toujours être pourvue des aliments et des objets nécessaires aux pansements.

Les coolies du service des subsistances revenant à vide de la tête d'étapes de guerre pourront être utilisés pour le transport, à l'arrière, des blessés et malades. Ces derniers, après avoir reçu les soins nécessaires, seront dirigés, à l'aide des jonques vides de vivres, sur les hôpitaux du service de deuxième ligne.

Les mouvements des munitions seront assurés à l'aide des coolies affectés spécialement au service du parc d'artillerie.

Enfin, l'ordre n° 161 prescrit que la deuxième brigade embarquera dans la journée, et pendant la nuit du 6 au 7, pour se rendre dans la boucle du Song-Cau et du canal des Rapides. L'*Aspic* et le *Lynx*, chargés d'emporter les troupes, partiront ce soir même et débarqueront aux Sept-Pagodes. Le *Pluvier*, l'*Henri Rivière*, l'*Eclair*, la *Trombe*, le *Ruri-Maru* partiront le 7, dès le matin, et attendront de nouveaux ordres aux Sept-Pagodes. Le lieutenant de vaisseau Leygues, chargé de la direction du mouvement, fera mouiller aux Sept-Pagodes, de telle sorte que le convoi de la deuxième brigade puisse s'engager facilement dans le Song-Cau, et que celui de la première brigade, précédé d'une canonnière et ayant en tête les jonques de pontage (génie), puisse pénétrer le canal des Rapides. Puis le général renouvelle les recommandations spéciales à chaque service; il recommande à nouveau d'éviter le gaspillage des munitions, dont les approvisionnements, en raison des difficultés du transport, sont forcément très réduits. « Les officiers et sous-officiers, dit-il, doivent tenir les hommes dans la main, calmer ceux qui se surexcitent, surveiller les hausses, et s'avancer à bonne distance avant de commencer le feu. »

Telles sont les dernières instructions.

J'ai réussi, j'espère, à aménager et à pourvoir l'ambulance de manière à la rendre pratique. Grâce à Mgr Colomer, j'ai pu me procurer soixante catéchistes qui ont consenti, malgré les menaces des pirates, à nous suivre partout où pourra nous accompagner également leur missionnaire, l'abbé Velasco, que j'enrôle sous ma responsabilité, et bien que n'en ayant pas reçu encore l'autorisation, à titre d'aumônier et d'interprète. J'ai pu, de même, grâce encore à la mission espagnole, me procurer les lanternes, falots et huile jusqu'à ce jour vainement demandés au commissariat de la marine. J'ai pu faire confectionner quatre-vingts brancards, et, passant outre les formalités administratives, me procurer cent matelas et autant de draps de lits.

L'ambulance peut ainsi temporairement abriter et soigner, à bord même des jonques, les blessés et malades qu'elle y recevra pour y attendre la possibilité d'une évacuation sur l'hôpital d'Haï-Zuong, actuellement encore inhabitable, et de plus, en raison de son éloignement de la citadelle et de sa proximité du fleuve, très sérieusement menacé d'incendie.

Dès ce soir, nous sommes installés, mes collègues, l'aumônier et moi, sur une jonque que nous trouverons très confortable, si les moustiques veulent bien nous accorder quelques heures d'un repos dont nous avons un réel besoin.

Et m'étant ainsi efforcé d'être à hauteur de mon devoir, ayant donné ma dernière pensée à ma fille, à toute ma famille, je puis m'écrier satisfait : « En avant, avec Dieu, pour la patrie ! » Ce fut aussi le dernier mot de mon père, quand je le quittai.

CHAPITRE DEUXIÈME

7 mars. — L'ambulance a passé à bord, sans mouvement, toute la nuit du 6 au 7. Notre aumônier, el señor Velasco, habitué au rude métier de missionnaire, a dîné avec mes collègues et moi, récité son bréviaire, dit la prière et s'est endormi d'un parfait sommeil. Quant à nous, préoccupés peut-être du lendemain, accablés par la chaleur humide, énervés par d'incessantes piqûres de moustiques, il nous a été impossible de fermer l'œil. Cette longue nuit d'insomnie s'oublie du reste facilement, alors que, dès le jour, le *Kiang-Nam,* petit remorqueur commandé par un Chinois à notre solde, vient nous amarrer et se mettre à ma disposition.

Conformément à l'ordre, les jonques d'ambulance prennent place, dans le convoi, derrière le parc d'artillerie et les apontements sur radeaux préparés par le génie. Et le soleil, que nous avions à peine entrevu depuis notre arrivée au Tonkin, vient, chassant les brumes de la nuit, nous promettre une belle journée, surtout faciliter la marche probable à travers les rizières, par conséquent faciliter un plus rapide succès. Il faut, dit l'ordre, s'emparer d'abord des hauteurs fortifiées de Phu-Lac, de Gau-Trau et de Naou, entre la rive droite du Song-Cau et la rive gauche du canal des Rapides, puis se rabattre ensuite sur le marché de Chi, de manière à permettre à la première brigade, venant de Hanoï, par la rive droite, le passage, en ce point, du canal des Rapides, et la disposition du chemin d'accès vers Bac-Ninh.

Telle est la première opération projetée.

Ainsi, le corps expéditionnaire paraît vouloir concentrer ses forces entre la rive gauche du canal des Rapides et la rive droite du Song-Cau. La première brigade, général Brière de l'Isle, avance par la rive droite du canal que les indigènes ont creusé sur une longueur de 60 kilomètres environ, avec une largeur moyenne de 10 à 15 mètres et des talus parfois fort élevés, pour relier le Thaï-Binh et le Song-Cau au fleuve Rouge, à proximité d'Hanoï. Elle évite ainsi la route directe d'Hanoï à Bac-Ninh, où les Chinois ont, dit-on, accumulé les défenses. Mais notre aumônier assure qu'ils ont prévu ce mouvement, et que déjà ils ont complètement inondé la plaine en avant de Bac-Ninh à l'aide d'un immense barrage qu'ils ont établi sur le Song-Cau, à hauteur de Lag-Buoï, s'opposant ainsi aussi bien à la marche par terre qu'au passage des bateaux remontant le Song-Cau. On le verra bien, disent les camarades. De pareils obstacles ne sont pas capables d'arrêter longtemps des soldats.

Et causant ainsi, l'ambulance remonte tranquillement le Taï-Binh. A droite et à gauche, le pays est véritablement beau, d'une verdeur de printemps, admirablement cultivé, très peuplé et d'apparence presque riche. Les nombreux villages que nous apercevons sont autant de gaies oasis. Et cependant, les indigènes qui nous suivent des yeux sont chétifs, misérables, couverts de sordides haillons. Leur fortune territoriale n'est-elle donc qu'une illusion?

Le Thaï-Binh, large de 150 mètres en moyenne, a, dit notre abbé, des courants profonds, très rapides et fort dangereux ; il est très poissonneux et dépose un abondant limon. La marée y demeure sensible jusqu'aux Sept-Pagodes, où nous arrivons, ce soir, vers cinq heures.

Le drapeau flotte, à mi-côte, sur une grande pagode qui est la résidence temporaire du général de Négrier. Nos soldats bivouaquent au pourtour. La flottille (*Pluvier, Éclair, Trombe, Lynx*) est mouillée devant nous. Sur la rive gauche, une pyramide consacre, disent les indigènes, la mémoire du roi Macaoh? Les hauteurs de la rive droite sont également garnies de troupes. Au-dessous, le village de Phu-Laï ou des Sept-Pagodes, composé, paraît-il, d'indigènes catholiques, pour la plupart.

A peine arrivé, je reçois du capitaine Fortoul avis que la brigade se portera en avant dès le matin pour attaquer les hauteurs, entre le Song-Cau et le canal des Rapides. La flottille, remontant le Song-Cau, appuiera le mouvement. Et il m'invite à prendre des dispositions en conséquence.

Je décide donc que l'ambulance sera immédiatement divisée en deux sections, la première destinée à accompagner les mouvements à terre ; la seconde, demeurée sur jonques, à suivre les mouvements de la flottille pour recevoir, abriter et soigner les blessés évacués par la première. Je confie l'ambulance de combat au médecin-major Baudot, accompagné de l'aide-major Achard, de l'officier d'administration Darbon, de vingt-quatre infirmiers, de cinquante coolies porteurs, et de tous les brancards dont je dispose. La seconde section demeure, avec dix-huit infirmiers seulement, sous la direction de M. Renaud, aide-major, assisté du pharmacien Manget et de l'officier d'administration Guitton.

Les dispositions que je prends, et surtout la rapidité que je demande pour le débarquement du personnel et du matériel, ne sont pas du goût de l'officier d'administration Guitton, que je suis obligé d'inviter à exécuter strictement mes ordres. J'ai eu déjà, du reste, pendant une période de manœuvres sous Blida en septembre 1880, l'occasion d'apprécier cet officier d'un réel mérite, mais toujours porté à discuter les ordres du médecin, dont il n'admet pas encore l'autorité dans la direction du service de santé. Heureusement, alors que je suis dans l'obligation de renouveler mon ordre, arrive près de moi le commandant Crétin, sous-chef de l'état-major du général Millot, lequel vient demander asile à l'ambulance. Et l'exécution s'impose, dès lors, sans hésitation.

Mon compatriote le commandant Crétin, mon camarade de collège, est de mon âge. Sa figure intelligente, énergique, sent la guerre qui l'a vieilli au physique sans l'entamer au moral. Il est, me dit-il, tout heureux d'être mis en rapport avec el señor Velasco, lequel, grâce à sa connaissance du pays et à son influence sur les catéchistes, peut lui donner des renseignements utiles sur les positions occupées par les Chinois, la nature de leurs ouvrages défensifs, les meilleurs itinéraires à suivre, ceux au contraire qu'il faut éviter. Il me demande instamment de le laisser à sa disposition et le remplace par un boy qui, dit-il, pourra me servir d'interprète temporaire.

3 *mars*. — A cinq heures, la brigade commence son mouvement, se dirigeant vers les ouvrages de Yen-Dinh, qui sont l'objectif de cette première étape. L'infanterie, développée par compagnies, suit à la queue leu leu les digues de séparation des rizières. L'artillerie avance péniblement. L'ambulance

vient immédiatement derrière elle. Un bataillon du 111ᵉ forme l'arrière-garde. La flottille suit ou parfois précède quelque peu la troupe, dont on distingue du reste facilement tous les mouvements, à proximité de la rive droite du fleuve. L'ambulance sur jonques accompagne le *Pluvier*.

A huit heures et demie le canon commence à gronder. Ce sont, semble-t-il, nos batteries de position dans la bouche du Thaï-Binh et du canal des Rapides, qui engagent l'attaque. La flottille, sous les ordres du capitaine de frégate Morel de Beaulieu, à bord du *Pluvier*, se trouve alors à hauteur de Phu-Lam. Vers dix heures, je suis avisé qu'une centaine de coolies porteurs viennent d'arriver aux Sept-Pagodes, et s'y tiennent à la disposition de l'ambulance. Mais le *Pluvier*, à qui je demande de les faire immédiatement remorquer, m'avise « qu'étant échoué et dans une mauvaise position, il a besoin, actuellement, de tous ses moyens d'action, et n'en peut mettre aucun à ma disposition; il m'invite même à passer devant lui, ne pensant pas, dit-il, pouvoir se déséchouer avant demain matin, ni par conséquent se passer d'un remorqueur qu'il m'enverra, dès qu'il le pourra, pour ramener des Sept-Pagodes les coolies attendus. » Heureusement, il n'y a pas urgence, et le terrain étant libre, ces coolies pourront arriver par terre.

A onze heures, l'ambulance est en avant du *Pluvier* et s'engage, derrière le *Lynx*, dans le Song-Cau. Déjà nos soldats se sont emparés de la plupart des hauteurs fortifiées de la rive droite. On les distingue nettement à l'assaut du fort Nao, dont les Chinois s'enfuient en désordre, poursuivis par la mitraille de nos hotchkiss. Successivement tous les retranchements sont enlevés dans un irrésistible élan.

Vers deux heures, nous sommes maîtres du fort de Do-Son. Quelques obus éclatant avec précision au centre des ouvrages ont facilité l'assaut. Et le drapeau de la France flotte là où, il y a quelques instants à peine, flottaient innombrables les divers pavillons des Chinois.

La victoire est complète; elle n'est pas sans tristesse. Elle nous a coûté la mort d'un jeune sous-lieutenant du 23ᵉ,

M. Duchez, atteint à l'attaque du village de Yen-Dinh d'une balle dans la tête, et huit blessés, parmi lesquels le soldat Husson, du 23°, atteint d'une balle au niveau de l'ombilic, le tirailleur indigène sergent Giaps, atteint de fracture comminutive avec délabrement de l'articulation du genou droit, paraissent seuls en danger.

L'aménagement de l'ambulance à bord des jonques est encore bien rudimentaire. Heureusement, le nombre restreint des blessés permet de leur donner, immédiatement, avec les soins nécessaires, un abri suffisant jusqu'à leur évacuation possible vers l'arrière. Les Chinois ne paraissent pas, eux-mêmes, avoir subi de bien grandes pertes. Cependant plusieurs cadavres, abandonnés dans les rizières, n'ont pas encore été relevés. L'ambulance demeure, précédée de la flottille, mouillée à hauteur du village de Yen-Dinh. Toutes les hauteurs avoisinantes sont joyeusement couronnées des feux de bivouac de nos soldats. Les catéchistes, envoyés sous la surveillance de nos infirmiers à la recherche des blessés, assurent que les Chinois se massent vers Bac-Ninh et au delà du barrage établi sur le Song-Cau, à hauteur de Lac-Buoï, mais qu'ils paraissent démoralisés par la hardiesse de notre attaque.

Dimanche 9 mars. — La brigade conserve ses positions, attendant, paraît-il, pour avancer, l'arrivée annoncée de la première brigade, avec le général en chef.

A l'ambulance, un jeune prêtre, l'aumônier Mac, envoyé d'Hanoï, nous arrive accompagné du missionnaire Velasco, et peut immédiatement célébrer la messe, à laquelle assistent la plupart des officiers. Les prières dites, les honneurs militaires sont rendus au lieutenant Duchez, dont le corps, déposé dans un modeste cercueil, sera, ce soir, inhumé aux Sept-Pagodes, où il sera conduit par notre nouvel aumônier, assisté d'un sergent et de quatre infirmiers.

Les jonques d'approvisionnement, remorquées par le *Sontay*, sont mouillées en arrière de l'ambulance, sous les ordres du sous-lieutenant Lobics du 111°. Conformément aux ordres du général, les jonques, au fur et à mesure qu'elles sont vidées, sont mises à ma disposition pour être aménagées en vue des prochaines éventualités. J'obtiens plus difficilement les coolies qui sont également destinés à l'ambulance, et dont chaque service réclame sa part.

Dans la soirée, le général en chef fait communiquer l'ordre suivant :

« L'ennemi occupe encore les hauteurs du Trung-Son au Song-Cau. Le général Brière de l'Isle et le général en chef passeront demain, 10 mars, le canal des Rapides à hauteur de Huong-Van. Le deuxième bataillon du 4e de marche (143e) et la section du génie partiront à sept heures du matin, occuperont Van, s'y fortifieront et fourniront des travailleurs pour faciliter le passage des troupes. La ligne Yen-Dinh Dao-Son au marché de Chi est évacuée par l'ennemi ».

Cet ordre eût pu, sans doute, être exécuté dès ce matin, car les rapides succès du général de Négrier ont libéré le canal des Rapides, dont le passage ne souffre plus actuellement aucune difficulté. Mais le général Millot paraît n'être pas prêt encore à marcher de l'avant.

10 mars. — Même mouillage de la flottille à hauteur de Yen-Dinh, même immobilité des troupes sur les hauteurs avoisinantes. L'ambulance en profite pour faire convenablement aménager, avec l'assistance des charpentiers du *Lynx*, du *Pluvier*, du *Léopard* et de l'*Aspic*, gracieusement mis à ma disposition, quatre nouvelles jonques, qui pourront recevoir et abriter dans de bonnes conditions une centaine, au moins, de malades ou de blessés.

Nos malades et blessés sont évacués, à l'aide d'un remorqueur, sur l'hôpital d'Haï-Phong.

11 mars. — Toujours au même mouillage. Et nous avons à déplorer la mort d'un infirmier, le soldat Debeaune, qui s'est noyé en franchissant un passage de planches, entre deux jonques. L'infirmier Debeaune, victime de son devoir, était un très bon serviteur. Malgré les efforts de deux de ses camarades, que je n'ai, du reste, autorisés à se jeter à l'eau qu'après les avoir attachés à l'aide d'une corde passée à la ceinture, le corps n'a été retrouvé que trente-cinq minutes après la chute. Il avait été entraîné déjà à près de 200 mètres, où il a été recueilli à l'aide de filets jetés par des pêcheurs indigènes. Tous nos efforts, malgré leur longue persistance, sont demeurés impuissants à le ramener à la vie. Et j'en profite, tristement, pour rappeler à tous combien, en raison des courants de fond, les rivières du delta sont dangereuses. Il est très rare, disent les indigènes, qu'un homme saisi par l'un de ces courants réussisse à y échapper; la mort, fût-il un excellent nageur, est presque fatale.

Le corps de Debeaune sera, ce soir, transporté aux Sept-Pagodes, accompagné de l'aumônier et de six infirmiers, et inhumé à côté de celui du sous-lieutenant Duchez.

Dans la soirée, pendant une excursion à terre, dans le voisinage de Yen-Dinh, nous apercevons, à quelque distance, l'un de nos aérostats d'exploration. Les indigènes, dit l'abbé Velasco, se demandent effrayés ce que peut être cette grande lanterne française, perdue dans l'espace où elle emporte des hommes. Ils comprennent qu'elle est, entre nos mains, un puissant moyen d'action, et assurent que les Chinois, très démoralisés déjà par notre attaque du 8, prévoient déjà leur déroute, et préparent leur retraite vers Lang-Son et Thaï-Nguyen.

« Sûrement, dit l'abbé Velasco, si la flottille, accompagnée d'une partie de la brigade, pouvait, à partir des Sept-Pagodes, remonter le Song-Thuong-Gian, elle réussirait à leur couper la retraite et pourrait facilement les disperser. »

Le fait ne paraît pas avoir été prévu. Et nos forces réunies sont, sans doute, supposées nécessaires à la prise de Bac-Ninh.

Grâce encore à notre missionnaire, qui nous est décidément un précieux auxiliaire, le général, sur ma demande, fait immédiatement remettre en liberté un pauvre diable égaré dans nos lignes, porteur d'une lettre suspecte, reconnue n'être, en réalité, qu'une réclamation d'argent à un marchand d'Haï-Zuong.

La concentration du corps expéditionnaire est accomplie, dit la rumeur. Et la brigade se mettra sûrement en mouvement demain, dès l'aube, pour tourner la position de Lag-Buoï, pendant que la flottille, partant de Yen-Dinh, attaquera directement le barrage du Song-Cau.

12 *mars*. — Dans la nuit nous recevons l'ordre suivant : « L'ennemi occupe une première ligne de défense dont la droite est appuyée à la droite du Trung-Son et la gauche au Song-Cau, vers le village de Vaï. Entre ce village et celui de Lac-Buoï, un barrage ferme le fleuve. La deuxième brigade partira de Dao-Son à six heures et demie du matin, et se portera sur la ligne ennemie. La flottille, partant de Yen-Dinh, remontera le Song-Cau, détruira le barrage de Lac-Buoï et appuiera l'attaque de la deuxième brigade.

« La première brigade quittera son cantonnement de Xam à six heures et demie du matin ; elle se portera d'abord au marché de Chi, en suivant la rive gauche du canal des Rapides, et se dirigera ensuite sur le Trung-Son, dont elle s'emparera.

12 *mars*. — Tout semble prêt. La flottille s'est, pendant la nuit, renforcée de la *Trombe* et de l'*Eclair* et se met en mouvement dès huit heures du matin. Le temps est superbe et le soleil inonde l'immensité d'une plaine couverte d'ondoyantes rizières. Et déjà la fusillade crépite en avant de nous. C'est, paraît-il, la légion étrangère qui commence l'action. Les populations riveraines paraissent vivement impressionnées, plus disposées cependant à s'approcher de nous que des Chinois, mais redoutant manifestement l'indiscrète curiosité de nos jumelles. Plusieurs, nous dit l'abbé Velasco, sont des catholiques de la mission, ont eu beaucoup à souffrir des cruautés chinoises et nous sont sûrement dévoués.

Mais le canon gronde (il est huit heures et demie) et prépare vivement l'attaque du barrage. Les détonations des grosses pièces de la marine sont imposantes. Et dans la plaine, nos bataillons se succèdent dans un superbe élan. Voici d'abord la légion, suivie à courte distance des bataillons du 143ᵉ, du 23ᵉ et du 111ᵉ, puis des compagnies de débarquement et de notre artillerie de campagne. Le fusil sur l'épaule, pour quelques instants encore, à travers la rizière, dans l'eau jusqu'aux genoux, et n'en avançant pas moins dans une parfaite régularité. Mais voici que se dessine une grande chaîne de tirailleurs. Et bientôt des feux de salve remplissent l'espace. Les Chinois, solidement retranchés en avant du village de Kéroï, nous opposent une sérieuse résistance. Devant le barrage, la flottille accélère l'attaque. L'ambulance et le convoi de vivres suivent à courte distance.

A midi le feu cesse. Les Chinois ont abandonné la résistance du barrage, et voici que des chaloupes à vapeur emportent rapidement des travailleurs chargés d'en achever la destruction. La *Carabine*, sous les ordres du lieutenant de vaisseau Bauer, surveille le pénible travail que dirige le pilote Crochet, un vieil habitué du Tonkin. A terre, après une furieuse attaque, nos troupes ont emporté d'assaut les retranchements de Kéroï; elles sont actuellement maîtresses de ce gros village catholique, et le drapeau tricolore flotte au sommet de son étincelant clocher. La section d'ambulance qui a suivi, sous la direction du médecin-major Baudot, tous les mouvements de la troupe, n'a pas cessé d'être en rapports avec l'ambulance sur jonques, mais paraît n'avoir pas à soigner un grand nombre de blessés. Et les coolies porte-brancards que nos infirmiers accompagnent à travers la rizière nous reviennent à vide. L'action, vigoureusement menée et prudemment préparée, satisfait l'attente.

La journée cependant n'est pas finie. Les fuyards de Lac-Buoï et de Kéroï se précipitent vers Bac-Ninh, poursuivis seulement par quelques coups de canon et de fusil. Et voici que nos bataillons, après deux heures à peine de repos, se rapprochent des digues du Song-Cau, précédés des compagnies de débarquement du capitaine de frégate de Beaumont.

On avance régulièrement, et l'ardeur de nos soldats leur fait oublier aussi bien les fatigues du matin que la boue des rizières et l'éclat du soleil. La légion étrangère, qui, ce matin, a poussé la première attaque, forme actuellement l'arrière-garde. L'artillerie suit péniblement la digue, traînée par des coolies, et poussée par les artilleurs, qui parfois sont obligés de soutenir les pièces sur leurs épaules, ayant de la vase jusqu'au ventre. C'est inouï d'entrainement et de superbe endurance.

Vers deux heures, de nouveaux feux de salve s'entendent à quelque distance en avant du barrage, que la flottille demeure encore impuissante à franchir. Nos troupes, me dit l'abbé Velasco, paraissent actuellement aux prises avec l'ennemi vers Dap-Cau, et doivent sûrement y rencontrer une redoutable résistance. Et de nouveau l'artillerie gronde dans le lointain. Il s'agit d'enlever l'importante position de Dap-Cau, qui est, sur le Song-Cau, la défense avancée de Bac-Ninh, et que domine un fort solidement armé. L'élan est irrésistible. A cinq heures, des catéchistes assurent que nous sommes maîtres de la situation, que les Chinois s'enfuient, et que nos troupes avancent rapidement vers Bac-Ninh. De fait, le canon tonne sans relâche, mêlant ses terribles éclats à ceux plus éloignés des feux de salve de l'infanterie.

« Les Français sont terribles, disent nos coolies catéchistes, mais en bien petit nombre, car il y a vingt mille Chinois devant Bac-Ninh. »

Et vers cinq heures du soir je suis avisé, par le commandant Morel de Beaulieu, que le drapeau tricolore flotte au sommet du mirador de Bac-Ninh ! L'enthousiasme est indescriptible. Le succès dépasse toutes les prévisions.

Mais les renseignements arrivent de tous côtés, ils précisent la victoire.

« La première brigade, disent-ils, a longuement canonné les hauteurs de Trung-Son, pendant que le général de Négrier, remontant la rive droite de Song-Cau, enlevait Kéroï et Dap-Cau, puis se précipitait audacieusement sur Bac-Ninh, dont les Chinois s'enfuirent en désordre. » L'attaque de Kéroï, vigoureusement menée par le lieutenant-colonel Duchenne, de la légion étrangère, assisté du 143º de ligne avec le commandant Farret, du 111º, et du 23º en soutien avec le lieutenant-colonel Defoy, a été superbe d'irrésistible élan. Baïonnette au canon, nos soldats, dans une lutte corps à corps avec les Chinois, les ont repoussés en désordre vers Bac-Ninh et Dap-Cau, pendant que la flottille et les compagnies de débarquement les rejetaient de toutes leurs positions autour du barrage sur le Song-Cau.

Et l'audacieux général, après une reconnaissance hardie du terrain et deux heures seulement de repos, n'a pas hésité à précipiter l'attaque : « Il faut, dit-il, enlever le fort de Dap-Cau. » Et le commandant de Beaumont, avec les compagnies de débarquement, les bataillons du 23e et du 111e, soutenus par la légion et par le 143e, se précipite en avant, difficilement suivi par l'artillerie, dont les affûts demeurent à chaque instant embourbés, et demandent de prodigieux efforts. Les Chinois, embusqués derrière une épaisse balustrade dont nos soldats sont séparés par un large aroyo, résistent en désespérés. Mais la compagnie de débarquement, conduite par un jeune enseigne de vaisseau, M. Olivieri, réussit à s'emparer d'une étroite passerelle qui unit les deux rives, se moque des balles qui pleuvent, se précipite à l'assaut de la palissade, en chasse l'ennemi à coup de baïonnettes et le poursuit jusque sous les remparts de Dac-Cau, que notre artillerie, rapidement mise en batterie sur la digue même du fleuve, crible de ses obus.

Et bientôt nos clairons sonnent éperdûment la charge. Légionnaires, marsouins et soldats sont mêlés dans une irrésistible poussée ; les fossés sont franchis, les portes enfoncées, et le drapeau tricolore, enlevé par l'enseigne de Marliave et le quartier-maître Morel, plane glorieux là où, il y a quelques minutes à peine, flottait l'étendard de l'ennemi.

Cela ne suffisait pas. Il fallait profiter de l'effarement des Chinois et s'emparer de Bac-Ninh, avant de leur donner le temps de s'y reformer. Le général de Négrier le comprit. Et toute la brigade, ayant à peine touché Dap-Cau, s'élance à nouveau contre les fuyards qui cherchent un abri derrière les redoutables remparts de la citadelle. Bientôt l'artillerie, en batterie sur les hauteurs de Dap-Cau, couvre la ville d'une pluie d'obus, fait sauter les magasins à poudre et brûle impitoyablement les maisons suspectes. La résistance est insignifiante, du reste. A peine quelques bandes en désordre répondent à l'attaque. Et quand nos troupes pénètrent, elles trouvent la ville à peu près abandonnée, vide aussi bien de défenseurs que d'habitants. A cinq heures du soir, le drapeau tricolore flotte, glorieusement planté par le lieutenant Macard, de la légion, sur le haut mirador de Bac-Ninh, à la place du drapeau impérial jaune et bleu, que les fuyards chinois nous ont misérablement abandonné.

Cet éclatant succès paraît nous avoir coûté peu de monde. A six heures, deux blessés seulement ont été apportés à l'ambulance. Peut-être la section à terre est trop éloignée pour pouvoir rapidement arriver jusqu'à nous. Et le barrage, bien que largement ouvert déjà, ne permet pas encore le passage des bateaux. La flottille poursuit activement le travail. Et c'est pénible, autant qu'il est possible d'en juger. Qu'on se figure une énorme digue de plusieurs mètres d'épaisseur, formée de jonques coulées sous une accumulation d'énormes pierres, maintenue solidement fixée à l'aide de pieux profondément enfoncés dans l'eau et de fascines de bambous étroitement unis. Cette digue s'étend d'une rive à l'autre, ménageant seulement un étroit chenal pour le passage de légères barques à fond plat. De solides retranchements et des batteries dissimulées à mi-côte des mamelons de la rive droite et de la rive gauche, notamment vers les villages de Lac-Boï et de Lang-Vü, en défendent les approches, mais n'ont pas résisté longtemps à l'attaque de front de la flottille, combinée avec l'attaque de flanc de la brigade.

Vers six heures, alors que nous croyant complètement débarrassés de l'ennemi, nous revenions, quelques officiers et moi, d'une courte excursion à terre, deux coups de canon partent encore d'une batterie cachée, semble-t-il, à mi-côte d'un mamelon au-dessus du petit village de Cau, et deux obus viennent éclater à cinquante mètres de nous, à peine un peu en avant du barrage, heureusement sans blesser personne. L'*Éclair*, commandant Leygues (1), répond, pour la forme, par

---

(1) Mort peu de temps après dans une atteinte de variole hémorragique.

deux obus, sans cependant pouvoir distinguer les pièces ennemies. Et c'est fini. Ce sont, semble-t-il, au moins dans notre voisinage, les dernières protestations des bandes chinoises en fuite vers Lang-Son et Thaï-Nguyen, où sans doute nous allons activement les poursuivre.

La nuit se passe sans incidents. Les indigènes des villages riverains, obligés, il y a quelques jours à peine, à la construction du barrage, sont maintenant requis par nous pour sa démolition, et paraissent volontiers s'y prêter. Mais le travail est difficile, il faut arracher pieu par pieu, enlever les pierres et les fascines, et cela seulement pour élargir et creuser un chenal suffisant pour le passage de nos bateaux.

13 *mars*. — Le barrage est encore infranchissable. J'en profite, après le départ d'un premier convoi de malades pour l'hôpital d'Haï-Phong, pour parcourir, en compagnie de mes camarades Achard et Renaud et de quelques infirmiers, les villages avoisinants, où peut-être des blessés sont demeurés. Tous ces villages, à droite et à gauche du fleuve, sont fortifiés, entourés d'énormes remblais qu'il faut escalader pour arriver jusqu'aux portes, solidement barricadées. Avec l'assistance des notables de l'endroit, militairement requis, nous pouvons fouiller le pays et nous assurer que nos blessés, fort peu nombreux du reste, eu égard à l'importance de l'action, ont été déjà recueillis. Et quelques Chinois ou indigènes, accidentellement blessés, disent-ils, sont seuls à réclamer des soins que chacun de nous s'empresse à leur donner. Quelques-uns même paraissent avoir en nous une confiance que ne paraissent pas leur inspirer les indigènes dont ils étaient, hier encore, les implacables maîtres.

Vers midi seulement le chenal est suffisamment déblayé pour permettre le passage d'une canonnière. Et de suite, l'ambulance remorquée par le Kiang-Nam se porte en avant, non sans avoir cédé, cependant, aux sollicitations de deux reporters, dont un Anglais, qui me demandent instamment de les prendre à bord, afin de leur permettre d'arriver plus vite à Bac-Ninh, et d'y apprendre les détails de l'audacieuse victoire dont le général Maôlen (ainsi que les indigènes linh-taps et nos loustics désignent dorénavant le général de Négrier) a seul tout le mérite; car, dit-on, la première brigade, occupée hier, pendant toute la journée, devant les hauteurs du Trong-Son, se met seulement en route pour Bac-Ninh, où elle entrera sans avoir à tirer un coup de fusil.

Le remorqueur *Kiang-Nam* et l'ambulance sont donc les premiers à franchir ce redoutable barrage que les Chinois ont mis un an, paraît-il, à construire avec une remarquable habileté, qui paraissait devoir longtemps nous arrêter, qu'il eût été assurément facile de défendre, et qu'ils ont misérablement abandonné, affolés, semble-t-il, par l'impétuosité de l'attaque.

Du barrage à hauteur de Dap-Cau, le pays, très accidenté, est luxuriant de végétation. Grimpé sur la toiture du *Kiang-Nam*, appuyé à la hampe du double fanion de l'ambulance, je domine; et les riverains indigènes se prosternent humblement au passage du grand mandarin des médecins, ainsi qu'ils me qualifient. C'est de là encore que je puis, au passage, cordialement saluer le général de Négrier, que la canonnière *Carabine* conduit à son tour à la visite du barrage, où la flottille et les marsouins lui préparent une ovation bien méritée.

A une heure, le *Kiang-Nam* mouille sous le fort de Dap-Cau, devant une large passerelle de bambous qui, en cet endroit, relie les deux rives du fleuve, et que les Chinois, en fuite précipitée sur Lang-Son, n'ont pas pu détruire. J'ai le temps, avant l'arrivée des blessés que l'ambulance de terre a temporairement recueillis, de visiter le fort de Dap-Cau, si glorieusement enlevé par l'enseigne Olivieri et sa compagnie de débarquement. De là, en effet, on distingue facilement la ville et la citadelle de Bac-Ninh, à trois kilomètres environ, dans son enceinte de hautes murailles semées de miradors. Partout de solides redoutes se devinent, disséminées sur les mamelons avoisinants, et de larges fossés protègent les murs. On se demande, en vérité, comment une place si forte d'apparence, et si facilement défendable, a pu si rapidement tomber en notre pouvoir. Et s'il est légitime de redire, à propos du général de Négrier, l'*audaces fortuna juvat* de Virgile, il faut se ressouvenir aussi de l'*audax Japeti genus* qui s'applique si manifestement à notre race.

De l'audace et du coup d'œil, il en a fallu beaucoup, assurément, pour tenter une pareille attaque avec une poignée d'hommes, pour la plupart des conscrits, appelés ainsi à recevoir le baptême du feu et à surmonter des fatigues auxquelles ne résistent pas toujours les plus endurcis. Et le drapeau de la France flotte fièrement au sommet de la grande pagode royale que vingt mille Chinois, sous le commandement du redouté Luh-Vinh-Phuoc et du général Hoang-Ké-Si, de l'armée du Quang-Si, avaient entourée de formidables retranchements, dont ils connaissaient les immenses ressources et dont ils pouvaient très légitimement espérer nous chasser sans grands efforts. Cela fait bondir le cœur. Si désastreuse qu'ait été l'année terrible, on sent que la France vit encore dans de tels soldats, que notre armée, préservée des souillures politiques, a toujours dans l'âme l'héroïsme du passé. Noblesse oblige! Et les bons chefs font les bons soldats.

Le fort de Dap-Cau est évidemment la clef de la citadelle de Bac-Ninh, qu'il domine d'une centaine de mètres environ. Cela explique la hardiesse du général de Négrier n'hésitant pas à faire vite (MAOLEN, disent les linh-taps) et à profiter du désordre de l'ennemi pour brusquer l'attaque, sans attendre la venue de la première brigade encore en observation des hauteurs du Trung-Son.

Dans la soirée seulement, malades et blessés recueillis pendant ces deux journées à l'ambulance de combat sont conduits à bord par les soins du médecin-major Baudot (1). La nuit est fort obscure, l'accès des jonques très difficile à des hommes porteurs de brancards chargés, et nos lanternes absolument

---

(1) Devenu médecin principal de première classe, directeur du service de santé du 11ᵉ corps d'armée et mort en octobre 1902.

insuffisantes. A la hâte, nos coolies confectionnent, à l'aide de tiges sèches de bambous, des torches qui nous donnent une superbe lumière. Et vingt-neuf blessés, dont quatre mortellement atteints, sont confortablement abrités, soigneusement pansés, et placés dans les meilleures conditions pour être, dès demain, évacués sur l'hôpital d'Haï-Zuong, actuellement, paraît-il, en état de les recevoir. Alléger les souffrances de ceux qui ont vaillamment combattu, qui ont lutté jusqu'à l'épuisement des forces, qui ont répandu leur sang pour grandir la Patrie, on sent bien que, chez tous, c'est un besoin du cœur, et non pas seulement le banal accomplissement d'une mission spéciale. Et sous l'éclatante lumière des torches qui éclairent nos visages et nos actes, nos braves soldats le comprennent. Une chaude poignée de main vaut mieux qu'un long discours.

14 mars. — Ainsi que nous l'avions tristement prévu, deux de nos blessés — Hugard, de la légion étrangère, et Sguerin des fusiliers marins — atteints l'un et l'autre de déchirures par balle des viscères abdominaux, sont morts pendant la nuit. Et nous n'avons pu qu'alléger leurs souffrances. Ils seront glorieusement inhumés au pied même du rempart qu'ils ont conquis au prix de leur sang.

Deux jonques, bien aménagées, emmènent, dès ce matin, tous les autres blessés et malades. Et ce mode de transport par eau, le seul du reste actuellement pratiqué dans la région, a l'immense avantage d'éviter bien des souffrances.

A onze heures, tout est terminé. L'ambulance, entièrement libérée, est prête pour de nouvelles éventualités. Et nous avons, mes collègues et moi, toute liberté de parcourir, à notre tour, ce pays que viennent de conquérir nos soldats. J'ai, du reste, la satisfaction d'être appelé à Bac-Ninh par le directeur du service de santé, M. Driout, et d'apprendre par lui, que je suis proposé pour le grade de médecin principal.

Du Song-Cau, devant Dap-Cau, à Bac-Ninh, il y a trois kilomètres environ. La route, en assez bon état, est bordée de mamelons, dont plusieurs couronnés de riches pagodes, de forts et de redoutes. Des rizières d'une superbe venue s'étendent à perte de vue vers l'est. La ville elle-même n'est rien qu'une longue rue bordée, à droite et à gauche, de misérables paillottes faites de bambous et de terre séchée, ou parfois aussi de débris d'énormes jarres qui sont, paraît-il, l'industrie particulière du pays. Seule cette longue rue, qui court du nord au sud, est pavée de larges dalles inégales, et formant, vers le centre, un dos d'âne bordé de ruisseaux fangeux. Les maisons, plus exactement les cagnas, étroitement accolées les unes aux autres, sont toutes adossées à de petits jardins entourés de haies inpénétrables de cactus et d'aloès. Des ruelles étroites et puantes s'en détachent et nous conduisent à d'inextricables carrefours. La plupart des maisons sont, du reste, absolument vides d'habitants, mais encombrées de meubles brisés, d'armes, de tonnelets de poudre et de divers objets de ménage dont nos coolies maraudeurs s'emparent avec avidité, non sans avoir, au préalable, fouillé tous les meubles et découvert, souvent sous terre ou dans les bambous, les caches de l'argent et des bijoux. Cette ville, actuellement de si misérable apparence, est enfermée dans une haute muraille en brique, elle-même percée de hautes portes surmontées de miradors à double étage, du plus fantastique aspect.

La population, actuellement en fuite ou disséminée dans les environs, ne paraît pas devoir dépasser cinq mille habitants. Toutes les maisons sont encore, paraît-il, garnies, sous la toiture, de bambous remplis de poudre que les Chinois avaient disposés afin d'incendier la ville, et qu'il faut prudemment arracher avant d'en permettre l'occupation par nos soldats.

Seule la citadelle, au centre même de la ville, nous apparaît remarquable. Son épais mur d'enceinte, dont les parapets sont garnis d'étroites défenses en bambous acérés, est entouré d'un large fossé rempli d'eau et traversé, sur quatre faces, par des ponts de brique en dos d'âne qui donnent accès à de superbes portes généralement protégées par un épais parapet de terre. Au centre, une haute tour octogonale, surmontée du drapeau tricolore, domine la pagode royale qu'occupaient hier les généraux chinois, et qu'habite aujourd'hui son nouveau chef, le général Millot. Dans la cour, sous des pins majestueux, sont accumulés divers pavillons chinois et des armes de toutes espèces, depuis le primitif trident longuement emmanché jusqu'aux fusils des derniers modèles, que les fuyards ont abandonnés. Voici l'étendard de soie verte à bordure grenat qu'a remplacé notre drapeau national au sommet de la tour royale. Et sous lui, dorénavant impuissants à le protéger, une mitrailleuse et toute une batterie de canons Krupp aux culasses couvertes d'inscriptions chinoises. De nombreuses pagodes, garnies de riches idoles au fantastique rictus, d'immenses magasins à riz portés sur d'énormes madriers qui les isolent du sol, de sombres prisons dans lesquelles des colonnes en bois de teck fixent encore des chaines et des anneaux destinés aux prisonniers, puis quelques rares habitations privées, occupent toute son étendue, qui ne paraît pas dépasser un kilomètre carré.

Dans la soirée j'ai l'occasion d'être présenté par mon chef au général Millot. Il m'accueille avec bienveillance, me félicite des dispositions prises à l'ambulance, et se rappelle aussi bien, me dit-il, mon étude des eaux minérales de Lons-le-Saunier dont il a fait personnellement usage, que de mon vieux père qu'il a appris à connaitre pendant son séjour dans le pays, et pour lequel il a grand respect.

Sous cette apparente bonhomie du général, étonné du peu de résistance qu'il a rencontré, mais aussi, dit son entourage, vexé de l'heureuse initiative du général de Négrier qui a brusqué le mouvement, et a eu le grand tort de s'emparer de Bac-Ninh sans son intervention, on a quelque peine à retrouver l'intraitable radical qui voulait lui-même, parait-il, exécuter le duc d'Aumale, et dont on a pu dire que son ardent républicanisme lui a seul valu le commandement sans partage du corps expéditionnaire du Tonkin. Il faut attendre pour le pouvoir justement apprécier.

15 *mars*. — L'ennemi est en fuite désordonnée vers Thaï-Nguyen et Lang-Son. Et, bien tardivement, semble-t-il, les deux brigades reçoivent l'ordre de le poursuivre ; la première suivant la rive droite du Song-Cau jusqu'à Thaï-Nguyen ; la seconde traversant le fleuve à hauteur de Dap-Cau, pour gagner la route de Lang-Son.

La brigade Négrier commence son mouvement dès six heures du matin, traverse rapidement le pont de bambous jeté sur le fleuve en avant de Dac-Cau, reconnaît en route les villages de la rive gauche, notamment celui de Van-Linh, que l'on dit encore occupé, et s'avance régulièrement vers Phu-Lang-Gian. Le pays est pittoresque, la route, un misérable sentier, serpente en de verdoyants coteaux couverts d'élégantes habitations mandarines, et de pagodes enfouies dans les arbres.

L'avant-garde est formée des tirailleurs annamites et tonkinois, immédiatement suivis d'une batterie d'artillerie, de deux compagnies du 23e, d'une section de pontonniers et d'un détachement de l'ambulance, sous les ordres de l'aide-major Achard, pourvu seulement de quelques brancards et des musettes de premiers pansements. Le gros, sous les ordres du lieutenant-colonel Duchesne, est formé de deux compagnies du 23e, un bataillon de la légion, deux batteries de douze, avec le capitaine de Saxé, l'ambulance sous mes ordres et la réserve d'artillerie. L'arrière-garde, confiée au commandant Hutin, comporte deux compagnies tirées du deuxième bataillon de la légion étrangère. Chaque homme a reçu seulement deux jours de vivres, en plus des vivres du sac qui doivent être consommés pendant cette première journée de marche. J'ai dû maintenir, à Dap-Cau, le médecin-major Baudot, chargé de garder notre flottille d'ambulance et d'assurer, le cas échéant, l'évacuation rapide des malades et des blessés vers Haï-Zuong. Vers dix heures, à proximité d'un gros village que l'on me dit être Nieu-Tiet, la colonne accélère le pas. L'ennemi, dit une note que je suis chargé de faire porter au quartier général, à Bac-Ninh, par un des catéchistes que j'ai pu conserver avec moi et qui me sert d'interprète, se masse à Phu-Lang-Thuong, sur les deux rives du Song-Thuong-Gian, qu'il va falloir traverser pour le poursuivre. Et de fait, vers midi, notre avant-garde est aux prises avec lui. Mais, semble-t-il, quelques volées de mitraille, quelques feux de salve ont suffi déjà pour nous rendre maîtres de la rive droite. Malheureusement le passage de la rivière, insuffisamment préparé, doit s'effectuer à l'aide de barques découvertes dans les environs, et malgré l'arrivée, un peu tardive, de la *Trombe* et de l'*Éclair* venus des Sept-Pagodes, il nous prend un long temps.

La poursuite cependant peut être poussée à cinq ou six kilomètres de la rive gauche, au delà de Phu-Lang-Gian, où la brigade doit cantonner ce soir. Mais déjà trois de nos braves soldats, deux linthaps et un de la légion étrangère, Bruny, atteints à bout portant à l'attaque des premières maisons, ont payé de leur vie leur héroïque dévouement. Je laisse à mon collègue Achard la pénible mission de les faire inhumer à proximité de la pagode réservée à l'ambulance, et je peux ainsi, accompagné seulement de quelques porteurs, me porter en avant. C'est fini, du reste ; les Chinois s'enfuient en déroute. Il est sept heures du soir, et nos soldats ont un impérieux besoin de repos. Je suis moi-même très fatigué, et ce soir, pendant que je rentre péniblement au cantonnement, les nombreuses lucioles qui volent autour de moi se confondent avec un scintillement des yeux, pénible symptôme d'un état congestif dont quelques ablutions d'eau froide auront sans doute bientôt raison. Il faut cependant encore, avant de pouvoir goûter au dîner que les Chinois nous ont abandonné dans la précipitation de leur fuite, avant de trouver un coin pour reposer, se garer d'un violent incendie qui brûle, en quelques minutes, toutes les paillottes voisines. Les Chinois non seulement avaient en effet disposé sous les toitures en chaume de la plupart des maisons des fougasses de bambous, mais encore, dans la précipitation de leur fuite, abandonné de nombreux **tonnelets de poudre**. Nos coolies, occupés à faire cuire leur riz, et plus souvent encore à piller, n'y ont pas pris garde. Il a suffi d'une étincelle. Et voici qu'un infirmier découvre, sous le plancher même de la pagode occupée par l'ambulance, plusieurs caisses remplies d'obus. L'ennemi, sans doute, a pu emmener les canons, mais a abandonné les projectiles dont il n'a pas eu le temps de se servir. Et nous voici formant la chaîne, pour nous en débarrasser au plus vite. Comment avons-nous échappé à de terribles explosions, comment la pagode, heureusement couverte en tuile, a-t-elle elle-même échappé à l'incendie? C'est providentiel. J'ai le droit de dire, du moins, que le danger, si manifeste qu'il ait été, nous a trouvés de sang-froid, et que chacun de nous a su faire son devoir.

Deux enfants et un vieillard ont été brûlés vifs. Plusieurs de nos coolies ont été gravement atteints. Par une chance inouïe, aucun de nous. Et le danger auquel nous venons d'échapper, celui qui bien certainement nous menace encore, n'empêchent aucun de nous de dormir d'un profond sommeil. Il est minuit, du reste, et nous devons repartir demain dès l'aube. La fatigue est un précieux oreiller.

16 *mars*. — En route dès cinq heures du matin, poursuivant l'ennemi sur l'étroit chemin, à peine praticable aux piétons, que les indigènes qualifient pompeusement la route impériale de Lang-Son. L'ambulance a dû laisser à Phu-Lang quelques malades et les blessés de la veille, qui seront immédiatement évacués sur l'hôpital d'Haï-Zuong. Elle passe, très exactement, au point initial, à deux kilomètres environ de Phu-Lang, à sept heures quinze. Et déjà la colonne, au village de Phu-Rou, s'est enrichie de quatre superbes canons Krupp qui paraissent n'avoir pas encore servi. Les Chinois en fuite paraissent n'avoir pu sauver que les pièces dont ils se sont servis en avant de Phu-Lang, et dont même ils ont dû abandonner une partie des obus. Dès la sortie de Phu-Lang, à partir de la jonction des chemins se dirigeant d'une part vers Lang-Son, d'autre part vers le Loc-Nam et Chu, le pays change rapidement d'aspect; il paraît plus accidenté, et les rizières y deviennent rares.

Brusquement, la bataille s'engage sur toute la ligne. Il est neuf heures et demie. Les Chinois n'ont pas eu le temps de fuir, et sont embusqués çà et là, entre la route et la rive gauche du Song-Thuong. Les villages de My-Lac, Phu-Li, Yen-Ley sont fortement occupés et vivement enlevés. Les Chinois y subissent de grandes pertes, mais paraissent incapables d'une longue résistance. Et l'ambulance recueille seulement trois blessés, heureusement légèrement atteints. Un seul homme de la légion, le caporal Thoman, un enfant de notre Alsace, a été tué, à bout portant, par une balle dans la région du cœur, pendant qu'entouré d'ennemis il n'en continuait pas moins l'attaque d'une maison dans laquelle il espérait pouvoir abriter son escouade. Son corps sera inhumé devant la pagode Yen-Ti, qui prendra dorénavant le nom de pagode Thoman. Les honneurs militaires sont rendus, au passage, par une compagnie du 23ᵉ, et les dernières prières dites par notre aumônier, l'abbé Mac.

La brigade, ainsi débarrassée des bandes disséminées dans les villages de la route, se porte rapidement en avant, sans même un instant de repos, et ne tarde pas à arriver à hauteur de Lang-Kep, un petit village à l'entrée d'une gorge qui paraît commander un étroit passage. Les Chinois y sont fortement retranchés, et occupent notamment un fortin très abrité.

L'artillerie (capitaine de Saxé) occupe, sans coup férir, et dans un superbe effort, un mamelon, dont les Chinois sont vivement chassés par quelques feux de salve.

L'infanterie se porte à l'attaque du village et s'empare à l'assaut du fortin. L'ennemi s'enfuit en désordre, pourchassé par la mitraille, vers Cao-Son et les montagnes Dong-Naï, sur la rive droite du Song-Thuong. Il a subi des pertes sérieuses, bien que paraissant très disséminé. De notre côté un seul homme, Morecq, de la légion étrangère, est gravement atteint d'une fracture comminutive de l'avant-bras gauche, et devra subir l'amputation. Cinq autres sont atteints sans gravité. Et l'ambulance, installée à mi-côte d'un petit mamelon qui domine la route à 150 mètres du village, peut immédiatement procéder aux pansements. Quelques blessés chinois sollicitent également notre assistance. Les autres ont été impitoyablement fusillés. La guerre est atroce !

17 mars. — Dès le matin, à cinq heures, le général pousse une forte reconnaissance en avant, laissant une partie de son effectif à la garde de Lang-Kep. Contre toute attente, en effet, la brigade ne doit pas dépasser Cao-Son. Le pays devient très accidenté, à peu près inculte, coupé de torrents qu'il faut traverser sur des fascines de bambous hâtivement maintenues en travers. A 10 kilomètres environ, sur un mamelon qui domine le confluent d'un torrent au Song-Thuong, en cet endroit très encaissé, quelques maisons constituent le pittoresque village de Cham. Mais les Chinois ont disparu.

L'eau de tous les torrents qui aboutissent au Song-Thuong, malgré sa parfaite limpidité, est réputée malsaine et dangereuse. Elle paraît, de fait, subir des influences passagères, et parfois, notamment dans la région des montagnes, se charger de détritus végétaux fort dangereux. Les habitants, nous dit un Tonkinois recruté à Phu-Lang-Gian, où il exerçait la médecine, s'en abstiennent absolument. Tous les torrents que nous rencontrons sont, en effet, bordés d'une luxuriante végétation, véritable forêt vierge, dans laquelle dominent les solanées vireuses, véritables arbrisseaux couverts de fleurs à calice monosépale persistant, parmi lesquels notamment le datura géant et la stramoine à pommes épineuses d'une odeur nauséabonde très prononcée. Et c'est peut-être à la macération de ces plantes dans l'eau des torrents qu'il faut attribuer sa mauvaise réputation.

Sur mon avis, et par ordre du général, les hommes sont immédiatement avertis, invités à boire aussi peu que possible, à ne boire que l'eau du Song-Thuong et à s'abstenir absolument de celle des torrents qui y aboutissent.

Aussi bien, tout le pays avoisinant est, paraît-il, très malsain ; la fièvre pernicieuse y est endémique et n'en disparaîtra probablement que sous l'action d'une culture intensive.

Après une heure de repos, vers onze heures, la colonne se remet en marche, passe à hauteur de Cao-Son, sur la rive droite du fleuve qu'elle longe jusque vers Phu-Ha-Lang. La route, je veux dire le sentier, est dominée par des mamelons boisés qui seraient un sérieux obstacle s'ils étaient occupés. Mais l'ennemi s'est rapidement dispersé, et notre extrême avant-garde elle-même ne le rencontre pas. Il serait logique de le poursuivre sans lui donner le temps de se réorganiser; les stratégistes, parmi lesquels le premier de tous, le général de Négrier, assurent qu'il serait sage de pousser immédiatement jusqu'à Lang-Son. Mais la brigade n'a reçu que les vivres nécessaires pour une chevauchée de quatre jours seulement, et l'ordre formel de se replier, quel qu'en soit le résultat, après ce laps de temps.

Nous avons donc actuellement atteint le point ultime de notre marche en avant et, non sans maugréer, nous devons, ce soir même, rentrer à Lang-Kep.

La journée a été pénible, la chaleur accablante et l'ambulance doit recueillir bon nombre de traînards. Le lieutenant-colonel Duchesne, commandant la légion étrangère, est lui-même atteint de vertiges, de nausées et d'un état fort inquiétant de prostration. Faut-il attribuer ces accidents seulement au soleil et à la fatigue, ou peut-être à l'ingestion de l'eau suspecte d'un torrent dont il ignorait, étant à l'extrême avant-garde, la mauvaise réputation? C'est plus probable. Quelques aspersions froides, d'énergiques frictions et quelques cuillerées d'une potion éthérée, font disparaître vertiges et nausées. Mais la prostration persiste longtemps.

Je subis moi-même cette vertigineuse fatigue, mais très passagère, et disparaissant rapidement sous l'action d'une véritable douche que m'administre généreusement mon ordonnance, le brave Lambert, ce qui me permet de reprendre aussitôt mon service à l'ambulance. Et nous rentrons nuit close à Kep, très fatigués de notre longue étape, mais plus encore, peut-être, de n'avoir point atteint l'ennemi, qu'il paraissait si logique de poursuivre activement.

18 *mars.* — La brigade garde aujourd'hui ses cantonnements à Kep. L'ambulance est abritée dans une vaste pagode à mi-côte d'un mamelon boisé, au sommet duquel un très pittoresque kiosque, d'où la vue s'étend à une grande distance sur le pays avoisinant, est gardé par une section d'infanterie sous les ordres du capitaine Gueury. Grâce au superbe temps dont nous jouissons, malades et blessés, confortablement couchés sur des brancards, peuvent pendant quelques heures de la journée profiter du soleil et du grand air. Et nous avons, nous-mêmes, loisir de parcourir rapidement les environs.

Le village, sans importance apparente, occupe à l'entrée des défilés une situation topographique qui n'est pas à dédaigner. Il est entouré de rizières, de mares d'eau et protégé par un épais parapet en terre. Au centre, sur un mamelon, se trouve le réduit où s'est concentrée toute la résistance. Il passe pour être fort malsain, l'eau y est très suspecte, et les indigènes n'en font usage qu'après l'avoir clarifiée par l'adjonction d'une petite quantité d'alun enfermé dans un nouet ou dans un bambou percé de quelques trous. L'alun précipite très rapidement les matières terreuses qu'elle contient, mais, bien évidemment, ne la débarrasse pas de tous ses produits nocifs. Notre pharmacien de l'ambulance, M. l'aide-major Manget, constate, en effet, que, même après cette clarification, elle conserve une mauvaise odeur, et qu'elle contient, en outre de sels calcaires en solution, une forte proportion de matières organiques et de produits nitrés. Il faut donc la rejeter de l'alimentation, au moins avant l'ébullition. Et le général, dans sa prévoyance, signale et fait garder par des sentinelles le seul puits qui paraît peu contaminé. Il est interdit de se servir des autres.

Autour de Kep, les coteaux sont superbes de végétation. Il y a même quelques beaux arbres, parmi lesquels, notamment, des banians, dont les racines tortueuses courent à la surface du sol, et dont les branches énormes, couvertes de larges feuilles, constituent d'excellents abris. Assurément tout ce pays pourrait être fructueusement cultivé, la vigne elle-même réussirait peut-être sur les coteaux. Et probablement ainsi disparaîtrait la fièvre. La situation stratégique nécessitera sûrement une occupation militaire. Il faudra donc sérieusement veiller à l'assainissement.

19 *mars*. — La brigade commence, dès le matin, son mouvement de retraite. Plusieurs prétendent que l'occupation doit strictement se borner au delta, et que la pagode Thoman, du nom du caporal alsacien tué pendant notre poursuite de l'ennemi, sera, à la jonction des deux routes aboutissant à Lang-Son, la première par Kep et la seconde par Chu, notre poste frontière. Cela paraît peu probable. On traverse Phu-Lang en y laissant un bataillon de la légion, une batterie d'artillerie de marine et une section du génie chargée de construire une redoute et des retranchements en avant du village, qui n'est qu'une fort modeste agglomération, mais dont la situation sur le Song-Thuong, au débouché de la route d'Hanoï à Lang-Son, et la facilité de ravitaillement par le fleuve nécessitent une forte occupation.

L'*Éclair* facilite le passage rapide du fleuve. Les troupes doivent cantonner ce soir dans les villages de Van-Go et Ngo-La. Mais les habitants ont arboré, à leur porte, un pot garni d'un pied d'une plante particulière, le taro, qui signifie, paraît-il, qu'ils sont atteints d'une maladie épidémique, la petite vérole, dit notre interprète. Le général me donne l'ordre de visiter moi-même, et de faire visiter par mes collègues les villages suspects, avant d'en permettre l'accès aux troupes. Et, malgré la terreur apparente des indigènes quand je pénètre dans les cagnas, malgré la difficulté que j'éprouve à me faire comprendre et surtout à voir les enfants, cependant, et grâce à l'assistance d'un catéchiste, j'en sais bien vite assez pour faire exclure du cantonnement le seul village réellement contaminé. Mon interprète est un jeune homme qui m'accompagne partout où je veux pénétrer, ce que je ne pourrais pas facilement obtenir sans son intervention. Sans doute il a reçu quelque instruction, et la conversation qui s'engage entre nous, tout en m'obligeant au très insuffisant souvenir d'un latin d'occasion, ne manque assurément pas d'originalité.

« *Aspice*, dit-il, *febris continua cum macula melana. Morbus prædictio gravissima. Fuge contagium pro exercitum. Sum ego studiosus sacerdotus et medicus* ». Je suis ainsi parfaitement fixé; et lui serrant la main, à la française, je sais faire comprendre, au digne savant, que le Tonkin peut légitimement espérer beaucoup de notre domination. De fait, la petite vérole est endémique, dans le delta. Elle y fait chaque année, parmi les enfants surtout, de très nombreuses victimes, un sur quatre, disent les indigènes. Et sûrement la vaccination jennérienne sera l'un de nos plus grands bienfaits.

Ma mission remplie, j'abrite l'ambulance dans une petite pagode entourée de superbes banians, et toute odorante des fumées d'encens que répandent incessamment devant les idoles de nombreuses baguettes de bambous qui en sont imprégnées. C'est un bijou que cette pagode, qu'il suffirait d'aménager pour en faire une fort agréable habitation d'été; et tous nous y jouissons d'un repos bien mérité.

20 mars. — En route dès l'aube, pour reprendre nos cantonnements de Bac-Ninh. Le pays, qui paraissait désert lors de notre premier passage, a repris ses allures habituelles. Seuls, les Chinois ont disparu, mais les rizières sont remplies de travailleurs et les enfants pullulent.

Le général Brière de l'Isle revient également à Bac-Ninh, mais sans avoir eu l'occasion de combattre. La citadelle de Thaï-Nguyen, dont il avait mission de s'emparer, avait été, dès son arrivée, abandonnée par les Chinois. Et telle était la limite qu'il devait ne pas dépasser.

Il apparaît d'ailleurs, autant qu'il est permis d'en juger par les ordres du général Millot, que la mission donnée au corps expéditionnaire est actuellement remplie, que le but fixé est atteint, et que là doit se borner l'action.

Le général décide, en effet, de laisser à Bac-Ninh seulement un bataillon d'infanterie de marine, le bataillon du

143ᵉ et deux batteries de montagne; aux Sept-Pagodes, les trois compagnies de débarquement, une compagnie de la légion et une demi-batterie; à Haï-Zuong, un bataillon de la légion et une batterie de montagne; à Phu-Lang-Tuong, un bataillon de la légion et une batterie. Le général Brière de l'Isle devra ramener à Hanoï tous les éléments disponibles de la première brigade, avec, en outre, les bataillons du 23ᵉ et du 111ᵉ, le détachement des pontonniers, les chasseurs à cheval du capitaine de Laperinne, l'ambulance, les services administratifs et tous les coolies qui leur étaient affectés. Le général de Négrier devra, par voie de terre, se rendre à Haï-Zuong avec une batterie de montagne, un détachement du génie, de l'ambulance et des services administratifs. Et toutes les troupes recevront, à compter du 20 mars, un approvisionnement de trente jours de vivres à consommer sur place.

De plus, et sans doute pour assurer le repos des troupes, il décide que l'occupation militaire de la citadelle d'Hanoï sera réduite au strict nécessaire, que les portes nord et sud demeureront seules ouvertes, les autres étant absolument fermées et barricadées; qu'on devra, autant que possible, reprendre le service habituel dans les villes de garnison en France, et que les tambours et clairons de tous les corps seront réunis chaque soir pour battre et sonner la retraite.

Ces ordres, qui paraissent consacrer la fin de l'expédition, sont, il faut le dire, très vivement commentés. Le pays, dit-on, n'est pas du tout débarrassé des Chinois, auxquels il ne faudrait pas laisser le temps de se reconstituer pour une nouvelle lutte. Nous nous en apercevrons bientôt, si nous cessons, dès maintenant, de les poursuivre et de les obliger à mettre bas les armes.

21 mars. — Le général en chef cite à l'ordre du corps expéditionnaire les officiers, sous-officiers et soldats qui se sont fait remarquer par leur courage, leur activité et leur énergie dans les différentes phases de l'action dirigée contre Bac-Ninh. Ce sont : MM. de Beaumont, capitaine de frégate, commandant les compagnies de débarquement, dont la conduite a été admirée à l'attaque du fort de Dap-Cau, et qui, depuis le commencement des opérations, a rendu les plus signalés services; Marliane et Olivieri, qui, l'un et l'autre, sous une grêle de balles, sont entrés les premiers dans le fort de Dap-Cau et ont électrisé leurs compagnies par leur courage; Morel, quartier-maître; de Trentinian, commandant le bataillon d'infanterie de marche; Duchesne, lieutenant-colonel de la légion étrangère. Ces citations sont assurément méritées, et très généralement approuvées.

22 mars. — Sans doute en raison des observations du général Négrier, l'ordre de répartition des troupes, tel qu'il avait été arrêté par le général en chef, est quelque peu modifié. La deuxième brigade demeure jusqu'à nouvel ordre à Bac-Ninh, avec l'ambulance et les services administratifs. La saison des orages paraît déjà s'annoncer, et les opérations actives sont temporairement ajournées. Le pays autour de nous paraît, du reste, reprendre son allure habituelle, les indigènes se remettent activement aux travaux de la terre.

Le général Brière de l'Isle ramène de Thaï-Nguyen six pièces de canon et trois superbes éléphants de guerre. Il ne fait, du reste, que traverser Bac-Ninh, se rendant directement à Hanoï.

Le soir, à dîner, un de nos camarades de l'ambulance, le capitaine Cuveilher (1) du 143e, détaché à l'état major-général, nous raconte ainsi les opérations de la première brigade en avant de Bac-Ninh :

« Après la prise du fort de Do-Son par le général de Négrier, la première brigade pouvait, de suite, dit-il, franchir le canal des Rapides à la hauteur de Xam et du marché de Chi, où elle avait un pont préparé. Cette opération, cependant, fut commencée seulement le 11. Le canal des Rapides est profondément encaissé entre les hautes digues qui en sont distantes de 25 à 30 mètres, et dont les intervalles

(1) Le capitaine Cuveilher, fils d'un médecin inspecteur de l'armée, a été tué et a eu la tête coupée au combat de Chu le 9 octobre.

sont soigneusement cultivés. Deux canonnières, la *Trombe* et l'*Éclair*, avaient pu le remonter jusqu'à Xam, emmenant avec elles de nombreuses jonques qui permirent aux sapeurs du génie d'établir rapidement un pont. Cette opération terminée, la brigade, qui, depuis la veille, campait sur la rive droite, put commencer le passage, terminé dans la soirée seulement. Et le 12, dès le matin, elle se trouvait concentrée sur la rive gauche, qu'elle longeait jusqu'au marché de Chi, afin de donner la main au général de Négrier. Elle ne tardait pas, ainsi, à se trouver devant les hautes collines du Trong-Son, couvertes de pavillons chinois. Après quatre heures d'un bombardement continu, le général en chef se décida enfin à faire avancer les troupes, méthodiquement déployées dans les rizières. Les Chinois les laissèrent approcher à bonne distance, et commencèrent alors des feux de salve qui décidèrent l'assaut, sonné par tous les clairons. La résistance ne fut pas de longue durée, du reste. A quatre heures, l'ennemi, abandonnant ses pavillons, se précipitait en désordre vers Bac-Ninh; et le drapeau français, éclairé par un superbe soleil couchant, flottait au sommet de Trong-Son. Alors, et satisfait de ce facile succès, le général en chef fit jouer la *Marseillaise* par la fanfare du bataillon d'Afrique, et prit ses cantonnements. Il ignorait encore le hardi coup de main du général de Négrier sur Bac-Ninh et croyait aux nécessités d'une savante stratégie de siège. »

Au résumé, pendant que le général Millot s'avançait vers le Trong-Son, déjà le général de Négrier avait repoussé toutes les troupes chinoises, s'était emparé de Dap-Cau et, sans coup férir, avait enlevé Bac-Ninh. Les Chinois, énergiquement attaqués, s'étaient enfuis en désordre, abandonnant misérablement des positions qui, bien défendues, eussent été d'un fort difficile accès. En quelques heures, le général de Négrier avait enlevé dix forts, forcé le barrage du fleuve, s'était emparé d'une citadelle que l'ennemi croyait inexpugnable. Sous la direction Millot, et malgré son ardeur, le général Brière de l'Isle n'avait pu, après un fantastique bombardement, qu'occuper les hauteurs du Trong-Son, dont les aérostiers annonçaient la complète évacuation.

« Sans doute, ajoute le chroniqueur, la première brigade n'est pas, ainsi qu'on le dit, la brigade des gendarmes d'Hoffmann. Mais il y a, dans l'entourage immédiat du général en chef, certains fumistes qui rêvent de productive stratégie et ont besoin de la préparer longuement. »

C'est ainsi peut-être que furent perdues les journées du 13 et du 14. « Quand la poursuite fut décidée et strictement limitée, au moins pour la deuxième brigade, à une durée de quatre jours, assurément il était déjà trop tard. Et cependant le général de Négrier eût pu pousser jusqu'à Lang-Son. Les Chinois, dispersés en petites bandes, eussent été impuissants à se grouper assez nombreux pour l'empêcher de s'en emparer, comme il s'était emparé de Bac-Ninh. Le général en chef ne l'a pas voulu. Il poursuit sans doute un autre but. »

23 mars. — L'ambulance a évacué tous les malades et blessés sur l'hôpital d'Haï-Zuong. Elle demeure temporairement inoccupée. Nous en profitons, mes collègues et moi, pour nous rendre à Kéroï, où réside actuellement Mgr Colomer, de la mission catholique espagnole.

Au Tonkin, l'action catholique est partagée en deux circonscriptions. La première, sous le nom de mission Orientale, placée sous la juridiction de dominicains espagnols, comprend tout le pays situé sur la rive gauche du fleuve Rouge. La seconde, sous le nom de mission Occidentale, placé sous la juridiction de lazaristes français, avec Mgr Puginier, comprend tout le pays situé sur la rive droite du fleuve.

C'est grâce à l'abnégation de ces héroïques pionniers de la civilisation qu'est due, malgré d'horribles persécutions, la rapide extension du catholicisme au Tonkin, où il compte actuellement plus de cinq cent mille néophytes, groupés par chrétientés, sous l'autorité d'un prêtre indigène, et par districts sous la direction d'un prêtre européen.

Mgr Colomer nous fait le plus cordial accueil. Il paraît âgé de soixante ans; il en a quarante en réalité. Sous les rides creusées par les fatigues et les privations, on retrouve, dans la fine expression du visage, autant de bonté que d'intelligence. La douceur persuasive de sa conversation rappelle cette pensée de Lacordaire : « La puissance des chrétiens va plus vite encore que leur sang; ils conquièrent et gouvernent l'espace avec une poignée d'hommes, et leur génie le remplit bien avant leur postérité. » Tels sont bien, en effet, les missionnaires, et tout particulièrement nos missionnaires français. Ils savent conquérir et conserver un monde par la seule persuasion. Toute leur force est dans leur ténacité, dans l'exemple qu'ils donnent de la pratique de toutes les vertus.

Mgr Colomer est heureux de nous présenter ses nombreux catéchistes. Il en est le père, et tous lui témoignent autant de respect que d'affection. Naturellement craintifs, en notre présence, ils sont tout de suite rassurés dès qu'ils voient leur évêque sympathiser avec nous. Ils l'ont prouvé, du reste, dans l'assistance qu'ils nous ont prêtée contre les Chinois, leurs pires ennemis. La mission de Kéroï est située au village de Xuam-Haï, à peu près complètement catholique. Elle peut entretenir un petit séminaire où sont réunis, à partir de l'âge de dix ans, les enfants qui paraissent suceptibles de devenir des prêtres. Ils y apprennent le chinois, le latin, le plain-chant et les pratiques du culte. Quand ils sont ainsi suffisamment préparés, ils sont envoyés à Haï-Phong, où ils achèvent leurs études, afin d'être utilement employés comme catéchistes par les prêtres de la mission. Après un long stage dans leur délicate fonction, ils sont enfin, s'ils en sont jugés dignes, admis au grand séminaire, où ils demeurent le temps nécessaire, trois ou quatre ans en moyenne, à la préparation du sacerdoce. Ainsi recrutés et très scrupuleusement instruits, les prêtres indigènes sont absolument dévoués et font rapidement de nombreux prosélytes. Les catéchistes qui n'ont pas l'intelligence et les qualités nécessaires au sacerdoce assistent les prêtres, et les accompagnent partout dans l'accomplissement de leur mission. Tous parlent correctement le latin.

L'église de Kéroï, d'où les Chinois ont été chassés à coups de baïonnettes, est construite en briques, surmontée d'un clocher octogonal de fort bel aspect. Mais elle n'est pas achevée, et l'intérieur, dont tous les ornements ont disparu, paraît fort modeste. Elle n'en est pas moins remplie de fervents néophytes, tous agenouillés ou accroupis sur des nattes, et nasillant la prière en commun. Elle renferme, nous dit l'évêque, les corps, recueillis par de pieux fidèles, de vingt-neuf martyrs de la foi, tous des Tonkinois, qui, pendant une période de persécution, ont été enterrés vifs sous les remparts de Bac-Ninh.

La chrétienté de Kéroï est placée sous la protection spéciale de la Sainte Vierge. On lit, au-dessus de l'autel principal, le texte latin de consécration : *Respice, Maria, de cœlo; et vide et visita vineam istam, quam plantavit dextera tua, et perfice eam.*

Mgr Colomer doit aujourd'hui même administrer le sacrement de confirmation. Et voici en effet que près de trois cents enfants lui sont apportés par leurs mères. Ils sont à peine âgés de deux ou trois ans. Et l'évêque, à qui je dis mon étonnement d'une pratique réservée, au moins en France, à de rares exceptions près, jusqu'après la première communion, nous explique qu'elle est au Tonkin une consécration du baptême, qu'elle suit souvent de quelques mois seulement : « Dans ce pays de persécutions et de luttes, nous dit-il, le sacrement de confirmation, sacrement de la force, est bien nécessaire dès les premières années. Nos enfants y trouvent la grâce spéciale qui les garantit de l'erreur vers laquelle ils sont entraînés par l'exemple. » C'est la foi qui parle! De fait, et si inconscients qu'ils soient encore, ces enfants sont ainsi tout spécialement signalés au prêtre, et surveillés par lui. Dans toutes les chrétientés, en effet, le prêtre est en même temps le juge et l'administrateur. Là où il réside, il entend tous les indigènes qui ont quelque conseil à lui demander. Non seulement il reçoit les confessions, mais décide les procès purement civils, et peut même infliger des peines corporelles légères. Généralement, du reste, il n'a pas de domicile fixe; très souvent en route, il s'arrête partout où il juge sa présence nécessaire, vit comme il peut, là où il est reçu, et comme les indigènes. Les Tonkinois sont, paraît-il, assez facilement convertis au catholicisme. Mais, d'habitude très indifférents, ils sont, à de rares exceptions près, incapables de convictions profondes, et ne suivent en réalité d'autre culte que le culte des ancêtres. De fait, ils croient très vaguement à l'immortalité de l'âme; et ce sont les ancêtres, auxquels ils font d'incessants sacrifices matériels, qui demeurent les véritables dieux tutélaires de la famille. De plus, très superstitieux, ils attribuent heurs et malheurs à l'action de génies bienfaisants ou malfaisants, sont ainsi relativement faciles à gagner au surnaturel, mais ont un incessant besoin d'être garantis contre l'erreur, dans laquelle ils retombent avec la plus grande facilité. C'est le rôle des missions catholiques.

24 mars. — L'ambulance, qui jusqu'à ce jour avait conservé son cantonnement à Dap-Cau, a reçu l'ordre de s'installer dorénavant à Bac-Ninh, où se trouvent actuellement un grand nombre de malades et d'éclopés provenant de la première brigade. Et tout de suite je reçois du commandant supérieur de la place, le lieutenant-colonel Brionval, de l'infanterie de marine, l'ordre de lui remettre quatre prisonniers chinois, dont un blessé, qui ont été pris à Kep, et depuis lors mis à ma disposition pour le service courant.

« Ils appartiennent à l'armée chinoise, mais ils se sont d'eux-mêmes constitués prisonniers; vous pourrez les utiliser pour le service de l'ambulance, » m'avait dit le général de Négrier. Et de fait, ils s'y étaient montrés aussi serviables que soumis, le père s'occupant activement de la cuisine et ses deux fils, deux superbes gaillards, constituant d'excellents brancardiers. Assurément, ils avaient été suffisamment punis déjà par la perte, sous les ciseaux, de leur superbe natte de cheveux (ce qui pour un Chinois est une véritable humiliation), à laquelle ils avaient dû se soumettre, cependant, afin de pouvoir être facilement reconnus et utilisés. Mais le colonel Brionval, sans doute convaincu des nécessités d'une terrible répression, n'en juge pas ainsi.

« Ils doivent être jugés, me dit-il, et par conséquent

étroitement surveillés. » Et de suite il les fait attacher pour être conduits en prison. C'était, je le craignais du moins, la sommaire exécution. Inutilement j'essayai d'intervenir : « Leur grâce, dis-je, m'a été promise, j'entends ne les remettre que sous délivrance immédiate de laissez-passer pour rejoindre Nam-Dinh, où, disent-ils, ils résidaient avant leur incorporation forcée dans les bandes chinoises. »

Je fus mal reçu; le colonel ne voulut rien entendre. Heureusement, le général de Négrier se trouvait encore à Bac-Ninh. Je courus à lui. J'étais fort ému en lui rappelant le fait et lui disant mon engagement. Mais lui : « Oui, me dit-il, c'est juste. Je vous les ai donnés pour le service de l'ambulance; ils ont tenu leurs promesses; ils sont sous votre sauvegarde. » Et, de suite, il écrivit l'ordre d'élargissement.

J'eus ainsi la joie d'enlever les malheureux au poteau. Ils étaient libres. Et les macabres plaisanteries des pourfendeurs raillant ma sensiblerie demeurèrent impuissantes devant la satisfaction du cœur. De fait, des garanties s'imposent contre certaines tendances à des excès de sévérité auxquels n'échapperaient pas facilement surtout nos auxiliaires tonkinois, à la vérité beaucoup trop disposés au pillage, mais très ignorants des rudes nécessités de la discipline militaire. Et le général décide qu'il n'est pas possible de les assimiler encore aux tirailleurs annamites, qui sont, eux, de véritables soldats, que par conséquent le code militaire ne leur est pas applicable et qu'ils devront, le cas échéant, être jugés par l'autorité civile, non par les conseils de guerre. C'est assurément une précaution nécessaire.

25 mars. — Le général de Négrier communique l'ordre suivant n° 19 : « Vu la dislocation de la brigade, les communications échangées entre les corps de troupes, les différents services administratifs, l'artillerie, le génie et l'ambulance passeront dorénavant par l'intermédiaire du commandant supérieur de Bac-Ninh. Les postes de Dap-Cau, Phu-Long-Tuong sont rattachés au commandement de Bac-Ninh. »

Pourquoi cette dislocation? Elle paraît à tous une disgrâce.

Il faut être de la clientèle Millot, dit la rumeur. Et le général de Négrier n'en est pas. Il a eu le tort immense de planter le drapeau sur Bac-Ninh avant que le général en chef ait pu seulement commencer l'exécution du plan stratégique qu'il avait longuement médité.

Et nos soldats de répéter : *Toï*, *Toï*, *Dive cagna* (Halte-là, assez, rentrons au logis) quand il s'agit du général en chef ; *Man, man* (Doucement, avec méthode) quand ils parlent du général Brière de l'Isle ; *Maô, Maolen* (En avant, vite, plus vite) quand ils désignent le général de Négrier.

C'est ainsi que le corps expéditionnaire est actuellement sous les ordres de trois généraux : Toï toï, Man Man et Maolen. Et Maolen, disent les loustics, ne plaît pas à Toï Toï, lequel se laisse endormir, endort lui-même Man Man, oppose son veto à l'action et compromet peut-être ainsi l'issue rapide de la campagne.

C'est ainsi encore que certains officiers de valeur sont systématiquement écartés. Voici, notamment, le capitaine Cuveilher, que ses connaissances topographiques avaient fait détacher de son bataillon, le 143ᵉ, pour faire partie de l'état-major, et qui vient d'être brutalement renvoyé à son corps.

Pendant le bombardement de Trong-Son, il avait reçu l'ordre de monter en ballon pour reconnaître la situation. Et de suite, il avait annoncé que la position était tenue par quelques hommes seulement, chargés, sans doute, d'agiter des drapeaux pour faire croire à la présence d'un grand nombre de soldats. Cela ne plaisait pas aux fumistes ; ils avaient savamment préparé l'assaut, ils entendaient s'attribuer la gloire d'une victoire. Et ce fut, dit-on, l'origine de la disgrâce.

Il fallait d'ailleurs, dit encore la rumeur, faire valoir un protégé du président de la Chambre des députés, mériter ainsi les faveurs gouvernementales. Le capitaine Cuveilher a été congédié, le protégé de Brisson a été cité à l'ordre. C'est ainsi qu'on arrive, sinon souvent, du moins quelquefois.

26 mars. — De l'avis du général Négrier, la citadelle de Bac-Ninh, sans grande importance stratégique, ne paraît pas appelée non plus à devenir un centre commercial. La situation d'Haï-Zuong est préférable à ce double point de vue. Le général en chef ne partage pas cet avis, paraît-il, et décide, en effet, qu'à partir de ce jour, tous les services devront quitter Haï-Zuong, pour s'installer à Bac-Ninh. Je suis moi-même invité à aménager un hôpital appelé à remplacer celui d'Haï-Luong, du reste aussi insuffisant que malsain. J'estime, et c'est aussi l'avis du général, que ce futur hôpital ne saurait être enfermé dans l'enceinte même de la citadelle, située dans un bas fond; et qu'il y a lieu de chercher aux environs. Et c'est ainsi qu'après avoir signalé la situation de Pho-Cam, au confluent du Song-Cau avec un petit aroyo, après avoir fait ressortir les avantages de cette situation pour l'arrivée et le départ faciles, par bateaux, des malades et des blessés, je m'arrête cependant au coteau de Ti-Kao, placé sous la protection du fort Dap-Cau, entre le fleuve et Bac-Ninh. Cette situation a l'avantage d'être actuellement occupée par plusieurs pagodes mandarines ombragées de superbes arbres, et qu'il suffira d'aménager pour les pouvoir transformer en pavillons hospitaliers indépendants.

L'eau de source y manque, mais celle des puits est réputée de bonne qualité, et l'examen qu'en fait notre pharmacien, M. Manget, confirme ce dire. Le sous-sol argileux du coteau, recouvert d'une forte couche de gravier sablonneux, paraît réunir les meilleures conditions hygiéniques, à proximité et sous la protection tant de la citadelle que du fort Dap-Cau. Mais le général en chef, à qui mon rapport, très appuyé par le directeur du service de santé et par le général de Négrier, a été immédiatement transmis, décide, par la voix de son chef d'état-major, le lieutenant-colonel Guerrier, que l'hôpital doit être dans l'enceinte même de la citadelle, et qu'il n'y a pas lieu de chercher ailleurs. Il n'y a qu'à s'incliner (1).

(1) Dès le départ du général Millot, l'hôpital aménagé dans les magasins à riz de la citadelle a été immédiatement évacué et installé dans les pagodes du coteau de Ti-Kao. Il passe pour être, actuellement, le meilleur hôpital du Tonkin.

Il faut donc se contenter des infects magasins à riz, qui me sont assignés, se hâter au moins de les débarrasser des ordures accumulées depuis des années sous les planchers, laver le tout à l'eau bouillante additionnée de bichlorure de mercure et détruire ainsi les insectes, puces et poux, sans compter les moustiques, boucher de véritables clapiers, et au moins éloigner, par des fumigations sulfureuses, les rats et autres rongeurs qui y pullulent, aménager des cuisines, établir à proximité des tinettes faciles à désinfecter journellement, etc., etc. Il faut encore, et surtout, construire des lits pour nos malades encore étendus sur une simple couche de paille. Et à ce sujet surgit un pénible incident.

Des coolies de l'ambulance ont été chargés de se procurer, dans les environs, les planches et bambous nécessaires. Ils n'ont rien trouvé de mieux, à cet effet, que de démolir une pagode voisine, du reste à peu près ruinée déjà par l'incendie, et ont, paraît-il, très malmené le bonze propriétaire qui s'y opposait. De là, plainte au lieutenant-colonel commandant la place, enquête, responsabilités encourues pour insuffisance de surveillance, rappel à l'obligation de faire respecter le culte et les propriétés; au résumé, fort pénible admonestation pour un fait assurément regrettable, mais d'importance très relative, étant connues les habitudes querelleuses et pillardes des indigènes à notre service. Assurément, il faut chercher la soumission dans le respect du vaincu, mais il ne faut pas, dans un excès de condescendances, affaiblir l'autorité du vainqueur. Et l'obligation première d'abriter, de coucher convenablement les soldats malades ou blessés excuse, si elle ne les justifie, les procédés sommaires pour se procurer, chez le vaincu, l'indispensable nécessaire. Cela est moins grave que de faire fusiller des prisonniers inoffensifs. Si la terrible mesure est encore tristement nécessaire, il faut avouer que nos conseils de guerre, à Bac-Ninh, sont bien expéditifs. Les exécutions sont journalières; deux encore aujourd'hui, au pied de la porte principale. Et le Song-Cau rejette des cadavres qu'il faudrait enterrer pour éviter l'infection du voisinage. De fait cependant les indigènes ont, dit-on, l'habitude de jeter au fleuve les corps des individus qui ne possèdent pas de terre. C'est sans doute encore une pieuse coutume à faire respecter. Et cependant que de maladies pourraient être évitées, en s'opposant, par l'inhumation obligatoire, à cette incessante contamination de l'eau!

28 *mars*. — Le général Maolen et son très sympathique chef d'état-major, le capitaine d'artillerie Fortoul, paraissent de plus en plus relégués, privés de tous renseignements et condamnés à l'inaction. Chez tous, le mécontentement est manifeste, les protestations se donnent libre carrière. Pour comble, l'antagonisme entre ceux de la marine et ceux de la guerre s'accentue péniblement. L'incontestable ascendant de notre brigadier, l'intérêt qu'il porte à tous, comme à tout ce qui peut améliorer le bien-être des troupes, maintiennent la discipline et sont un réconfort bien nécessaire. La rumeur prétend, du reste, que notre général en chef croit sa mission terminée depuis la prise de Bac-Ninh, et qu'il songe dès maintenant à se décharger de tous les services pour les remettre à la marine. Mais la marine, désorganisée par la retraite de l'amiral Courbet, paraît actuellement, sinon impuissante, du moins fort irritée des agissements passés et, peut-être, trop soucieuse de sa dignité pour se soumettre facilement à la guerre. Elle demeure inerte. C'est ainsi que notre sous-intendant, M. Jeaux, envoyé d'Hanoï pour assurer le service des vivres et la fabrication régulière du pain (depuis la prise de Bac-Ninh il n'a encore été distribué que du biscuit), reçoit l'ordre de rejoindre immédiatement, et le commissariat de la marine, qui devrait assurer son service, ne paraît aucunement s'en préoccuper.

De même au service de santé. L'état-major général déclare ne connaître d'autre chef du service de santé que le médecin principal Driout. Et le médecin chef de la marine (docteur Rey), qui est d'un grade plus élevé, proteste, refusant énergiquement une situation secondaire. Qu'en adviendra-t-il? Rien de bon assurément.

30 mars. — On paraît décidément admettre que la citadelle de Bac-Ninh, dont les Chinois avaient fait un centre défensif à 35 kilomètres d'Hanoï et à 4 kilomètres du Song-Cau, au débouché des routes de Lang-Son et de Thaï-Nguyen, et qu'ils occupaient seuls, à l'exclusion des Tonkinois, n'a pas l'importance stratégique qu'ils lui avaient attribuée. Elle était, cependant, la résidence officielle du gouverneur (tong doc) de la province, et d'un général qui, tous deux, habitaient la pagode royale. De forme hexagonale, entourée de murs en briques, de hauts parapets et de profonds fossés, elle est, de fait, située dans un bas fond dominé par le fort Dap-Cau, entourée de rizières et bien évidemment dans une fâcheuse situation hygiénique, au moins à certaines époques de l'année, alors que le retrait des inondations la laisse entourée de détritus. De plus, et suivant l'analyse du pharmacien aide-major Manget, l'eau d'alimentation y est de fort médiocre qualité, contenant une forte proportion de matières organiques à l'état d'azotites. Aussi bien, la population indigène de la ville commerciale paraît misérable autant que chétive. Le système lymphatique domine. Une fille de dix-sept à vingt ans y est à peine pubère. La scrofule, cependant, y paraît rare, au moins dans ses manifestations extérieures. Et peut-être faut-il attribuer cette déchéance organique autant aux charges écrasantes qui pesaient sur la population et à l'insuffisance de nourriture saine, qu'à la situation et à l'action climatériques. Cependant le commerce y était autrefois prospère, et la ville avait, dit-on, le monopole de la fabrication des jarres et aussi des cercueils en terre destinés à recevoir et à conserver les ossements des parents décédés. Les débris de ces poteries, préalablement remplis de terre, constituent du reste les soubassements et les murs de soutènement de la plupart des maisons importantes. On assure également que le pays avoisinant est riche en minerais de fer, et peut-être de plomb argentifère. Mais, de même que les environs immédiats de la citadelle, il est réputé fort malsain; la dysenterie y fait, chaque année, de terribles ravages. Avant notre occupation, tout le commerce de quelque importance était entre les mains des Chinois. Les indigènes n'avaient guère d'autres ressources que la culture, du reste très fructueuse, grâce à la fertilité du sol, du riz, du maïs, d'une espèce particulière de patates, et de quelques mûriers nains. La race porcine pullule dans les environs ; le porc généralement de petite venue y demeure en liberté, chargé, semble-t-il, comme du reste les chiens, de débarrasser le pays de ses ordures. La volaille abonde également, et les mares ou lagunes sont peuplées de canards, sarcelles et autres oiseaux aquatiques qui font notre régal, mais que les indigènes paraissent dédaigner, leur préférant la saumure de poisson, ou muoc man, dont l'odeur nauséabonde est pour nous repoussante.

Quoi qu'il en soit des ressources apparentes du pays, la citadelle, de l'avis des techniques, doit être au moins en partie rasée. Elle est, dit-on, sans importance, nécessiterait une garnison considérable, et peut être très suffisamment suppléée par le seul fort Dap-Cau qui, à proximité, a de plus l'avantage d'une protection efficace de la route fluviale, c'est-à-dire du seul moyen actuellement pratique de communications rapides.

31 *mars*. — Nous mangeons aujourd'hui le premier pain cuit dans les fours nouveaux de la citadelle. Depuis plus de quinze jours nous étions condamnés au biscuit, très acceptable, du reste, quand on a la précaution de l'attendrir d'abord dans l'eau et de le faire légèrement rôtir ensuite. L'évêque, monseigneur Colomer, qui nous a fait, à quelques camarades et à moi, la gracieuseté de nous inviter à déjeuner, et à qui nous portons triomphalement un beau pain doré, nous en remercie avec effusion. « Je n'ai pas vu de pain depuis près de vingt ans, nous dit-il. Les Tonkinois l'ignorent, et les missionnaires doivent savoir se contenter de leur habituel régime alimentaire. Le riz nous suffit. » Et il ajoute : « Vous avez enlevé Bac-Ninh et vous êtes les maîtres dans le delta. Ne croyez pas, cependant, en avoir fini avec l'ennemi, et tenez-vous sur vos gardes. Les pirates sont bien nombreux encore, ils meurent de faim et les Chinois les exploitent pour les pou-

voir utiliser contre vous. Ils sont, de longue date du reste, habitués à vivre sur le pays, et nos missionnaires eux-mêmes ont dû souvent leur payer de fortes rançons. Sans doute, vous pourrez les soumettre, et même les utiliser, mais ne comptez pas sur leur fidélité. Ils ont l'habitude de la vie vagabonde, ils vivent en pillant, sont dédaigneux des dangers, et ne se soumettent que dans l'apparence. C'est parmi eux que l'armée chinoise, en cas de besoin, se recrute en partie, mais dès que leur assistance est jugée inutile, ils sont renvoyés sans le moindre scrupule, dès lors dénués de ressources et ne subvenant à leurs besoins que par le pillage. Les Pavillons noirs du redoutable Lu Vin Phuoc n'ont pas d'autre origine. Et vous aurez à lutter longtemps encore pour les mettre à la raison. Tenez-vous sur vos gardes, et ne croyez pas que la guerre soit finie. La fourberie des Chinois est proverbiale. »

Et l'intéressante conversation se prolongerait longtemps sur le même thème si n'était, pour nous, l'obligation de rentrer bien vite à Bac-Ninh, dont nous ne devons pas demeurer longtemps éloignés.

1er *avril*. — Deux médecins de première classe de la marine, MM. Lidin et Philipp, assistés d'un pharmacien, M. Brousmich et d'un commissaire administratif, M. Boucart, se présentent aujourd'hui à Bac-Ninh, et demandent par ordre, disent-ils, la remise immédiate du service de l'hôpital. Mais ils ne disposent d'aucun matériel; ils n'ont pas même un infirmier. Il apparaît, en conséquence, qu'ils ne peuvent pas, dans les conditions actuelles, assurer à nos soldats malades les soins indispensables auxquels ils ont droit. J'en fais la remarque, et je propose de mettre à leur disposition le personnel et le matériel de l'ambulance, de leur confier, de concert avec mes collègues, l'exécution technique du service, mais, au moins temporairement, d'en conserver la direction. C'est, du reste, l'application des instructions données les 23 et 26 mars par l'état-major, en prévision d'une mobilisation extérieure de l'ambulance. Tel n'est pas l'avis de mes collègues de la marine.

« Les hôpitaux, m'écrit le commissaire Boucart, sont par ordre ministériel sous la direction de l'administration de la marine, alors même que des médecins et des infirmiers de la guerre y demeurent affectés. »

« Le ministre consulté, dit une dépêche du 30 mars, sur la question de savoir à qui doit appartenir la direction du service de santé au Tonkin, a décidé que M. Rey, médecin en chef de la marine, aura la direction supérieure du service de santé, et dirigera les hôpitaux et les ambulances fixes; que le médecin principal de deuxième classe Driout dirigera, par délégation, les ambulances volantes et le service de santé dans les colonnes expéditionnaires. »

Et notre chef d'état-major, le lieutenant-colonel Guerrier, ajoute : « Il y aura en conséquence deux branches de service parfaitement distinctes; aucun mouvement de personnel ni de matériel ne se fera de l'un dans l'autre sans un ordre du général en chef, avec lequel chaque chef de service correspondra directement, à l'exclusion de toute autre autorité militaire ou civile. »

L'ordre ministériel est précis; interprété par le lieutenant-colonel Guerrier, il devient confus, il apparaît à tous comme devant être une source de conflits et de difficultés.

2 avril. — De fait, je reçois de mon chef immédiat, M. Driout, un ordre qui consacre les dispositions premières que j'avais estimées pratiques.

« Conformément à la dépêche ministérielle du 30 mars, m'écrit-il, la direction de l'hôpital de Bac-Ninh doit appartenir aux médecins de la marine. En conséquence, vous remettrez le service à l'un d'eux, et vous ferez réintégrer à l'ambulance le personnel et le matériel qui lui appartiennent. Dans le cas cependant, ajoute sagement M. Driout, où les médecins de la marine ne pourraient assurer le service, soit à cause du manque de personnel, soit à cause du manque de médicaments, vous viendrez à leur secours, car il faut, avant tout, que nos malades soient bien soignés. »

Mais voici, quelques instants après, un télégramme émané, cette fois, directement de l'État-major :

« Laissez à l'hôpital de Bac-Ninh le médecin-major Baudot, assisté du pharmacien Manget et de l'officier d'administration Darbon, avec huit infirmiers et tout le matériel de l'ambulance. Le personnel libre et les brancards rentreront à Hanoï avec le général de Négrier. Le service de l'hôpital sera exécuté, sans aucune intervention de la marine, jusqu'à ce que celle-ci soit en mesure de l'assurer complètement. »

J'ai donc, conformément à cet ordre, à m'enquérir, auprès de mes collègues de la marine, de la possibilité, pour eux, d'assurer pratiquement le service. La réponse ne se fait pas attendre : « Nous déclarons, m'écrivent officiellement les deux médecins de la marine et le commissaire Boucart, pouvoir assurer le service de l'hôpital de Bac-Ninh sans l'intervention du service de santé militaire. » Cette déclaration n'est pas d'une rigoureuse exactitude, puisque les médecins de la marine ne disposent ni d'aucun infirmier ni du matériel indispensable. Je crois donc pouvoir mettre officieusement, à leur disposition, les infirmiers et le matériel dont ils ont besoin.

Mais bien évidemment telle n'est pas la solution voulue par le chef d'état-major. « Lorsque je reçus copie du télégramme du ministre de la guerre qui fixait les attributions respectives des chefs de service des hôpitaux et des ambulances, je vous adressai, m'écrit aujourd'hui même mon chef, M. Driout, l'ordre de remettre immédiatement le service de l'hôpital de Bac-Ninh aux médecins de la marine, vous invitant d'ailleurs à leur prêter votre concours, afin que nos malades ne manquassent de rien. Et vous m'avez alors avisé que ces médecins étaient arrivés à Bac-Ninh sans infirmiers et sans matériel. Je donnai communication de votre note au général en chef. Il me fit répondre par le colonel Guerrier : « En réponse à la
« lettre que vous m'avez adressée ce matin, j'ai l'honneur de
« vous faire connaître que le service de l'hôpital de Bac-
« Ninh doit rester entièrement entre les mains du personnel
« médical fourni par l'armée de terre jusqu'au jour où

« M. Rey m'aura fait connaître qu'il est en mesure de le
« prendre, ce dont vous serez informé. Rapportez donc
« l'ordre que vous avez envoyé à M. Challan de prêter son
« concours aux médecins de la marine, et ne perdez pas de
« vue que je ne veux aucun mélange dans les deux ser-
« vices. *Signé :* Lieutenant-colonel GUERRIER. »

« Ainsi donc, ajoute M. Driout, il ne faut plus songer à laisser le service à la marine, en lui prêtant les infirmiers et le matériel nécessaires. Quand les aura-t-elle ? Il est difficile de le prévoir. Votre dépêche d'hier, dans laquelle vous me rendiez compte de l'exécution des mesures transitoires prises pour permettre aux médecins de la marine d'assurer le service avec l'assistance de nos infirmiers, a été communiquée à l'état-major, qui a jugé bon de vous répondre directement, et a négligé de me faire connaître sa réponse. Je sais, cependant, officieusement que vous avez reçu l'ordre de laisser à l'hôpital MM. Baudot, Manget et Darbon avec huit infirmiers seulement. Évidemment cela est insuffisant; vous inviterez, en conséquence, M. Baudot, à requérir pour le service les médecins régimentaires de la garnison de Bac-Ninh, et à réclamer à l'autorité supérieure les coolies indigènes indispensables. »

Au résumé, alors qu'il eût été si facile de réaliser l'entente nécessaire, notre chef d'état-major s'est efforcé de l'empêcher. Ordres et contre-ordres se sont succédé, qui, s'ils eussent été ponctuellement exécutés, eussent été sûrement préjudiciables à nos malades. Sans autrement s'en préoccuper, il fallait agir pour le mieux. C'est ce que j'ai fait. Cela m'exposait à quelque blâme, et de fait je ne l'ai pas évité. Mais, ainsi que me le dit le général de Négrier, déplorant comme nous tous cet incompréhensible dualisme créé par l'état-major général : « Il n'y a pas lieu de s'en émouvoir, pas plus que je ne m'émeus moi-même des blâmes que m'adresse journellement le lieutenant-colonel Guerrier, sous le couvert du général en chef. Cela ne tire pas à conséquence. »

3 *avril*. — Ainsi qu'il était à prévoir, le médecin-major Bau-

dot, chargé, par ordre, d'assurer seul le service de l'hôpital, à l'exclusion des médecins de la marine, s'en déclare impuissant. Dans l'intérêt des malades, l'entente se fera avec la marine, il n'y a pas à en douter. Mais combien elle eût été plus facile sans l'antagonisme entretenu, semble-t-il, par le mauvais vouloir de l'état-major.

Voici du reste qu'arrive l'ordre de départ. Le général de Négrier et la petite portion de la brigade dont il dispose encore doivent immédiatement se rendre à Hanoï, et de là, sans doute, marcher sur Hong-Hoa, qui est, paraît-il, le dernier poste occupé par l'ennemi dans le delta.

4 avril. — En route dès sept heures du matin. Suivant son habitude, le général a fait connaître, à chaque détachement, l'heure obligatoire de son passage au point initial. Il évite ainsi toute confusion ou retard. Et la colonne avance sans le moindre à-coup. La route, si mal entretenue qu'elle soit, est du reste facile. Le pays parcouru est admirablement cultivé, les rizières, au moins à proximité des nombreux villages perdus dans la plaine, paraissent moins étendues et remplacées par des cultures de maïs, de patates, de haricots, de mûriers et de coton. Tous les villages sont entourés d'un épais remblai, destiné à les protéger contre les inondations et probablement aussi contre les pirates.

Vers midi, la colonne franchit le canal des Rapides sur des sampans réunis à cet effet. Et l'ambulance vient cantonner dans une fort riche pagode du village de Gia-Lam, à proximité d'un solide blockh'aus qui couvre la route. C'est une massive construction, formée de deux tours reliées entre elles par une vaste plate-forme armée de canons. Elle paraît destinée à protéger les approches du fleuve Rouge et la ville de Hanoï, qu'on aperçoit en face, à trois kilomètres environ.

J'ai hâte de connaître la capitale, et surtout de m'entretenir avec mon chef. Vite un sampan, le fleuve en est sillonné. Pour une poignée de sapèques, qui représente à peine une valeur de cinquante centimes, des indigènes au torse nu manœuvrent vigoureusement la pagaie, et nous accostent en quelques minutes sur la rive droite, où nous attendent de nombreux camarades, dont on est tout heureux de pouvoir serrer la main.

Tout de suite : « Vous êtes fixé, je pense, me dit M. Driout, sur les causes des difficultés d'organisation de notre service. L'état-major n'admet pas d'entente avec la marine et veut obliger M. Rey à déclarer qu'il peut dès maintenant se passer de l'assistance du service de santé de l'armée, dorénavant chargé seulement, en conformité des instructions ministérielles, des ambulances volantes. C'est encore impossible, puisque la marine n'a ni le personnel assistant ni le matériel indispensable. Mais le colonel Guerrier veut l'ignorer. A tort ou à raison, chacun se plaint de sa manière d'être. On le dit responsable de l'état de malaise que nous subissons, et qui ne saurait durer sans graves inconvénients. Le général en chef, sans doute, ne tardera pas à s'en apercevoir.

En causant amicalement ainsi du présent, du passé et de l'avenir, nous parcourons ensemble l'étroit espace, perdu dans un fouillis d'arbres, que la France occupe, à la porte d'Hanoï, depuis le traité de 1874. C'est la concession, entourée d'une solide palissade de pieux aigus qui la met à l'abri d'un coup de main. C'est là, autour d'une vaste construction à vérandas qui est la résidence actuelle du général en chef, que sont groupés l'hôpital et tous les services administratifs ; là aussi qu'un modeste cimetière est devenu très insuffisant déjà pour les tombes des compatriotes qui y dorment leur dernier sommeil. « Et encore, ajoute M. Driout, chaque jour nous rétrécit. Malgré les tentatives d'endiguement du fleuve, les affouillements font de rapides progrès, et le remous est tel que nos canonnières sont souvent impuissantes à s'y maintenir sur leurs ancres. Vous n'aurez pas, du reste, à y séjourner ; dès qu'elle aura franchi le fleuve, la deuxième brigade ira cantonner à la citadelle, au nord de la ville, pour y préparer la marche sur Hong-Hoa. »

Mais voici la nuit, et je n'ai que le temps de regagner bien vite mon cantonnement temporaire de la rive gauche.

5 avril. — Le passage du fleuve Rouge, en face d'Hanoï, s'effectue sous une pluie fine qui nous pénètre jusqu'aux moelles, avec une désespérante lenteur. Le fleuve est énorme, le courant très rapide, il n'y a pas d'apontements, et les jonques chargées ont la plus grande difficulté, non seulement pour aborder, mais encore pour s'immobiliser pendant le débarquement. Deux remorqueurs seulement sont mis à la disposition du général alors que plusieurs autres demeurent inutilisés sur la rive droite. Tel est l'ordre de l'état-major. Aussi le passage, commencé dès huit heures du matin, n'est pas terminé avant midi.

L'ambulance est envoyée à la citadelle, mais y est à peine installée que je reçois l'ordre de la ramener immédiatement à la concession, afin d'y prendre livraison d'un nouveau matériel en remplacement de celui que j'ai dû laisser à l'hôpital de Bac-Ninh. Il eût été facile d'éviter cette corvée fatigante, en nous retenant seulement une heure à la concession après le débarquement. Elle me procure, comme compensation, le grand plaisir de rencontrer, courant à ma recherche, pour me demander de détacher un médecin au service du bataillon de soldats tonkinois qu'il commande, un de mes meilleurs camarades de collège à Besançon, le commandant Tonnot de Quingey. A vingt-cinq ans de distance, se rencontrer à quatre mille lieues de la patrie, et s'en aller ensemble, dans l'accomplissement du devoir, au-devant du danger! Comme alors reviennent à la mémoire les souvenirs de l'enfance! Puis on se promet de ne plus se perdre de vue. Et la minute nous sépare, nous laissant dans l'incertitude de l'heure qui suit.

6 avril. —En route dès cinq heures et demie du matin. Le général de Négrier se tient à la porte sud-ouest et engage la colonne sur le sentier de Sontay. Et cheminant à la queue leu leu, nous voici bientôt, à 3 kilomètres à peine, à hauteur du fourré de bambous où le commandant Garnier, surpris par les Pavillons noirs, le dimanche 21 décembre 1873, eut la tête tranchée et le cœur arraché. Voici, à côté, la pagode

Balny, du nom du malheureux lieutenant de vaisseau qui y fut tué le même jour. Puis, à quelques pas à peine, le pont de Papier où fut tué, le 19 mai 1883, le commandant Rivière, entraîné à repousser ces mêmes Pavillons noirs, dont l'audacieux courage menaçait incessamment Hanoï. Rude passage, glorieux et douloureux souvenirs, car c'est là, sans doute, après la cruelle épreuve, que fut arrêtée l'occupation définitive du Tonkin.

En s'emparant de la citadelle et de la ville d'Hanoï, le 25 avril 1882, de Nam-Dinh le 27 mars suivant, le commandant Rivière avait réparé le honteux désaveu, par notre gouvernement, de l'héroïque conduite du savant explorateur du Mékong et du fleuve Rouge, le commandant Garnier, de Dupuis et des premiers occupants du delta. Il avait de plus, ainsi, vengé l'incessante violation du misérable traité que l'empereur Tu-Duc avait consenti, dès 1874, avec notre représentant à Hué, M. Philastre. Il devait, sans doute, payer de sa mort la décision délicate, autant que laborieuse, d'une occupation définitive.

Le fait nous est ainsi raconté : Depuis quelques jours déjà, notamment les 11 et 16 mai, les Annamites et les Pavillons noirs rôdaient autour de la ville, s'attaquant tantôt à la mission catholique française, tantôt aux faubourgs, qu'ils incendièrent ainsi que l'église catholique. Le commandant Rivière (capitaine de frégate) dut prendre des dispositions pour les écarter, et le 19 mai en confia l'exécution au commandant d'infanterie de marine Berthe de Villers. Ce dernier, emmenant avec lui les 500 hommes dont il disposait, et pourvu de deux pièces de montagne, avait franchi déjà les retranchements de la citadelle, et s'avançait, à la queue leu leu, sur une digue tenant lieu de route, lorsque l'ennemi surgit tout à coup, en nombre considérable, d'un épais fourré de bambous et des villages avoisinants dans lesquels il se tenait caché, envahit la digue, et réussit à couper la colonne. Ce fut alors un effroyable carnage. L'un des premiers, le commandant Berthe de Villers, mortellement atteint, ne dut son temporaire salut qu'à la voiture qui venait d'amener le commandant Rivière, alors malade, et incapable de marcher. Rivière lui-même fut criblé de balles, pendant qu'il se portait au premier rang, s'efforçant de faire dégager un de nos canons tombé dans un bourbier. Près de lui, quatre officiers et près de cent soldats étaient mortellement atteints. Et morts ou blessés demeuraient nombreux aux mains de l'ennemi, qui, féroce dans sa victoire, coupait les têtes, arrachait les cœurs, mutilait les corps.

L'échec, dit la rumeur, fut dû surtout aux indiscrètes imprudences de l'entourage du commandant. On supposait devoir faire une simple reconnaissance, on parlait même d'un joyeux déjeuner en pleine campagne, et l'ennemi, très bien informé de nos projets, se préparait, se tenant soigneusement caché. Dès le lendemain, les têtes de nos malheureux soldats pendaient aux arbres autour même de la citadelle, et les Pavillons noirs, s'étant, dit-on, repus des cœurs, pouvaient impunément promener, dans tout le pays avoisinant, celles des officiers soigneusement conservées dans des paniers d'osier. Ils n'osèrent pas cependant poursuivre leur succès. Et satisfaits, sans doute, de l'occupation d'une partie de la ville, qu'ils pouvaient impunément piller, ils ne songèrent à attaquer ni la citadelle ni la concession, qu'il eût été cependant bien difficile de défendre, en raison du très petit effectif dont on pouvait encore disposer.

Tel fut, en réalité, le premier acte de l'occupation définitive du Tonkin, dès lors vigoureusement préparée par le général Bouet, commandant les troupes de Cochinchine, malgré les hésitations de notre gouvernement et ses instructions au docteur Harmand, alors son ministre plénipotentiaire.

La brigade franchit le pont de Papier, ainsi désigné, sans doute, à cause de son voisinage du village de Ké-Boï, où se fabriquent en effet, suivant les habituels procédés chinois, la plupart des papiers en usage dans le pays. Une courte halte permet de s'en rendre compte. Les indigènes utilisent les tiges de bambou et d'autres écorces qu'ils font d'abord longuement macérer dans l'eau, qu'ils ramollissent ensuite dans de grandes cuves remplies d'eau bouillante et de chaux, puis d'une lessive de soude. Cette opération terminée, la pulpe est réduite en pâte fine qui se répand dans des auges successives remplies d'eau. C'est la pâte de papier. Il suffit alors à l'ouvrier de glisser doucement dans l'auge, et presque parallèlement à la surface du liquide, un cadre garni d'un fin treillis de fibres de bambou qui retient une certaine quantité de pâte. Les cadres ainsi chargés sont disposés, les uns au-dessus des autres, et soumis à une légère pression qui facilite l'écoulement de l'eau, puis portés au séchoir. Très simples, ces séchoirs ; rien que deux briques, parallèlement posées debout, et séparées, entre elles, par un petit espace dans lequel l'ouvrier entretient un feu vif, suffisant pour les maintenir à une haute température. La pâte, habilement détachée des cadres, est appliquée sur la surface extérieure, soigneusement polie, de chaque brique, légèrement brossée, rapidement asséchée et immédiatement enlevée. L'opération est terminée, la feuille est faite ; parfois d'une grande finesse, souvent mélangée de petits débris qui ont échappé à l'attention des ouvriers, toujours d'une résistance très supérieure à notre habituel papier de chiffons, et rappelant les anciens papyrus.

A deux kilomètres du pont de Papier, voici le fortin redouté de Phu-Haï, où se faisaient autrefois les exécutions capitales. Le gouvernement annamite y entretient encore quelques superbes éléphants, dont l'un, dit l'éléphant bourreau, est chargé, paraît-il, d'écraser de son large pied la tête de certains adultères ou condamnés à la peine de mort. Puis, le chemin franchit un second aroyo, au delà duquel nous retrouvons les premières lignes de défense du 15 août, avec le général Bouët. Les aérostiers nous précèdent ou nous suivent, obligés parfois à entrer résolument dans les rizières, ayant de l'eau jusqu'au ventre, souvent à faire de longs détours pour éviter les accrochages.

Vers deux heures, la colonne cantonne à Phong, un gros village de la rive droite du Däy, que nous devrons franchir demain. A l'entrée du village, abritée sous un large parasol jaune, voici superbement affichée, comme une missive royale, la proclamation du général en chef aux indigènes. C'est, dit-elle, le respect assuré des personnes et des propriétés, mais aussi la terrible répression de toute hostilité contre la domination française. Et les indigènes, les mains jointes, s'inclinent respectueusement devant elle, comme ils le font, du reste, devant quiconque paraît revêtu d'une certaine autorité.

L'ambulance, logée dans une pagode entourée de superbes arbres, reçoit un grand nombre de malades éprouvés, autant peut-être par les excès commis pendant un court séjour à Hanoï, que par la pluie pénétrante qu'ils ont subie depuis le matin. Tous sont installés sur des brancards, activement réconfortés et, pour la plupart, seront dès demain prêts à reprendre la marche en avant. Dans le sanctuaire, devant un énorme Bouddha au ventre proéminent, se trouve, déposée sur un large plat, une tête de porc entourée de fleurs et de riz cuit, encore fumant. C'est, paraît-il, le cadeau que viennent nous offrir les habitants comme hommage aux nouveaux mandarins que nous sommes devenus. Mais les mandarins passent fièrement, peu disposés à goûter l'appétissante friandise. Le bonze, ou bien probablement nos coolies de l'ambulance, sauront assurément mieux s'en accommoder.

7 avril. — Le Däy, affluent du fleuve Rouge, a été sondé dès hier par un peloton d'avant-garde de chasseurs d'Afrique, sous la conduite du lieutenant de la Périnne. Il est large de plus de 200 mètres, mais à fond de gravier généralement guéable quand les courants très variables provoqués par les crues n'y sont pas trop rapides. Aujourd'hui l'ambulance et le convoi profitent seuls des petits sampans indigènes; la colonne passe au gué, soigneusement jalonné par des cavaliers. Le passage s'effectue très rapidement et dans une parfaite régularité. Puis la route se poursuit péniblement, sous une accablante chaleur, pour aboutir, à 4 kilomètres environ, vers un pont couvert de construction fort originale. Il est à dos d'âne et construit sur pilotis. Deux bancs de bois établis de chaque côté, parallèlement à sa longueur, servent de refuge aux voyageurs. Et comme devant Phong, la pacifique proclamation du général Millot s'y trouve abritée sous un parasol jaune, signe de la toute-puissance. Enfin la colonne touche à Trach-Moï, où doit cantonner l'ambulance. C'est un gros village, abrité par une épaisse digue haute de deux mètres au moins, et précédé d'une belle porte en maçonnerie, autour de laquelle s'entrelacent de superbes banians qui lui font un dôme de verdure. Le village lui-même disparaît sous un entrelacement de bambous, de cactus et de lianes; et pour arriver jusqu'au logis qui nous est assigné chez un notable de l'endroit, un confrère, me dit-on, il faut circuler dans un véritable labyrinthe de ruelles étroites et tortueuses, terminées par des culs-de-sac. Enfin, nous y voici; il en est temps en vérité, car l'ambulance, malgré la pénurie de ses ressources, a dû ramasser bon nombre de traînards, qui trouveront heureusement, dans notre provisoire installation, le réconfortant repos indispensable.

Un confrère! Je vais naturellement à lui; il est fier de nous montrer qu'il a su aménager sa maison à l'abri des intempéries. De fait, bien que simplement recouverte d'un toit de chaume supporté par d'énormes bambous, elle est exhaussée sur un tertre séparé du sol de manière à faciliter la libre circulation de l'air, et entourée d'une vaste cour faite d'argile et de gravier fortement tassés. Rien qu'un rez-de-chaussée, séparé en trois vastes salles par des nattes fines de bambou, dont le sol est également couvert. Dans la salle centrale, sous la grimaçante image d'un génie protecteur, voici l'autel des ancêtres, entouré de vases de fleurs et de baguettes d'encens dans des brûle-parfums. Au pied, le lit du propriétaire, un simple cadre tendu de nattes, puis quelques bancs de bois dur, une belle table incrustée et un large coffre fermé d'un énorme cadenas. C'est là tout le mobilier apparent. Intentionnellement, sans doute, les salles latérales sont absolument nues, et tout de suite garnies de nombreux brancards pour nos malades, pendant que nous occupons, nous-mêmes, la chambre du milieu, où notre hôte ne tarde pas à nous apporter, avec l'apparence du plus grand respect, de superbes anguilles qu'il vient, nous dit mon interprète, de pêcher à notre intention, et dont mes camarades et moi nous allons faire une excellente matelote, chacun donnant son avis en mettant son doigt dans la sauce.

J'ai dit un confrère : c'est en effet un médecin qui est aujourd'hui notre hôte obligatoire. Mais quel médecin ! Sans autres connaissances que celles secrètement transmises par un ancien, n'ayant à sa disposition que deux livres qui constituent toutes les ressources de la science, l'un le *Y-Hoc* ou traité de diagnostic, l'autre le *Ban-Thao*, recueil de recettes thérapeutiques. La maladie, dit le premier, est la conséquence d'un manque d'équilibre entre le froid et le chaud. La thérapeutique, dit le second, a pour but de les remettre d'accord. Et les recettes n'ont rien à envier à celles si répandues encore chez les commères de nos villages. La médecine indigène tient le plus grand compte, au point de vue du diagnostic, de l'état du pouls et du goût ou de la couleur des urines. L'examen du pouls doit se faire avec l'index alors qu'il s'agit d'une maladie de la tête, avec l'annulaire quand il faut diagnostiquer un mal de ventre, avec le médius s'il s'agit de maladie du cœur. En principe, toutes les maladies sont dans le sang et se diagnostiquent dans l'état du pouls. Il n'est question ni d'anatomie ni de physiologie. Et toute la science consiste dans la préparation des simples. La saignée, encore très en vogue, malgré la débilitation apparente des indigènes, se pratique à l'aide d'une arête de poisson brusquement enfoncée dans une veine saillante. J'ai eu de même l'occasion de constater l'emploi habituel comme hémostatique, et non sans succès, d'une forte solution de colle de poisson dans l'eau chaude. C'est une pratique habituelle dans les épistaxis et les métrorrhagies. Aucune notion de chirurgie, même la plus élémentaire. Aussi, bien évidemment, ici comme en Algérie, le médecin français est appelé à faire beaucoup de bien, sûrement aussi à jouir d'une grande influence.

8 avril. — De Trach-Moï à Sontay, il y a de 8 à 10 kilomètres. Le pays parait riche, parfaitement cultivé, planté de superbes arbres, parmi lesquels le jaquier, encore couvert de fruits qui ressemblent à des melons, et l'hibiscus aux éclatantes couleurs. La route est à chaque instant bordée d'étangs couverts d'oiseaux aquatiques, notamment, de belles aigrettes blanches. Elle traverse en outre quelques aroyos, sur des ponts suspendus du plus pittoresque effet.

Et voici la colonne sous les murs de Sontay.

Malgré la chaleur, elle y doit longtemps attendre la répartition des cantonnements, que l'état-major n'a pas encore eu le temps de préparer, dit la rumeur.

Cette longue attente a du moins l'avantage de permettre un rapide examen de l'enceinte. Voici devant nous la porte sud, à plate-forme surmontée d'un vaste mirador. Puis un énorme parapet maçonné, protégé par un large fossé rempli d'eau, d'où émerge encore tout un enchevêtrement de bambous taillés en pointe, et reliés entre eux par des lianes en chaînes profondes qui s'opposent à l'arrachement. Des chausses-trapes complètent la défense d'approche. Enfin, les parapets sont coupés de distance en distance par des meurtrières, tant pour les fusils de rempart que pour les canons, dont plusieurs sont encore en place.

Nous entrons. C'est d'abord une longue rue bordée de paillottes en partie incendiées et remplies encore des ruines qu'y ont accumulées les derniers combats.

Seulement quelques maisons en briques. Et nous voici devant une seconde enceinte d'apparence plus solide encore que la première. C'est la citadelle, et nous sommes devant la porte sud, dite porte des Éléphants.

La citadelle, de forme carrée, de 500 mètres environ de côté, occupe, en effet, le centre de la ville, dont elle n'est séparée que par un large fossé d'eau, un chemin de ronde et un mur de briques arcbouté d'un parapet, avec larges plates-formes pour l'artillerie.

Le pont d'accès que nous avons à franchir n'aboutit pas directement à la porte, mais bien à une demi-tour qu'il faut contourner, sous la menace d'un feu plongeant, avant de découvrir l'entrée, dans l'enfoncement de l'un des côtés.

Nous y sommes. Et voici, devant nous, une haute tour

carrée percée de distance en distance d'étroites ouvertures en forme de feuilles de trèfle, de très original aspect. La tour est posée sur une large terrasse à laquelle on accède par un escalier, bordé des chimères habituelles. Au sommet, haut d'une vingtaine de mètres, flotte dorénavant notre drapeau national. Et sous son abri nos télégraphistes ont installé les appareils optiques qui nous mettent en correspondance avec Hanoï, puis Haï-Phong et la France. C'est maintenant notre mirador, celui qui, demain peut-être, transmettra à la patrie la nouvelle de la victoire.

Sur les côtés, deux vastes bassins, à balustrades de briques ajourées, assurent un large approvisionnement d'eau potable, l'un d'eux pour les défenseurs, le second pour les éléphants de guerre.

Tout près, voici la pagode royale, aux puissantes faîtières recourbées et ornées de fantastiques chimères de faïence bleue. Un monumental escalier de pierre, gardé par deux superbes lions de grandeur naturelle taillés dans le granit, y donne accès. Elle est actuellement occupée par un bataillon d'infanterie de marine. Non loin de là, d'immenses magasins à riz et quelques habitations de mandarins militaires.

La ville s'avance, vers le nord, jusqu'à 2 kilomètres environ du fleuve, protégée contre les grandes crues par une large digue qui est aussi la route principale de Hanoï. Quatre portes toutes latéralement ouvertes, dans les renfoncements cachés de demi-tours protectrices, donnent accès aux divers chemins de communication, d'une part vers le fleuve Rouge au nord et vers Hong-Hoa au nord-ouest, d'autre part vers Hanoï par Phu-Hoaï au sud et à l'est.

L'ambulance, entrée par la porte sud, ressort par la porte ouest, et vient cantonner dans une vaste pagode du petit village de Na-Tray, à 1 kilomètre environ, sur la route de Hong-Hoa.

Elle est à peine installée que le canon se fait entendre, mais seulement pour saluer la première entrée du général Millot qui vient d'arriver avec la flottille. Et quelques instants après, le directeur de notre service de santé, M. Driout, vient lui-même m'y trouver.

« Je me joins à vous, dit-il. La brigade Négrier paraît devoir être engagée directement dans l'attaque d'Hong-Hoa, pendant que la première brigade, suivant la route des montagnes, ira tourner l'ennemi et lui couper la retraite. L'affaire sera chaude, dit-on. Prenez vos dispositions en conséquence. »

Et ceci fait, nous pouvons ensemble engager une promenade qui, tout naturellement, nous ramène à la citadelle, puis, par la porte nord, à la digue du fleuve près du débarcadère, actuellement protégé par un solide blockhaus armé d'une mitrailleuse et confié à la garde d'un détachement de Tonkinois.

Un camarade du régiment de turcos, M. Grandgury, nous dirige vers la digue de Phu-Sà. Il a été le témoin de la terrible lutte qui s'y engagea. Il veut bien nous la redire, sur le terrain même.

« Ainsi que vous le voyez, dit-il, la digue part de la berge du fleuve, et s'incline vers le sud-est en un demi cercle, coupé dans son milieu par le petit village de Phu-Sà. L'amiral, estimant que c'était là le point stratégique d'attaque, donna, en conséquence, les instructions les plus précises. C'était le 14 décembre. Toutes les forces dont il disposait, tant celles débarquées par la flottille sous les ordres du colonel Bichot, que celles venues par la route de terre, avec le colonel Belin, des tirailleurs, furent réparties à quelque distance en arrière, occupant les villages de Puong-Toï, presque derrière la berge du fleuve, de Puong-Dinh et de Phu-Thoï au centre et au sud. Dès le premier signal, elles évoluèrent, superbes de précision, s'avançant à travers les chausses-trapes et retranchements dont le pays était couvert, et ne tardèrent pas à s'emparer des villages de Linh-Thien et de Tien-Xuan. Ce n'était que le commencement. La lutte alors devint terrible. Vainement l'infanterie de marine du colonel Bichot et du commandant Donier, les tirailleurs algériens du colonel Belin et du commandant Letellier, la légion étrangère, les linthaps et Tonkinois du commandant Reygasse s'élancèrent sous un feu meurtrier. Vainement les batteries établies sur la berge même du fleuve par le commandant Amelot s'associèrent aux canons de la flottille pour couvrir la digue d'obus et de mitraille. L'ennemi tint bon et la défense, remarquablement conduite par Lu-Vinh-Phuoc lui-même, demeura maîtresse de la situation. La lutte se poursuivit ainsi jusque dans la nuit, nos soldats ne songeant pas à reculer, mais demeurant impuissants à gagner du terrain. Elle reprit, plus ardente encore, dès le matin du 15. Enfin, vers deux heures de l'après-midi, l'amiral donna l'ordre d'un nouvel assaut. Il fallait en finir et l'élan, dans une charge à la baïonnette, fut cette fois irrésistible. Ni le feu de la mousqueterie, ni la mitraille de nombreux canons remarquablement servis, ni les bambous acérés, ni les chausses-trapes semées en avant des retranchements ne purent l'arrêter. L'amiral était là, précisant les ordres, suivant anxieux, d'un proche mamelon voisin, les prodigieux efforts des combattants. Il vit nos héroïques soldats vaincre toutes les résistances et s'emparer enfin de la redoutable digue, non pas, hélas! sans laisser derrière eux un large sillon du meilleur de leur sang.

Nous étions maîtres de Phu-Sà. C'était apparemment la clef de la ville. Et de fait nos soldats purent s'avancer jusque devant les fossés. Mais les Pavillons noirs, superbes de courage, ne reculaient que pas à pas, tentant parfois un partiel retour offensif, et réussissant souvent ainsi à nous enlever quelques blessés, auxquels ils coupaient immédiatement la tête. La lutte se poursuivit ainsi, corps à corps, jusque dans les premières maisons, d'où l'ennemi, formidablement retranché, nous opposait une résistance acharnée. Restait la citadelle, le dernier refuge de Lu-Vinh-Phuoc et de ses meilleures troupes. La ville elle-même brûlait dans toute son étendue, et la nuit venue ne permettait pas, sans graves dangers de confusion, d'avancer encore. L'arme au pied, dans un incessant qui-vive, nos soldats, sans cesse inquiétés par des groupes ennemis, demeurèrent sur leurs situations. Mais dès le lendemain, quand ils voulurent reprendre l'attaque de la citadelle, ils furent avisés, sur le rapport d'un sous-officier français, qu'elle était complètement évacuée. Grâce à l'obscurité de la nuit, Lu-Vinh-Phuoc et ses troupes avaient pu s'échapper par la porte ouest, vers Hong-Hoa. Nous étions les maîtres de la place, le drapeau national vint flotter au sommet du mirador, et salua l'amiral vainqueur. Mais la lutte nous avait cruellement éprouvés. Soixante-quinze tués, dont plusieurs décapités, et plus de trois cents blessés furent recueillis par le service de santé. L'amiral crut devoir s'en tenir là, estimant, en raison de l'insuffisance de ses effectifs, toute nouvelle action, sinon inutile, du moins fort dangereuse, et devant être temporairement ajournée. Il ne voulut pas, dans une difficile poursuite, compromettre le résultat obtenu, et résolut d'attendre les indispensables renforts qu'il espérait d'un jour à l'autre.

Ce n'est ni sans émotion ni sans légitime orgueil que nous avons, mes camarades et moi, parcouru ce terrain si fièrement conquis par nos devanciers. Sans doute, nous voudrons les imiter et de nouveaux succès nous attendent, mais probablement aussi chèrement acquis. Et voici qu'un nuage de tristesse m'envahit. Ah! c'est qu'aussi les lettres de France que je viens de recevoir, grâce à mes pressantes investigations personnelles, ne me laissent aucun espoir de revoir mon vénéré père, épuisé de douleurs morales autant que physiques, et les subissant, m'écrit mon frère, actuellement sans doute à son chevet, avec la parfaite résignation du chrétien. Et puis encore, est-ce donc un fatal présage? voici que je viens de perdre, presque subitement, mon bon cheval de France. Pauvre bête, elle a payé, elle aussi, le lourd tribut au climat, aux courses incessantes dans le marécage des rizières et au genre de nourriture. J'avais pu apprécier ses services. Je ne m'en sépare pas sans un serrement de cœur. Pourquoi certaines journées, vécues dans la quiétude du lendemain, se terminent-elles souvent ainsi, sous les plus pénibles impressions!

9 *avril*. — En route dès l'aube. La brigade parcourt la large digue, semée d'arbres, de la rive droite du fleuve Rouge. La rizière a presque disparu ; les villages se succèdent

sans interruption, entourés de superbes aréquiers, de bananiers, de goyaviers, de lichtis, dont nous savourons avidement la pulpe à goût de pomme reinette, de banians aux fantastiques racines aériennes, et d'autres arbres. Tout le terrain avoisinant est admirablement cultivé, planté de bétel, de mûriers, d'arbres à thé, de maïs, de patates, et d'une espèce de haricots nains dont les indigènes tirent, nous dit-on, une huile comestible très estimée. De distance en distance, de vastes pagodes richement entretenues, presque toutes entourées d'énormes pins maritimes, attestent la prospérité

La brigade Brière de l'Isle, pendant que nous suivons la digue du fleuve, s'est engagée plus à l'ouest, sur la route directe de Sontay à Hong-Hoa. Elle a mission d'occuper la région montagneuse, fort difficile, paraît-il, de la rive droite de la rivière Noire. Et les cols sont solidement occupés par l'ennemi. De fait, vers midi, nous entendons le canon. Sans doute, dit-on, une simple démonstration vers le croisement des divers chemins d'accès de la montagne au delà de Vaï, car cela dure seulement quelques minutes, et l'ennemi, si même il est dans le voisinage, ne paraît pas y répondre. De fait, on le signale surtout sur la rive gauche, surveillant sans doute le passage probable de la rivière Noire.

Et voici que de son côté la deuxième brigade vient cantonner à Vu-Chu, à quelques kilomètres seulement du confluent. Elle y arrive à peine qu'on annonce le général en chef, suivi de tout son état-major. Le général de Négrier aligne aussitôt les troupes, fait battre aux champs et présenter les armes. Cette démonstration, réglementaire quand un général en chef rencontre, même en marche, une troupe placée sous son commandement, est véritablement imposante. Les officiers supérieurs saluent de l'épée, et le général Millot, passant lentement, le monocle dans l'œil, paraît triomphant. *Ave, morituri te salutant*, pensent peut-être quelques-uns.

Le général en chef passe devant l'ambulance, difficilement installée chez un notable de l'endroit; mais, sans doute en raison du petit nombre des malades, il ne s'y arrête pas. Il se contente de faire enlever le fanion tricolore qui, réglementairement, doit être associé à celui de la Croix-Rouge pour indiquer, en campagne, l'emplacement occupé par une ambulance, mais qu'il déclare devoir être réservé aux seuls généraux. Un instant après, voici la flottille qui vient jeter l'ancre à hauteur de Rieu-Noc, et s'efforce de procéder immédiatement au très laborieux débarquement des grosses pièces d'artillerie. Il faut, à cet effet, amarrer les jonques qu'une armée de coolies a dû, en raison des bas-fonds, presque contamment remorquer à la cordelle. Il faut construire des appontements, établir des grues, et, à force d'énergie, hisser chaque pièce jusque sur la digue, la remettre sur son affût, et la mettre enfin en état d'avancer. Malgré les efforts de chacun, le rude travail, commencé dès le soir même, ne sera surement pas terminé avant demain. Et c'est là sans doute la cause de notre temporaire immobilisation pendant toute cette journée. La rumeur prétend cependant que déjà l'ennemi renonce à la défense, et qu'il s'enfuit devant nous, prenant la direction de Phu-Lam-Tao, entre la rivière Claire et le fleuve Rouge, c'est-à-dire vers le nord-est.

10 *avril*. — La flottille étant mouillée devant Vu-Chu, il serait facile, disent les ardents, sinon les stratégistes, de passer sur la rive gauche du fleuve, de le remonter jusqu'à hauteur de Trinh-Xa, d'où, paraît-il, part un chemin qui, semé de villages, aboutit directement à Tuyen-Quan, par Phu-Lam-Tao.

On pourrait ainsi, dit-on, couper la retraite de l'ennemi, pendant que la brigade Brière de l'Isle viendrait devant Hong-Hoa par la route des montagnes, à l'ouest, entre la rive gauche de la rivière Noire et la rive droite du fleuve Rouge.

Mais tel n'est pas sans doute le plan du général en chef, qui, dit la rumeur, entend concentrer toutes ses forces pour la seule attaque d'Hong-Hoa.

Une dépêche datée de Lons-le-Saunier le 6 avril, et transmise jusqu'ici par le télégraphe optique, bien lentement sans doute, mais m'apportant cependant l'assurance que l'état de mon vieux père se maintient, qu'on peut espérer encore, et que tous les chers miens sont en bonne santé! Ah! ce village de Vu-Chu, je ne l'oublierai pas. Rien qu'un mot de convention : Belval, cela dit tout, et cela remplit le cœur. Que Dieu soit béni!

11 avril, vendredi saint. — La brigade se remet en marche, dès six heures du matin, pour atteindre, sous un soleil de feu, et malgré les difficultés que rencontre l'artillerie, qu'il faut traîner à la cordelle après lui avoir tracé le chemin, un large plateau couvert de superbes pins parasols, dominant, à hauteur du village de Trung-Xa, la rive droite de la rivière Noire, près de son confluent, et dans le lointain, à six kilomètres environ, la ville d'Hong-Hoa, qu'il est facile de distinguer à l'aide de nos jumelles de campagne.

A nos pieds, le fleuve Rouge et la rivière Noire, perdus sous les futaies d'une luxuriante végétation à laquelle un gai soleil donne un éclat inaccoutumé. Devant nous, vers l'ouest, de hautes montagnes qui bornent l'horizon, et que le général Brière de l'Isle a, paraît-il, mission d'occuper pour prendre la citadelle à revers.

Il apparaît donc que la brigade de Négrier est actuellement seule à portée d'attaque immédiate. Et de fait, vers dix heures du matin, deux batteries de 80 et de 95 sont en position pour commencer le feu. A peine quelques hésitations; sous nos yeux, nos obus bouleversent la ville et ses approches. C'est terrifiant; et l'ennemi, sans doute anéanti sous la supériorité manifeste de notre armement, paraît renoncer même à se défendre.

A l'aide de nos jumelles, on le voit se hâtant de quitter la place, et se précipitant, par groupes successifs de huit à dix hommes, vers un large pont de bambous jeté sur le fleuve Rouge, afin de gagner rapidement, vers le nord, la route de Phu-Lam-Tao. De nombreux groupes passent également conduisant des chevaux en main; d'autres, moins nombreux, paraissent remonter la rive gauche du fleuve. A plusieurs reprises, nous avons pu, quelques camarades et moi, compter, par groupes séparés de huit à dix, jusqu'à cent cinquante Chinois armés occupant le pont, lequel, du reste, d'une longueur approximative de 800 mètres, paraît écarté de l'atteinte de nos projectiles. En admettant cette moyenne à partir de dix heures du matin (et sans doute, l'exode avait commencé bien avant l'attaque), on peut estimer que plus de quatre mille Chinois ont ainsi quitté la citadelle, sans même essayer de la défendre, mais aussi sans être aucunement inquiétés dans leur fuite.

Aussi bien, le général de Négrier, empêché, paraît-il, dans une poursuite qu'il voudrait immédiate par la rive gauche du fleuve, devient impatient, nerveux et finement caustique.

« Nous assistons, dit-il, l'arme au pied, à un bel exercice d'artillerie. Sera-t-il suffisant pour nous assurer le lendemain? Cela paraît bien peu probable. »

Et sous cette réflexion, pendant que le canon tonne, chacun tire de sa poche le maigre déjeuner du vendredi saint. Officiers et soldats, tous, aujourd'hui, se contentent de la maigre pitance, œufs, sardines et biscuits. Dans un regrettable oubli du jour, seul notre aumônier entame un appétissant saucisson. Un camarade lui en fait charitablement la remarque, et chacun de rire de sa piteuse déconvenue. La diversion nécessaire est, du reste, heureusement prompte, car voici que notre général, impatient de savoir, décide une exploration rapide du pays à l'aide d'un ballon captif, jusqu'à ce moment sans emploi. Il en donne l'ordre au capitaine Aron, chef des aérostiers. Et tout de suite cet officier signale, à proximité de la citadelle, des villages qui paraissent fortement occupés. Le général invite, en conséquence, le colonel Revillon, commandant l'artillerie, à modifier quelque peu son tir.

« Impossible, répond ce dernier, car j'ai reçu l'ordre de tirer seulement sur la citadelle et sur la pagode voisine », qu'il crible effectivement d'obus.

Bien plus, le général est, dit-on, sévèrement blâmé, pendant que le capitaine Aron est lui-même puni de quinze jours d'arrêts; punition bientôt levée, du reste, le général ayant de suite avisé de l'ordre qu'il avait personnellement donné.

Il apparaît bien, donc, que le général Millot veut s'en tenir strictement au plan qu'il a mûri et définitivement arrêté; le seul bombardement de Hong-Hoa devant sans doute permettre à la brigade Brière de l'Isle de tourner la place, et de la prendre à revers. De fait, la *Trombe* et l'*Éclair*, qui sont mouillés au confluent, reçoivent l'ordre de s'abstenir de toute action; et mon ami le commandant Tesmard subit à son tour un blâme pour s'être permis, sans ordre préalable, de tirer sur un détachement de Chinois armés, passant à portée de ses canons, sur la rive gauche du fleuve.

Il n'est pas un officier de la brigade qui ne dise son étonnement de cette bizarre stratégie qui, pendant six heures consécutives, fait canonner des positions sans défenseurs, et paraît négliger certains points manifestement occupés; la troupe, en dehors de l'artillerie, demeurant, du reste, dans la plus complète inaction.

Enfin, vers cinq heures du soir, quelques salves annoncent la fin du bombardement; et la troupe, jusqu'alors immobile, vient cantonner dans les villages de La-Thuong et de Xuan-Duong, où nous devons passer la nuit. Demain, sans doute, nous entrerons dans Hong-Hoa. Les indigènes assurent, en effet, que non seulement la ville est actuellement déserte, mais que déjà l'évacuation en avait commencé à partir du 6 avril, par suite d'un désaccord survenu entre Lu-Vin-Phuoc, chargé de la défense, et le général Cham, qui commandait les troupes du Yunnan. Les Chinois, dit-on, n'ont, en l'évacuant, laissé dans la citadelle que quelques prisonniers qu'ils ont chargés de l'incendier. De fait, ce soir l'incendie se développe avec une effrayante rapidité, et paraît transformer la malheureuse ville en un immense brasier.

Aurons-nous atteint le but? On se le demande. Sans doute, et c'est justice à lui rendre, le général Millot a voulu surtout épargner le sang de la France. Mais, de son côté, l'ennemi n'a pas subi non plus de pertes sérieuses, ni en hommes ni en matériel. Il pourra donc se réorganiser bien vite, nous obliger ainsi à le poursuivre longtemps, et à éterniser ainsi une lutte qu'il eût été logique de rapidement terminer, fût-ce même au prix de quelques sacrifices.

La ville et la citadelle sont absolument désertes, persistent à dire les indigènes. Et cependant les ordres qui sont donnés ce soir, en prévision de la marche de demain, paraissent démontrer que le général en chef et son état-major veulent encore ignorer cette évacuation, et douter de la fuite de l'ennemi.

A neuf heures du soir seulement, alors que la ville achève de brûler, le général se décide à télégraphier :

« J'ai bombardé Hong-Hoa pendant six heures; la ville est en flammes. L'ennemi se serait retiré après avoir incendié les villages avoisinants. »

Sa dépêche laisse supposer qu'il s'attendait à une vive résistance, qu'il redoute encore quelque surprise, et que, dans cette prévision, il n'a pas arrêté son plan de marche en avant. Les ordres paraissent également le démontrer. Les voici :

« ORDRE GÉNÉRAL n° 32

« Demain, 12 avril, à six heures du matin, la deuxième brigade, ainsi que les troupes et services qui marchent avec elle, se mettront en mouvement pour passer sur la rive gauche de la rivière Noire. Une quinzaine de jonques et quatre remorqueurs serviront au passage de la brigade, du génie, des aérostiers, de l'ambulance et du train. Le *Cua-Cam* (remorqueur) sera affecté aux deux batteries de 80 millimètres et à la batterie de 95. L'opération aura lieu dans l'ordre suivant :

« Deux bataillons d'infanterie avec deux batteries de montagne; la troisième batterie de montagne de la deuxième brigade. Les batteries de 80 et de 95, actuellement en position derrière le quartier général, ne seront transportées sur la rive gauche que lorsque les deux bataillons d'infanterie et les deux batteries de montagne seront établies. Passeront ensuite les deux autres bataillons, la batterie de 80 laissée par la première brigade, le génie, les aérostiers, l'ambulance, la gendarmerie et le train.

« Lorsque la deuxième brigade sera sur la rive gauche, elle occupera les villages qui s'étendent depuis La-Thuong jusqu'à la pagode située au confluent du fleuve Rouge et de la rivière Noire. Le général commandant la deuxième brigade fera tenir le pont de pierre qui se trouve à deux kilomètres environ des berges ouest de la rivière Noire, sur un aroyo qui va du grand lac au fleuve Rouge. Ce pont ne devra pas être dépassé avant nouvel ordre.

« La flottille se tiendra à la droite de la deuxième brigade, dont elle suivra les mouvements. Elle concourra à l'attaque des ouvrages et de la citadelle de Hong-Hoa; mais son action devra s'exercer spécialement en vue d'empêcher le passage de l'ennemi sur la rive gauche, et la destruction du pont qui réunit les deux rives.

« Le général commandant la deuxième brigade et le commandant de l'artillerie choisiront chacun un point favorable pour l'embarquement des troupes sur les jonques, et de l'artillerie sur le *Cua-Cam*, étant donné que le débarquement devra se faire dans le voisinage de la route directe vers Hong-Hoa.

« La première brigade et le général Brière ont passé la rivière Noire à 8 kilomètres du confluent, à hauteur de Bat-Bac, pour prendre la route de montagne et tourner Hong-Hoa, où ils doivent pénétrer demain, dans la matinée. »

12 avril. — Tels sont les ordres. Ils sont ponctuellement exécutés.

Le défilé de la brigade Négrier commence dès sept heures du matin. Le général en chef, assis devant son cantonnement, le monocle dans l'œil, en examine attentivement les divers échelons. La marche est régulière, mais d'une désespérante lenteur. Après une pause de plus de trois heures à mi-côte de la rivière Noire, l'ambulance peut enfin franchir à son tour, sur les rares sampans amarrés à deux chaloupes à vapeur demeurées à sa disposition.

Il est midi ; aucun obstacle. La colonne n'en stationne pas moins longtemps encore sur la rive gauche, et vient enfin prendre position en amont d'un pont de pierre jeté sur un aroyo transversal, sur la route directe de Hong-Hoa. Il y a là déjà quelques retranchements avancés, mais ils sont abandonnés et demeurent absolument muets. Enfin, vers deux heures après midi, le général en chef donne ordre d'avancer. Il sait pertinemment que la citadelle est déserte, et que le général de Négrier vient, le premier, d'y pénétrer, accompagné seulement d'une petite escorte. En route donc, pour nous trouver bientôt en présence des formidables retranchements qui entourent la ville, et que l'ennemi a misérablement refusé de défendre. Chemins couverts, casemates armées, batteries sous terrassements, fossés et talus hérissés de pointes de bambous, coupés au ras du sol, solidement reliés entre eux par un enchevêtrement inextricable de liens, eux-mêmes maintenus sous d'épaisses mottes d'argile fortement tassées... rien n'y manque.

On pourrait, en vérité, s'attendre à quelque surprise. Il n'y a rien à craindre. La citadelle et la ville sont minutieusement fouillées ; elles sont bien désertes. Pavillons noirs et Chinois ont fui, misérablement, sans combat. Seuls quelques bambous remplis de poudre et disposés, suivant l'habitude, dans les toitures de très rares maisons encore debout, détonnent de temps à autre, maintenant l'incendie.

Et notre entrée dans cette ville, dans cette citadelle en ruine, n'a véritablement rien de triomphal. Quelques cadavres calcinés apparaissent au milieu des décombres ; ce sont, paraît-il, des prisonniers que les Chinois ont laissés enchaînés après avoir mis le feu aux prisons. Et c'est tout.

L'ambulance, après une longue recherche, trouve enfin son cantonnement dans une jolie habitation de mandarin située à un kilomètre environ du rempart, près de la porte ouest de la citadelle. Elle peut confortablement abriter et soigner seulement quelques malades, car heureusement il n'y a parmi nous ni blessés ni morts.

A vrai dire, la ville de Hong-Hoa ne paraît pas avoir l'importance qui lui avait été primitivement attribuée. Elle n'était, apparemment, qu'un centre militaire. La citadelle elle-même est sensiblement plus petite que celle de Sontay, mais également bien construite, et assurément capable d'une sérieuse résistance.

La rumeur prétend que la brigade Brière de l'Isle, qui devait pénétrer avant nous, s'est égarée en chemin. Le passage de la rivière Noire, vers Bat-Bac, en raison du très petit nombre de sampans qu'on a pu se procurer, a été, paraît-il, très laborieux, et s'est continué pendant toute la nuit du 11 au 12 avril. Deux hommes de l'artillerie se sont noyés avec leurs chevaux. Puis, la route est devenue très difficile, faite seulement d'étroits sentiers escarpés, parfois à pic, ou dévalant brusquement pour aboutir à quelque fondrière. L'artillerie a éprouvé, en partie du moins, de telles difficultés, qu'elle a dû rebrousser chemin. Heureusement, du reste, l'ennemi a disparu, et la colonne, après avoir détruit un fort abandonné situé au sommet du massif, a pu, fort tard dans la soirée du 12, se présenter en vue de Hong-Hoa. La citadelle était occupée déjà par la brigade Négrier.

13 avril (jour de Pâques). — Adonc, sans messe et sans bréviaire, notre aumônier put, ainsi que nous, se reposer le jour de Pâques.

> Mieux est de ris que de larmes escripre
> Pour ce que rire est le propre de l'homme.

Et voici que, se ressouvenant de l'humoristique abstracteur de quintessence, tout en banquetant joyeusement en la cassine, un de nous, nouvel Alcofribas, redit la page de circonstance :

« Gymnaste interrogea sur l'heure Gargantua, s'il les devoit poursuivre ? A quoi dit Gargantua : « Nullement, car selon vraie discipline militaire, jamais ne fault mettre son ennemi en lieu de désespoir, parce que telle nécessité lui multiplie sa force et accroist le courage que jà estoit défect et failli. Et n'y a meilleur remesde de salut à gents estonnés et recreus, que n'espérer salut aucun. Quantes victoires ont été tollues des mains des vainqueurs par les vaincus, quand ils ne se sont contentés de raison, mais ont attenté tout mettre à intermicion, et destruire totalement leurs ennemis, sans en vouloir laisser un seul pour porter les nouvelles. Ouvrez toujours à vos ennemis toutes les portes et chemins, et plutôt leur faites un pont d'argent afin de les renvoyer. »

Et Gymnaste n'avait ni les vertus de notre chef d'état-major, ni la précieuse assistance du moine. Notre frère Jean des Entommeures pensait sans doute beaucoup plus au jambon de Pâques, qu'il avait entaillé déjà le vendredi saint, qu'à dire messe, ou même remercier Dieu de notre si facile victoire.

Notre grand chef, cependant, après la laborieuse méditation, décide qu'il y a lieu de poursuivre l'ennemi. Et tardivement, dans la soirée, il adresse l'ordre suivant n° 33 :

« Lundi 14 avril, à six heures du matin, un détachement de la deuxième brigade, commandé par M. le général de Négrier, se mettra à la poursuite de l'ennemi dans la direction de Phu-Lam-Tao, point qui ne devra pas être dépassé.

« La colonne sera composée de deux bataillons de la légion, lieutenant-colonel Duchesne; de deux bataillons de France, lieutenant-colonel Defoy; de deux batteries de 80 de montagne, d'une batterie de 80 de campagne, commandant de Douvres; d'une section de génie; de la section d'ambulance affectée à la deuxième brigade pendant les opérations contre Hong-Hao; d'un maréchal des logis et de quatre gendarmes. Les corps et services toucheront, au convoi, à Hong-Hoa, quatre jours de vivres et un jour de liquides. Une ration de liquides sera touchée au retour. Des guides et des interprètes seront mis à la disposition de M. le général de Négrier. »

14 avril. — Mais cet ordre est à peine en voie d'exécution que nous arrive un contre-ordre : « Le mouvement sur Phu-Lam-Tao n'aura pas lieu. Le général en chef partira pour Hanoï, avec son état-major, le 15, dans la matinée.

« Le 17, une première colonne partira pour Hanoï; elle sera

placée sous les ordres de M. le colonel Letellier et aura la composition suivante :

« Le demi-escadron de cavalerie, les chevaux et les ordonnances du quartier général. Un bataillon de tirailleurs algériens ; une batterie de 65 millimètres.

« Le 18, une deuxième colonne, sous les ordres de M. le général commandant la première brigade, partira pour Hanoï. Elle comprendra les troupes et détachements ci-après :

« Deux bataillons d'infanterie de marine ; deux batteries d'artillerie, dont une de 65 et une de 4 ; le détachement des tirailleurs annamites et tonkinois affecté à la première brigade ; l'état-major de l'artillerie et les mulets haut le pied ; le détachement de gendarmerie ; la section des aérostiers ; le détachement des pontonniers.

« Le 19, une troisième colonne se mettra en route pour Hanoï, sous le commandement de M. le lieutenant-colonel Defoy et sera composée des éléments suivants :

« Deux bataillons du régiment de marche de France ; deux batteries de 80 de montagne sous les ordres de M. le commandant de Douvres ; le détachement de tirailleurs annamites et tonkinois.

« MM. le commandant du génie et le médecin chef constitueront chacun, dans leur service, trois convois qui accompagneront les trois colonnes dont il est question plus haut. Ils marcheront, de leur personne, avec la colonne qui partira la dernière de Hong-Hoa. Les batteries de 80 de campagne, avec leur personnel, seront embarquées sur le *Cua-Cam* à une date qui sera fixée par M. le colonel commandant l'artillerie.

« Le bataillon des fusiliers marins sera transporté sur jonques ; il partira le 17 dans la journée ; des ordres de détail seront donnés, ultérieurement.

« M. le général de Négrier restera à Hong-Hoa pendant une semaine, procédera à l'installation de la garnison. Une chaloupe à vapeur sera mise à sa disposition pour rentrer à Hanoï.

« Les troupes auront quatre jours de vivres à leur départ

de Hong-Hoa, et s'aligneront à quatre jours à leur passage à Sontay.

« Le personnel de la télégraphie optique, ayant des travaux à exécuter, sera indépendant des colonnes.

« Les deux compagnies de tirailleurs algériens laissées sur la rive droite de la rivière Noire, rentreront à Sontay le lendemain du jour où la dernière colonne aura traversé la rivière Noire.

« Le poste optique qui est établi au-dessus du village de Trung-Xa sera, à ce moment, occupé par une compagnie de la légion étrangère détachée de Hong-Hoa, laquelle se rendra le 20 avril, à la rivière Noire, pour relever les tirailleurs algériens, et restera affectée à la garde du poste jusqu'à l'achèvement d'un blockhaus en voie de construction A ce moment, le poste sera protégé par un détachement tiré de la garnison de Hong-Hoa, composé de cinquante hommes commandés par un officier, et d'une pièce de 4 de montagne avec sept canonniers et un brigadier.

« La garnison de Hong-Hoa, placée sous les ordres de M. le lieutenant-colonel Duchesne, nommé commandant supérieur, sera constituée comme il suit :

« Un détachement de cinquante tirailleurs annamites commandés par un officier; deux bataillons de la légion étrangère; une batterie de 95; une batterie de 4 de montagne; un détachement du génie; une section d'ambulance : un détachement des services administratifs. »

15 avril. — Il paraît certain que l'ennemi s'est rapidement éloigné et se trouve dès maintenant à l'abri, hors de portée des efforts partiels d'un simple détachement. Et ce matin nous recevons avis que seuls sont maintenus les ordres relatifs à la dislocation des troupes, et à leur retour sur Hanoï en trois colonnes échelonnées de jour en jour.

« Les éclopés de la légion étrangère seront, dit la dernière instruction, évacués en temps utile sur leur corps, qui reste en garnison à Hong-Hoa. Les malades et éclopés des autres corps seront répartis sur les jonques et dirigés, avec le bataillon des fusiliers marins, sur Hanoï. Le médecin chef de l'ambulance s'entendra, à cet effet, avec M. le capitaine de frégate Laguerre, chargé de l'évacuation. »

Les camarades de la première brigade nous racontent aujourd'hui la rude étape du 11 et du 12 avril. « Le général, disent-ils, après avoir longé sur une distance de quelques kilomètres l'étroit sentier de la rive gauche de la rivière Noire, en avant de Bat-Bac, s'est brusquement engagé dans le sentier des montagnes. Le pays, très accidenté, couvert de forêts, parut superbe, et nos soldats harassés de fatigue n'en chantaient pas moins le gai refrain :

<blockquote>
Nous le port'rons jusqu'au Congo
L'as de carreau.
</blockquote>

« Néanmoins, il fallut se séparer d'une partie de l'artillerie ; le général n'eut, du reste, qu'à recevoir la très facile soumission des villages traversés, lesquels savaient déjà l'abandon de Hong-Hoa. Avec une avant-garde de la légion étrangère, commandant Coronnat, il poursuivit hâtivement jusqu'à Van-Van, détruisant au passage la pagode fortifiée qui, pendant l'été, était l'habituelle résidence du prince Hong-Ké-Vien, notre ennemi le plus influent dans le pays, et vint enfin, dans la soirée du 12, se présenter devant Hong-Hoa, n'ayant rencontré nulle part, ni la moindre résistance ni le moindre parti chinois.

« Van-Van, dans une situation des plus pittoresques, était, paraît-il, l'habituelle résidence d'été des mandarins de la province. Le général a fait occuper également les villages de Dao-Xa, de Phuong, Chu-Phé et Duc-Vé, entourant ainsi complètement Hong-Hoa entre le fleuve Rouge et la rivière Noire, et défendant la route de Lao-Kaï. Nous sommes donc actuellement les maîtres du pays, dont les Chinois et Pavillons noirs sont sans doute déjà fort éloignés, mais dont ils paraissent, d'autre part, avoir enlevé tous les hommes valides et toutes les jeunes femmes.

Et les ordres qui nous sont communiqués tendent à faire croire que l'expédition est dorénavant terminée. Nous occupons le delta ; c'est là, sans doute, tout ce que nous voulions. Dans sa proclamation, le général en chef déclare sa tendance aux mesures d'apaisement et de rapide pacification. Pour l'instant, du reste, l'état de la température, chaque jour de terribles orages, de formidables tonnerres et des pluies torrentielles, et peut-être l'insuffisance des ressources budgétaires ne permettent pas d'aller plus loin.

Et les avis sont ainsi très partagés : « Le but est atteint, disent quelques-uns, la guerre est finie et le retour prochain.

— N'en croyez rien, disent les autres ; et ce sont les plus nombreux.

« Sans doute le repos s'impose, mais sûrement temporaire. Il faut subir les nécessités climatériques, mais sans cesser de se tenir en garde, c'est-à-dire occuper militairement tous les postes où peuvent se présenter de nouvelles invasions des Pavillons noirs et des Chinois, habitués de longue date à rançonner le pays. C'est d'ailleurs le seul moyen de nous assurer la possession tranquille de ce que nous avons dorénavant conquis. Mais assurément la guerre n'est pas finie, les Chinois n'ont pas dit leur dernier mot. Ils sont essentiellement fourbes, ils paraissent soumis, mais seulement jusqu'au jour où ils se croiront capables de recommencer la lutte. Non pas, cependant, qu'ils soient entraînés par leur patriotisme. Ils n'en ont pas, mais ils aiment l'argent, ils se battent seulement pour l'argent. Ils n'hésitent pas à se mettre à la disposition du plus offrant, ni même à faire défection et à livrer leurs chefs quand ils peuvent, en échange, espérer bonnes espèces sonnantes. Généralement brave dans l'action, le soldat chinois, quand il sent la partie perdue pour lui, n'a souci que de sauver sa peau, et s'il ne voit chance de salut qu'en changeant de parti, il n'hésite pas ; il est dénué de tout idéal, de toute conviction, et n'obéit qu'à son intérêt du moment. Mais pour l'amener à comprendre que sa cause est perdue, il faut se montrer résolu dans l'action, et toujours prêt à marcher de l'avant. A ce prix-là seulement on le peut tenir en tutelle. »

Et la conversation se prolonge longuement ainsi dans l'intimité. Tous apprécient la bienveillance du général Millot, mais tous aussi déplorent ouvertement l'outrecuidance de son chef d'état-major. « Il ne veut rien entendre, dit-on, il donne des ordres dérisoires et abuse assurément de la confiance du général. »

De fait, j'ai eu moi-même occasion d'éprouver le même sentiment. Il s'agissait d'une dépêche à ma famille. Je m'adressai au chef d'état-major. Il me répondit péremptoirement par un refus. Je fus trouver le général. Et lui : « Oui, me dit-il, très volontiers », et signant l'ordre de transmission : « Je suis heureux de vous permettre de pouvoir rassurer votre père, en lui annonçant notre victoire. » Puis il ajouta : « J'ai pu ménager mes soldats ; je proclame bien haut leur virile énergie, leur superbe endurance. La France peut en être fière. »

Il en est habituellement ainsi, disent les camarades. Quand on peut directement l'aborder, on le trouve toujours de facile accueil. Mais son chef d'état-major veille, il s'efforce de l'isoler et lui aliène ainsi bon nombre d'officiers.

15-18 avril. — Le général en chef est parti avec tout son état-major. Quelques habitants commencent à rentrer, mais l'incendie a fait de tels ravages et la misère est telle qu'on ne sait ni les loger ni les nourrir. Il apparaît, cependant, qu'ils sont réellement soumis, ne demandant qu'à vivre tranquillement sous notre protection. Nous avons pu, quelques camarades et moi, profitant du repos, et accompagnés d'un interprète, parcourir les environs, et acquérir ainsi quelques renseignements pratiques. C'est ainsi que nous pouvons lire, encore affichés, certains ordres de Lu-Vinh-Phuoc, adressés tant à ses soldats qu'aux habitants : « Il faut, dit-il aux soldats, faire bouillir l'eau pour l'usage interne, exiger une grande propreté autour du camp, et ne pas maltraiter les habitants qui cependant sont tenus de contribuer aux travaux de la défense, mais qui doivent éloigner les femmes et les enfants. » Puis, à côté de ces sages recommandations, d'autres qui démontrent la sauvage cruauté. « Pendant la guerre, dit-il, celui qui coupera la tête à un ennemi sera bien récompensé ; pour une tête de Français cent taëls (soit environ huit cents piastres) et vingt taëls de plus pour chaque galon sur les manches. Pour une tête de soldat annamite quarante taëls, pour une tête de catholique dix taëls. » Heureusement pour nous, il semble que les habitants, dès qu'ils échappent à la domination chinoise, sont peu disposés à se rendre coupables de tels excès.

La citadelle, à cinq cents mètres environ du fleuve, est, ainsi que celle de Sontay, de forme quadrangulaire, entourée d'un mur en briques adossé à un épais remblai, protégé par de larges fossés. Elle ne paraît pas avoir plus de deux kilomètres de tour, est percée seulement de deux portes, l'une à l'est, aboutissant à la route de Sontay, l'autre au sud-ouest, au chemin de Dong-Van. Les vestiges de la ville longent les remparts du sud, partout couronnés de plates-formes et de meurtrières disposées pour l'emplacement des canons ou des fusils de rempart. De plus, la crête de la muraille est protégée contre tout assaut direct par une épaisse palissade de bambous entre-croisés, intimement reliés entre eux. Quelques rares maisons de mandarins sont encore debout, disséminées çà et là dans les environs. La digue du fleuve et toute la campagne, à cinq ou six kilomètres de distance, sont semées de terrassements protecteurs, de batteries casematées, de réduits communiquant les uns avec les autres par des chemins couverts, ou surélevés sur mamelons artificiels, protégés par un inextricable fouillis de pointes de bambous. Il y a là, véritablement, une accumulation de travaux qui dénotent une savante conception des choses de la guerre, et dont on ne s'explique pas l'abandon sans défense.

Notre excursion dans la montagne, par le chemin de Dong-Van, nous permet de constater aussi que le pays, s'il n'est pas inculte, a été depuis longtemps déjà à peu près abandonné. Évidemment les soldats chinois ont fait le vide tout autour de la place. C'est à peine si quelques misérables paillottes subsistent encore, cachées, semble-t-il, au fond de quelque vallon semé de riz. Les champs de maïs, de patates, de haricots ou autres légumes ont complètement disparu. Il n'y a plus que broussailles où dominent les lianes, les joncs et toutes autres espèces marécageuses. Aussi faut-il soigneusement éviter de s'écarter des chemins tracés. J'ai eu, personnellement, une peine inouïe à me sortir d'une fondrière dans laquelle, mon petit cheval annamite et moi, nous enfonçâmes jusqu'aux épaules. Un cheval de grande taille ne s'en fût pas tiré. Après des efforts dénotant une réelle énergie de race, mon indigène, assurant méthodiquement la place du sabot, a pu se rapprocher insensiblement de la terre ferme, et y prendre appui. J'en ai été quitte moi-même pour la perte d'une partie de ma sellerie et de mes effets d'habillement. Quelques seaux d'eau m'ont rapidement débarrassé de la puante boue dont j'étais absolument couvert. Aussi bien je m'étais imprudemment écarté de mes collègues, qui, me croyant rentré avant eux, m'avaient complètement perdu de vue. J'ai pu m'en tirer sous les seuls efforts que décuple l'instinct de la conservation, grâce à l'énergie de mon petit cheval, et ne rencontrant guère que deux indigènes peu disposés, m'a-t-il semblé, à me comprendre, et moins encore à m'assister.

On comprend l'insalubrité actuelle d'une telle région, où l'exubérance de la végétation est entretenue par tous les détritus de la décomposition, où les plantes naissent, vivent et meurent sans culture, où n'existent plus ces belles rizières du delta, sans cesse assainies par le travail, et constituant un véritable drainage du sol. Aussi, les quelques indigènes qui sont demeurés au pays ont l'aspect lymphatique, misérable des races épuisées par le travail, sans réparations suffisantes, dans un pays dont une culture intensive pourrait seule atténuer les dangers d'habitat. Notre interprète assure, cependant, que le pays est riche, et que ses habitants, s'ils ne possèdent de propriétés de rapport, savent cependant gagner et cacher beaucoup d'argent. « Les Pavillons noirs et les Chinois les ont toujours exploités, dit-il, mais ils savent bien aussi les moyens de leur extorquer leur argent : tous prêtent à la petite semaine, à des taux variant de 50 à 60 pour cent. Et quand ils ont pu, surtout en leur procurant des femmes et de l'opium, leur arracher quelques barres d'or ou d'argent, ils savent si bien les cacher qu'elles échappent généralement aux plus minutieuses investigations. Ils savent, du reste, se contenter d'une misérable alimentation, et sont habituellement couverts de haillons qui les font apparaître plus misérables encore. Mais vienne une grande fête, alors ils ont de l'argent et le dépensent sans compter pour les plus frivoles amusements. Leur seul souci est d'échapper à la rapacité des mandarins et au pillage systématique des Chinois. » C'est là, sans doute, ce qui explique la persistance de nos soldats tonkinois à fouiller les décombres, d'où parfois ils tirent encore quelque cadavre calciné, et à scruter toutes cachettes supposées, mais, au moins en apparence, sans en tirer grand profit.

19 avril. — Nous quittons Hong-Hoa ce matin La colonne est composée des bataillons du 111e et du 23e, de deux batteries de montagne, d'un détachement de tirailleurs annamites et de l'ambulance sous les ordres du lieutenant-colonel Defoy.

Les malades, sauf ceux de la légion, qui demeurent ici avec leur régiment et le lieutenant-colonel Duchesne, ont été dirigés sur Hanoï, convenablement installés sur des jonques aménagées à cet effet. Plusieurs présentent un état fébrile continu qui simule la fièvre typhoïde au début, mais cède généralement, après quatre ou cinq jours d'un usage méthodique du sulfate de quinine. Les diarrhées sont également fréquentes, attribuables autant peut-être à l'action du froid pendant la nuit et à une défectueuse alimentation (conserves de viande et biscuits) qu'à l'usage de l'eau, que l'analyse, au dire de notre pharmacien M. Manget, a, cependant, constatée toujours de qualité potable. Néanmoins, eu égard aux fatigues, aux privations, à l'insalubrité manifeste du pays, à l'humidité et à la température énervante autant que débilitante que nous avons subies, on peut estimer que l'état sanitaire laisse actuellement peu à désirer.

La colonne, prenant cette fois la route directe de Sontay, traverse la rivière Noire sur un pont de bambous, longe la crête de montagne entre la pagode de Trong et le mamelon de Trong-Ha qu'occupait notre artillerie lors du bombardement, débouche au marché de Thua-Than et vient cantonner à Dong-Cau, à la jonction de la route de montagne et d'un autre sentier qui rejoint la digue du fleuve vers Rieu-Moc.

L'ambulance est logée dans une pagode où, pour la première fois, j'ai rencontré l'ibis symbolique aux ailes éployées, à la patte fixée sur le dos d'une tortue, et tenant au bec la fleur de lotus, réservé, paraît-il, aux pagodes royales. Dans la région, du reste, toutes les pagodes se ressemblent. Toujours entourées d'arbres, notamment de superbes banians qui, disent les indigènes, sont les arbres de Bouddha, et de flamboyants aux larges fleurs écarlates, toutes sont de même forme, ornées des mêmes sculptures représentant des animaux fantastiques, et remplies des mêmes attributs. A l'entrée, deux énormes statues en stuc laqué et doré représentant, dit mon interprète, le génie du bien et le génie du mal; à leur pied des chevaux et des éléphants de carton; sur les côtés, plusieurs gradins, garnis des mêmes grossières statues rappelant les diverses incarnations de Bouddha; au fond, dans le sanctuaire, abrité par un store soulevé seulement à l'occasion de quelques rares cérémonies, un autre Bouddha entouré de vases remplis de fleurs, de baguettes d'encens ou parfois encore des aliments, riz, porc, poissons etc., que les indigènes entendent offrir à la divinité. Tout autour, des tambours, des gongs, des cloches plates qui parfois sont réveillées dans un véritable charivari, puis encore des planches laquées remplies de sentences morales ou philosophiques, des lances, des sabres de bois, divers insignes et trophées de justice, et des animaux qui sont, paraît-il, de temps à autre, portés en procession par certains affidés alors revêtus de superbes ornements de soie brodée, qui rappellent les chasubles de nos prêtres catholiques. Presque toujours la toiture, supportée par de superbes colonnes de bois dur, bois de teck généralement, est surmontée d'une faiture d'animaux fantastiques, dragons et serpents ailés, mêlés dans un enroulement symbolique, et les griffes acérées comme prêtes pour le combat.

Pour la grande majorité, le culte des ancêtres est la seule pratique raisonnée; et la plupart des pagodes sont consacrées non pas à Bouddha, mais bien à des parents dont on veut honorer la mémoire, dont on sollicite la bienveillante intervention, ou dont on redoute la malfaisante action. Aussi, dans toutes les habitations, il y a un autel consacré aux ancêtres. Et les pagodes, même les plus riches, sont loin d'avoir une affectation religieuse exclusive. Elles sont fréquemment utilisées pour les usages les plus divers, logement des étrangers, réunion des notables, salles de jeux ou de délibérations, etc., etc. Et c'est ainsi que s'explique leur profusion, alors que, cependant, il n'y a pas de pratiques habituelles du culte.

Qu'est-ce donc, en réalité, que le bouddhisme? Je n'ai pas, jusqu'à ce jour, obtenu satisfaction à ma curiosité. Et c'est tout au plus si, questionnant partout où l'occasion m'a paru propice, j'ai pu réaliser les très incomplets renseignements suivants :

Bouddha (le sage) est le surnom de Çakia Mouni, né, dit la compulsion des textes, mille vingt-neuf ans avant Jésus-Christ, de la vierge Maya qui l'enfanta par le côté droit du ventre. J'ai cru comprendre, aussi, que Bouddha fut un moraliste sévère, et qu'il avait admis l'immortalité de l'âme et son incessante perfectibilité, dans la transmigration des corps, jusqu'à l'anéantissement complet, qui est l'idéale perfection. Ainsi s'explique le culte des ancêtres qui, s'il n'est pas la religion même, en est du moins la seule pratique habituelle. Perpétuer la mémoire de celui qui n'est plus, à cet effet lui dédier une pagode et l'entretenir avec soin, tout est là; la prière elle-même, si elle n'est pas inconnue, est au moins complètement négligée.

20 *avril*. — De Dong-Cau à Sontay, la route est bonne et traverse un pays couvert de superbes rizières ou cultures

diverses. A hauteur de Nha, nos éclaireurs signalent une bande de pirates qui, vers Tam-Son, s'efforcerait de gagner la route des montagnes. Une compagnie du 23ᵉ et les tirailleurs tonkinois sont envoyés en reconnaissance, fouillent quelques villages avoisinants, échangent quelques coups de fusil, et reviennent sans autre incident.

La chaleur est accablante; et la colonne n'arrive à Sontay que vers trois heures de l'après-midi. Pour comble, notre aide-major d'avant-garde, M. L... a négligé de visiter les cantonnements; il conduit l'ambulance vers un misérable hangar, rempli d'ordures. Soit effet de la chaleur, soit effet de la fatigue, chacun est de mauvaise humeur. Notre directeur lui-même, toujours si pondéré, devient nerveux et j'ai quelque peine, en allant moi-même m'entendre avec le commandant de la place, à rétablir la parfaite harmonie qui, jusqu'à ce jour, n'a pas cessé de régner entre nous. Il m'est, du reste, facile de trouver meilleure installation, dont chacun se déclare satisfait.

21 *avril.* — De Sontay au cantonnement de Phong, l'étape est pénible et l'arrivée retardée de plusieurs heures par le passage du Day, que le lieutenant-colonel a jugé nécessaire de faire traverser en sampans, sans vouloir profiter du gué, actuellement, surtout en raison des basses eaux, si facilement praticable, qu'avait indiqué le général de Négrier. Mais il eût fallu donner l'exemple; les admonestations du général, lors du premier passage, sont toutes fraîches encore, et notre colonel, disent les hommes, pendant que la colonne utilise les rares sampans mis à sa disposition, peut sans souci faire une sieste de plus de quatre heures. C'est ainsi que nous arrivons à Phong à cinq heures du soir seulement. Heureusement l'ambulance y reprend son ancien cantonnement de la grande pagode. Et le bonze, ou mieux sans doute le propriétaire du temple, nous en fait volontiers les honneurs. Il n'hésite même pas, alléché sans doute par quelques piastres, à nous offrir certains objets du culte, gongs et planches incrustées, voire même des ceintures de soie superbement brodées et quelques

vêtements de luxe. Et le bonhomme fait ainsi, m'a-t-il paru, de très bonnes affaires.

22 avril. — De Phong à Hanoï, une route que nous avons parcourue déjà, remarquant au passage les lignes de défense enlevées le 15 août par le général Bouet, le fortin de Phu-Hoai, le pont de Papier et la pagode Balny, de si glorieuse et si triste mémoire.

A Hanoï, où nous arrivons vers trois heures de l'après-midi, l'ambulance reprend son ancien cantonnement dans la demi-lune de la porte nord de la citadelle.

La guerre est finie, dit-on, et le retour en France très prochain. C'est le bruit qui court et dont notre chef, après visite à l'état-major, se fait l'interprète. Est-ce exact, je ne le crois pas. Et plusieurs, ainsi que moi, estiment que c'est complète illusion.

27 avril. — Cependant, il semble que toutes dispositions se prennent en vue d'un très prochain rapatriement. C'est ainsi que je suis invité à reprendre mon service au régiment, d'où je n'avais été détaché, paraît-il, que temporairement, et seulement pour le temps des opérations actives.

« J'ai l'honneur de vous informer, m'écrit mon chef, que les ambulances de brigade étant disloquées par ordre de M. le général commandant le corps expéditionnaire, vous êtes invité à rejoindre votre ancien poste au bataillon du 23ᵉ de ligne. Il est bien entendu que vous demeurez le chef de service du régiment, composé des bataillons des 23ᵉ, 111ᵉ et 143ᵉ. »

Mes observations à ce sujet demeurent inutiles. « On donnera des instructions au lieutenant-colonel, afin de faire obtenir au docteur une situation en rapport avec son grade; et, s'il y a lieu, des observations seront à ce sujet adressées au ministre. Mais, quand la réponse viendra, nous serons en route pour la France. » Telle est la réponse du colonel Guerrier, chargé, paraît-il, de me dire également que le général en chef a pu apprécier mes services à l'ambulance, et qu'il m'a proposé pour le grade de médecin principal.

29 avril. — « Nous occupons le delta : la situation politique et financière de la France, non plus que l'état de la température, ne permettent pas d'aller au delà. » Voilà ce qui se dit. Le général en chef vient de partir, cependant, mais accompagné de deux compagnies seulement, pour occuper Thaï-Nguyen, sur le Song-Cau. Quant à Lang-Son et à Lao-Kaï, qui sont les deux places frontières du Tonkin, il n'en est plus question. Il faut, paraît-il, en attendre la cession des traités à intervenir. Alors la marine et les troupes coloniales suffiront.

Ce n'est pas l'avis du général de Négrier, qui déplore l'erreur, et l'attribue tout spécialement à l'action de l'état-major. « Il se trompe, dit-il, et nous aurons sûrement à en souffrir. Soyons prêts quand même. »

6 mai. — De fait, on annonce que les bandes de Lu-Vinh-Phuoc réapparaissent aussi nombreuses que par le passé, qu'elles pillent plus que jamais le pays, et qu'il est actuellement impossible à nos soldats de s'écarter à quelques kilomètres seulement de Sontay ou de Hong-Hoa. Chaque nuit, disent des témoins dignes de foi, des villages sont pillés et incendiés, les Pavillons noirs emmènent femmes, enfants et bestiaux, massacrant impitoyablement tout ce qui leur oppose quelque résistance. Et nous sommes impuissants, tant en raison de l'excessive mobilité de ces bandes de pillards, qu'à cause de la température et de l'insuffisance de nos effectifs de garnison. Pour comble, bon nombre de nos soldats de la légion étrangère désertent avec armes et bagages, cherchant, paraît-il, soit à rejoindre Lu-Vinh-Phuoc qui, probablement, les fera fusiller, soit à se livrer eux-mêmes au pillage, et à s'imposer dans le pays. Trente-deux, dit la rumeur, ont déserté depuis quelques jours. Il a fallu déjà en fusiller plusieurs. Ce matin même, voici que d'autres, condamnés pour refus d'obéissance, viennent entendre la lecture de leurs jugements en présence de détachements de tous les corps de la garnison. Et l'état sanitaire à Hong-Hoa est actuellement déplorable.

8 *mai*. — Après les nominations, si généralement appréciées, des généraux Brière de l'Isle et de Négrier à la dignité de grands officiers de la Légion d'honneur (23 avril 1884), voici que de nouvelles promotions viennent heureusement consacrer les services rendus jusqu'à ce jour. C'est ainsi que sont nommés au grade d'officier de la Légion d'honneur le médecin principal Driout et le commandant Godart, du 23e de ligne; dans le grade de chevalier Mgr Puginier; le lieutenant Guibal, officier d'ordonnance du général de Négrier; le capitaine Maillat, du 111e, le lieutenant Thiébault, du 143e; le commandant de Mibielle, du troisième bataillon de tirailleurs algériens, et le capitaine Negrisse du premier, le capitaine Bolgerte et le médecin-major Lucotte de la légion étrangère; le lieutenant de vaisseau Bourgon du Lac... etc. D'autre part, de nombreuses médailles sont annoncées en faveur des sous-officiers et soldats.

Ce soir, pendant que j'adresse mes félicitations aux élus, un formidable orage éclate sur la ville, enlevant les toitures des cagnas, brisant de superbes arbres, arrachant nos poteaux télégraphiques. La grêle, si rare au Tonkin que Mgr Puginier me dit l'avoir observée trois ou quatre fois seulement depuis vingt-sept ans qu'il y réside, et la foudre font rage, suivies bientôt d'une véritable trombe d'eau. De courte durée, heureusement, à peine une heure, et prélude du changement de saison, de cette mousson du sud-ouest qui annonce l'été, ses orages et ses chaleurs énervantes. De fait, ajoute Mgr Puginier, il n'y a, au Tonkin, que deux saisons, celle d'hiver et celle d'été; l'hiver, la saison du crachin, de la chaleur sans soleil, à peine tempérée par quelques fraîches journées et surtout par des écarts de température parfois pénibles, sinon dangereux. L'été, qui commence avec le mois de mai, le plus mauvais de l'année en raison de l'action des rayons d'un soleil torride, et qui se prolonge, avec les vents d'ouest, jusque vers le mois de novembre. C'est l'époque des typhons et des cyclones, qui, parfois, comme tout récemment, en 1882, ont bouleversé le Tonkin dans toute son étendue, semé la désolation et fait, dit-on, plus de quarante mille victimes. » Puis il me raconte que les indigènes savent, en pareil cas, efficacement protéger leurs habitations. « Ils enferment leurs cagnas, me dit-il, entre de forts bambous qui s'entre-croisent, maintenus, par une simple cheville, au-dessus de la toiture, et qui sont solidement fixés en terre à l'aide de pieux les traversant au-dessus d'un nœud. Quelle que soit la violence de la tourmente, les bambous ainsi fixés résistent et maintiennent la cagna. »

C'est aussi et surtout l'époque des maladies. Et déjà notre état sanitaire s'en ressent visiblement. A Hanoï notamment, l'hôpital est absolument encombré de fièvres et de dysenteries parfois fort graves; et les infirmeries régimentaires regorgent de malades qui devraient être hospitalisés.

Par ordre du 1er mai, le général en chef a décidé, en effet, qu'en raison de l'insuffisance des hôpitaux, les corps devront garder, dans les infirmeries, tous les malades qui pourront y être traités; et qu'un aide-major devra se tenir en permanence à la citadelle pour porter secours immédiat aux hommes qui tomberaient malades. Mais ces utiles mesures sont à peu près inapplicables, non seulement en raison de l'insuffisance du personnel médical, qui même fait complètement défaut dans quelques régiments (notamment aux tirailleurs tonkinois), que surtout parce qu'il a paru, jusqu'à ce jour, impossible d'améliorer le régime des malades en traitement dans les infirmeries.

C'est ainsi que malgré mes instances, malgré les demandes du général de Négrier, toutes les mesures d'amélioration qui ont été proposées, toutes modifications dans le régime alimentaire habituel des hommes de troupes, alors même qu'ils sont en traitement à l'infirmerie, ont été systématiquement écartées, par ordre, dit-on, de l'état-major, déclarant qu'elles entraineraient de graves complications dans l'administration des compagnies ! Quelle dérision : l'ambulance possède des vivres de réserve qui seraient fort utiles et qui, du reste, devraient être périodiquement renouvelés. Mais les céder aux infirmeries régimentaires ! Cela est impossible ; les règlements n'ayant prévu aucun mode de cession, sans grave complication dans la comptabilité des services administratifs! Il faudrait, non pas se contenter des infirmeries régimentaires, mais bien, en raison de l'insuffisance constatée des hôpitaux, créer de nombreux refuges, et en assurer le fonctionnement régulier. Les ressources existent, mais le ministre a prescrit que les ambulances doivent être réservées pour le service des colonnes en expéditions, et que seuls les médecins de la marine ont mission de l'assurer dans les hôpitaux fixes. Les infirmeries doivent fonctionner comme en France en temps de paix. A la vérité, cependant, en raison de l'encombrement des hôpitaux, elles sont obligées de conserver des malades même gravement atteints. Mais le règlement ne l'a pas prévu. Impossible de modifier même l'habituel régime alimentaire; la diète ou l'ordinaire, il n'y a pas à sortir de là. Il y a un médecin, cela doit suffire; le principe est sauf. Ses prescriptions sont, en tant qu'exécution, d'ordre secondaire. Et d'ailleurs, il n'y a pas à s'en préoccuper autrement, puisque le rapatriement est prochain.

Sans doute, cependant, on s'efforce de réaliser les mesures d'hygiène reconnues indispensables : tous les puits sont curés et ne sont livrés à l'usage qu'après analyse de l'eau; de nouveaux sondages sont activement poussés pour assurer un large approvisionnement; une nouvelle assiette du casernement est arrêtée afin d'éviter l'encombrement; on prévoit même l'organisation d'un second hôpital ou plus exactement l'abandon de l'hôpital absolument insuffisant de la concession; la viande de distribution est, chaque jour, examinée par un vétérinaire; des nattes sont délivrées pour le couchage; des tinettes mobiles sont installées à proximité des baraquements et régulièrement vidangées chaque jour, en conformité de l'article 233 du décret du 28 décembre 1883, par les soins du génie; des racloirs et des bailles remplies de lait de chaux sont préparés pour la désinfection quotidienne, les ordures sont rigoureusement enlevées; une seule mare (dite des éléphants) est réservée pour le lavage du linge, toutes les autres demeurant absolument interdites à cet usage; enfin les hommes sont conduits au bain froid trois fois par semaine, sur un emplacement du fleuve Rouge rigoureusement désigné, et la durée du bain, après un repos suffisant sur place, ne doit pas dépasser 15 minutes, les hommes y étant conduits dès le réveil et ne devant prendre le café qu'à la rentrée... etc., etc. Toutes mesures incontestablement fort utiles au titre préventif, mais insuffisantes eu égard au nombre actuel des malades, qui, pour la plupart, sont atteints de diarrhées dysentériques. On se le demande, pourquoi cette interdiction, d'utiliser les conserves alimentaires, notamment le lait concentré, dont disposent les ambulances? Cela n'est pas réglementaire dans les infirmeries. Eh, qu'importe! et l'essentiel n'est-il pas d'assurer d'abord à des soldats qui ont combattu, qui combattent journellement encore, loin de la mère patrie, tous les soins qui leur sont nécessaires, et auxquels ils ont conquis tous les droits? Il n'y a pas à toucher au matériel des ambulances, soit. Assurément, cependant, les appareils à glace dont elles disposent seraient plus utiles dans nos infirmeries régimentaires qu'au quartier général, pour lequel elles paraissent exclusivement réservées (décision du 10 mai).

12 mai. — La situation devient véritablement difficile. Les petites coteries de la société d'admiration mutuelle sont, disent les grincheux, les seuls bons arguments. De fait, quelques citations à l'ordre, à propos de l'affaire de Hong-Hoa, provoquent l'hilarité. Cela sent le vaudeville, et nombreux sont les vétérans qui déplorent ouvertement de voir amoindrir ainsi le prestige de la distinction la plus honorable qui soit dans l'armée. Sans aucun doute, cependant, certaines de ces citations sont méritées, celles notamment des commandants Berger et de Douvres, des capitaines Laperrine et de Saxé, de quelques braves soldats. Mais, à tort ou à raison, certaines autres sont sévèrement appréciées. « Elles récompensent des fumistes, dit-on, et méconnaissent les plus méritants. »

Aussi bien, l'état atmosphérique impressionne manifestement, même les plus flegmatiques. Les orages se succèdent sans interruption; la chaleur est accablante; le corps, constamment en sueur, se couvre de bourbouilles et de furoncles qui sont autant de pénibles exutoires; la respiration devient paresseuse et le pouls de plus en plus fréquent, bien qu'il n'y ait pas élévation appréciable de la température du corps; l'appétit s'en va, et les digestions ont besoin de l'excitation factice des piments, notamment du cary, pour activer l'indispensable sécrétion des sucs gastriques; l'anémie fait de rapides progrès, l'innervation, temporairement surexcitée dans l'effort, s'épuise, et les énergies font place à un affaissement physique d'autant plus pénible qu'il n'est pas le repos.

A côté de moi, l'incessant beuglement de la grenouille-bœuf, la *Rana occellata* de Linné, me remet en mémoire notre bon Lafontaine. « La pécore, dit-il, s'enfla si bien qu'elle creva, » ce dont elle ne paraît, du reste, aucunement se soucier. Puis, voici l'insupportable vacarme du jecko, qu'il faut savoir subir cependant, paraît-il, malgré son repoussant aspect de lézard à peau grise couverte de pustules, parce qu'il dévore les insectes, notamment les moustiques, dont le bourdonnement continu nous agace plus encore peut-être que la piqûre. Puis ce sont les crapauds et surtout les rats qui, dans nos misérables cagnas, pullulent plus agités, plus audacieux que jamais, cherchant le grain et dévorant tout, jusqu'à nos effets, nos chaussures mêmes, qu'il faut suspendre, pour les garantir, à un fil de fer passé dans une bouteille cassée.

Cette nuit même, pendant que je somnolais péniblement sous une moustiquaire impuissante à me garantir, voici qu'un énorme rat arrive jusque sur mon lit, et me réveille après un horrible cauchemar. L'instinct de la conservation domine tout. Machinalement, inconscient de mon acte, ma main violemment serrée sur le visqueux animal s'efforce de le rejeter au loin. Comment n'ai-je pas été cruellement mordu, je ne me l'explique pas. Ce que je sais bien, c'est que la sensation fut atroce et que, si impérieux que fût le besoin de dormir, il me fut dès lors impossible de fermer l'œil. Assurément mon boy eût été moins impressionné, car, dès le matin, il riait de mon aventure, et, se mettant en chasse, ne tardait pas à me débarrasser de dix-sept d'entre eux, paraissant vivre en bonne intelligence, sous la paille de ma toiture, à côté d'un superbe chat sauvage. Aussi bien, le rat est très estimé des Tonkinois, et mon boy, fier de sa chasse, me déclare qu'il va s'en régaler lui et ses camarades. Le rat n'en n'est pas moins le fléau du pays, dont il dévore le riz et toutes les récoltes.

Ce soir, l'atmosphère ambiante est véritablement chargée d'insectes volants; il y a une véritable pluie de cirons, de fourmis ailées qui s'abattent partout. Ces fourmis, énormes au corselet, font de fort pénibles piqûres, et présagent, dit-on, la très prochaine apparition d'un ouragan. On le présagerait à moins, tellement est manifeste l'énervement général.

14 mai. — Une déclaration officielle nous informe que la Chine s'est inclinée. « Le général en chef, dit l'ordre du jour, est heureux de faire connaître aux troupes du corps expéditionnaire, que le 11 mai, à Tien-Sin, il a été conclu, entre la France et la Chine, un traité qui est la sanction et le couronnement du succès. La Chine s'engage à respecter les traités faits ou à faire avec l'Annam, à faire évacuer, par ses troupes, tout le Tonkin, y compris Lao-Kaï et Lang-Son, à admettre le trafic sur toute la frontière limitrophe du Tonkin, dans des conditions libérales qui seront réglées par un traité. »

Le traité a été signé, paraît-il, par le capitaine de vaisseau Fournier, commandant le *Volta*, et par le vice-roi du Petchili, au nom de l'Impératrice régente. Malgré les efforts occultes de certaines puissances étrangères, il consacre tous nos droits au protectorat du Tonkin, éloigne les troupes chinoises de la frontière et assure, au commerce, la libre navigation du fleuve Rouge et de tous ses affluents. De son côté, la France renonce à toute indemnité de guerre, et s'engage à protéger la Chine contre toute invasion ultérieure par le Tonkin. Le traité, sans doute, sera ratifié par la cour de Hué. Nous aurons cependant, et malgré la promesse d'une évacuation rapide, probablement à lutter longtemps encore contre les bandes de pirates, Pavillons noirs et autres, qui infestent le pays, rançonnent, pillent ou brûlent les villages, enlèvent les femmes et les enfants et s'enfuient, se dispersant et se mettant à l'abri, pour recommencer un peu plus loin, dès qu'ils ont la certitude de n'être point inquiétés par nous. Et d'ailleurs, il faut tenir grand compte de la duplicité chinoise; nul doute, en effet, que ces prétendus pirates sont des mercenaires clandestinement entretenus par elle. De l'avis du grand nombre, la lutte n'est pas terminée, la pacification du pays nécessitera de nouveaux efforts et un long temps encore. Il n'est cependant question que de notre prochain rapatriement. N'est-ce pas complète illusion?

15 *mai*. — La rumeur persistante d'un prochain retour en France est manifeste satisfaction. Chacun se précipite aux acquisitions des curiosités du pays. Les vieux bronzes qui furent, paraît-il, autrefois de véritables objets d'art, très répandus dans le pays; les cuivres brûle-parfums et cassolettes ornées des fantastiques dragons habituels; les éventails en plumes de paon montés sur bambou et fixés à un long manche à l'aide desquels les boys procurent quelque fraîcheur aux mandarins et puissants du jour; les incrustations de nacre sur bois de trac qui, malgré l'invariabilité des dessins, dénotent autant de patience que parfois de réelle aptitude artistique; les cloches plates; les gongs; les féroces bouddhas aux longues oreilles; les faïenceries communes et les porcelaines importées de Chine; les riches broderies de soie et les applications, parfois en superbes reliefs, sur divers tissus; quelques bijoux massifs simplement martelés au feu; les griffes de tigre entourés d'un cercle d'argent et portées comme amulettes; les massifs colliers sous forme de serpent se mordant la queue dont les jeunes riches s'entourent généralement le cou; puis encore les images, très primitives, peintes sur papier ou sur calicot, qui représentent les hauts faits du corps expéditionnaire, notamment la marche sur Bac-Ninh, avec le général de Négrier montant un petit cheval indigène, se précipitant à l'assaut du mirador dont il enlève l'immense étendard, qu'il remplace par le drapeau national, etc., etc... Tout cela s'enlève; chacun veut empor-

ter quelque souvenir; et les Tonkinois écoulent ainsi, à des prix très rémunérateurs, une pacotille à peine ébauchée.

Seuls nos missionnaires et quelques anciens demeurent fort perplexes, ils font ressortir les dangers des mesures précipitées. « *Si vis pacem*, répètent-ils, *para bellum* ». Le général en chef ne paraît pas s'en soucier, et voici qu'il a renvoyé déjà, en Cochinchine, le régiment de tirailleurs annamites. A l'état-major, il n'est plus question que de l'organisation des directions civiles et politiques. On assure le recrutement, parmi les hommes instruits, des rédacteurs, employés de bureau, etc., auxquels on promet des appointements de 4 à 5,000 francs; le service des douanes est réorganisé avec des soldats libérables qui consentent à demeurer au Tonkin. Et de même des officiers volontaires, dont les droits et prérogatives sont fixés par le général en chef, ont mission de former et d'instruire les régiments tonkinois appelés à nous remplacer.

16 mai. — Hélas! Quelles amères tristesses sont réservées, souvent, à qui s'en va, loin de la patrie, loin de la famille, là où l'appelle une mission à remplir, quelque ambition à satisfaire ou parfois même le seul besoin de l'activité dans le nouveau! Mon père est mort! Un honnête homme, dont la vie tout entière a été de dévouement et de charitable abnégation, qui, dédaigneux des honneurs achetés par des faiblesses, autant que de l'ingratitude humaine, n'a eu, dans sa lutte constante pour le bien, d'autre soutien que son absolue confiance en Dieu, d'autre satisfaction que l'amour de sa femme et la respectueuse affection de ses enfants, ce noble serviteur de Dieu et des pauvres s'en est allé vers l'au-delà!

Et c'est au moment où chacun prépare le retour, alors que je pouvais espérer le retrouver encore, que m'arrive la fatale dépêche.

Ah! mon père! Souvent tu nous l'as répété, la mort n'est rien qu'une temporaire séparation. Et c'est bien, dans cette rationnelle conception de l'au-delà, qu'est la seule possible **consolation!**

CHAPITRE III

Une descendante des Lé. — Les origines du protectorat français au Tonkin. — Action climatérique. — Visite aux pagodes à Hanoï. — Des funérailles; bouddhisme, brahmanisme et christianisme. — L'immortalité de l'âme et les esprits. — Colonne de Lang-Son. — La pagode des Dames et le petit pied. — M. Patenôtre et le traité de paix. — Le rapatriement officiellement annoncé. — Le lieutenant-colonel Dugenne et l'affaire de Bac-Lé. — Les blessés à l'hôpital de la citadelle. — Le docteur Claude; épuisement physique. — A Haï-Phong et Quang-Yem. — La mission espagnole. — Le général Brière de l'Isle et le chef d'état-major. — L'amiral Courbet à Fou-Tchéou. — Une fête tonkinoise.

20 mai. — Dans un coin des plus retirés de la citadelle, entre la grande tour du mirador central, devenu poste de télégraphie optique, et la porte sud-ouest, entouré d'étangs qu'une digue de séparation permet seule de franchir, se trouve un nid de verdure qui impose le recueillement. C'est là, dans une masure faite de torchis et recouverte de feuilles de palmier, à côté d'une antique pagode où ses ancêtres ont dormi le dernier sommeil, que demeure la vieille descendante de l'illustre famille des Lé, qui pendant des siècles a gouverné le Tonkin et maintenu l'Annam.

La majesté des arbres, de superbes banians étroitement unis en dôme tant par leurs branches que par leurs racines aériennes, y symbolise la puissance de résistance. Des tombes, dont une vieille femme est la gardienne oubliée, y consacrent le passé dans un présent sans avenir.

Grandeur et décadence! Dans l'expression du visage, sous la finesse des traits, sous la blanche chevelure de l'octogénaire, sous le large front bombé, sous la fugitive étincelle de deux grands yeux noirs, on retrouve les signes habituels des nobles races. Et cependant, la misère et les chagrins, autant que l'âge sans doute, ont étouffé le sentiment de la dignité. Pour entretenir le culte des ancêtres, la descendante des Lé se trouve dans l'obligation de tendre la main.

J'étais seul, en promenade, lorsqu'arrivant à l'extrémité d'une digue, devant une épaisse clôture de bambous et de cactus, j'eus le désir de pénétrer. Un boy était là, partageant avec la grande aïeule son modeste réduit. Il me fit entrer. Et de suite, elle vint à moi, péniblement inclinée dans l'attitude habituelle aux indigènes en présence d'un officier. Puis, abîmée dans un sanglot, elle vint s'agenouiller devant des tombes.

Voici, me fit-elle comprendre, le Deng-Hong, la sépulture des rois. Les pierres ont été brisées, les tombes violées et les ossements misérablement jetés à l'eau. Et j'ai vu, j'ai subi l'outrage. Mais les Français sont enfin venus; ils sont bons et justes; ils ont fait de mon sanctuaire un asile inviolable, et c'est par eux que je vis. Puis, me montrant, avec un ordre de garantie signé du général Millot, quelques pains de munition que lui procure, paraît-il, la charité des officiers, elle me tendit la main.

Et, toute satisfaite de ma modeste offrande, elle me reconduisit jusqu'à la porte de son enclos, ne me laissant partir qu'après d'inutiles efforts pour échapper à la tristesse de ses humiliantes prosternations.

La descendante des Lé! On voudrait en douter devant si misérable déchéance. Se peut-il, en vérité, que cette humble vieille femme, implorant la charité, ait encore dans les veines quelques gouttes de sang du fier Lé-Loï; de ce Lé-Loï, le chef de famille, qui sut, il y a plus de cinq cents ans, en 1414, arracher le Tonkin à la féroce exploitation de la Chine, et s'en faire acclamer le roi! Il avait alors, dit l'histoire, une armée de cent cinquante mille soldats, avec dix mille cavaliers, trois cents éléphants de guerre et une puissante flottille.

Et, la sagesse de son gouvernement ayant consacré ses victoires, il put transmettre à ses héritiers un pouvoir respecté de tous. Mais, après des siècles d'une autorité incontestée, ses successeurs, ayant méconnu les obligations du pouvoir, durent subir plusieurs insurrections, dont ils ne se rendirent maîtres qu'avec l'assistance d'un courageux aventurier du nom de Trinq. Ils devinrent alors les rois fainéants; l'aventurier fut le maire du palais, et ses successeurs furent bientôt les maîtres. L'un d'eux, laissant à l'héritier légitime du trône le titre purement honorifique d'empereur, se fit attribuer, sous le titre de chua, le droit de dicter la loi, de fixer les impôts, de faire la guerre ou la paix, de créer ou de déposer tous officiers ou fonctionnaires. Puis un autre, Nguyen Hoang, se déclarant indépendant, prit le titre de roi, vint s'installer à Hué, et y fonda la dynastie des Nguyen, actuellement encore au pouvoir.

Vainement les Lé s'efforcèrent de secouer le joug. L'intervention indirecte de la France leur devint fatale.

Nguyen-Anh, en effet, tout en combattant les partisans tonkinois des Lé, se trouva, lui-même (vers 1780) dans l'obligation de réduire une insurrection du peuple annamite. Obligé d'abord de se tenir caché au fond de la Cochinchine, il y fit la connaissance d'un missionnaire français, Mgr Pigneau de Behaine, dont il devint l'ami. Sur ses conseils, il lui confia la mission d'obtenir l'appui de la France, promettant en échange la cession de la baie de Tourane, les îles Poulo-Condore et la libre pratique du culte catholique dans tous ses états. Le traité fut signé en 1787, et le roi Louis XVI en préparait l'exécution quand il en fut empêché par la Révolution. Cependant, plusieurs officiers, parmi lesquels le colonel du génie Ollivier, étaient partis déjà. De suite, ils réorganisèrent l'armée de Nguyen-Anh, en prirent le commandement effectif, et lui permirent bientôt ainsi, non pas seulement de reconquérir le pouvoir en Annam, mais encore de battre les Tonkinois, d'écarter les Lé, et de devenir dorénavant le seul maître du pays.

Dès lors, et sous le nom de Gia-Long, il fut le légitime empereur de l'Annam et du Tonkin. Et jusqu'à sa mort, survenue en 1820, il sut très sagement gouverner. Mais ses successeurs, méconnaissant les sages conseils de la prudence, et oublieux des engagements antérieurs, crurent pouvoir impunément les violer. Ils ne tardèrent pas à recommencer les persécutions contre les catholiques, tant indigènes qu'étrangers. L'un d'eux, l'empereur Tu-Duc, fit impitoyablement décapiter plusieurs missionnaires français et espagnols. Et ce fut l'origine d'une première indispensable action.

Le 1er septembre 1858, un modeste contingent de Français et d'Espagnols, sous les ordres de l'amiral Rigaud de Genouilly, vint, de vive force, débarquer à Tourane. Il se préparait à marcher sur Hué lorsqu'il fut décimé par le choléra, puis obligé de se réfugier à Saïgon, où il fut bientôt complètement bloqué.

La famille des Lé n'était pas alors complètement éteinte, et bien des Tonkinois lui demeuraient fidèles. L'un d'eux, Lé-Phung, devenu fervent catholique, crut pouvoir profiter de notre embarras pour nous proposer une alliance. Il ne fut, malheureusement, pas entendu. Et, peu de temps après, étant odieusement trahi, il fut livré à Tu-Duc, qui le fit cruellement torturer avant de le mettre à mort.

L'empereur, attaqué en avant de Saïgon par nos soldats revenant de Chine, n'en fut pas moins, après les terribles assauts et la prise du camp retranché de Ki-Hoa, les 24 et 25 février 1861, obligé de solliciter la paix. Pour l'obtenir, il dut consentir à l'amiral Charner la cession d'une partie de la Cochinchine, l'ouverture au commerce du port de Tourane, une indemnité de vingt millions à partager avec l'Espagne, et l'engagement de respecter dorénavant, dans tout son empire, la libre pratique du culte catholique.

Seulement alors il put, sans obstacle, concentrer ses efforts au Tonkin, et, dans d'effroyables massacres, anéantir les derniers partisans des Lé.

Les Tonkinois, néanmoins, ne furent soumis qu'en apparence. Et quand, en 1867, l'amiral de la Grandière, ayant à se plaindre de nouveaux agissements occultes et de l'inutilité de ses représentations à la cour de Hué, fut dans l'obligation d'une nouvelle répression, il savait pouvoir compter sur leur assistance, certain qu'ils désiraient, avant tout, échapper au joug annamite, et qu'ils étaient tout diposés à nous accueillir en libérateur.

Mais alors, survint la guerre de 1870. Et les Annamites, tranquillisés par nos désastres, devinrent plus arrogants que jamais. Nous étions temporairement impuissants. Malgré la concluante étude du Tonkin par le lieutenant de vaisseau Senez, malgré l'heureuse exploration du fleuve Rouge par l'ardent patriote Dupuis, il fallut ajourner toute intervention.

Dupuis fut abandonné. Il ne se découragea pas, cependant. Et quand, en 1872, il revint à Paris, quand en 1873 l'amiral Dupré (convaincu que non seulement il avait su se faire accréditer par les mandarins du Yunnam, tenir tête aux mandarins annamites, se faire l'ami des Tonkinois, mais encore repousser les offres et les subsides de la colonie anglaise de Hong-Kong) eut rendu compte au gouvernement, il obtint enfin, non pas encore un appui, mais du moins la promesse qu'une enquête serait confiée au commandant de vaisseau Francis Garnier, avec mission de s'établir solidement en un point du Tonkin susceptible de devenir une base d'opérations.

Ce fut le commencement, tel que j'ai pu l'apprendre dans une rapide conversation avec le père Landais, des missions françaises. On sait comment l'héroïque Garnier, ne pouvant obtenir l'exécution des traités antérieurs, se rendit maître de Hanoï et d'une grande partie du delta. On sait comment il se fit tuer au pont de Papier, le 21 décembre 1873, par les Pavillons noirs, à la solde des mandarins annamites; comment sa petite troupe, grâce aux instances de Dupuis et de Mgr Puginier, évêque français de la mission catholique, résolut de conserver la citadelle; comment, malgré les promesses d'un avantageux traité et l'attachement des Tonkinois, elle fut mise, par notre gouvernement, dans l'obligation d'évacuer le pays. On sait ce que furent les apparentes concessions faites au lieutenant Philastre, malencontreusement chargé de la direction de nos affaires politiques au Tonkin; comment les mandarins annamites, convaincus de notre incurable inertie, crurent pouvoir, impunément alors, non pas seulement se soustraire à l'exécution du nouveau traité, mais encore se venger de l'attachement des Tonkinois, en massacrant plus de trente mille des suspects ; comment sur les instances de notre gouverneur de Cochinchine, M. Le Myre de Vilers, le gouvernement, convaincu du danger, consentit enfin une nouvelle hésitante action. Comment le commandant Rivière dut recommencer la campagne de Garnier, s'emparer à nouveau de Hanoï, et de même que lui, près de neuf ans après, se faire tuer au même endroit et par les mêmes Pavillons noirs de Lu-Vinh-Phuoc, toujours à la même solde de l'Annam ; comment enfin sa mort décida l'action, toujours hésitante, mais du moins continue, confiée d'abord au général Bouët et au docteur Harmand, puis à l'amiral Courbet et enfin, en 1884, après la glorieuse affaire de Sontay, au général Millot.

Le nouveau corps expéditionnaire a repris aujourd'hui les citadelles dont quelques officiers français ont, il y a près d'un siècle, couvert le Tonkin pour assurer le pouvoir d'un usurpateur, devenu temporairement un allié. L'avenir ne paraît plus douteux. La France, quoi qu'il advienne, est dorénavant maîtresse de l'Annam et du Tonkin. La famille royale des Lé paraît éteinte. La famille des Nguyen, encore actuellement au pouvoir, sera bientôt, si elle ne l'est déjà, réduite à l'impuissance. Les dynasties s'éteignent, la force et la modération font les soumissions, et les empires se renouvellent. Tel est le sort habituel aux nations longtemps maintenues en servitude. Tel il sera pour l'Annam et le Tonkin, que la France est dorénavant appelée à gouverner et à régénérer.

22 mai. — Voici qu'un bataillon d'infanterie de marine vient de recevoir l'ordre de se tenir prêt à embarquer pour Madagascar, où, paraît-il, surgissent des difficultés qui vont nous obliger à la lutte.

D'autre part, le général en chef se porte, lui-même, devant Tuyen-Quan, encore occupé, paraît-il, par trois ou quatre cents Pavillons noirs, sous les ordres d'un lieutenant de Lu-Vinh-Phuoc. Simple démonstration, dit-on ; de fait le général n'emmène avec lui que deux compagnies de tirailleurs algériens et une batterie d'artillerie, remorquées par la *Trombe* et l'*Éclair*. Un bataillon de la légion étrangère, tiré d'Hong-Hoa, suffira, paraît-il, pour occuper la place, dont l'importance stratégique dans la montagne, sur la rivière Claire, est, dit-on, capitale.

23 *mai*. — Le ciel, parfois presque pur, scintille chaque nuit de superbes étoiles; mais la chaleur, nuit et jour, demeure accablante, les transpirations sont épuisantes et l'état électrique de l'atmosphère, avec des orages quotidiens réguliers entre trois et cinq heures, détermine chez plusieurs une manifeste impressionnabilité nerveuse. Chez certains, l'excitation factice des premiers jours est remplacée par un état absolu d'inertie. Chez d'autres, les plus nombreux, les caractères deviennent acariâtres; il semble que le plus futile prétexte est l'occasion de discussions parfois fort agressives. Chacun est anxieux, dans l'attente d'une décision trop rapidement pressentie. De fait, le corps expéditionnaire diminue journellement ses effectifs. Il n'est question que du prochain départ pour la France. On prend ses dispositions en conséquence. Et cependant l'évêque, Mgr Puginier, avec lequel je m'en entretenais ce matin encore, proteste énergiquement. « Ce serait, dit-il, une déplorable mesure, bien certainement considérée comme reculade, et sûrement suivie de très graves conséquences. En France, on ignore les Chinois, auxquels la force est seule capable d'imposer l'exécution d'un traité, même le mieux établi. »

Mais, disent les optimistes, nous sommes les maîtres du Delta. C'est tout ce que nous voulions. La Chine n'est pas directement en cause. Elle s'est du reste formellement engagée à retirer ses troupes. Faut-il donc une armée de dix mille hommes pour réduire quelques bandes de pillards? Quelques gendarmes doivent suffire. En vérité, il n'y a plus rien à faire ici, sinon d'y crever dans la pourriture. Allons-nous-en.

De fait, notre état sanitaire est manifestement mauvais.

Les hôpitaux sont absolument encombrés; et les infirmeries régimentaires appelées à les suppléer sont aussi insuffisantes que mal organisées. Ce soir même, il faut enregistrer le décès subit d'un homme du 111ᵉ qui, s'étant présenté pour la première fois à la visite ce matin seulement, n'a pu, faute de place, être immédiatement admis à l'hôpital. L'autopsie a démontré qu'il a succombé à une endo-péricardite infectieuse, à l'issue fatale de laquelle l'influence climatérique n'est assurément pas étrangère.

Assurément, il est indispensable d'éviter l'encombrement des hôpitaux. Le principe de traiter dans les infirmeries régimentaires répond à ce besoin. Encore faudrait-il en rendre l'application pratique. Mais l'état-major s'est prononcé; on attend, d'un jour à l'autre, l'ordre de rapatriement; cette considération suffit. Et notre direction du service de santé, partagée entre deux autorités, s'abstient. On ne peut pas se heurter au parti pris du commandement. On ne veut pas se compromettre; tel est le résultat du dualisme voulu entre les deux chefs du service de santé de la guerre et de la marine, l'un et l'autre animés des meilleures intentions, mais se disant impuissants à rien obtenir. Là où il n'y a pas de responsabilité directe, il est rare de voir s'engager la lutte pour le bien.

La plupart des malades traités dans les infirmeries régimentaires sont atteints de diarrhée et d'embarras gastrique. En outre des quelques médicaments usuels, ils ont besoin d'une alimentation spéciale. La routine administrative ne l'a pas prévu. Le régime des malades traités dans les infirmeries est réglementairement celui des hommes de troupe en casernement. Il n'y a pas à sortir de là. Et c'est tout au plus si quelque privilégié peut se procurer, avec son argent de poche, un œuf, un biscuit ou quelque boite de lait concentré. Ce n'est assurément pas le moyen d'obtenir rapide guérison.

25 mai. — J'ai ce soir la malchance de rencontrer mon collègue G..., lequel, depuis qu'il est le médecin attitré du quartier général, affecte de s'isoler de ses camarades. Dès mon arrivée au Tonkin, nos situations respectives se sont trouvées en opposition, et nos relations sont devenues difficiles. L'altercation est assez vive, aujourd'hui, pour motiver un échange de témoins ; de son côté notre compatriote commun le commandant Crétin, de l'état-major, et le lieutenant-colonel Berger, des tirailleurs ; du mien le sous-intendant de La Grandière et le lieutenant-colonel Letellier, mes amis. Je n'ai pas été le provocateur et n'ai fait que relever vivement une offense préméditée peut-être. Si pénible que soit l'obligation de se battre entre compatriotes, en présence de l'ennemi, et loin de la patrie, je ne m'y soustrairai pas. Advienne que pourra !

26 mai. — Ce matin, réunion d'inspection, chez le général de Négrier, des officiers du régiment de marche.

« Vous avez dû, me dit-il, quitter le service de l'ambulance pour reprendre au régiment la place que vous avait assignée le ministre de la guerre. Il appartient donc au lieutenant-colonel D... de vous donner des notes, et de prendre vis-à-vis de vous telle initiative qu'il estimera juste. Je l'ai, du reste, invité à vous proposer pour le grade de médecin principal. Votre service, m'a-t-il répondu, vous ayant éloigné de lui, il ignore vos titres à l'avancement. Mais, moi, je les connais, je vais prier le directeur du service de santé de vous noter lui-même, il vous a apprécié, il sait ce que vous avez fait, je ne doute donc pas de votre prochaine nomination. » M. Driout a bien, en effet, reçu du chef de l'état-major l'ordre d'établir des propositions en faveur du personnel de l'ambulance ; mais, et bien qu'ayant été pendant toute la période des opérations actives sous ses ordres immédiats, j'échappe actuellement à son autorité directe, il est impuissant vis-à-vis de moi. Que fera-t-il ? Qui donc, cependant, pourrait, sinon lui, remplacer ici l'habituelle inspection médicale ? et que lui servirait d'avoir reçu mission de diriger les travaux scientifiques, de recevoir les rapports journaliers, même des médecins régimentaires, s'il n'a pas également qualité pour les apprécier et les signaler quand ils le méritent ? C'est le rôle du médecin divisionnaire dans un corps d'armée. Notre chef d'état-major ne l'entend peut-être pas ainsi.

27 mai. — Longue promenade, aujourd'hui, avec le père Landais, des missions catholiques françaises, lequel veut bien, chaque jour, m'initier aux mœurs et coutumes du pays. Ensemble, nous suivons la rue de la Saumure ou du Nuoc-Man, de nauséabonde odeur, et nous visitons les principales pagodes. D'abord celle dite des Lettrés, puis celle dite des Supplices et finalement celle dite des Corbeaux. En réalité, toutes se ressemblent.

La pagode des Lettrés, construite sur un îlot du petit lac auquel on aboutit par un chemin creux, est précédé d'un superbe dragon qui paraît en défendre l'entrée; les emblèmes des Lettrés : une colonne qui simule un pinceau, une vasque de granit qui rappelle l'encrier, en font la seule originalité. Les lettrés sont l'aristocratie du pays. Aussi, pour obtenir cette haute distinction, les jeunes gens qui y sont appelés doivent subir de sévères examens. Ils sont, à cet effet, réunis, à certaines époques de l'année, dans une vaste enceinte dite le camp des lettrés, et enfermés séparément dans des cases distinctes pour l'exécution de leurs compositions. Seuls alors, en dehors des militaires, ils peuvent prétendre au mandarinat. Les mandarins militaires, généralement peu instruits, et honorés seulement à cause de leur courage et des services qu'ils rendent en temps de guerre, sont, paraît-il, bien loin de jouir de la même considération.

La pagode des Supplices, surmontée de nombreux clochetons, n'est rien qu'une grande salle garnie de multiples gradins couverts de statues grotesques, symétriquement disposées entre des colonnes laquées or et rouge, et paraissant constituer une garde d'honneur à un énorme Bouddha, accroupi sur une fleur de lotus, et assisté de deux autres statues qui rappellent, paraît-il, l'adolescence et la vieillesse.

Pourquoi cette désignation pagode des supplices ? Il ne m'a pas été possible de le préciser. Certains, cependant, assurent que les statues qui y sont accumulées disent les phases de la vie, suivant l'âge et les diverses conditions sociales, qu'elles en montrent les vaines jouissances et les longues douleurs, et que les animaux couchés à leurs pieds établissent la supériorité de l'homme. La vie, disent-ils, est une lutte incessante, parfois un incessant supplice. Cette pagode en est l'interprétation.

A quelque distance, en dehors et à l'ouest de la ville, dont elle est séparée par une simple palissade de gros pieux, qui ont remplacé le mur d'enceinte démoli sous les assauts du commandant Rivière, et dans un faubourg grouillant de population, voici la grande pagode de Confucius ou des Corbeaux. Nos pousse-pousse, précédés d'un boy qui écarte majestueusement gens et bêtes, marchands et marchandises, nous y déposent en quelques minutes.

La pagode de Confucius, assurément la plus vaste qui soit à Hanoï, comporte plusieurs bâtiments enfermés dans une haute enceinte, percée seulement d'une porte monumentale accolée à de superbes colonnes. Les cours de séparation sont ombragées d'arbres séculaires, qui sont le refuge habituel des corbeaux; d'où, sans doute, le nom pagode des Corbeaux donné par nos soldats. Les cours sont séparées les unes des autres par de hautes murailles, percées chacune d'un portique à trois baies, dont la plus large, centrale, exclusivement réservée au passage des mandarins, les deux autres étant seules autorisées pour le passage des gens de conditions inférieures. Dans la quatrième cour, un superbe bassin à balustrades, agrémenté d'un escalier partant de chacun de ses angles, et couvert de plantes aquatiques, est entouré de hautes dalles posées debout sur des tortues symboliques. Les dalles arrondies à leur bord supérieur, ornées d'inscriptions en caractère chinois, sont, paraît-il, consacrées à la mémoire des hommes illustres, à qui des autels latéraux permettent de rendre, chaque jour, les hommages prévus par le rite. Enfin, au fond d'une dernière cour, superbement dallée de granit, sont disposés en fer à cheval trois bâtiments distincts; le central, garni de trois autels remarquablement sculptés, bois et or sur laque rouge, et surmontés chacun d'un trône dépositaire des larges tablettes qui rappellent Confucius et sa doctrine. Les deux bâtiments latéraux, moins profonds, sont également garnis d'autels avec tablettes laquées, portant, en lettres d'or, les principales maximes de Confucius et les noms de ses disciples.

Que sont les doctrines? Je n'arrive pas à le saisir. J'apprends seulement que Confucius, né en Chine 550 ans avant Jésus-Christ, appartenait à la famille royale des Tchang, qu'il fut le commentateur autorisé des livres sacrés du bouddhisme, et qu'ayant personnellement donné l'exemple de la vertu, il passa sa vie dans une lutte incessante contre la dépravation de son époque. Les lettrés qui, seuls, paraissent le comprendre, disent qu'il fut le plus saint, le plus sage, le plus vertueux des hommes. Et c'est à ce titre qu'ils lui ont fait élever des temples, dont quelques-uns, notamment en Chine, sont réputés de véritables merveilles.

1ᵉʳ *juin*. — J'ai dû, ce matin, me battre en duel. Je me suis battu avec la seule intention d'obtenir la réparation morale d'une offense. Ma première leçon avait été sévère, la seconde en est, heureusement, l'inoffensive consécration. Mon adversaire, légèrement blessé, grandement dépité, s'est retiré sans un mot. J'en ai fait autant, et nous demeurerons dorénavant indifférents l'un à l'autre. Les chaudes félicitations de mes collègues et camarades disent leur satisfaction. C'est tout ce que je pouvais désirer.

Ce matin également, pendant que j'allais au rendez-vous, en compagnie de mes témoins le colonel Letellier et le sous-intendant de La Grandière, nous avons fait la très curieuse rencontre (cela eût pu me paraître un mauvais présage) de l'enterrement d'une femme indigène de grande famille, autant du moins qu'il est permis d'en juger par le luxe apparent de la cérémonie. Des autels reposoirs sont, en effet, disposés, de distance en distance, sur tout le parcours du cortège. Le riche catafalque qui abrite le cercueil est précédé d'un superbe baldaquin, sous lequel est majestueusement porté le mannequin symbolique qui a reçu l'âme de la défunte. De nombreuses oriflammes ou banderoles sont couvertes d'inscriptions à sa louange. Enfin les assistants sont porteurs de lanternes, de larges éventails de plumes, de plateaux garnis de mets fumants, de fleurs, de baguettes d'encens et de divers objets en carton qui, tous, ont une signification liturgique déterminée.

Cet immense cortège en haillons, et cependant si riche, n'a d'autre préoccupation, paraît-il, qu'éloigner les mauvais esprits errants autour du cercueil, et cherchant à s'emparer de l'âme dorénavant séparée du corps.

Les funérailles, me dit le père Landais, sont chez les Annamites et Tonkinois l'occasion d'une grandiose manifestation de croyances et d'espérances. Ils ont, en effet, une évidente conception de l'immortalité de l'âme. Mais ils l'imaginent double. Après la mort, disent-ils, l'âme immatérielle retourne dans l'éternité. Mais l'*esprit* demeure, même après la destruction de la matière. Au moment de la mort, il se sépare du corps, mais il continue à vivre; il peut même, au moins dans l'apparence, s'unir encore à la matière, réapparaître ainsi, et par conséquent agir. C'est *donc l'esprit du mort qu'il faut fixer,* et qu'il faut honorer dans un culte quotidien, pour se l'attacher toujours. Car suivant qu'il est plus ou moins honoré après la mort, il demeure fixé au foyer des ancêtres et continue à protéger la famille, ou bien, errant dans l'espace, livré au caprice des méchants esprits, parfois même s'incorporant, et semant partout le mal.

C'est pour éviter cet éloignement de l'esprit, pour le maintenir au foyer familial, que sont pieusement prévues et religieusement observées, même dans les milieux les moins fortunés, toutes les cérémonies des funérailles.

Le riche baldaquin qui précède le cercueil abrite un mannequin fait des diverses étoffes qui ont été déposées sur le corps, et dans lesquelles s'est réfugié l'esprit au moment de la séparation. Il faut l'empêcher de s'en éloigner. C'est dans ce but qu'il est entouré de parents et d'amis qui ont mission, tant par le vacarme assourdissant des gongs, flûtes et tamtams, que sous la lente mélopée des ardentes supplications, d'écarter les mauvais. Dans le même but, des porteurs d'innombrables oriflammes et banderoles, rappelant les **vertus du défunt**, s'avancent en un long cortège chargé de lutter, dans une incessante agitation, contre les efforts des méchants. Devant le cercueil, précédé de l'officiant, qui a dû, au préalable, après longues méditations et supplications, préciser l'endroit exact de la sépulture, marche le fils aîné, ou, suivant le cas, le premier représentant de la famille. Il est revêtu, en signe de deuil, de vêtements blancs faits d'une grossière étoffe, il a la tête couverte d'un large chapeau de paille ; ses cheveux dénoués tombent en désordre sur ses épaules, ses yeux sont voilés d'épaisses lunettes qui l'empêchent de rien voir autour de lui. Et, pour marquer sa douleur, il s'avance pieds nus, marchant à reculons, appuyé sur un bâton de bambou d'une longueur strictement mesurée suivant le degré de la parenté, et le dos voûté à la manière d'un vieillard incapable de résister à la fatigue et au chagrin. Souvent aussi, le fils cadet se tient accroupi sous le char, se roulant parfois à terre sans souci des porteurs, et indiquant ainsi que l'âme du défunt doit continuer à les protéger, sa famille et lui, jusqu'à la consommation des siècles.

Telle est, sommairement exposée, la cérémonie pendant que le corps est porté en terre. Mais elle a été précédée de longues pratiques rituelles, toutes également prévues. C'est ainsi qu'immédiatement après la mort, le plus proche parent a dû s'approcher du défunt pour lui demander, très respectueusement, la permission de procéder aux diverses opérations de la mise en cercueil. Et d'abord, il a placé sur sa poitrine une légère étoffe de soie destinée à contenir l'âme, pendant que des serviteurs et des amis, montés sur la toiture de l'habitation, et placés exactement au-dessus de l'endroit où repose le corps, agiteront ses habits au nord, au sud, à l'est et à l'ouest, la supplieront de demeurer dans la famille. L'officiant a pu, seulement alors, procéder avec cette étoffe à la confection du mannequin symbolique, et lui rendre les mêmes honneurs qu'au défunt lui-même, avant la mort.

Cette disposition prise avec la conviction que l'esprit est ainsi conservé, conviction qui, du reste, se rencontre chez bien des peuples même parmi ceux qui admettent l'âme une, immatérielle et immortelle, il a fallu procéder au lavage du corps dans une eau parfumée, destinée à le purifier des souillures de la vie, placer dans la bouche entr'ouverte, en outre d'une cuillerée de riz qui simule le dernier repas, la pièce d'or ou d'argent destinée à payer les diverses migrations dans le temps et dans l'espace, remplir les mains, couvrir les yeux, fermer les oreilles avec des bourrelets de coton, disposer soigneusement les coussins latéraux de soutien, garnir le cercueil d'une couche d'aromates, y déposer pieusement le corps et le recouvrir enfin du drap mortuaire.

Ces diverses obligations sont remplies plusieurs jours, souvent, avant la conduite en terre, dont seul l'officiant devin a pu fixer l'heure, de même que seul il a mission de disposer les différents groupes accompagnateurs, précisant pour chacun les fonctions spéciales à remplir, et dirigeant lui-même le convoi.

Généralement, alors qu'il s'agit de grands personnages, deux guerriers vêtus de rouge, armés de lances et de boucliers, précèdent le cortège pour écarter les mauvais esprits. Dans le même but, des assistants brûlent, de distance en distance, des lingots en carton, ou bien sèment le parcours de menus objets brillants, destinés à détourner leur attention. D'autres sont porteurs de plateaux couverts de brûle-parfums, de fleurs, d'aliments usuels et de divers instruments, boîtes à bétel, pipes ou autres que préférait le défunt.

Enfin, derrière le cercueil, placé lui-même dans une châsse, marchent les parents et les amis, tous revêtus de blanc, pieds nus, et nasillant une lente mélopée; puis encore, au dernier échelon, un immense baldaquin qui abrite le groupe des femmes, ainsi soustraites aux indiscrètes curiosités. Toujours dans la même affirmation de leur respect des morts, les indigènes utilisent habituellement deux espèces de cercueils. C'est d'abord un cercueil fait d'un bois dur, incorruptible, connu sous le nom de cay ven ven, l'*Aniseptera sepulchrorum*, qui reçoit le corps pendant son séjour en terre ; puis un second, une poterie percée de trous, longue de soixante centimètres environ, et dans laquelle sont conservés les ossements, après la décomposition en terre. Ce sont ces mêmes poteries, parfois remplies des ossements des ancêtres, qui sont fréquemment employées dans les soubassements des riches maisons et des pagodes.

La mise du cercueil en terre est de même religieusement réglementée. C'est à ce moment, en effet, que les méchants esprits redoublent d'efforts pour éloigner l'âme du baldaquin sous lequel elle demeure temporairement abritée. Il faut pouvoir la ramener au foyer de la famille, la fixer. Alors les lamentations redoublent, tous les instruments s'unissent dans un effroyable vacarme, et les assistants répandent à terre, pour les brûler autour de la fosse, les menus objets dont ils sont porteurs. Ils s'opposent ainsi à l'action des esprits errants. Puis le cercueil étant lentement descendu dans la fosse, et à moitié recouvert de terre, l'officiant, à genoux, implore la reine des esprits de la terre, lui demandant de protéger la sépulture contre tout attentat. Alors les parents et amis répandent du vin de riz, brûlent encore quelques légères étoffes ou menus objets de papier, et se retirent par groupes distincts.

Les Tonkinois signalent ordinairement les sépultures par un simple monticule de terre. Seuls les riches mandarins et bonzes sont abrités sous des pierres funéraires, parfois même sous de petits monuments qui consacrent leur mémoire. Mais, quel que soit l'emplacement d'un cercueil, qu'il soit ou non recouvert d'une tombe, il est sacré. Alors même que le terrain serait aliéné, affecté à un autre usage, la sépulture y doit être respectée; il y aurait crime à la déplacer.

Seuls les cadavres des malheureux et des criminels sont habituellement jetés au fleuve. Et le besoin de réaliser un cercueil, qui est, du reste, le cadeau que se font entre eux les parents et les amis bien longtemps avant la mort, comme aussi le besoin d'une sépulture terrestre ont très souvent, paraît-il, facilité la persuasive action civilisatrice de nos missions catholiques. Pour en obtenir la promesse qu'ils savent rigoureusement tenue, certains indigènes n'hésitent pas, dit-on, à devenir catholiques.

Le tombeau, cependant, n'est pas le rendez-vous habituel

des pieuses pratiques. Il ne contient que le corps. Et c'est dans la maison, sous l'autel des ancêtres, surmonté de sa tablette indicatrice, qu'a dû se réfugier l'esprit. C'est donc là qu'il importe de le retenir, là par conséquent qu'il faut l'honorer, lui présenter régulièrement les aliments de chaque jour. C'est ainsi seulement qu'il veillera sur la famille, qu'il ne voudra plus quitter avant d'avoir mérité, par ses bienfaits, le repos éternel dans le Nirvana. C'est encore pour obtenir cette immense faveur d'une résidence fixe que les autels des ancêtres, aux jours anniversaires, sont religieusement couverts de fleurs, d'encens et de mets recherchés. Si la pieuse pratique était négligée, si les honneurs rituels ne leur étaient pas régulièrement rendus, les esprits quitteraient l'abri familial pour se répandre dans l'espace, peut-être s'incorporer à de mauvais génies, et dès lors semer le mal.

Très habituellement, la mise en terre est suivie d'un repas offert à tous les assistants.

La durée règlementaire du deuil varie de un à trois ans, suivant le degré de la parenté. Pendant ce temps, la loi interdit toute manifestation joyeuse, et même le mariage.

Telle est la pratique habituelle, telles sont les croyances. En réalité, les lettrés seuls ont conception de l'immortalité de l'âme et de ses migrations possibles dans le temps et dans l'espace. Les indigènes de la classe moyenne que j'ai, à cet égard, fréquemment interrogés, n'en ont qu'une vague intuition ; ils ne savent pas interpréter les diverses pratiques qui la consacrent. Pour eux, le culte des ancêtres et les funérailles sont une pieuse habitude, une tradition religieuse et comme un besoin du cœur auxquels ils se soumettent sans plus de réflexion.

« C'est un devoir, me disait aujourd'hui mon interprète, on ne le discute pas. Il y a de bons et de mauvais esprits. Il faut honorer les uns et les autres, autant pour les décider à faire le bien, que pour les empêcher de faire le mal. »

Les lettrés, ceux du moins qui sont instruits des doctrines de Bouddha ou de Confucius, ajoutent seulement :

« Tous nous sommes égaux devant la mort. Il n'y a point de

différence entre l'être et le non-être. Dieu seul est Dieu, seul il est éternel. L'âme est immortelle. Les âmes parfaites, alors qu'elles sont séparées du corps, s'en vont dans le Nirvana, goûter le repos absolu. Celles des justes n'ayant pas encore acquis la perfection demeurent dans la famille et la protègent jusqu'au jour de leur libération complète par la perfection. Celles des méchants demeurent longtemps errantes dans l'espace, s'incorporent parfois à de mauvais génies pour faire le mal, et finalement deviennent tout à fait impuissantes... »

De même donc que la vie corporelle n'est rien qu'une incessante vibration indispensable aux échanges moléculaires, la vie dans l'au-delà n'est, pour les bouddhistes, que l'incessante vibration d'une âme qui, du fait de son amélioration progressive et de son expansion, se rapproche graduellement de Dieu pour arriver, avec la perfection, à se fondre définitivement en lui qui est la Lumière et acquérir enfin, ainsi, la parfaite connaissance de l'Univers, dans le passé autant que dans le présent et dans l'avenir.

La vie, la mort, l'immortalité de l'âme, c'est la révélation de Dieu. Qu'il soit dit émanation de Braghavan le pur esprit, de Brahma le créateur, ou bien de l'Être suprême, de celui qui est, du Dieu créateur ou du Dieu rédempteur, c'est le Principe. Pour les adeptes de Brahma, comme pour les juifs, les musulmans ou les chrétiens, pour quiconque reconnaît un Dieu, il est immuable. Mais son interprétation varie.

Çakia Mouni est le sage, il est Bouddha, mais il n'est pas Dieu. Confucius et ses successeurs sont également des sages, des Bouddhas, mais ils ne sont que des hommes, et par conséquent exposés à l'erreur. *Errare humanum est.*

Le Christ Rédempteur est Dieu. Il ne peut se tromper.

Brahmanistes et bouddhistes ont longuement médité les Védas, les livres sacrés ; ils les ont interprétés au gré de leur imagination. La parole humaine rétrécit la vérité, la défigure dans l'erreur ou l'exagère dans la passion.

Jésus-Christ ne s'est pas contenté d'interpréter le Décalogue et la loi de Moïse ; il a dicté l'Évangile, qui est la voix de Dieu.

Pour les brahmanistes, pour les bouddhistes, pour tous les théistes, de même que pour le Christ-Dieu, l'immortalité de l'âme, pur esprit, est un principe.

Le Christ nous a dit l'expiation et le jugement dernier, la rémission des péchés, la résurrection de la chair et la vie éternelle. « Venez, les bénis de mon père, possédez le royaume qui vous a été préparé dès l'origine du monde ; et vous, maudits, retirez-vous, allez au feu éternel préparé pour le démon et pour ses anges. »

Bouddha nous a montré l'âme séparée du corps, continuant à se perfectionner dans la pratique du bien jusqu'à son absorption dans le Nirvana, qui est le repos absolu ; ou bien, sans cesse errante dans l'espace, parfois s'incorporant à des génies malfaisants, s'efforçant d'empêcher le bien et semant le mal, jusqu'au jugement dernier qui la condamnera à la définitive impuissance.

Pour les chrétiens, la rémission des péchés s'obtient de la miséricorde de Dieu, après expiation temporaire au Purgatoire. Et seuls sont exclus du pardon ceux qui, méconnaissant volontairement la miséricorde de Dieu, imposent à sa justice l'obligation de l'éternelle malédiction.

Pour les bouddhistes, la rémission se réalise par la purification, dans une incessante transmigration, qui est une marche ascensionnelle constante vers le bien.

Pour les catholiques, les créatures parfaites, les saints peuvent seuls aller au ciel sans passer par le purgatoire.

Pour les bouddhistes, l'âme parfaite, purifiée par la pratique de toutes les vertus, peut seule éviter l'épreuve expiatoire de la transmigration, et mériter l'absorption directe, immédiate, dans le Nirvana, qui est la délivrance. Chez les uns et les autres, la conscience affirme cette conception du bien et du mal qui constitue la morale absolue, comme elle affirme la liberté du choix. La raison impose, dès lors, la sanction qui en est l'indispensable consécration. L'étape de la vie ne saurait donc se terminer à la mort terrestre. Mais si la raison nous oblige à croire qu'elle se continue dans l'au-delà, elle paraît impuissante à nous dire le comment.

Qu'elle soit l'incessante transmigration, qu'elle soit le perpétuel renouvellement dans la perpétuelle destruction, le mode nous échappe. Mais l'évidence de la continuité est aussi manifeste qu'est rationnelle la croyance à un incessant effort vers la perfection. Pour tous, le principe est immuable. Son interprétation varie; c'est la Foi qui sauve!

5 juin. — Et ce soir encore m'était réservée l'occasion d'une nouvelle méditation.

Je venais de pénétrer dans une modeste pagode, où paraissaient s'être accidentellement donné rendez-vous un grand nombre de fervents ou de curieux, entraînés, sans doute, par le vacarme assourdissant des tam-tams, des gongs, des flûtes et des clochettes. J'y fus témoin d'un spectacle étrange.

Au fond, dans son sombre réduit, la statue de Bouddha, à peine éclairée par quelques lampes au milieu d'une épaisse fumée d'encens. Devant elle, à dix pas, assis sur un siège, à côté d'une table de laque garnie d'un plat de riz, de fruits divers et de baguettes d'encens, un jeune indigène, le visage et la tête enveloppés d'un large foulard rouge, et dans une complète immobilité. A ses côtés, deux autres indigènes, des thäy-bou ou sorciers, me dit mon interprète, lui parlant alternativement à l'oreille, élevant les mains au-dessus de sa tête, et disant des invocations pour chasser les méchants esprits. De temps à autre, une femme exorciste, la tête voilée de noir, venant à son tour crier les mêmes invocations. Le patient, dans une effrayante immobilité, évidemment hypnotisé. A côté, de nombreux curieux fumant, gesticulant, causant et d'apparence indifférents.

Tout à coup, comme poussé à bout par une dernière incantation, le patient, paraissant sortir d'un profond sommeil, bondit de son siège, se jette à terre, arrache son voile, se roule dans un mouvement convulsif, puis se relève, paraît un instant dans l'extase, et s'en va rejoindre la foule.

« Il était, me dit mon interprète, possédé d'un esprit malin, dont les thäy-bou ont inscrit le nom sur son front, sur sa poitrine et sur ses mains. Grâce à leur invocation, il en est actuellement délivré. »

Superstition sans doute! Et cependant, il apparaît clairement que l'âme est susceptible d'être journellement impressionnée par d'autres esprits, anges ou démons, intermédiaires entre l'homme et Dieu. C'est l'universelle tradition, commune à tous les peuples. Tous admettent l'existence des esprits, bons ou mauvais, capables, non pas sans doute d'annihiler, mais au moins d'entraver la liberté, comme sûrement aussi de modifier l'action physique, et ne relevant que de la volonté du Dieu tout-puissant. Et chez tous les peuples, des exorcistes ont pu recevoir inconsciemment, de Dieu même, le pouvoir de chasser les mauvais esprits.

La science s'en défend, alors qu'elle s'appelle le Matérialisme, qui n'est qu'une inconséquente constatation de ce qui est, ou bien le Rationalisme et le Positivisme qui aboutissent fatalement à la négation même de la Raison. Elle veut alors, se payant de mots, n'admettre dans cette puissance des esprits que de l'Hypnotisme. Soit; mais, qu'est-ce donc que l'hypnotisme? sinon la constatation d'un phénomène dont l'explication nous échappe, d'un fluide cosmique qui devient un médiateur entre l'esprit et la matière, entre le corps et l'âme. N'est-il pas évident, d'autre part, que la matérialité de l'âme est aussi incompréhensible que la matérialité de l'hypnotisme, qui n'est, lui-même, définissable que par ses effets.

Qu'elle soit dite négative, sensitive ou raisonnable, l'âme se manifeste à nous par les impressions qu'en reçoivent nos organes comme dans les affirmations de la conscience et de la volonté, dans l'activité de cette faculté qu'elle possède de sentir et de vouloir autant que d'avoir des idées et de les raisonner. Si donc il est juste de répéter après Bonald : l'homme est une intelligence servie par des organes, n'est-il pas évident que cette superbe définition n'est que la constatation d'un fait que peut seule nous expliquer la révélation d'un principe originel qui est Dieu, et dont notre âme est la volontaire émanation.

Que Dieu créateur ait permis le mal, cela paraît d'abord irrationnel. N'est-il pas très rationnel cependant d'admettre qu'Il n'a voulu ni pu nous créer ses égaux, *Quis ut Deus*, mais qu'en nous donnant une âme consciente et libre, il a voulu nous permettre de nous approcher graduellement de sa perfection. La conscience, ce véritable sens moral, qu'Il a mis en nous, du bien et du mal, nous dit aussi la liberté du choix, et l'exercice de la liberté comporte, nécessairement, l'idée d'une sanction nécessaire, assurément très compatible avec une nette conception du monde des esprits migrateurs, sans cesse en voie de perfectionnement ou volontairement condamnés à la progressive déchéance.

Jésus-Christ, le Dieu rédempteur, ne nous a-t-il pas dit, du reste, lui aussi, le monde invisible des Esprits, les Anges et les Démons, les Possessions et les Possédés.

« Lorsque l'esprit immonde est sorti de l'homme, dit-il dans l'Évangile, il erre par les lieux arides cherchant le repos, mais il ne le trouve pas, et il va prendre alors sept autres esprits plus pervers que lui. »

Alors que l'illustre Kant, partant des doutes de la raison spéculative, fait appel à la raison pratique pour reconstituer la certitude, il conclut, lui aussi, à l'existence des esprits.

« Bientôt, et le temps en est proche, dit-il, on arrivera à démontrer que l'âme humaine peut vivre de cette existence terrestre, en communication étroite et indissoluble avec les entités immatérielles du monde des Esprits. »

Les brahmanistes dans les Védas pensaient de même. Et de même encore les bouddhistes et Confucius.

C'est donc la croyance universelle. L'intime perception l'impose et la raison s'incline. « La science, a dit Claude Bernard, s'arrête aux causes prochaines des phénomènes, la recherche des causes premières n'est pas de son domaine. » Est-elle sincère, alors qu'elle prétend méconnaître l'idéal ? Il est assurément permis d'en douter.

Donc il faut l'admettre : il y a des esprits indépendants, capables d'exercer une action mystérieuse. Il y a l'Esprit du mal, il y a l'Esprit du bien. Ils agissent par impulsion. L'âme est passible d'impulsion. Certes, elle peut lutter. Elle peut accepter ou refuser l'impulsion de l'Esprit du bien, repousser ou subir l'impulsion de l'Esprit du mal. Mais sa volonté peut être courte ; son énergie bien fragile, et Dieu seul peut assurer la victoire. Le crime révèle l'action de l'Esprit du mal, la vertu dit l'Esprit du bien. Les tentations nous viennent de l'Esprit du mal, les forces nécessaires à la résistance nous viennent de l'Esprit du bien. Dieu seul est plus puissant que le Diable.

Et de même que Jésus, en tant qu'il est homme, a reçu de Dieu le pouvoir de chasser les Démons, de même Bouddha, les taoïstes et autres exorcistes, ont pu recevoir des pouvoirs analogues. Ils ont pu, si Dieu l'a permis, commander aux Esprits. Mais, il y a les bons et les mauvais prophètes, les véritables exorcistes et les charlatans. La croyance ne discute pas, elle s'incline. Elle ignore le comment, elle peut demander le pourquoi. Et c'est Dieu qui répond, en inclinant l'orgueil.

De même que la plupart des croyants, les Tonkinois bouddhistes, adeptes ou non de Confucius, s'inclinent, sans chercher le pourquoi. Chez eux, le sentiment religieux est bien vague, bien fugitif surtout. Pourrait-il en être autrement chez un peuple où tout paraît susceptible de devenir Dieu, excepté Dieu lui-même ; dans ce chaos de traditions adaptées aux plus diverses croyances.

Certains prétendent, en effet, que le brahmanisme admet, avec la métempsycose, des milliers de dieux, même des animaux déifiés. Et le bouddhisme n'est rien que le brahmanisme, interprété par Bouddha, lui-même, corrigé plus tard par Confucius.

Qu'est-ce donc que le brahmanisme, tant au point de vue philosophique que dans ses obligations dogmatiques? Je n'ai ni la possibilité ni la prétention de répondre. Et c'est tout au plus si, grâce à mes entretiens avec quelques lettrés, dont le bon père Landais veut bien se faire, vis-à-vis de moi, l'interprète très autorisé, je puis en acquérir une vague conception.

Au commencement, me disent-ils, avec les Védas ou livres

sacrés, du pur théisme, appuyant le plus respectable enseignement philosophique. Plus tard et progressivement, une évolution dogmatique, cause d'une incessante succession de transformations doctrinales et de luttes.

De toute éternité, Brahma le Pur Esprit est antérieur à toute création. De sa seule volonté, il fit d'abord les eaux et leur imprima le mouvement d'où naquit, déposé sur une fleur de lotus, l'œuf d'or qui contenait le germe de Brahma, créateur du ciel, de la terre et de l'homme. Et Brahma créateur s'incarna dans Brahma régénérateur et sauveur du genre humain.

Brahma est donc le Dieu en trois personnes, tel que l'admet également le christianisme. De même que le christianisme déclare Dieu le Père, le Verbe et le Saint-Esprit, le brahamanisme admet Brahma le Pur Esprit, éternel et antérieur à tout, le principe ; Shiva le Dieu créateur, le Dieu de la mort et du renouvellement, et Wishnou le Dieu rédempteur, le Juge suprême, le Krishma incarné.

Il y a donc entre le christianisme, le brahmanisme et le bouddhisme, sinon identité, du moins évidente analogie de principes. Et le dogme interprète une doctrine analogue.

Les béatitudes dites par Jésus, comme aussi les malédictions, sont, au moins en partie, celles prévues dans les livres sacrés du brahmanisme. Bouddha dit le renoncement qui libère l'âme de ses agitations et la conduit au Nirvana. Jésus nous dit la vaine sollicitude. Il nous appelle à la recherche du royaume de Dieu, sans souci du lendemain. La prière dominicale, dont Tertullien a dit qu'elle est l'abrégé de tout l'Évangile, se trouve elle-même, en germe, dans le brahmanisme et le bouddhisme. Elle n'y paraît pas complète, parce que Dieu fait homme a seul pu la traduire aux hommes.

La foi nous dit : le Verbe-Dieu-Rédempteur, fait homme dans le sein immaculé de la vierge Marie. Les Védas disent Wishnou la seconde personne de la Trinité brahmaniste, s'incorporant dans le sein immaculé de la vierge Parvadi pour devenir le Dieu-Rédempteur. Et les bouddhistes déclarent Bouddha incorporé dans le sein de la vierge Maya, qui le mit au monde sans cesser d'être vierge, et non sans avoir, au préalable, écrasé de son talon la tête du serpent tentateur Kaliza (1). Ne croirait-on pas, en vérité, se retrouver en présence du dogme catholique de l'Immaculée Conception? Et comment, dès lors, ne pas admettre que brahmanistes et bouddhistes ont eu connaissance ou révélation, eux aussi, de la prophétie bien antérieure à la venue du Christ : « Voici que la Vierge concevra dans son sein et enfantera un fils, et il sera appelé Emmanuel, c'est-à-dire Dieu avec nous! »

Que conclure de telles analogies?

Jésus, en tant qu'homme, a sûrement ignoré la doctrine brahmaniste autant que le bouddhisme. Et les législateurs juifs les ignoraient presque certainement aussi. Peut-être même, Jésus ignorait l'Ancien Testament : « Comment sait-il les Écritures, disent de lui les Juifs, lui qui ne les a pas étudiées? »

Et Jésus de répondre : « Ma doctrine n'est pas de moi; c'est la doctrine de Celui qui m'a envoyé. » Puis encore : « Je ne suis point venu abolir, mais compléter la loi. Quoi donc de plus rationnel qu'admettre que le brahmanisme et son dérivé le bouddhisme, le judaïsme comme le christianisme ont leur source originelle dans une révélation première qui vient de Dieu? Le catholicisme est la perfection de cette révélation, complétée par l'enseignement du Christ, interprétée par l'Esprit saint. « La parole, le verbe est de Jésus, son intelligence et son amour sont de l'Esprit saint », a dit Bossuet.

Que si, d'ailleurs, il est absolument démontré que le brahmanisme et le bouddhisme, comme le judaïsme, ont de plusieurs siècles précédé le christianisme, il n'est aucunement démontré que les doctrines brahmaniques ou bouddhistes, telles que nous les connaissons aujourd'hui, sont antérieures au Christ.

Brahmes et Bouddhas, comme Zoroastre, Confucius et Socrate, ont été des précurseurs. Les prophètes avaient, de tout temps, annoncé le Messie, la grande lumière qui éclai-

(1) La vierge Maya est dite aussi : la mère de la nature, l'emblème de la matière ou de l'illusion, la source de tous les phénomènes, la cause de la manifestation de toutes les existences.

rerait les peuples errant dans les ténèbres; la lumière illuminant tout homme venant en ce monde. Et l'enseignement des apôtres a fait ou fait journellement connaître au monde entier le Christ sauveur, préparé pour être à la face de tous les peuples, venu pour éclairer toutes les nations de sa divine lumière.

N'apparaît-il pas que les analogies dans la doctrine devraient aboutir à des analogies dans l'application? Cela n'est pas absolument parce que la doctrine chrétienne a seule été dite par Dieu lui-même, par le Christ-Dieu, qu'elle est, par conséquent, à l'abri de toute erreur, alors que la doctrine brahamaniste, mazdéiste ou bouddhiste n'est rien que l'humaine interprétation d'un principe révélé? *Errare humanum est.* Le principe est et demeure immuable. L'interprétation diffère et les applications varient.

Brahma, disent les livres sacrés, fit les diverses catégories sociales. Il voulut les brahmes ou prêtres sortis de sa tête, les Kchatrias ou guerriers sortis de ses bras, les vaissiahs ou commerçants sortis de son ventre, les soudras ou agriculteurs sortis de ses pieds; il arriva successivement ainsi jusqu'aux plus infimes catégories, les Pariahs, fatalement méprisées des autres et dédaignées à l'égal des animaux. A tout homme, cependant, il donne une âme distincte, émanée de son propre esprit. Et pour tous la destinée finale est une, comme une également la voie morale qui y conduit.

Bouddha, plus rapproché de Jésus, prêcha l'abolition des castes privilégiées. Et sa doctrine déjà perfectionnée se rapproche insensiblement ainsi de la véritable doctrine évangélique.

« Tous les hommes sont égaux devant Dieu (1). Aimez-vous les uns les autres. Soyez bons et charitables. Pardonnez les offenses. Dieu seul est le souverain juge... »

Les siècles passent, les peuples demeurent. Les Védas, le Décalogue et l'Évangile demeureront autant que l'homme.

---

(1) *Corpore diversi, sed mentis lumine fratres.* (Ligue contre l'asthérisme).

Ils sont la loi de Dieu pour la satisfaction du cœur et de la raison. La tradition brahmaniste est l'arche sainte d'une antique société; l'Évangile, qui en est la divine expression, est et demeure le firmament des sociétés nouvelles. « Seules les Écritures sacrées, a dit Lacordaire, ont pu fonder d'immenses et durables nations. »

La trinité brahmaniste se traduit, dans la statuaire habituelle, tantôt par l'intime adjonction de trois corps sur une seule tête, parfois par deux têtes sur un seul corps émergeant d'un œuf porté sur une fleur de lotus. L'œuf, c'est le Verbe, Brahma le Pur Esprit, les deux têtes sont l'une Shiva, le Dieu créateur-destructeur-régénérateur; l'autre Wishnou, le Dieu rédempteur, incorporé dans le sein immaculé d'une vierge. Une seule tête sur trois corps unis traduit l'unité de Dieu en trois personnes.

Bouddha, issu, de même que Jésus, fait homme, de race royale, est devenu pour ses adhérents le Dieu rédempteur qu'avait été, et qu'est encore Wishnou chez les brahamanistes. Il a, de même que lui du reste, subi dans l'imagination des hommes, par la statuaire, de très nombreuses transformations. La légende les a montrés, l'un et l'autre, changés en poisson, forme sous laquelle ils auraient arraché les livres sacrés au génie des mers, Diachivaran; en tortue, portant sur son dos la montagne du Refuge pendant le cataclysme des mondes. Elle dit encore Parasouvanah enlevant à l'Esprit du mal la vache merveilleuse symbole de l'abondance; Ramah, épousant l'Idée sous forme d'une vierge qui lui fut enlevée par le Méchant, et qu'il ne retrouva qu'à la tête d'une armée de singes et d'ours recrutée à Ceylan.

Et la croyance ajoute qu'ils reparaîtront à la fin des temps, sous l'aspect d'un guerrier, pour livrer combat au soleil, à la lune et aux étoiles, qui seront anéantis et retourneront éternellement en Dieu. Telle est, paraît-il, l'interprétation des Védas appropriés à la crédulité populaire, et au besoin du merveilleux.

Les véritables brahmanes sont habituellement, dit l'observation, des saints personnages, législateurs politiques en même temps que ministres de la religion, souvent des savants dédaigneux des jouissances matérielles, soucieux de leurs devoirs plus que de leurs droits, esclaves du culte de l'idée, pratiquant volontiers la médecine, et se considérant comme étant ainsi chargés d'une mission sacrée.

Il en est de même des prêtres bouddhistes de la doctrine de Confucius, sinon au Tonkin, où la pratique de la religion paraît n'être plus guère qu'une superstitieuse habitude, du moins en Chine et surtout au Japon.

Pour les uns et pour les autres, la sainteté s'obtient dans la méditation, dans une incessante tension de l'intelligence, et dans un absolu détachement des choses de la terre, ce qui, du reste, n'exclut pas du tout le manifeste sensualisme du plus grand nombre.

Les brahmanistes actuels, dit-on, voient Dieu partout. Pour eux tout ce qui vit est Dieu ou doit retourner à Dieu. C'est ainsi qu'ils déclarent la métempsycose, qu'ils prescrivent la bonté vis-à-vis des animaux, défendent les sacrifices sanglants et s'interdisent l'usage alimentaire de tout ce qui a vécu, proscrivant notamment l'usage de la viande, qu'ils prétendent, non sans raison, du reste, la cause de la plupart des maladies.

Les bouddhistes proclament l'unité de l'espèce humaine pareille à l'unité de Dieu, admettent également la métempsycose, et déclarent la supériorité de l'homme, à qui doit être laissé le libre usage de tout ce qui est créé à son intention.

Chez les brahmanistes et chez les bouddhistes, de même que chez les chrétiens, des croyances identiques dans l'unité de Dieu, dans l'immortalité de l'âme, dans la nécessité de soumettre le corps pour le salut de l'esprit, etc., etc., ont fait le mysticisme des ordres contemplatifs et des couvents. Avec le dogme, pour les uns et les autres, le corps n'est qu'une misérable loque qu'il faut asservir à l'âme, dont le salut doit être l'unique préoccupation.

Et le couvent est le meilleur refuge contre l'obsession des sens, dans l'observation du célibat, dans la méditation et la prière, dans la pratique de la charité et des méritoires actions. Le vœu est l'expression ardente de la foi.

C'est le dangereux sophisme de la perfection morale. Sans doute, en effet, la vie terrestre peut être tenue pour un temps d'épreuve et d'expiation. Mais l'épreuve, l'expiation, ne sauraient être méritoires qu'à la condition d'être physiquement et moralement utiles.

Être soi-même, obéir à sa conscience, vivre de la vie pratique, éviter la contagion du mauvais exemple... n'est-ce donc point, en vérité, être plus pratiquement utile, et mériter aussi de voir dans l'au-delà?

9 juin. — Le peloton de chasseurs à cheval qui, sous la conduite du capitaine Laperrine d'Hautpoul, doit éclairer la colonne destinée, conformément au traité de Tien-Tsin, à occuper Lang-Son, That-Qué et Cao-Bang, sur la frontière du Quang-Si, s'est mise en route. Elle précède, à courte distance, le lieutenant-colonel Dugenne, qui doit partir demain, emmenant avec lui un bataillon d'infanterie de marine (commandant Reygasse), un détachement de tirailleurs tonkinois, une batterie de 4 de la marine, un détachement du bataillon d'Afrique, avec le capitaine Maillard; une section d'ambulance (médecin-major Gentil, aides-majors Achard et Claude); un poste de télégraphie optique (lieutenant Bailly), quelques gendarmes, et un immense convoi de vivres avec deux cents mulets, mille coolies et cent trente conducteurs.

10 juin. — La colonne doit se concentrer à Phu-Lang-Tuong. Le lieutenant-colonel Dugenne, assisté du commandant Crétin et du capitaine Lecomte, ses officiers d'état-major; du capitaine Clémenceau, chargé du service topographique, doit s'embarquer aujourd'hui à bord du *Ruri-Marou*. Bientôt donc nous occuperons toute la région des mines; et le commerce, notamment à Cao-Bang sur un cours d'eau navigable, le Li-Kiang, y paraît fort actif.

Plusieurs, cependant, estiment que le moment est mal choisi, que la colonne aura beaucoup à souffrir, que presque certainement elle n'entrera pas dans Lang-Son sans combat;

que par conséquent les effectifs, sept cents combattants au plus, sont absolument insuffisants, et surtout le convoi beaucoup trop considérable.

Le traité de paix est, du reste, lui-même vivement critiqué. Les clauses, dit-on, en sont moins favorables que celles des conventions antérieures, les garanties très aléatoires, et très insuffisants les effectifs qui les doivent faire respecter.

On prête d'ailleurs au général Millot une dépêche demandant au gouvernement de le rappeler immédiatement en France. « Sa mission, aurait-il dit, serait terminée, puisque, sans même le consulter, et malgré la difficulté des marches à cette époque de l'année, le gouvernement a cru devoir lui imposer l'occupation immédiate de Lang-Son. »

Aussi, chacun escompte d'autant plus volontiers un rapatriement prochain que l'état sanitaire laisse beaucoup à désirer, et qu'en dehors des dons accidentels, très inégalement répartis, du reste, des sociétés de secours aux blessés militaires, nos soldats malades, en traitement dans les infirmeries régimentaires, sont parfois privés même du nécessaire.

Heureusement le conseil de santé de la marine, dans les hôpitaux, se montre large dans la concession des congés de rapatriement qui sont, véritablement, la seule chance de salut pour un grand nombre.

11 *juin*. — La maman Debeire, une bonne vieille Lorraine chez qui la vivacité du regard dénote encore, malgré les cheveux blancs et la tête branlante, l'énergie du caractère, veut bien nous patronner, les capitaines de Saxé, Odent, mon collègue Baudot et moi, dans la visite que nous sollicitons de la pagode dite des Dames ou de l'Esprit du roi. La maman Debeire, ex-cantinière de l'armée d'Afrique, a été la compagne dévouée de Dupuis et de l'enseigne de vaisseau Hautefeuille lors des premières expéditions. Elle n'a pas cessé d'habiter Hanoï, et c'est chez elle que se donnent encore rendez-vous, au moment de l'apéritif du soir, la plupart des officiers de la garnison.

« Les hommes, nous dit-elle, ne sont pas admis à visiter la

pagode des Dames, c'est un couvent cloîtré; mais je connais bien la bonzesse. Avec moi, elle ne vous refusera pas l'entrée. »

Et la bonzesse daigne, en effet, nous recevoir, solennellement assise dans un fauteuil de bois laqué et doré, autour duquel se tiennent, dans la plus respectueuse attitude, plusieurs de ses compagnes.

La pagode des Dames est consacrée à la mémoire des femmes illustres du Tonkin et, tout particulièrement, de deux sœurs de grande famille, Chin-Eul et Chin-Se, qui, dit la chronique, furent tuées sur son emplacement même, en combattant les Chinois envahisseurs.

Les Chinois, ayant vaincu les rois du Tonkin, s'étaient emparés du pays, l'écrasaient d'impôts et lui faisaient subir, en outre, les plus odieuses vexations. Deux sœurs réussirent à soulever le peuple et se trouvèrent bientôt à la tête d'une véritable armée d'ardents patriotes. L'empereur de Chine, pour maintenir sa domination, fut à son tour obligé d'envoyer toute une armée, commandée par ses meilleurs officiers. Longtemps, et non sans de fréquents succès partiels, les Tonkinois purent résister. Mais les Chinois, pour étouffer la résistance, obtinrent des défections largement payées.

Dans une dernière rencontre aux environs de Hanoï, quelques chefs tonkinois passèrent à l'ennemi. Ce fut un effroyable massacre. Les deux sœurs qui avaient soulevé la nation demeurèrent entourées seulement de quelques énergiques défenseurs, et furent tuées en combattant.

Longtemps après, Lé-Loï réussit à son tour à chasser les Chinois. Et, dès 1428, se ressouvenant de l'héroïsme des deux nobles femmes, il fit élever, sur l'emplacement même où elles furent tuées, la superbe pagode qui consacre leur mémoire.

Le temple, entretenu aux frais de l'État, est entouré de hautes murailles. Les portes d'entrée sont tenues rigoureusement fermées. Il faut longuement parlementer avant d'obtenir l'autorisation d'y pénétrer.

Un premier bâtiment, à l'entrée formée de deux superbes colonnes, de vases fantastiques en faïence blanche et bleue, et agrémentée de bas-reliefs aux dragons symboliques, n'est qu'un large vestibule. Au centre, un grand lit, aux panneaux richement sculptés, rappelle le lit sur lequel les deux sœurs, accroupies dans l'habituelle attitude tonkinoise, recevaient les chefs conjurés. Il est abrité sous deux immenses parasols jaunes, qui sont les insignes du commandement. Des attributs guerriers en bois laqué, deux éléphants en carton peint, mais dont les défenses sont de véritable ivoire, occupent les bas côtés, en souvenir des éléphants de guerre, de même qu'un cheval sellé, harnaché, prêt à être monté, mais maintenu dans son box de bambou, paraît attendre l'écuyère.

Le second bâtiment, séparé du premier par une cour dallée, est tout spécialement affecté au culte des deux héroïnes. Leurs statues sont placées debout, côte à côte, sur un autel garni de fleurs, devant lequel brûle incessamment une veilleuse analogue à celle de nos églises catholiques devant le tabernacle. Les nobles guerrières, le diadème au front, sont revêtues l'une de la robe de soie jaune, et la seconde de soie rouge richement brodées, qui sont les insignes du haut commandement. A côté d'elles, enfermées dans des châsses en verre, des chaussures de différentes formes sont autant d'ex-votos qui rappellent que les Tonkinoises ont évité la torture du petit pied. C'est en effet, dit la légende, à la suite de cette admirable résistance des femmes, que les Chinois imaginèrent, dans le but de les empêcher de combattre, la pratique du petit pied. Dans ce but, et dès le plus jeune âge, les petites filles sont séparées des garçons. A l'aide d'un bandage progressivement serré, les orteils sont maintenus repliés sous le tarse, de telle sorte que la concavité s'exagère, et que le poids du corps repose sur le métatarse et sur l'extrémité du talon. Il faut, paraît-il, plusieurs années pour obtenir ce résultat, qui n'est pas un obstacle absolu à la marche, mais la permet seulement paresseuse et cadencée, telle qu'elle est recherchée surtout chez les filles de famille, qui sont alors très désirées en mariage.

Les filles tonkinoises ont résisté. Par fierté nationale, elles ont gardé le pied naturel. De fait, elles sont, dit la renommée, supérieures aux filles chinoises, dont elles n'ont ni la servile humilité ni les lubriques bassesses.

« Elles valent mieux que les hommes, dit la maman Debeire, elles seraient capables, encore, de revendiquer le droit au combat. » Et sûrement nos loustics ne les trouveraient pas moins courageuses que les linhtaps leurs frères, dont ils ont pu, tout en les qualifiant « soldats mamzelles », constater souvent la martiale allure et l'endurance à la fatigue.

La bonzesse de la pagode des Dames est nommée à l'élection par ses compagnes. Elle doit, ainsi qu'elles, faire vœu de célibat et porter les cheveux courts. Elle ne s'en distingue, du reste, par aucun insigne, inutile sans doute pour marquer la grande autorité qu'elle a sur son entourage. D'apparence encore jeune, elle veut elle-même nous accompagner dans notre visite, nous dire l'histoire des deux héroïnes, nous demandant seulement de réserver le bâtiment occupé par ses compagnes, rigoureusement cloîtrées. Et, très touchée de notre respect, elle pousse l'amabilité jusqu'à nous offrir, dans de superbes tasses de porcelaine de Chine, du thé, des fruits et de menus gâteaux, que nous acceptons avec autant de plaisir qu'elle en met, elle-même, à recevoir quelques piastres pour l'entretien du temple. Puis, accompagnée de deux suivantes, elle nous reconduit majestueusement jusqu'à la porte, qui se referme rigoureusement, dès notre sortie.

12 *juin*. — Le canon s'est fait entendre hier soir à courte distance d'Hanoï. On assure que la milice du tong-doc a dû tenir tête à une bande de pirates, et qu'il a fallu l'intervention de la flottille pour les éloigner, mais seulement après qu'ils ont pu impunément piller et incendier un village. Simple incident, dit-on. Sans doute il en sera longtemps encore ainsi, malgré l'apparente soumission des Pavillons noirs, qui ont accepté, paraît-il, après l'occupation de Tuyen-Quan, de servir dans nos rangs, et que le général Millot a cru pouvoir immédiatement incorporer. De fait, 150 d'entre eux constituent actuellement une compagnie du 1er régiment tonkinois ; ils ont conservé leurs officiers, parmi lesquels même un lieutenant de Lu-Vinh-Phuoc. Nous seront-ils fidèles ? On en

doute beaucoup. Et la décision du général Millot à leur égard est, très généralement, sévèrement appréciée. « On les instruit, dit-on, pour leur apprendre à nous mieux combattre. »

13 juin. — L'ambassadeur de France en Chine, M. Patenôtre, est attendu d'un moment à l'autre. Depuis ce matin, un bataillon du 23° et une batterie sont sous les armes, devant la concession, pour rendre les honneurs. Les officiers supérieurs ont seuls été convoqués. M. Patenôtre nous apporte la confirmation de la paix, tant avec la Chine qu'avec la cour de Hué, qui a, dit-on, définitivement accepté le protectorat de la France sur l'Annam et le Tonkin, mais à laquelle, par une singulière condescendance, nous avons dû remettre la province de Binh-Thuan qui faisait partie intégrante de la Cochinchine française. Sa visite décidera, paraît-il, le départ du général Millot, qui estime sa mission dorénavant terminée.

14 juin. — M. Patenôtre, arrivé hier soir seulement, a pleinement confirmé la certitude d'un très prochain rapatriement des troupes françaises. Et, véritablement, on le désire; car l'inutilité apparente du maintien autant que l'inaction déterminent chez plusieurs un état d'alanguissement, de prostration nerveuse, pénible. De fait, la chaleur est accablante, les orages sont quotidiens, quand, même, ils ne se répètent pas deux et trois fois dans la même journée; et bien que le thermomètre à l'ombre, sans avoir dépassé 33°, se maintienne dans une moyenne de 29°, il est impossible de faire un mouvement sans être couvert de sueur. Aussi, l'état sanitaire est déplorable. Il y a surtout des diarrhées dysentériques et souvent des accès de fièvre fort inquiétants. Et malheureusement, au moins dans les infirmeries régimentaires, les moyens de traitement sont plus que rudimentaires. Nos soldats, mal abrités, parfois forcément mal nourris, subissent, sans résistance, l'action des miasmes délétères. Cela préoccupe assurément le commandement, mais la routine administrative est inflexible. L'autorité du général de Négrier qui, cependant, visite journellement les casernements et les malades, est elle-même à peu près impuissante.

Patience! dit-on, le retour est prochain. On aura tôt fait d'oublier quelques misères! Du lieutenant-colonel D..., il n'est plus question; il paraît dorénavant complètement étranger à son régiment et n'a pas une seule fois visité les malades, depuis le retour à Hanoï. Et j'ai dû moi-même, n'ayant pu réussir à l'entretenir directement, lui adresser lettres sur lettres, demandes sur demandes, pour obtenir enfin, et seulement grâce à l'intervention indirecte du général de Négrier, que les malades à l'infirmerie pourront, dorénavant, recevoir deux œufs et une demi-boîte de lait concentré, en remplacement de la ration alimentaire réglementaire. Il est peut-être un bon officier comptable, un prudent administrateur, mais assurément pas un véritable chef militaire. Et certains officiers de son entourage, s'ils sont loin de son insouciance, se font parfois, cependant, une singulière idée du commandement. C'est ainsi que j'ai dû, aujourd'hui même, transmettre la réclamation, très justifiée, de mon second, le médecin-major Raynaud, contre les bizarres agissements du commandant du bataillon du 23°.

« Cet officier supérieur estime, écrit M. Raynaud, que la plupart des malades me trompent, qu'il y a lieu, pour les empêcher d'abuser de ma bonne foi, de les réunir tous dans un même local, et de les mettre à peu près complètement à la diète, privés surtout de la ration quotidienne de vin. Bien plus, et convaincu sans doute que le médecin n'en sait pas plus que lui des choses de la thérapeutique, il se croit autorisé à modifier mes prescriptions, à changer les pansements, et notamment à user, dans les cas, très fréquents, d'ulcères superficiels, d'un procédé de guérison qui n'est assurément pas du goût de ceux qui le subissent. » Très brave soldat, sans aucun doute, le commandant X..., mais trop oublieux du sage précepte : chacun à son métier. Il a dû s'en apercevoir à la ruade.

16 juin. — Le 4° régiment de marche (23°, 111° et 143°) est officiellement avisé d'avoir à se tenir prêt à embarquer très prochainement pour la France. Et chacun s'en réjouit, car l'inaction est aussi préjudiciable que l'état atmosphérique. Ce soir même encore, voici qu'un de nos jeunes officiers, le sous-lieutenant Guillot, convalescent de dysenterie, et récemment sorti de l'hôpital, vient de succomber à un accès de fièvre pernicieuse algide, contre lequel le traitement classique le plus énergique (injections sous-cutanées de chlorhydro-sulfate de quinine, enveloppement, piqûres d'éther, etc., etc.) est demeuré complètement impuissant. Un formidable orage, un véritable typhon, n'est pas étranger, peut-être, au fatal dénouement.

Après entente avec le général de Négrier, en prévision de notre prochain départ officiellement annoncé, j'ai demandé l'isolement, en un groupe spécial, des malades atteints de dysenterie contagieuse, et cependant en état de supporter la traversée. Le chef d'état-major a répondu que les craintes de contagion ne sont pas fondées, qu'il n'y a pas lieu de s'en occuper, et qu'il appartient, du reste, aux médecins de la marine, de prendre, en cours de route, telles dispositions qu'ils jugeront nécessaires. Inutile d'insister.

Donc, allons-nous-en, c'est le désir de tous. Et cependant, on critique de plus en plus le traité de paix. Les anciens, les missionnaires surtout, prétendent qu'une fois encore nous avons été dupés. La cour de Hué s'est soumise, elle a consenti la destruction du cachet d'argent, signe officiel de sa vassalité vis-à-vis de la Chine, et reconnu notre droit exclusif au protectorat. Mais elle n'a pas donné d'autres garanties. Et la confiance du général Millot n'est pas justifiée. Vainement, il recommande de ne pas inquiéter les indigènes et menace de sévères punitions quiconque engagerait une lutte non rigoureusement justifiée. Les ambassadeurs et le tong-doc se déclarent satisfaits, mais leur satisfaction, toute diplomatique, n'est qu'apparente; ils n'en demeurent pas moins nos irréconciliables ennemis. Qu'en adviendra-t-il? La **guerre n'est pas finie, disent les anciens. Gare les surprises!**

17 *juin*. — La colonne de Lang-Son, qui a, paraît-il, quitté Phu-Lang-Tuong depuis le 13, est cruellement éprouvée. Elle a, dit-on, laissé en route déjà près du quart de son effectif; elle a dû, en raison du mauvais état des chemins et de l'insuffisance des mulets de trait, renvoyer son artillerie à Phu-Lang. Il y a de très nombreux malades, et les chemins, transformés en véritables torrents par des orages journaliers, sont devenus impraticables. Le convoi ne peut pas suivre, et le colonel Dugenne demande des renforts.

C'était fatal, et nous l'avions prévu, disent les anciens. Ce n'est pas à cette époque de l'année, sous une accablante chaleur, sous la tension d'une atmosphère saturée d'orages, dans un pays sans chemins et bouleversé de torrents, qu'on peut (avec un effectif de 800 hommes, parmi lesquels seulement 700 combattants, dont la moitié au moins soldats indigènes à peine instruits) faire régulièrement avancer un énorme convoi de vivres et de munitions, porté ou traîné par près de quinze cents coolies. L'état-major a assumé une bien lourde responsabilité; et bien coupable celui qui, inconsciemment sans doute, a empêché le général de Négrier d'occuper Lang-Son au lendemain même de la prise de Bac-Ninh, alors que l'état atmosphérique permettait une marche rapide, que les troupes chinoises étaient démoralisées par plusieurs défaites successives, et que la brigade, arrivée à Cau-Son, en était distante de quatre ou cinq jours au plus.

22 *juin*. — Le télégraphe avise que la colonne n'a pas encore dépassé Cau-Son, que les chemins sont impraticables, qu'il y a beaucoup de malades, que les Chinois se sont retirés, et que c'est à peine si quelques coups de fusil ont été échangés, sans conséquence du reste, probablement avec des pirates.

25 *juin*. — « C'est une promenade que vous allez faire, a dit et répété le chef d'état-major au colonel Dugenne. Vous n'aurez pas à tirer un coup de fusil. »

Les avertissements, cependant, ne lui avaient pas manqué

« Tenez-vous sur vos gardes, avaient dit les missionnaires; sûrement, vous aurez à combattre; les pirates tiennent encore le pays au delà de Kep. Ils n'hésiteront pas à attaquer de faibles détachements Il n'y a pas à se faire illusion. La duplicité chinoise, si elle ne vous oppose pas ses soldats réguliers, saura sûrement vous opposer des bandes clandestinement entretenues par elles. »

Quos vult perdere Jupiter... Le chef d'état-major a voulu ne rien entendre, il n'a rien prévu.

Et voici que notre petite colonne de Lang-Son, si cruellement éprouvée déjà par les fatigues et la maladie, arrêtée à chaque pas par des obstacles considérables, réduite de moitié, peut-être, a été attaquée, dans les défilés de Bac-Lé, par un corps de réguliers chinois estimé à 4,000 hommes au moins.

Cinq cents soldats épuisés de fatigue, empêchés par un immense convoi, n'ayant pas même un canon à leur disposition, attaqués dans un défilé par toute une armée depuis longtemps embusquée, parfaitement approvisionnée, et bien reposée. La lutte était par trop inégale. Nos soldats ont dû se replier, abandonnant une partie du convoi, peut-être même quelques blessés. Et nous avons perdu 2 officiers tués, 5 blessés, 24 soldats tués, 58 blessés et 2 disparus, sur un effectif total de 700 hommes dont 350 combattants au plus; en réalité, le tiers des effectifs engagés; beaucoup plus dans cette seule rencontre que pendant toute la campagne jusqu'à ce jour.

Vainement le colonel Dugenne, prévoyant la lutte, avait demandé des renforts. L'état-major avait estimé suffisant de lui envoyer soixante hommes de la légion étrangère. Et maintenant il paraît affolé, impuissant à prendre une décision.

Il faut des renforts. A cet effet on fait rentrer d'urgence à la citadelle, en plein midi, sous un soleil de feu, une compagnie de tirailleurs algériens campée à dix kilomètres de là, et devant s'embarquer dans la nuit pour Phu-Lang-Tuong. Et cette compagnie, surprise par la chaleur, laisse en route le tiers de son effectif.

Malgré les soins les plus énergiques, mais peut-être tardifs, deux tirailleurs succombent une heure après leur arrivée à la citadelle ; plusieurs autres, parmi lesquels deux officiers, présentent des accidents d'une telle gravité qu'il faudra sûrement les hospitaliser.

26 juin, quatre heures du soir. — L'état-major a perdu l'occasion, si favorable au lendemain de Bac-Ninh et de Lang-Kep. Et nous avons subi un grave échec pour avoir méconnu l'avis du général de Négrier. Maintenant, nous sommes acculés ; il n'y a pas à reculer. Tout de suite, il faut réparer cet échec. Il faut aujourd'hui subir ce général Maolen, dont on est si jaloux et lui dire : « Sauvez-nous. »

Assurément les Chinois ont violé le traité de Tien-Sin. Ils avaient officiellement reconnu notre droit d'occuper Lang-Son. Ils l'ont intentionnellement méconnu, attendant que la petite colonne envoyée pour cette occupation soit assez éloignée de son centre de ravitaillement, assez affaiblie, assez engagée, enfin, dans un étroit défilé, dont ils tenaient toutes les hauteurs, pour s'opposer à sa marche en avant. Le colonel Dugenne s'est efforcé de passer outre. Malgré son imposante énergie, il n'en a pas eu la possibilité ; il a dû battre en retraite.

Il n'y a pas à hésiter. Un tel échec doit être immédiatement réparé. Il y va de notre prestige au Tonkin et de l'honneur de nos armes.

Et voici que de suite le général de Négrier est prêt à partir, accompagné d'une modeste colonne de renforts. Il suffit de le voir actif, bienveillant autant qu'autoritaire, prévoyant tout, voyant tout par lui-même, pour être certain que, malgré les obstacles, une colonne sous ses ordres saura bientôt réparer les conséquences d'une fatale impéritie.

« S'il plaît à Dieu, me dit-il, en me serrant la main, au moment du départ. »

Oui, sans doute, le Dieu des armées sera propice à ce soldat qui sait virilement affirmer son autorité, faire son devoir et prendre la responsabilité de son acte.

Un formidable coup de tonnerre, sec comme un coup de canon, au moment du départ. L'orage gronde. Puissent nos gouvernants savoir, dorénavant, se tenir mieux en garde !

26 *juin*. — Les dépêches du jour, commentées par toute la garnison, donnent à l'affaire le caractère d'un désastre.

« Nous sommes cernés et sans espoir », dit une première dépêche du lieutenant Bailly. Puis une seconde accuse 8 officiers et 30 hommes tués, 75 blessés, 60 disparus, cela sur un effectif de 500 combattants ! Mon collègue, le médecin-major Gentil, est, dit-on, gravement blessé et de même un jeune médecin de la marine, M. Chassériau. Les capitaines Clémenceau, de l'état-major, et Jamais, de la légion étrangère, sont tués. L'ambulance et le convoi sont au pouvoir de l'ennemi. C'en est trop ! L'échec est grave, sans doute, mais il ne faut pas l'exagérer.

Tout de suite, du reste, il faut un bouc émissaire !

L'armée chinoise, dit-on, a protesté n'avoir reçu aucune notification officielle du traité de paix, ni davantage aucun ordre d'évacuation. Elle en est, dit-elle, tout au plus avisée par renseignements officieux. Elle veut bien cependant éviter le combat, mais elle entend conserver ses positions jusqu'à plus ample informé. Il doit suffire de télégraphier à Pékin pour obtenir un ordre. C'est un retard de cinq ou six jours au plus, le temps indispensable à l'évacuation...

Et le colonel, rêvant peut-être quelque facile victoire, aurait formellement refusé !

« Sans doute, dit l'état-major, il devait redouter un piège, et éviter de se laisser acculer. Mais il aurait dû, avant d'agir, faire connaître la situation, au moins attendre les instructions du général en chef. Il ne l'a pas fait. Et son imprudente témérité nous vaut un désastre. »

La lutte a temporairement cessé, disent également les télégrammes. Les Chinois n'osent pas poursuivre : ils se contentent de nous observer. Espérons que le général de Négrier arrivera assez tôt pour nous dégager!

Inutilement j'ai demandé, pour le pouvoir accompagner, à reprendre ma place à l'ambulance. Non seulement ma demande a été écartée, mais encore la manière d'être du lieutenant-colonel D... vis-à-vis de moi devient véritablement pénible.

Il espérait de suite rentrer en France, et déjà le régiment était en parti désarmé, les fusils eux-mêmes étant remis en caisse. Il est donc fort désappointé, et le fait désagréablement sentir à tous, n'ayant cure, en vérité, que de son bien-être personnel.

En voici un exemple :

Dès hier, par ordre du médecin en chef des ambulances, M. Driout, j'ai dû mettre d'urgence à sa disposition tous les brancards que possédait le régiment. « Ils sont, m'avait-il dit (notre convoi ayant été enlevé par l'ennemi), indispensables pour le transport des blessés. De suite, par une note écrite, j'ai avisé le lieutenant-colonel D... Et vu l'urgence, j'ai remis immédiatement les brancards demandés.

Grand émoi du lieutenant-colonel. La cession n'est pas régulière ; le conseil d'administration n'a pas été prévenu, etc., etc.

Et ce soir, je suis très vivement interpellé à ce sujet.

Je venais, dans une visite spéciale, manifester mon étonnement de n'être point informé de l'ordre donné, paraît-il, au bataillon du 111ᵉ d'avoir à se tenir prêt à partir. « Oui, me répond le lieutenant-colonel. Le bataillon a reçu, en effet, l'ordre de se tenir prêt à partir, cette nuit même. Mais cela ne vous regarde pas. Le docteur Raynaud suffira. Vous avez, du reste, sans mon assentiment, disposé de plusieurs brancards. J'attends des explications. »

« J'ai eu, dis-je, l'honneur de vous aviser aussitôt, de la demande que m'a adressée le médecin chef. En raison de l'urgence, il ne m'a pas été possible d'attendre votre réponse. L'ambulance a dû partir immédiatement, j'ai dû livrer immédiatement.

« Permettez-moi, d'autre part, de vous faire remarquer que je suis, par décision ministérielle, le chef du service de santé au régiment. A ce titre, M. l'aide-major Raynaud est sous mes ordres. Il m'appartient de lui donner des instructions, alors qu'il est détaché pour un service. Et je ne suis même pas avisé de son départ. Cela n'est pas admissible. »

« J'admets, moi, que je vous mettrai aux arrêts, si vous ne justifiez pas, par un ordre direct de l'état-major, la livraison que vous avez faite des brancards du régiment. »

Cette menace faite en présence de plusieurs officiers, parmi lesquels le commandant Chapuis du 111ᵉ, le sous-lieutenant Sue et l'aide-major Raynaud, me parut au moins déplacée.

« Soit, dis-je, vous le pouvez, mais je suis, moi, dans l'obligation de vous rappeler, je le regrette, que vous n'avez pas le droit de m'en menacer en présence de mes camarades, et moins encore d'un subordonné. »

Alors, hors de lui : « Rendez-vous de suite aux arrêts, dit-il. J'aviserai. »

Je me retirai sans un mot. Qu'en adviendra-t-il ? Je saurai patienter en soldat, mais non pas servilement m'incliner.

27 juin. — Les récits qui nous parviennent sont navrants. Tout est à recommencer, dit-on. Les Chinois ont partout repris l'offensive. « La colonne avait dépassé Bac-Lé, elle préparait le passage du Song-Thuong, à l'entrée des défilés de Dong-Naï, lorsque son avant-garde fut accueillie par une grêle de balles, l'ennemi demeurant, du reste, à peu près invisible. La colonne put cependant avancer, franchir le torrent, et, bientôt rejointe par le convoi, établir son campement pour la journée. Et le feu avait cessé quand, vers neuf heures, se présenta aux avant-postes un parlementaire chinois, qui fut aussitôt conduit au commandant d'avant-garde. Il avait, paraît-il, connaissance du traité de Tien-Sin.

« Les Chinois, dit-il, ne veulent plus faire la guerre avec les Français ; mais ils n'ont pas encore reçu l'ordre de partir ; ils ont besoin de dix jours au moins pour retirer leurs troupes leur innombrable armée occupant tout le pays jusqu'à Lang-Son. Le général demande donc au moins six jours avant de se retirer, le temps strictement nécessaire pour communiquer avec le Tsong-li-Yamen, et recevoir les ordres indispensables; il s'engage à se retirer dès qu'il y sera officiellement autorisé. »

Vainement l'officier d'avant-poste voulut envoyer ce prétendu parlementaire au lieutenant-colonel Dugenne. Il n'y consentit pas, et venait de se retirer lorsque parut un nouveau parlementaire, haut mandarin, se disant autorisé par le vice-roi du Quang-Si. Et lui ne demande plus la confirmation officielle du traité de paix, il la considère comme acquise, mais il déclare qu'en raison du mauvais état des chemins, l'évacuation complète des troupes chinoises nécessite un délai minimum de six jours.

Inutilement le commandant Crétin, chef d'état-major, se porte au-devant de lui, l'invitant à se présenter lui-même au lieutenant-colonel Dugenne. Il s'y refuse, déclarant qu'il lui est interdit de franchir les avant-postes.

La colonne Dugenne occupait alors, vers le milieu du défilé, la route fort étroite, dominée d'un côté par des rochers, de l'autre adossée aux rives du Song-Thuong, couvertes, en cet endroit, d'une véritable forêt de bambous et de broussailles. Devant elle, les Chinois avaient tracé une ligne qu'il était interdit de franchir, nos soldats, du reste, fraternisant avec eux, dans un échange de joyeux procédés.

Il crut devoir faire répondre, « qu'il avait ordre de passer, et que dès quatre heures du soir, il se remettrait en route. » Et le parlementaire se retira.

Vers quatre heures, en effet, le colonel Dugenne voulut reprendre sa marche en avant. Les Chinois, cachés derrière les roches et abrités par des terrassements, le laissèrent s'engager. Ils commencèrent alors de véritables feux de salve, exécutant, en même temps, un mouvement d'enveloppement. Parfaitement abrités, ils tiraient à coup sûr et nous décimaient. Il fallut gagner un mamelon, s'y former en carré et s'y mettre, autant que possible, à l'abri de quelques retranchements hâtivement creusés. La nuit fut pleine d'angoisse, le moindre indice permettant aux Chinois de tirer à coup sûr. Dès l'aube, la lutte reprit plus terrible encore. Les Chinois avaient manœuvré de manière à nous couper toute retraite. Et c'est en se glissant au milieu d'eux que le lieutenant Bailly, de l'infanterie de marine, put arriver jusqu'à Cau-Son, pour pouvoir télégraphiquement aviser le poste de Phu-Lang et le général en chef.

« Nous sommes cernés et sans espoir », disait cette première dépêche.

Cependant le colonel Dugenne se refusait à se replier. Il fallut s'y décider enfin, et se frayer un chemin sous les balles d'ennemis qui demeuraient prudemment invisibles. L'arrière-garde fut confiée au capitaine Maillard, de la légion, assisté d'une compagnie d'infanterie de marine (capitaine Bucquet), et d'un peloton de chasseurs à cheval (capitaine de Laperine). Elle avait mission d'enlever tous les blessés, d'emporter également les morts, et de maintenir l'ennemi pendant que la légion forcerait le cercle. Et la retraite s'effectua sous le feu. Il fallut néanmoins abandonner le convoi, ce qui fut peut-être le salut, les Chinois paraissant plus occupés au pillage qu'à la poursuite.

Sans doute, le guet-apens était préparé. En demandant le temps nécessaire pour pouvoir s'éloigner, les Chinois cherchaient seulement à se grouper en nombre suffisant pour nous écraser. Ils savaient la colonne à peine composée de six cents combattants, parmi lesquels plusieurs malades. Ils espéraient l'anéantir.

Le colonel Dugenne, l'énergique soldat dont la légendaire bravoure en imposait à tous, qui savait d'un geste seulement incliner toutes les volontés, même celles de ses terribles zéphyrs, réputés la bande des brigands indomptables, fut-il, ce jour-là, plus que téméraire? On peut l'admettre. Peut-on lui faire un autre reproche? A-t-il véritablement négligé, ainsi qu'il en est accusé, de faire connaître au général en chef la véritable situation? a-t-il dédaigné d'attendre les renforts nécessaires? Ce sont là toutes questions à élucider pour pouvoir décider les responsabilités.

« Un bon citoyen, lorsqu'il aime Dieu et sa Patrie, fait tout ce qu'il peut, rien que ce qu'il peut; il est prudent sans être lâche, et comme il est désintéressé, il se trompe rarement sur ce qu'il doit faire » — Le lieutenant-colonel Dugenne a-t-il été ce bon citoyen, si bien défini par Lacordaire? Personnellement, je veux le croire, plus enclin à faire peser la responsabilité sur l'état-major, qui, malgré des avertissements réitérés, n'a rien voulu prévoir et n'a rien organisé. Le guet-apens est manifeste, dit-on, très généralement. Le général en chef savait de longue date la perfidie chinoise. Et cependant, il en a été dupe. Le lieutenant-colonel Dugenne avait reçu l'ordre d'occuper Lang-Son, et non pas de faire œuvre de diplomate. Il a rempli son devoir de soldat, il n'en avait pas d'autre. Il appartenait au général en chef, ou mieux à son chef d'état-major, le colonel Guerrier, de préparer les voies. Ils n'ont absolument rien fait pour cela. Le colonel Dugenne n'avait même pas un interprète à sa disposition.

Il a dû recourir à son boy pour comprendre ce que lui faisaient dire les parlementaires chinois. Evidemment, ils avaient connaissance du traité de Tien-Tsin. Et leur prétention d'attendre des ordres pour se retirer devant nous n'était pas justifiable. Le colonel put croire que l'ennemi, sachant son effectif réduit à une poignée de combattants suivis d'un immense convoi, cherchait seulement une occasion prospère pour s'en emparer. Et de fait, l'abandon du convoi fut son salut. La responsabilité du soldat, si elle n'est pas absolument couverte, se trouve du moins ainsi très atténuée. Tel est l'avis général.

29 juin. — Contrairement au règlement, je n'ai reçu encore aucune notification écrite ni de la durée ni du motif de la punition que m'a infligée le lieutenant-colonel commandant le régiment. De l'avis de mes camarades, notamment des colonels Belin, de l'infanterie de marine, et Letellier, des tirailleurs algériens, je dois la considérer comme non avenue. « C'est assez, me disent-ils, dans les circonstances où nous sommes, d'avoir à subir un chef paperassier autant qu'égoïste ; faites votre service sans vous préoccuper autrement de ce qu'il en pense. » De fait, où serons-nous demain ? La lutte se poursuit ; et de nouveaux combats avec l'armée chinoise nous ont, hier encore, paraît-il, coûté trois hommes tués et dix blessés.

Mais on assure, d'autre part, que l'amiral Courbet a reçu du gouvernement l'ordre de se porter immédiatement en Chine, et de signifier un ultimatum au Tsong-li-Yamen. Est-ce donc la guerre positivement déclarée à la Chine ? Et que valent, dès lors, les affirmations du ministre Ferry ? Du moins, il faut une réparation au guet-apens de Bac-Lé ; une énergique attitude peut seule l'obtenir ; elle est actuellement indispensable.

30 juin. — Les blessés de la colonne Dugenne, groupés à Phu-Lang-Tuong par les soins du médecin chef Driout, ont été transportés à bord de l'*Éclair* et doivent arriver ce soir même à Hanoï, pour occuper, dans les magasins à riz de la citadelle, les locaux que l'état-major a chargé l'aide-major Morand d'aménager autant que possible à cet effet. Sans doute la marine, qui, cependant, est spécialement responsable du service hospitalier, n'a pas été avisée, car elle se montre sinon insouciante, du moins bien imprudente. Elle envoie au nouvel hôpital, sans même les avoir fait nettoyer, des matelas encore remplis de pus et de sang, par conséquent susceptibles de devenir une nouvelle source de contamination. Mon jeune camarade fait appel à mon autorité pour en obtenir le remplacement ; mais n'appartenant plus régulièrement au service de l'ambulance, je ne puis qu'intervenir officieusement, au risque encore d'être rappelé à l'ordre. Advienne que pourra. L'essentiel est d'abord d'assurer à nos blessés les soins efficaces auxquels ils ont tous les droits.

L'*Éclair*, sous les ordres de mon ami le lieutenant de vaisseau Leygue, vient vers dix heures du soir jeter l'ancre devant la concession. A la hâte, on a réuni quelques coolies, soixante au plus, avec une vingtaine de civières, pour transporter à la citadelle les soixante-dix blessés qui se trouvent à bord. Il y a là, pour représenter l'état-major, un jeune sergent très actif, très dévoué, cherchant avec quelques hommes de garde à former un premier convoi.

« Vous n'avez à votre disposition, lui dis-je, qu'un nombre très insuffisant de coolies porteurs et de brancards. En raison de la distance de la citadelle, près de trois kilomètres, il faut quatre hommes pour porter un blessé. Hâtez-vous de faire transporter les plus gravement atteints que voici. Et revenez au pas gymnastique. Un aide-major accompagnera ceux des blessés qui peuvent marcher. Mais il y en a plus de quarante à transporter. Il faudra nécessairement faire au moins deux voyages; allez vite et revenez vite. »

« Oui, me dit-il, aussi vite qu'il me sera possible, je vous le promets, monsieur le major. » Et le premier convoi s'en fut, régulièrement encadré des surveillants. Mais, sans doute en raison de l'heure tardive, rien n'ayant été prévu, il fut impossible d'obtenir ni nouveaux coolies, ni supplément de civières. Il fallut donc attendre plus de deux heures le retour du sergent, qui revint en effet, mais avec des porteurs épuisés de fatigue, et ne consentant que sous menaces un second convoi, qu'il fallut très étroitement surveiller pour éviter l'abandon en cours de route.

Enfin, vers deux heures du matin, tous nos blessés étaient, tant bien que mal, à peu près logés, jouissant d'un repos dont ils avaient le plus impérieux besoin.

« J'ai dû, me dit le sergent, menacer les porteurs de les faire embrocher, et même leur allonger quelques coups de bâton. Dès qu'ils espéraient n'être pas vus, ils déposaient les blessés à terre, et s'enfuyaient à toutes jambes. Malheureusement, pendant que j'étais en train de corriger un de ces malandrins, survint un pékin qui me reprocha vivement ma prétendue brutalité. J'ignore qui il est, mais je l'ai vivement invité à se mêler de ses affaires. Il ira sans doute porter une plainte contre moi. Je ne pouvais cependant pas abandonner nos malheureux blessés. »

Qu'en advint-il, je l'ignore. Ce brave sergent s'était montré intelligent autant qu'énergique. Assurément il méritait des éloges et non pas un blâme. Personnellement je lui serrai cordialement la main.

1ᵉʳ *juillet.* — Par des blessés, nous avons enfin des détails précis sur Bac-Lé. C'est décidément un guet-apens. Les prétendus parlementaires n'étaient autres que des espions. Malgré la bravoure des chefs et des soldats, l'écrasante supériorité du nombre et le choix de la position devaient fatalement nous être funestes. Malheureusement, bien des blessés ont eu la tête coupée avant qu'il ait été possible de les dégager. N'ont échappé que ceux qui, relevés immédiatement, ont pu suivre soit à pied, soit emportés par les chasseurs à cheval, dont l'héroïque conduite est proclamée par tous les témoins de leur absolu dévouement. C'est ainsi qu'a été sauvé mon camarade Gentil, dont les blessés sont unanimes à dire le superbe dévouement et qui est, heureusement, moins gravement atteint qu'on pouvait d'abord le redouter. Par eux également, nous apprenons que le général de Négrier, dès son arrivée à Phu-Lang-Tuong, dans la soirée du 25 juin, a donné une nouvelle preuve de sa virile énergie. Trois compagnies de tirailleurs algériens, parties quelques heures avant lui, avaient reçu l'ordre de se rendre par eau jusqu'à Cau-Son. Il fut impossible au bateau de remonter le Song-Thuong; et, bien que commandées par un officier de grande valeur, le commandant Béranger, elles durent, au lieu de se rendre à Cau-Son, revenir à Phu-Lang. Le général comptait sur elles, pour renforcer la colonne en retraite. Il se trouvait ainsi privé de ses moyens d'action, et les secours, cependant, paraissaient urgents. Il n'hésita pas. Au risque d'être surpris, enlevé par l'ennemi, il partit accompagné seulement de son chef d'état-major, le brave capitaine Fortoul, et de son officier d'ordonnance, Guibal. Et son audace lui permit d'arriver jusqu'au colonel Dugenne, lequel, du reste, continuait son mouvement de retraite dans le plus grand ordre, et malgré le très petit nombre de ses soldats, savait, par son imperturbable sang-froid, maintenir à distance toute une armée chinoise.

Les turcos ne se firent pas attendre longtemps. Et bientôt, déployés à droite et à gauche de la colonne en retraite, ils purent, non sans pertes malheureusement (trois tués et dix blessés), rapidement déblayer le terrain.

Au dire de tous, quand, dès le 20 et même le 21, la colonne fut accueillie par quelques coups de feu, elle croyait n'avoir affaire qu'à quelques pirates. Et c'est seulement dans la journée du 21 qu'elle put se rendre compte de la présence devant elle d'une véritable armée chinoise.

Le colonel avait pu lui-même la constater; mais elle s'était abstenue de toute démonstration offensive. Et convaincu qu'elle se retirerait tranquillement devant lui, qu'il pourrait par conséquent arriver sans entraves à Lang-Son, il avait, un peu hâtivement peut-être, dès l'aube du 23, donné l'ordre de marche en avant.

La légion étrangère, sous les ordres du capitaine Maillard, éclairait le mouvement, assistée d'une section de Tonkinois. A peine avait-elle franchi le Song-Thuong, qu'elle devint la cible d'un fort contingent chinois, groupé sur un mamelon boisé, à 300 mètres au plus. Le feu, mal dirigé, et paraissant dénoter des soldats peu exercés, ne fit, du reste, aucune victime. Et de suite, l'avant-garde, appuyée par une compagnie d'infanterie de marine, et vigoureusement entraînée sous la direction du capitaine Lecomte, put se développer à droite et à gauche, s'emparer du mamelon boisé d'où venaient de partir les premiers coups de feu, et faire face à l'ennemi.

La lutte n'avait pas été prévue. Le colonel Dugenne voulut bien croire à quelque méprise; il fit cesser le feu, et les Chinois s'abstinrent également. La colonne, alors resserrée entre les hauteurs à pic de Dong-Naï et le Song-Thuong, par conséquent absolument dominée, profita de ce court répit pour se reformer, avancer et se dégager. Mais, à peine avait-elle pu déboucher dans une clairière, qu'elle fut reçue par de véritables feux de salve qui firent de très nombreuses victimes. Elle avança néanmoins, réussit à déloger l'ennemi, et put faire occuper un mamelon découvert qui domine une certaine étendue de terrain. Et, pour la seconde fois, le feu cessa des deux côtés, et le convoi put à son tour effectuer le passage de la rivière.

C'est alors, vers neuf heures du matin, qu'apparut un premier parlementaire chinois. Il était porteur de lettres, dont l'interprète du colonel fut incapable de traduire exactement la teneur, mais dont son boy, plus instruit, put dire au moins le sens. « Le général chinois, dit-il, a connaissance du traité de paix. Il sait que son armée doit se retirer sans combattre, et il a donné des ordres en conséquence; mais il a besoin de dix jours pour passer complètement la frontière. »

Il parut donc certain que les Chinois, ainsi que l'avait prévu le colonel, se retiraient devant nous, et que dorénavant, nous n'aurions plus à combattre.

De fait, une raie tracée à la canne sur le chemin sépara les deux armées; et les avant-postes reçurent l'ordre de s'en tenir à dix pas au moins, avec interdiction formelle de la franchir.

Et tout de suite, nos soldats fraternisent, se passent du tabac, échangent des biscuits et entretiennent des conversations qui paraissent ne laisser aucun doute sur l'intention de cesser dorénavant toute hostilité.

Voici du reste, vers dix heures, que se présente un nouveau parlementaire, envoyé, dit-il, par le vice-roi du Quang-Si, pour donner aux chefs chinois l'ordre de cesser immédiatement toute hostilité, et de hâter la retraite au delà de la frontière. Il déclare, de plus, que les Français ont été attaqués par des pirates, non par des réguliers, et que quelques heures lui suffiront pour faire commencer le mouvement de retraite.

Enfin, dans l'après-midi, arrivent, escortés par de superbes soldats, parfaitement armés et équipés, deux nouveaux parlementaires, lesquels confirment au commandant Crétin, chargé de les recevoir, l'intention formelle de l'armée chinoise de se replier immédiatement.

C'est alors que le colonel, les ayant informés de l'obligation dans laquelle il se trouve d'avancer, donne l'ordre de se porter en avant, mais de s'abstenir absolument de tirer.

Il était quatre heures du soir. Et la colonne se trouvait à l'entrée d'une clairière, quand elle y fut reçue par de véritables feux de salve. Il fallut alors se replier. Le combat n'ayant pas été prévu, il y avait à peine un rudiment d'ambulance; les coolies porteurs avaient disparu dès les premiers coups de fusil. De toute nécessité donc il fallut, tout en combattant, entraîner les blessés, menacés, s'ils tombaient aux mains de l'ennemi, d'avoir la tête immédiatement tranchée. Et la nuit seule vint mettre fin à la lutte.

La colonne put ainsi se grouper sur un étroit mamelon et s'y terrer, pour échapper au feu qui la décimait. La moindre lumière, le moindre indice amenaient un redoublement.

Et pendant toute la nuit, les lugubres appels des trompettes et conques chinoises précisaient un mouvement méthodique d'enveloppement.

De fait, vers le matin du 24, l'investissement était complet. De toute nécessité, il fallait forcer le cercle de fer. Le lieutenant Bailly, admirable de courage et de dévouement, avait pu, profitant de la nuit, se faufiler dans les lignes chinoises ; il avait réussi à entrer en communication télégraphique avec Lang-Kep, de manière à aviser le général Millot. Le colonel Dugenne, superbe de sang-froid, prit alors ses dispositions en conséquence. Tous, du reste, officiers et soldats, rivalisaient d'énergie et d'abnégation. Le colonel fit charger, tant bien que mal, les blessés et les morts sur les quelques mulets échappés au feu, abandonna le convoi, confia à l'énergie des chasseurs à cheval, appuyés par une compagnie de la légion, sous le commandement du capitaine Maillard, la difficile mission de maintenir l'ennemi, et put ainsi foncer en avant. La retraite, malgré le formidable feu de l'ennemi, se fit sans précipitation, et dans un très bon ordre. Et bientôt les Chinois, tout à la joie de leur succès, surtout très occupés du pillage du convoi, devinrent de plus en plus hésitants dans la poursuite.

La colonne put ainsi parvenir jusqu'à Cau-Son où arrivait,

en même temps qu'elle, le général de Négrier, assisté des quelques renforts indispensables pour la mettre complètement à l'abri. Elle put ainsi, sans être autrement inquiétée, reprendre ses cantonnements, dans la préparation d'un nouveau mouvement en avant.

Le guet-apens de Bac-Lé, sans aucun doute, sera chèrement payé, jamais trop, cependant, pour venger les malheureux officiers et soldats qui en ont été victimes. La Chine a cru pouvoir impunément violer le traité à Tien-Tsin. Elle sera bientôt désabusée.

Notre escadre est à Tché-Fou, où, paraît-il, elle a dû, pendant même que nos soldats se battaient à Bac-Lé, recevoir la visite officielle de l'escadre chinoise et de Li-Hung-Tchang lui-même, venu tout exprès, dit un télégramme, accompagné de nombreux mandarins, pour confirmer la paix par d'amicales relations. Le vice-roi a été superbement reçu ; il s'est retiré très satisfait de l'accueil de l'amiral Courbet. Sans aucun doute, il ne pouvait pas prévoir alors une infraction aux ordres du Tsong-Li-Yamen, par les troupes chinoises, du Quang-Si, en avant de Lang-Son. Sans doute aussi, il s'efforcera de faire admettre une méprise. Mais, quelles que soient les explications, nous avons droit à une éclatante réparation. Et si les Chinois la refusent, nous saurons la leur imposer.

L'amiral Courbet n'est pas homme à se laisser longtemps berner.

C'est donc la guerre probable, et cette fois nettement déclarée, avec la Chine, qui jusqu'à ce jour paraît n'avoir été que très partiellement engagée. Cela peut nous mener loin, étant connues les dispositions à notre égard de quelques puissances européennes, et notamment de l'Angleterre.

Bien évidemment, cependant, il n'y a pas à reculer. Et nous sommes, dès maintenant, dans la stricte obligation de nous y préparer.

Pour l'instant, eu égard à sa situation climatérique et surtout à l'insuffisance absolue des effectifs, il n'y a pas à prendre l'offensive. Il faut se contenter de se tenir sur la défensive, et de se préparer à l'action, dès que le temps et les renforts le permettront. Et pendant que l'amiral agira devant Fou-Tchéou, nous aurons nous-mêmes à nous tenir prêts au Tonkin.

L'ordre du jour du général Millot est insuffisant, cependant, pour éteindre chez un grand nombre l'expression d'un grand désappointement. Ils espéraient rentrer de suite, et voici que tout est à recommencer.

« Soldats, dit le général aux survivants de Bac-Lé, vous avez égalé les héros de la première République ! ... » C'est assurément très possible. Qu'il soit républicain, royaliste ou impérialiste, le sang français, alors qu'il est agité, se retrouve toujours le même.

Mais cet enthousiasme de commande, s'il est une satisfaction méritée par les combattants de Bac-Lé, ne répond pas au besoin général. C'est par l'action, et dans l'action seulement, que s'affirment les caractères. Et malheureusement, au moins au Tonkin, nous sommes actuellement condamnés au repos, un repos qui, bien évidemment, du reste, n'est rien qu'une veillée d'armes.

Le tong-doc d'Hanoï le sait bien, sans doute. On raconte, en effet, que pour éviter de répondre à l'appel de la cour de Hué, d'où sans doute il ne serait pas revenu, il se fait garder à vue, chez lui, par une sentinelle française. Précieuse garantie pour lui, bien certainement.

5 juillet. — Enfin, et sur les instances du service de santé, on se décide à renvoyer en France tous les impotents et les convalescents, pour qui le maintien ici est un véritable danger. Mais combien de formalités à remplir pour la réalisation de cette sage mesure prophylactique ! Seul le conseil maritime de santé a mission de décider ; mais il réside à Hanoï, de telle sorte qu'il faut, avant de décider leur rapatriement, faire venir ici, à grands frais, et non sans d'inutiles fatigues, tous les malades disséminés dans nos divers postes d'occupation. Il serait assurément plus logique, sur simple demande des médecins, de les diriger immédiatement sur Haï-Phong, ou mieux encore sur Quang-Nyem, où ils pourraient attendre, dans les meilleures conditions, soit le rapatriement nécessaire, soit une amélioration suffisante pour autoriser leur maintien au Tonkin.

7 juillet. — La colonne de Lang-Son demeure cantonnée à Phu-Lang-Tuong, actuellement notre poste le plus avancé sur le Song-Kong, Et rien ne transpire des méditations de l'état-major. De fait la chaleur est accablante, invariable de jour et de nuit, entre 28 et 30 degrés ; les orages sont quotidiens, les éclairs du soir surtout ont parfois le plus fantastique aspect. L'imagination aidant, c'est là, semble-t-il, que les indigènes ont trouvé les modèles des allégoriques chimères qui ornent les pagodes. Et l'humidité demeure tout aussi pénétrante. *C'est l'étuve humide en permanence.* Même enfermés dans d'épaisses cantines, livres et effets sont bientôt recouverts d'une couche puante de moisissures verdâtres. Pour comble, les grenouilles, les rats, les cancrelats, les moustiques, les jeckos paraissent se disputer la possession de nos abris, ne respectant même pas nos lits. Si nécessaire qu'il soit, le repos est illusoire. Malgré des douches quotidiennes, très sommaires du reste, les habituelles éruptions de bourbouilles sont agrémentées d'une véritable invasion de furoncles.

10 juillet. — Je n'y tiens plus moi-même, je suis épuisé, couvert de furoncles et d'anthrax, constamment fébrile, sans un instant de repos, et condamné à l'hôpital. Le découragement est ce qu'il y a de pire en ce monde ; il est, a, je crois, dit Lacordaire, la mort de la virilité. Je résiste et je ne veux point subir cette mort. C'est trop déjà que l'indolence qui me gagne. Mais, voici que le lieutenant colonel D.... entend, dit-on, me faire punir de quinze jours d'arrêts de rigueur, sous prétexte de violation d'arrêts simples dont il ne m'a, contrairement au règlement, encore spécifié ni la durée ni le motif, et que les officiers les plus autorisés considèrent comme non avenus.

Qui est sûr de son droit doit le pouvoir faire respecter. Il faut, parfois, savoir imposer la justice à qui a mission de la rendre. Esprit flottant, nature inquiète ne sauraient signifier cœur sans énergie. J'entends obtenir justice.

14 juillet. — La fête républicaine est dans tout son éclat. Par ordre, sans doute, les indigènes ont eux-mêmes pavoisé et illuminé leurs demeures. La fête, cependant, ne paraît pas dans les cœurs. Loin de la mère Patrie, et si fantastique que soit l'occasion d'une fête, on devrait, semble-t-il, s'unir tous alors, pour saluer le drapeau. Il semble, au contraire, que ce soit prétexte à dégradantes orgies, suivies toujours, hélas! de tapageuses discussions, parfois même de véritables luttes. C'est ce qui vient d'arriver. A la citadelle, après le retour des troupes réunies pour la revue du soir face à la concession et le long de la rue des Incrusteurs, marsouins et soldats de la ligne ont nécessité l'intervention d'une forte patrouille, commandée par un capitaine. Il y a, dit-on, quelques graves blessures. Voilà où conduit la seule animosité soigneusement entretenue, disent les médisants, entre les divers services de la guerre et de la marine. Heureusement cela s'oublie devant l'ennemi, et chacun alors ne songe plus qu'à son devoir de Français.

Je n'ai pas reçu de réponse à ma réclamation. Inutilement, j'ai cherché à voir le général Millot. J'ai besoin d'en arriver à l'indifférence. J'ai le bon droit pour moi, mes camarades le disent hautement, et l'inertie du général signifie sans doute, disent-ils, qu'il ne veut pas avoir à le reconnaître publiquement. Cela doit me suffire.

17 juillet. — Toujours fébrile, véritablement à bout de forces, et à peine capable de supporter même dans une de ces petites voitures à bras, une djin-rich-ka, en usage dans le pays, mon transfert du cloaque actuel de l'hôpital de la concession au nouvel hôpital, aménagé tant bien que mal depuis quelques jours seulement, dans les magasins à riz de la citadelle.

Donner l'ordre d'affecter certains locaux au logement des

malades, c'est facile; c'est ce que s'est contenté de faire l'état-major. Encore fallait-il, avant l'occupation, s'assurer d'abord que les locaux étaient, au moins, pourvus des lits et des ustensiles indispensables à des malades. L'administration ne s'en est pas occupée, et le médecin chef, M. Rey, obligé de s'en tenir à la stricte observation technique, a subi l'ordre d'évacuation, sans savoir si les locaux étaient en état de la recevoir. C'est ainsi que des soldats, épuisés par la fièvre et la dysenterie, sont étendus pêle-mêle sur les planches de ces magasins à riz, n'ayant parfois d'autre protection qu'une simple couverture. Sainte administration! Heureusement, quelques sœurs hospitalières de Saint-Paul de Chartres n'abandonnent pas les malades. Dédaigneuses de la fatigue, elles sont superbes de dévouement et, notamment, la supérieure actuelle, sœur Hyacinthe (1).

19 juillet. — On a, depuis hier, enregistré sept morts à l'hôpital, sur un effectif total de cent douze malades. Cela ne saurait durer. Il est plus que temps de prendre d'énergiques mesures. La situation sanitaire devient véritablement inquiétante. Il ne suffit pas, ainsi que cela vient d'être fait, de décider que le biscuit et le lard seront, aussi souvent que possible, remplacés par des légumes, de la viande et du pain. Il faut surtout obtenir que la chose soit immédiatement possible. Et presque certainement, il n'en est rien.

20 juillet. — Une dépêche de France : Je suis officieusement avisé de ma nomination au grade de médecin principal. Mon père m'a mis au cœur le désir d'être utile. Que la santé me revienne donc pour me permettre de justifier cet avancement et surtout de lutter encore, pour le bien de nos soldats malades, contre l'indifférence des blasés!

23 juillet. — Cet après-midi, et pour la première fois depuis leur retour, le général Millot vient à l'hôpital, visiter

(1) Chevalier de la Légion d'honneur après une épidémie de choléra.

les blessés de Lang-Son. Il veut bien également me voir :
« Vous êtes malade, me dit-il ; j'en sais peut-être l'origine. Je connais votre histoire au régiment. J'accorde que vous avez eu raison. Mais je ne puis pas le reconnaître officiellement ; ce serait détruire l'autorité du commandement. »

Ceci, dit en présence de son officier d'ordonnance, du médecin chef et du colonel Letellier, pouvait me suffire.

« J'ai désiré seulement, mon général, vous convaincre que la seconde punition qui m'a été infligée n'est pas plus justifiée que la première, qui n'a même pas encore été libellée.

— Soit, dit-il ; mais, je vous le répète, je ne veux pas amoindrir l'autorité du commandement. »

Et, du ton enjoué qui lui est habituel : « Un homme intelligent doit le comprendre. Je vous envoie à Quang-Yem, vous reposer à l'air de la mer. Vous nous reviendrez guéri, ayant tout oublié. » Puis il me tendit la main, et nous nous séparâmes.

Soit ; j'oublierai. La leçon n'est pas inutile. Et d'ailleurs, j'ai la conviction que le lieutenant-colonel D... sait actuellement lui-même à quoi s'en tenir. Les amis m'en félicitent, comme ils me félicitent de ma nomination, non encore officielle, cependant.

25 juillet. — Les Chinois, dit la rumeur, se concentrent, pillent le pays et menacent déjà nos postes les plus avancés, tels que Phu-Lang-Tuong et Than-Nguyen.

On dit, d'autre part, que notre ambassadeur, M. Patenôtre, n'ayant pas obtenu satisfaction à Pékin, au moins dans une demande, successivement réduite, d'une indemnité de deux cent cinquante à cinquante millions, a fait donner plein pouvoir d'action à l'amiral Courbet. C'est donc la guerre nettement déclarée. Il est temps, non plus de nous tenir sur une constante défensive, mais d'agir avec autant de résolution que d'énergie. L'inertie calculée des Chinois ne saurait plus longtemps nous en imposer. Il faut en avoir raison. Et cela ne se peut qu'à coups de canon.

26 juillet. — Chaque jour ajoute une nouvelle victime à celles, si nombreuses déjà, que nous a coûtées le désastre de Bac-Lé. Aujourd'hui, c'est mon jeune camarade l'aide-major Claude. Sa vigueur corporelle, son joyeux entrain ont été impuissants à le garantir. Au lendemain de son retour à Hanoï, il a dû s'aliter, entrer à l'hôpital. Il n'en devait pas sortir! De la prostration d'abord, puis une fièvre continue, des douleurs erratiques, de la congestion du foie, puis enfin quelques hémorragies intestinales et l'algidité finale; il est mort ce matin, à six heures, après une longue agonie pendant laquelle il se croyait, comme pendant le combat, encore aux prises avec l'ennemi. Dès la veille, se rendant compte de son état, il avait demandé le prêtre et reçu les secours de notre religion. Dieu est juste autant que miséricordieux pour qui meurt ainsi, en soldat, victime de son devoir et de son patriotisme. Mais les parents demeurent là-bas. Et vainement ils espèrent, vainement ils attendent.

Claude ne buvait que de l'eau. Et plusieurs assurent qu'il dédaignait les précautions nécessaires. Il a peut-être chèrement payé son imprudence. Et l'histoire que me raconte à ce sujet le Père Landais, en outre de l'expérience de chaque jour, tendrait également à le prouver.

« J'étais, me dit le Père Landais, en mission dans la province de Hong-Hoa, à la meilleure époque de l'année, accompagné de quatre catéchistes indigènes. Trois d'entre eux burent à toutes les sources, seul le quatrième et moi nous abstînmes de toute autre boisson que le thé. Quelques jours après le retour, les trois buveurs d'eau furent atteints d'une fièvre pseudo-continue. Le quatrième et moi, nous demeurâmes sans même une indisposition. Il faut, dans ce pays, ajoute-t-il, manger peu et souvent, ne boire que du thé ou autre décoction aromatique, se lever tôt, se coucher tôt, s'isoler du sol surtout pendant la nuit, redouter toujours l'action du soleil, alors même que le ciel est couvert. C'est grâce à ces précautions, en évitant soigneusement toute dépense organique inutile, qu'il est possible de rester en bonne santé. L'anémie est fatale ici, et prédispose aux plus graves maladies, notamment à la dysenterie.

27 juillet. — Malgré mon état d'épuisement, j'ai voulu, et j'ai pu, ce matin, appuyé sur le bras d'un ami, accompagner notre jeune camarade à sa dernière demeure. Sur sa tombe, notre chef, M. Driout, a dit le cordial adieu. Et le commandant Crétin a fait ressortir, de la part du général, dans l'exemple de Claude, la valeur habituelle, souvent le modeste héroïsme des médecins. Cela est utile, de se savoir ainsi justement apprécié.

Le nouveau cimetière, appelé à suppléer celui de la concession, actuellement rempli, est situé à 2 kilomètres environ de la citadelle, dans un véritable marais. Il eût été bien certainement facile, et sans le moindre inconvénient, de choisir pour le champ de repos un emplacement meilleur, moins éloigné surtout. Mais, dit la critique, l'état-major n'y vient pas; que lui importe le cimetière?

De fait, à la citadelle comme partout, le provisoire semble être devenu le définitif. Trois fois déjà, depuis deux mois, les misérables paillottes destinées à abriter nos soldats ont été en partie détruites par des orages. Trois fois une nuée d'indigènes les ont, tant bien que mal, réparées. N'eût-il pas été plus pratique, et sans doute aussi plus économique, au moins dans la citadelle, de réaliser des constructions modestes, à l'abri de la pluie, des orages et des coups de vent?

Pour l'hôpital même, le génie, par ordre, a dû se contenter, dit-il, de monter quelques sommaires paillottes. Et l'emplacement choisi n'est assurément pas lui-même à l'abri de la critique. On pouvait utiliser les magasins à riz; on les a pris tels quels, se contentant du plus sommaire aménagement. Et cependant, dit-on, on a reçu de France, depuis fort longtemps déjà, plusieurs carcasses en fer pour constructions d'hôpitaux du système Tollet. Mais elles demeurent inutilisées sous quelque hangar, où chacun peut journellement prendre ce qu'il pense pouvoir lui être utile. N'eût-il pas été plus rationnel encore d'agrandir l'hôpital de la concession, entouré d'arbres, et dans une excellente situation, à proximité du fleuve? L'état-major, paraît-il, s'y est absolument opposé. Il a, dit-on ouvertement, la prétention de tout savoir, de tout prévoir, de tout diriger, sans daigner entendre l'avis, même des plus compétents.

28 juillet. — Je reçois ce matin même avis d'avoir à m'embarquer immédiatement à bord du *Kiang-Nam*, pour me rendre à Quang-Yem, devenu notre sanatorium du Tonkin. Le *Kiang-Nam*, commandé par un Chinois à notre service, est ce même bateau qui m'avait été confié, dès le début des opérations, pour remorquer les jonques d'ambulance. Je m'y retrouve en pays de connaissance. Mais vainement mon Chinois tente le passage par le canal des Rapides pour gagner les Sept-Pagodes, et directement Quang-Yem. Il doit, paraît-il, rebrousser chemin et descendre le fleuve Rouge jusqu'au canal des Bambous, à l'entrée duquel il faut passer la nuit tout entière pour attendre la marée. C'est bien fatigant; et je suis à bout de forces. J'ai du moins la satisfaction du défilé; et véritablement le pays mérite d'être vu, car il est un véritable nid de verdure. Il n'y a pas un pouce de terre abandonné. Partout une culture très soignée, semée de villages entourés d'arbres et de jardins régulièrement plantés de patates aux tiges rampantes, de saros aux larges feuilles dentelées, de maïs mêlé de haricots nains, de cannes à sucre en épais fourrés, de petits mûriers et de longs aréquiers, de bambous aux tiges mobiles comme le vent et d'énormes lichtis, de bananiers aux feuilles luisantes comme du satin et de superbes banians aux racines aériennes, souvent aussi d'orangers, de citronniers, de goyaviers, d'amandiers et d'hibiscus dont les belles fleurs ressemblent aux œillets si variés de notre France. Il y a là véritablement une intensité de culture, au milieu de superbes rizières, qui paraît dénoter un réel bien-être. Et cependant la misère physiologique est manifeste. C'est l'intensité de la vie végétative, au détriment, semble-t-il, de la vie animale.

Enfin, après trente-deux heures de parcours, le *Kiang-Nam*

aborde la concession, à hauteur de l'hôpital d'Haï-Phong, où j'ai véritablement grand besoin de me reposer et d'attendre, deux ou trois jours probablement, une occasion pour Quang-Yem.

30 juillet. — Le trésorier payeur et Mme de Custine, qui sont, à Haï-Phong, la providence des officiers malades, viennent m'enlever à l'hôpital, et me conduire chez eux, où, disent-ils, et j'en suis certain, je pourrai plus facilement me reposer. J'y rencontre le général Brière de l'Isle. La conversation, très vive entre quelques officiers et lui, roule sur les événements du jour, et tout particulièrement sur le chef d'état-major, dont la manière d'être est décidément très sévèrement appréciée.

« Il a, dit textuellement le général Brière, sciemment trompé le général en chef, il a dédaigné tous les avertissements, et sûrement il est seul responsable du malaise entretenu, semble-t-il, à dessein, entre les divers services de la marine et de la guerre. Il faut qu'on sache enfin à qui incombe la responsabilité des difficultés de chaque jour, et des fautes commises. »

Est-ce bien exact? C'est possible, car ce que dit si sévèrement le général Brière de l'Isle, chacun, ici, le répète ouvertement. On reproche au chef d'état-major d'avoir systématiquement écarté les renseignements, d'avoir dédaigné les avertissements des résidents et des missionnaires, qui, paraît-il, avaient nettement annoncé la présence certaine d'une armée chinoise concentrée en avant de Lang-Kep. On lui reproche surtout l'état de malaise, presque de jalouse méfiance, qui rend parfois très pénibles les rapports quotidiens entre les divers services.

Et même les plus indulgents : Soit; il est responsable du désastre de Bac-Lé. Il eût dû le prévoir et eût pu l'éviter. Mais il y a là peut-être une idée politique qui nous échappe. N'a-t-il pas voulu montrer la Chine astucieuse, méconnaissante de ses plus solennels engagements, afin de pouvoir lui imposer l'indemnité qui paiera les frais de la guerre? N'est-ce pas là, peut-être, ce que voulait le gouvernement, et ce qu'a réalisé le colonel sur les indications du général Millot. Hommes politiques l'un et l'autre, beaucoup plus que véritables soldats ?

De fait, on assure que l'amiral Courbet a reçu l'ordre d'exiger une indemnité de deux cent cinquante millions. Les Chinois, dit-on, promettront peut-être, mais ils ne tiendront pas. Ils cherchent à gagner du temps, afin de nous épuiser et de nous décourager. C'est toute leur tactique. Et cette tactique n'échappe à notre clairvoyance que parce que, peut-être, certains individus ont besoin de pêcher en eau trouble. Patience, on verra bien !

31 juillet. — Nombreuses promotions dans la Légion d'honneur, parmi lesquelles, au grade d'officier, l'héroïque lieutenant de vaisseau Hautefeuille, le commandant de Douvres de l'artillerie, le médecin-major Gentit, et le commissaire ordonnateur Frogier; au grade de chevalier les capitaines Klippfet, Tasson, de Saxé, Ghens, Venturini, Bochet, Bressole, le médecin-major Baudot, le pharmacien-major Worms, dont les analyses d'eau ont assurément évité bien des dangers, les agents payeurs Massé et Felloneau. Ce sont, d'un commun accord, récompenses bien méritées.

31 juillet. — Une violente tempête, véritable trombe, signalée, paraît-il, par les observations barométiques, s'est abattue hier sur le Tonkin; sa direction sud-est la portait tout particulièrement vers Nam-Dinh, où elle a causé de terribles ravages. A Quang-Yem, des arbres séculaires ont été déracinés. A Haïphong, quelques rafales de vent et des pluies torrentielles en ont été les seuls effets.

Les typhons et cyclones, si terribles au Tonkin, sont parfois subits, souvent aussi annoncés par des perturbations atmosphériques dont les indigènes paraissent parfaitement se rendre compte. Généralement alors, le ciel, toujours couvert, prend une teinte laiteuse, puis la nuit se fait, et la tempête éclate. Celle de 1882, pendant laquelle les eaux du fleuve Rouge, repoussées par une énorme marée, se sont répandues sur toute la surface du delta, entraînant les bateaux au milieu des terres, et ravageant les villages, est citée comme une des plus terribles. Et cependant les indigènes ne paraissent pas s'en effrayer beaucoup. « Nos cagnas sont détruites, disent-ils, et nos récoltes emportées, mais aussi les maladies ; il vaut mieux avoir à reconstruire une paillotte que perdre la famille. » De fait, alors sans doute que la tempête a passé sans trop grands désastres, tous se livrent à de grandes manifestations en l'honneur de Bouddha, qui a terrassé le méchant esprit. Les Tonkinois savent du reste, autant que possible, garantir les cagnas. Ils les soutiennent, à cet effet, dans une sorte de tenaille formée de très solides bambous. Ces bambous, dont les grosses extrémités, fortement enfoncées en terre, sont reliées entre elles par de grosses chevilles qui les traversent au-dessus d'un nœud, s'entre-croisent étroitement au-dessus de la toiture. Ainsi agencés, les bambous forment une sorte de tenaille qui enserre la cagna, et défie la violence des vents.

1er *août*. — Me voici à Quang-Yem, dont le service de santé de la marine a fait le sanatorium, temporaire sans doute, au delta du Tonkin. La ville, relativement propre, s'étend du pied de la citadelle jusque sur les berges de l'un des bras du fleuve Rouge, le Cuan-Nam-Trieu, à quinze milles environ de son embouchure dans la mer, dont il est séparé par une barre généralement infranchissable aux grands bateaux. Elle est le chef-lieu de la province du même nom, séparée de la province de Lang-Son par une chaîne de montagnes qui est, dit-on, l'habituel repaire des pirates. La citadelle est à peu près complètement transformée en un vaste hôpital, où sont généralement envoyés les convalescents. On a longtemps agité la possibilité de faire, à Quang-Yem, le port de débarquement au Tonkin. Il apparaît, en effet, que les terrains de construction manquent à Haï-Phong, qui n'est, très généralement, qu'un immense marais. A Quang-Yem, un peu plus élevé au-dessus du niveau du fleuve, le sol sablonneux mêlé de cailloux paraît mieux à l'abri des décompositions organiques, au moins sur une petite étendue, car, à peu de distance, se retrouvent les mêmes marais infects d'où partent la fièvre et la dysenterie qui, cependant, y sont, dit-on, plus rares, et paraissent seulement à certaines époques de l'année.

La citadelle, en forme de guitare, est située sur un mamelon sablonneux calcaire, dans un site pittoresque, planté d'arbres séculaires, notamment de superbes pins qui protègent contre le soleil. Elle comprend, en outre des locaux de la troupe, une belle pagode et quelques habitations mandarines, actuellement occupées par les officiers et les divers services de l'hôpital. Le réduit seul est réservé à la garnison. L'hôpital proprement dit comporte plusieurs pavillons isolés les uns des autres, avec salles de quinze à vingt lits et vérandas couvertes qui permettent la promenade. On a, de même, hâtivement aménagé une cuisine indépendante, une tisanerie et même une salle de bains et de douches à laquelle il ne manque que l'eau. C'est que, pour le moment du moins, l'eau manque à Quang-Yem. Il faut, à grands frais, l'aller chercher au village de Yen-Tri, à près de quatre kilomètres, l'eau des puits et citernes, du reste insuffisante, paraît-il, laissant généralement à désirer. Il sera facile, dit-on, eu égard à la différence de niveau, de réaliser un aqueduc qui, prenant l'eau à la source même, où elle est d'excellente qualité, approvisionnera largement toute la citadelle.

La ville tonkinoise, au pied de la citadelle, ne comporte actuellement qu'un millier d'habitants au plus. Sa rue principale aboutit directement au fleuve. Les habitants y sont en majorité catholiques. La mission du Quang-Yem, l'une des plus importantes du Tonkin, appartient à la juridiction espagnole; elle est en partie desservie par des prêtres indigènes, généralement peu instruits, mais très dévoués, et parlant tous un latin fantaisiste qui nous permet de les comprendre, d'en être compris, et d'avoir en eux de précieux auxiliaires. Avant l'occupation française, il était, en effet, paraît-il, interdit aux catéchistes appelés à la prêtrise de parler entre eux une langue autre que la langue latine. La précaution n'était pas sans doute inutile, en ce sens qu'elle permettait aux seuls initiés de se comprendre entre eux, et surtout, dit-on, parce qu'elle était moins suspecte aux mandarins, redoutant, avec l'introduction des langues européennes modernes, l'influence de nos prétendues civilisations, bien évidemment aussi, les rapides invasions.

De fait, la langue latine est, avant tout, la langue du catholicisme, c'est-à-dire de cette Église universelle qui a pour mission le salut des hommes et l'union de tous les peuples sans acception de nationalité. Elle fut la langue des conquérants de l'ancien monde par l'épée. Depuis lors, elle a été, elle est, elle sera toujours, sans doute, celle des héros du dévouement qui ont abdiqué l'épée pour prendre la croix, sans autre but que de conquérir des âmes à Dieu.

C'est ainsi que dans mes très fréquentes conversations avec le prêtre indigène de Quang-Yem, je suis tenu de faire appel à mes souvenirs classiques pour comprendre et pour être compris.

L'excellent homme, très digne sous son modeste costume, le Ké Kouan annamite, sourit à mes barbarismes, les relève avec une complaisance marquée, se montre parfois savant et paraît aussi satisfait de me comprendre que je le suis moi-même d'obtenir par lui d'utiles renseignements. Est-il, en vérité, rien de plus beau que cet apostolat des missionnaires catholiques ? Il est fait de désintéressement, de travail, de sacrifice et de vertu, n'ayant d'autre but, malgré les efforts de la haine, malgré les tortures et la mort, que le salut des âmes par la connaissance du Christ Rédempteur.

Un missionnaire européen, dès qu'il arrive au Tonkin, doit apprendre d'abord la langue, les mœurs et les usages du pays. A cet effet, un catéchiste indigène, sachant parler le latin, devient son instituteur. A l'aide d'une grammaire spéciale, dans laquelle la prononciation et l'intonation des syllabes sont indiquées par des signes particuliers, il lui apprend à parler. Généralement, après un an d'un travail acharné, le missionnaire peut commencer ses premières excursions de voisinage. Le catéchiste indigène, son instituteur, l'accompagne partout, le garantit et le protège autant qu'il est en son pouvoir.

Les catéchistes instructeurs, spécialement préparés pour cette mission de confiance, sont absolument dévoués. C'est, en effet, l'une de leurs premières étapes vers le sacerdoce. Dans ce but, il ont été choisis, dès l'enfance, parmi les plus intelligents, instruits par les Pères, tant dans leur langue nationale que dans la langue latine, et très habitués aux diverses cérémonies du culte. Puis, s'ils en sont jugés dignes, on les dirige sur les séminaires, pour les instruire dans la connaissance de la théologie, de la liturgie et de la philosophie sacrée. Ainsi méthodiquement préparés, ils n'arrivent pas, très habituellement, à recevoir le pouvoir avant l'âge de trente ans. Aussi, dès qu'ils sont devenus les ministres de Jésus-Christ, ils jouissent, parmi les indigènes, d'une très respectueuse considération.

Assurément, l'organisation, au Tonkin, des séminaires, et la consécration de prêtres indigènes appelés à répandre la vérité là même où ils sont nés, et où ils doivent demeurer toujours respectueux des séculaires usages du pays, alors qu'ils n'ont rien de contraire à la morale et au dogme, sont une des plus heureuses conceptions des missionnaires, notamment des missionnaires catholiques français.

Mon curé de Quang-Yem, déjà bien connu des officiers, avec lesquels il est en fréquents rapports, veut bien passer auprès de moi une partie du temps de repos auquel je suis condamné. Il me demande des recettes de médecine contre certaines maladies, et m'apporte, en échange, quelque connaissance du pays.

« Je connais bien Lang-Son, me dit-il. Et j'attends votre occupation du pays pour me rendre moi-même à Cao-Bang, où je dois dorénavant résider.

Puis il ajoute : « C'est à Mon-Caï que se groupe habituellement la flotte chinoise, et d'où partent les invasions du Tonkin. Mais il y a aussi à Tien-An, au nord-est de Quang-Yem, une baie facilement abordable aux grands navires. Une rivière profonde, navigable aux bateaux d'un faible tonnage, y aboutit, suivant les ondulations de la vallée bordée de hautes montagnes qui limitent la province de Quang-Yem. On peut remonter cette rivière jusqu'à trois journées de marche de Lang-Son.

Il y a également, à partir de Pa-Koï, non loin de Mon-Caï, un chemin qui, suivant le littoral, aboutit à Tien-An, et de là se dirige sur Lang-Son. Il est le chemin le plus direct et le plus fréquenté pour aller à Lang-Son.

Si, au lieu de prendre la route dite mandarine, de Bac-Ninh-Phu-Lang, les Français avaient pris le chemin de Tien-An, ils eussent assurément rencontré beaucoup moins de difficultés. Chacun savait, en effet, que les Chinois, dont le quartier général était alors et est encore à Lang-Son, avaient accumulé jusqu'à Phu-Lang les retranchements et les forts. En les tournant par Tien-An, on n'aurait probablement rencontré d'autres difficultés qu'un sentier parfois difficile, mais à travers un pays qui, n'étant pas encore terrorisé par les mandarins, eût pu fournir autant de coolies que de besoin. Le chemin, est, du reste, très praticable avant la saison des grandes pluies, mais devient parfois un torrent dans la mauvaise saison.

Dans tous les cas, en occupant Mon-Caï, Tien-An, Bac-Ninh et Phu-Lang, on tient les principales voies d'accès des Chinois de Quang-Si.

Entre Lang-Son et Cao-Bang, qui est, à dix jours de marche environ, le seul centre important de la région, la route devient très difficile, coupée de hautes montagnes et d'étroites vallées; il y a des rivières profondes, des torrents à traverser.

Cao-Bang n'est, de fait, qu'une bourgade fortifiée, entre la frontière du Yunam et celle du Quang-Si. La citadelle, à deux kilomètres environ de la ville, est petite, mais bien construite, sur un mamelon qui domine le pays. Et la garnison peut, en cas d'attaque, s'y abriter dans de vastes casemates.

Il y a, du reste, entre Lang-Son et Cao-Bang, comme entre Phu-Lang et Lang-Son, de nombreux postes fortifiés, sept ou huit au moins, tous fortement occupés par des garnisons chinoises.

Les habitants, autour de Cao-Bang, sont presque tous agriculteurs, d'apparence très soumis aux Chinois, mais les craignant beaucoup plus qu'ils ne les aiment. Presque certainement ils préféreront les Français.

Ils cultivent le maïs et surtout la badiane, dont le fruit, dit anis étoilé de Chine, est pour eux d'un très lucratif revenu. Le bois de l'arbre est également employé par eux, en raison de son odeur fortement anisée, pour la confection de certains meubles de luxe. Dans la plaine, les arbres fruitiers, pommiers et pruniers, sont très nombreux.

On peut aller de Cao-Bang à Tuyen-Quan en sept ou huit jours. Mais les chemins, peu fréquentés, sont généralement en fort mauvais état.

Tels sont les renseignements que donne le vicaire actuel de Quang-Yem. C'est un fervent qui nous est absolument dévoué. De fait, il paraît très touché de notre accueil, partage volontiers nos repas, et en profite souvent pour nous édifier sur les agissements des divers fonctionnaires indigènes que l'autorité française entretient dans le pays, parfois à son détriment.

12 août. — Quinze jours de repos à Quang-Yem. Cela doit suffire. Et j'ai besoin de réintégrer Hanoï, où, paraît-il, se prépare activement une nouvelle expédition.

Non pas, cependant, sans m'arrêter, au moins un jour, à Haï-Phong où j'ai l'honneur d'être invité à dîner par le général Brière de l'Isle.

15 août. — « Ah, me dit-il, dès ma visite, je veux vous raconter mon entretien avec le chef d'état-major. Il se rendait à Hué, accompagné du bataillon du 111e et d'une batterie pour représenter la France au couronnement du nouveau roi, appelé à remplacer son frère Kien-Phuoc, que les mandarins, à l'instigation du régent Thuong, paraissent avoir assassiné ou empoisonné. Au mépris des droits que nous donne le protectorat reconnu de la France, les mandarins se sont abstenus d'aviser notre résident général, M. Rheinart, et ont appelé à la succession du trône non pas l'héritier légitime, mais bien son frère cadet Ham-Nghi, à peine âgé de treize ans. C'est un enfant qu'ils comptent bien pouvoir tenir en tutelle. Notre résident s'en est ému; il a protesté et a demandé au général en chef un envoi immédiat de troupes, bien plus pour affirmer le droit de la France que sous prétexte de rehausser, par leur présence, l'éclat de la cérémonie du couronnement. Le chef d'état-major a reçu mission d'accompagner la troupe, en qualité d'ambassadeur.

« Ce fut, au passage à Haï-Phong, l'occasion de lui dire ce que je pense.

« — Vous avez trompé le général, lui ai-je dit; vous avez poussé l'inconscience de votre devoir jusqu'à vous vanter de ne laisser passer sous ses yeux que les seuls rapports qu'il vous convient de lui présenter.

« — Celui qui a dit cela, a-t-il répondu, en a misérablement menti.

« — C'est un honnête homme incapable de mensonge; et vous, vous avez semé la méfiance et la désunion, vous êtes détesté de tous.

« — Je sais, dit-il, que je n'ai pas la sympathie générale. Je comptais du moins sur la vôtre, car je vous ai toujours soutenu, ce que je n'ai pu faire pour tous.

« — Soit; n'en ayant pas besoin, je ne vous en ai pas chargé; et je vous répète ce que chacun dit ouvertement de vous : Vous avez voulu l'autorité pour vous seul, vous êtes seul responsable. »

Et d'ajouter : « le bouillon que je lui ai servi a dû lui paraître de difficile digestion. Il n'en a pas moins subi, et fait subir à nos soldats, à Hué, encore une humiliation. »

On prétend, en effet, que dans toutes ses relations officielles avec la cour, il se serait considéré non pas comme un représentant obligatoire de la France, mais seulement comme un modeste invité, soumis à toutes les exigences de l'étiquette orientale.

Il aurait, cependant, lui-même procédé au couronnement du jeune roi, et prononcé un discours au nom de la France.

Pendant la cérémonie, les mandarins, prosternés dans l'affectation d'un profond respect, se tenaient à plat ventre devant le trône. Tous étaient revêtus de leurs riches costumes de cérémonie, aux ailes éployées, fixées dans le dos. Mais, pour pénétrer dans la salle du trône, malgré les protestations de notre ministre plénipotentiaire, il aurait consenti à passer par une porte latérale, celle du milieu demeurant rigoureusement fermée, pour marquer, devant le peuple, le peu d'importance de notre présence dans la cérémonie. Bien plus, il aurait accepté que les sous-officiers et soldats introduits avec lui fussent au préalable désarmés. Et la distribution d'une médaille commémorative, sapèque d'or et d'argent, demeure impuissante à compenser l'humiliation subie. A vrai dire, cependant, le chef d'état-major a obtenu du roi l'engagement formel de loger, dorénavant, une garnison française dans la citadelle. Mais cette concession demeurerait elle-même illusoire; le bataillon d'occupation étant relégué loin du palais, étroitement logé dans la partie la plus délaissée, en dehors de l'enceinte de la citadelle, et sous ses canons.

Les Orientaux, et tout particulièrement les Annamites, sont vaniteux autant que formalistes. Sans aucun doute, il importait de ménager leurs susceptibilités. Mais, dans l'état actuel, il fallait affirmer l'autorité. Et tous estiment qu'il est indigne, pour un représentant officiel de la France, de se révéler inquiet, hésitant et petit, là où il devait parler en maître.

16 *août*. — C'est à Haï-Phong, où les de Custine m'ont à nouveau donné l'hospitalité, et où je dois attendre une occasion pour Hanoï, que j'apprends d'un riche armateur, M. Roque, l'inaction forcée à laquelle est encore condamné l'amiral Courbet. « Et cependant, dit-il, il perd ainsi son temps dans la vaine attente d'une action diplomatique qui, si avantageuse qu'elle puisse être, sera sûrement une duperie nouvelle. »

Dès le 1er juillet, après une démonstration vers Peï-Ho et Tien-Sin, l'amiral, hardiment engagé dans la rivière Minh, aurait passé sans encombre devant les forts, et se serait installé, avec le *Bayard* et une partie de l'escadre, devant Fou-Tchéou, tenant ainsi sous ses canons non seulement l'arsenal, mais encore la ville elle-même, située dans un coude de la rivière, à quatre ou cinq kilomètres des grands bassins de la rade.

« Il s'est fourré dans une souricière dont il ne sortira pas », jubilent nos bons amis les Anglais.

Mais lui, tranquille et fort, sans souci des torpilles semées sur son chemin, non plus que des barrages, a, paraît-il, fièrement adressé son ultimatum au Tsong-Li-Yamen. Il comptait sans doute sans l'intervention de Paris, qui veut encore ignorer la puissance d'inertie et la duplicité du Céleste-Empire, et qui recule, bien maladroitement, dit-on, devant l'indispensable argument du canon.

L'indemnité fixée d'abord à 250 millions, puis réduite à 50, n'est plus aujourd'hui considérée comme obligatoire. Et la France déclarerait se contenter de la promesse de l'évacuation immédiate du Tonkin.

« Est-ce donc, disent M. Roque et les anciens, par de telles condescendances, voulues sans doute dans le but d'éviter les complications, mais généralement considérées comme un aveu d'impuissance, qu'on réussira à abaisser la Chine, hypocritement soutenue par nos amis d'Europe? Assurément non. Les missionnaires, comme tous les hommes qui savent d'expérience la fourberie chinoise, n'hésitent pas à l'affirmer hautement. « Ils promettront, disent-ils, mais ils vous épuiseront par leur astucieuse inertie, puis, vous constatant toujours hésitants, ils vous croiront faibles et se décideront bientôt à vous attaquer. Avec les Chinois, il faut agir, imposer des garanties absolues, et ne pas compter sur des promesses. »

L'amiral le sait bien. Et si les garanties qu'il demande ne sont pas encore données, ce n'est assurément point sa faute. Seul le gouvernement hésite et se laisse accuser de pusillanime impuissance.

20 *août*. — Saint Bernard, la fête qui chaque année nous amenait en famille saluer notre père et lui dire notre pro-

fonde affection. La mort a passé là, seul demeure le souvenir ! Et me voici de retour à Hanoï, en possession du mirador de la porte ouest de la citadelle. La belle vue dont on y jouit sur la campagne et, malgré le voisinage des marais, le bon air qu'on y respire, contribueront, j'y compte bien, à mon complet rétablissement. Mais je suis encore, temporairement j'espère, sous les ordres du lieutenant-colonel D...... Et ma visite obligatoire de rentrée ne manque pas de douce gaieté. Je le rencontrai sous sa véranda, en bras de chemise, sans gilet, le pantalon de soie largement ouvert sur le ventre, plongé dans la béatitude du *farniente*.

— Mon colonel, dis-je, j'arrive de Quang-Yem, et viens vous présenter mes devoirs.

— Ah! répondit-il, j'ignorais votre séjour à Quang-Yem, l'hôpital ne m'a pas avisé, je vous croyais en route pour la France. Et M. Raynaud (le médecin-major du 111e) m'ayant avisé qu'une seringue a disparu de la cantine médicale dont vous aviez la garde, je viens d'écrire à l'état-major de vous la réclamer.

— Non, dis-je, pas une seringue, mais peut-être une canule. Je la ferai remplacer, et j'ai l'honneur de vous saluer.

Et nous nous séparâmes, le colonel reprenant sa sieste momentanément interrompue, et moi riant de l'histoire de la canule.

22 août. — Le 111e, retour de Hué, est attendu aujourd'hui, fort humilié, disent les premiers arrivés, du triste rôle qui lui a été imposé.

Mais mon colonel, estimant sans doute que j'aurais quelque plaisir à me retrouver avec les camarades, trouve un moyen facile de m'en priver. Un billet doux m'informe qu'il m'inflige quinze jours d'arrêts « pour avoir, le 25 juin dernier (il y a de cela deux mois), sans passer par la voie hiérarchique, adressé au général de Négrier des certificats d'origine de blessures concernant des militaires du bataillon du 143e soignés par moi à l'ambulance, après les affaires de Bac-Ninh, Lang-Kep et Hong-Hoa. »

Et cette jolie rédaction suivie de considérations, de commentaires qui dénotent, à n'en pas douter, le parti pris absolu !

Inutilement, je fais remarquer que ces certificats, indispensables aux blessés, ont été établis pendant une visite à l'hôpital, et qu'ils ont été adressés, à titre officieux seulement, au capitaine Fortoul, chef d'état-major de la brigade Négrier, pour être remis par lui à l'aide-major chargé du service du 143ᵉ, lequel, se trouvant en résidence à Bac-Ninh, ignorait forcément les blessés soignés à Hanoï; que, du reste, j'étais alors médecin chef de l'ambulance, relevant seulement du général, et pas du tout du lieutenant-colonel commandant le régiment.

Rien n'y fit. Et le plus sage était assurément d'en rire ; c'est ce que je fis, non sans cependant éprouver le besoin de rétablir nettement les faits. Les voici : Le lieutenant-colonel a complètement négligé de visiter, soit à l'hôpital, soit même à l'infirmerie, les malades ou blessés du régiment qu'il a l'honneur de commander. Il les ignore absolument. Et le général de Négrier, en lui retournant, pour être légalisés, les certificats délivrés aux blessés du 143ᵉ, lui a, paraît-il, sévèrement reproché son indifférence.

J'étais la cause indirecte de l'admonestation, je devais en subir les conséquences.

Les actes de certains chefs, alors même qu'ils nous atteignent directement, peuvent n'inspirer que le dédain. Et la lettre si cordiale, si sympathique que je reçois, à ce sujet, du général de Négrier, bien qu'il n'ait pas, dit-il, à s'occuper de cette affaire, qui relève seulement du général en chef, m'éloigne de toute hésitation comme de toute défaillance. Il n'y a pas à s'occuper de pareille misère !

25 août. — Une dépêche officielle annonce que l'arsenal de Fou-Tchéou a été bombardé le 23, après vingt jours de patience et d'inutile attente. L'amiral Courbet a coulé en quelques instants, et malgré leur énergique résistance, tous les vaisseaux de guerre qui se trouvaient au mouillage. Nos torpilleurs, conduits avec le sang-froid et l'énergie qui sont le véritable héroïsme, ont pu, sous un feu formidable, les faire sauter les uns après les autres. L'arsenal est lui-même complètement détruit. Et la rude besogne accomplie, l'amiral a repris son mouillage à l'embouchure de la rivière Minh. Vainement les forts riverains, tous garnis d'une puissante artillerie, ont cherché à lui barrer le passage. Tous ont été rapidement réduits au silence.

28 *août*. — De son côté, le contre-amiral Lespès a, le 6 août, vivement canonné Formose ; mais n'ayant pas de troupes de débarquement à sa disposition, il n'a pu que détruire de nombreuses batteries, et les Chinois ont réoccupé la situation de Kélung, forcément abandonnée par nous. Malgré le désastre de Fou-Tchéou, le Tsong-Li-Yamen ne paraît pas encore disposé à céder. L'ambassade de France a, paraît-il, amené son pavillon, et quitté Pékin ; c'est donc la guerre officiellement déclarée. Cependant, de nombreux placards, affichés dans Hanoï, reproduisent le décret impérial ordonnant aux troupes du Céleste Empire d'évacuer immédiatement le Tonkin. Ce document rétrospectif, antérieur à l'affaire de Bac-Lé, n'est du reste sans doute affiché que pour les besoins de la cause, car nos forces au Tonkin sont actuellement bien réduites. L'état de la température ne permettrait d'ailleurs aucune opération active de quelque durée. Mais l'amiral peut agir. D'accord avec notre ambassadeur, M. Patenôtre, il propose d'occuper Port-Arthur, de bloquer les côtes du Pé-Tchi-Li, et de réduire ainsi Pékin.

Mais, dit-on, le gouvernement refuse, lui prescrit d'occuper seulement le nord de l'île Formose, notamment le port de Kélung, se contente de lui envoyer un régiment d'infanterie de marine, formé d'un bataillon pris à Hanoï et de deux bataillons tirés de Saïgon, et complète son armement par une batterie de 80 et quelques hotchkiss. C'est, disent les anciens, le moyen d'éterniser la guerre, alors qu'il eût été sûrement facile d'en finir rapidement, en frappant un grand coup. Mais l'amiral n'est pas l'homme du gouvernement. Il n'est que marin patriote ; cela ne suffit pas aujourd'hui.

29 *août*. — Malgré le traité consenti en juin dernier, malgré la concession d'une petite garnison française dans la citadelle de Hué, le gouvernement annamite, poussé par la Chine, se prépare activement, paraît-il, à recommencer la lutte.

Et la terrible justice militaire suit également son cours. Ce matin encore, la garnison tout entière était sous les armes pour assister à l'exécution de trois déserteurs de la légion étrangère. Tous trois, accompagnés de l'aumônier Gibert (un vieux missionnaire aussi dévoué que compatissant à toutes les misères physiques ou morales), résignés, et sans émotion apparente devant ce déploiement de forces, sous le halètement des tambours et des clairons battant et sonnant aux champs, se sont avancés jusqu'au pied du mirador central de la citadelle, où les attendait le peloton d'exécution. La poitrine nue, les yeux découverts, ils ont subi la formidable décharge, et les troupes ont défilé devant trois cadavres!

Quelle étrange folie les a donc poussés, eux et quinze autres de leurs camarades, à déserter au lendemain de Hong-Hoa, emportant armes et munitions de guerre, cherchant d'abord à passer à l'ennemi, puis poursuivis et repoussés par lui, mettant le pays au pillage et enlevant les femmes, enfin traqués de tous côtés, et se faisant arrêter après une lutte sanglante avec leurs propres camarades!

Cinq autres ont été fusillés déjà, trois pris par les Chinois ont été mutilés, deux ont succombé à leurs blessures. Grâce sera faite, il faut l'espérer, aux survivants. Terrible justice! Elle était indispensable! Et Dieu peut complètement pardonner.

Dimanche 30 août. — C'est une grande satisfaction qu'être apprécié par des hommes que l'on estime soi-même à la plus haute valeur. C'est cette satisfaction que je viens d'éprouver. La lettre que je reçois du général de Négrier, et par laquelle il m'annonce l'envoi de mon titre officiel au grade de médecin principal, m'est d'autant plus précieuse que l'animosité de quelques-uns a été plus accentuée.

« Vous êtes enfin nommé, m'écrit le général, et nous vous

gardons. J'en suis tout heureux, autant pour moi qui ai longuement appris à vous apprécier, que pour nos malades et nos blessés. Quand les opérations reprendront, vous viendrez de nouveau, je l'espère, à la deuxième brigade. Elle sait les services que vous lui avez rendus, et votre absolu dévouement. Elle tient à vous retrouver. »

Telle est sa lettre, datée de Bac-Ninh, 29 août !

Il y a quelque mérite à faire son devoir au risque d'être blâmé. J'ai fait mon devoir, j'ai été parfois blâmé, mais également apprécié.

1er septembre. — Bonne journée ! Ce matin, après réception du titre de service qui m'affecte, avec mon nouveau grade, à l'ambulance du corps expéditionnaire, et m'éloigne de ce régiment d'occasion, où j'ai rencontré de si bons camarades, mais également subi tant de petites misères, voici que m'arrive une dépêche de mon frère. J'étais inquiet, un mot me rassure : tous les chers miens en bonne santé. Le choléra qui sévit, paraît-il, à Marseille, a respecté la famille. Dieu merci !

Je suis remplacé au bataillon par mon jeune camarade Achard, promu médecin-major de seconde classe. A titre d'ancienneté, le médecin-major de seconde classe Raynaud devient, ainsi que je l'étais, le chef nominatif, aucunement effectif, du service au cinquième régiment de marche A ce titre, et pour couvrir sa responsabilité, il demande (lettre de ce jour) que la remise du matériel de santé de chaque bataillon soit faite à un délégué de chacun des conseils d'administration ; et sachant les ennuis que j'ai eus à ce sujet, du fait des exigences administratives du lieutenant-colonel, il déclare ne pouvoir accepter le service qu'après cet inventaire.

Tout de suite, une commission composée du capitaine Kerdrain, major, et Large, lieutenant d'habillement du 23e, Macarez, major, et Simoni, lieutenant du 111e, du médecin-major Raynaud et de moi, a constaté que le matériel réglementaire existe au complet, sauf les cessions faites à l'ambulance de la seconde brigade le 5 mars 1884, et les brancards, bâches, boîtes de chirurgie fournis à la colonne de Lang-Son le 25 juin dernier, conformément aux ordres, régulièrement enregistrés, du général en chef.

Mais satisfaction complète n'est pas donnée à mon camarade Raynaud, puisqu'il ignore, ainsi que j'ignorais moi-même, du reste, le matériel spécial du 143e, qui toujours a formé une section séparée, actuellement encore éloignée du centre, et cantonnée à Bac-Ninh. Pourra-t-il, dans ces conditions, satisfaire lui-même aux seules préoccupations du lieutenant-colonel, la conservation du matériel. Il est au moins permis d'en douter.

1er *septembre*. — Le général Millot a communiqué hier, par la voie de l'ordre, la proclamation qu'il adresse, au nom de la France, au peuple annamite à l'occasion de l'avènement du nouveau roi. C'est, paraît-il, le dernier acte de son commandement. On assure en effet qu'une dépêche du gouvernement le relève de ses fonctions et le rappelle immédiatement en France. Insouciant autant que crédule, dit-on, il subit les conséquences des fautes commises par son chef d'état-major.

2 *septembre*. — Le fait est exact. Le général Millot est rappelé en France. Le général Brière de l'Isle, commandant la première brigade, le remplace dans son commandement. L'ordre du jour qu'il adresse aux troupes, avant son départ, en est la présomptueuse et larmoyante confirmation.

« Officiers, sous-officiers, soldats et marins : Autorisé par le gouvernement à rentrer en France, je vous remercie du concours que vous m'avez prêté, de l'énergie et de l'entrain que vous avez mis à me seconder dans l'accomplissement de ma mission. Je me plais à reconnaître que vous avez été aussi braves devant l'ennemi que disciplinés dans vos cantonnements, et que l'établissement du protectorat de la France sur le territoire du Tonkin est la consécration de votre attitude virile pendant toute la campagne. Après vous avoir commandés dans trois affaires capitales qui ont décidé la conquête du Tonkin, après vous avoir dirigés dans quarante-sept combats plus ou moins importants, je vous quitte, malade de chagrin, et d'autant plus désolé que nous sommes restés, les uns en face des autres, sans peur et sans reproche, bien qu'on ait eu le triste courage de dénaturer l'affaire de Lang-Son, où vous avez cependant fait preuve d'une ténacité si remarquable, que vous avez rassuré ceux qui aiment l'armée et leur pays. Je n'ai plus qu'un conseil à vous donner. Soyez pour mon successeur, le général Brière de l'Isle, ce que vous avez été pour moi. N'oubliez pas, surtout, que votre présence dans le pays sera d'autant plus facilement acceptée que vous perdrez moins de vue les tendances et les aspirations françaises des laborieuses populations qui l'habitent. — *Signé* : Général MILLOT, et pour ampliation colonel GUERRIER.

On sourit, très généralement, à la lecture de ce document. Trois affaires capitales : Bac-Ninh, Hong-Hoa et sans doute Tuyen-Quan! Passe encore, mais quarante-sept combats! On se demande, stupéfait, comment le général en chef a pu les compter. On raconte que cet ordre est la réponse aux attaques des journaux, de toute nuance du reste, qui auraient obligé, paraît-il, le général en chef à de nombreuses protestations, auxquelles le gouvernement aurait répondu par une lettre de rappel. Mais surtout on est d'accord que le chef d'état-major est le véritable coupable, que son maintien sous les ordres du général Brière de l'Isle est impossible, et que, sans doute, il accompagnera le général Millot dans sa retraite. Espérons aussi qu'il sera suivi des quelques fumistes qui formaient sa cour!

4 septembre. — Les Tonkinois célèbrent aujourd'hui une de leurs fêtes annuelles. Et bien qu'ayant assisté déjà à plusieurs manifestations analogues, cette dernière me frappe d'autant plus que, pour la première fois, j'y constate la présence des bonzes pratiquant le culte. Quel culte en vérité!

A l'entrée de la pagode, assis sur un large fauteuil élevé sur une estrade, un bonze, les joues creuses et pâles, les yeux cachés sous d'épaisses lunettes, la tête recouverte d'un bonnet carré richement orné, et revêtu des vêtements de cérémonie, non sans analogie avec les chasubles des prêtres catholiques, présente au peuple une longue pancarte couverte de caractères annamites, revêtue du cachet rouge de l'Empire. C'est, paraît-il, une lettre de l'Empereur au Génie tutélaire de l'endroit. Puis, il paraît suivre attentivement, sur un livre placé devant lui, les chants sacrés que nasillent six ou huit officiants accroupis à ses pieds. Les chants, parfois plaintifs, parfois éclatants, sont accompagnés de l'assourdissant vacarme des gongs, de la flûte et des cymbales. C'est alors un véritable charivari.

Quelques lampes fumeuses; puis, un énorme plat de riz surmonté d'un cochon rôti et laqué. Le bonze, un vieillard, gesticule sous un rythme cadencé. Suivant les inflexions des officiants, ses doigts aux ongles arrondis, longs de trois ou quatre centimètres au moins, forment autant de signes cabalistiques exécutés avec la componction habituelle aux augures autant qu'aux prestidigitateurs. A certains signes convenus, les officiants élèvent le chant, accompagnés parfois seulement de la flûte, le plus souvent du vacarme des gongs et des tam-tams. Sur les côtés, d'autres officiants, séparés du bonze et des chantres par de légères tentures, agitent d'énormes éventails de plumes.

La pagode mystérieuse est remplie de fumée de bois odorant. Devant chacune des statues, sur une table laquée, à côté de brûle-parfums d'une grande richesse et parfois d'un remarquable travail, sont déposées des corbeilles de fruits et de fleurs.

Et dans ce singulier temple, le peuple, d'apparence indifférent, boit, mange ou fume, sans souci des marques de respect qu'exige le culte. Seuls, soldats et officiers français demeurent tête nue et ne parlent qu'à voix basse, voulant ainsi témoigner qu'ils sont des observateurs consciencieux, et non des profanes moqueurs.

Dans la cour, des monceaux de barres d'or ou d'argent en papier, des animaux fantastiques en carton, je crois même quelques vulgaires poupées d'enfants, sont destinés à être brûlés, dès l'aurore, en l'honneur des ancêtres, pour éloigner les mauvais esprits, et pour mériter les faveurs des bouddhas.

Pratiques bizarres, essentiellement superstitieuses, où chacun invoque à sa manière telle puissance qu'il imagine, dont il craint les châtiments, ou sollicite les faveurs.

Non loin de cette vaste pagode où se célèbre la fête religieuse, s'il est permis de désigner ainsi une manifestation d'où le respect du culte semble absolument écarté, une autre cérémonie fixe mon attention.

C'est une scène de conjuration analogue à celle dont j'ai été témoin déjà, avec cette différence que le patient se trouve, cette fois, sous la seule action des femmes, en quête, dit mon interprète, d'un philtre d'amour. Il est assis devant la statue de Bouddha, la tête couverte d'un voile noir. Des femmes chuchotent tour à tour à son oreille. Il parait en extase ; puis sous le vacarme des gongs accompagnés du chant nasillard des femmes, il se frappe la poitrine à coups redoublés. Alors, et sans lui laisser un moment de répit, une femme lui remet un poignard. Il s'en saisit vivement, et sans hésitation il se fait sur la langue plusieurs incisions dont le sang s'échappe en abondance. Alors, les chants et le vacarme redoublent, les assistantes présentent de longues bandes de papier que le patient lèche avec frénésie, qu'il couvre de sa sanglante écume, et qu'il jette à son entourage. Enfin, au paroxysme de l'excitation, il tombe inanimé dans les bras de l'une des assistantes, revient bientôt à lui et se retire en sa compagnie, pour fumer, non loin de là, la pipe d'opium que lui ont préparée ses adeptes.

Un philtre d'amour! Soit. Je vois surtout, dans la bizarrerie de telles pratiques, le besoin du surnaturel et, bien évidemment aussi, son exploitation par des charlatans.

En principe, les mariages sont traités par les parents, souvent à l'insu des enfants, et dès le bas âge. Les parents se sont au préalable assurés, par la conjuration des esprits, que leurs enfants se conviendront, puis ils ont décidé le prix qui doit être payé pour acheter la vertu de la future (50 à 200 francs); et les fiançailles sont ainsi fixées. Ce sont les deux cérémonies prémonitoires, le nam cát (consultation des devins) et le nap thé ou contrat. Le mariage étant dès lors arrêté, le fiancé est tenu, en outre de cadeaux variables suivant sa fortune, de remettre à sa fiancée les pièces de soie qui serviront à la confection des robes et des pantalons, puis un plateau de feuilles de bétel, un flacon de vin de riz, un régime frais de noix d'arec et un cochon dans sa cage que se partagent les parents, en signe de réjouissance et en témoignage de consentement. Très généralement alors, l'argent qu'a dû, dès les fiançailles, remettre le fiancé pour garantir la vertu de sa promise lui est intégralement restitué. Le mariage se conclut soit en présence des seuls parents et amis, soit devant les autorités, alors que les fiancés n'habitent pas la même commune. Dans ce dernier cas, le fiancé est tenu de payer un léger impôt, une ligature en moyenne, comme gage de bonne souche. Le mariage est consacré par la cérémonie Hiep can (retourner sens dessus dessous). L'épouse, parée de tous ses bijoux, est conduite chez l'époux, se prosterne devant lui, se confie à sa merci et reçoit à son tour le salut. Ceci fait, elle verse du vin de riz dans deux petites tasses, en offre une à l'époux et boit l'autre sans en rien laisser. Puis les tasses vides sont accolées par leurs bords libres. C'est le simulacre de l'union. Le mariage est ainsi consacré. Les unions sont généralement fécondes, mais les enfants sont enlevés en très grand nombre par la petite vérole, de telle sorte qu'il reste seulement trois ou quatre enfants dans une famille qui en a compté huit ou dix.

Je n'ai pas eu l'occasion d'assister aucune parturiente. J'ai pu savoir, cependant, que la délivrance s'effectue habituellement dans la position accroupie, penchée en avant, les mains appuyées à quelque meuble. L'assistante se tient elle-même accroupie derrière la parturiente, ayant à côté d'elle une tasse d'huile chaude dont elle frictionne le ventre pour faciliter l'expulsion, tout en appuyant fortement sur le périnée.

La section du cordon s'effectue seulement après l'issue de l'arrière-faix, et généralement avec les dents, à quelques centimètres de l'ombilic. Il n'y a pas de ligature.

Si bazarre qu'elle apparaisse, cette attitude accroupie chez les parturientes se retrouve chez plusieurs peuples de races cependant très différentes. Elle est du reste fort ancienne, et était habituelle, paraît-il, chez les Égyptiens.

Il arrive parfois que des Européens contractent mariage avec de jeunes Tonkinoises. Je dis mariage, et non pas union libre. C'est cependant, alors, un véritable marché, mais très suffisant aux yeux des parents pour légitimer l'union. Le prix de la fille demandée est débattu en sa présence, après examen. Il varie entre 10 et 150 piastres, et se paye séance tenante. Du consentement de ses parents, la jeune fille virtuellement fiancée ne cherche aucun autre engagement et demeure généralement fidèle. La loi, du reste, est de la dernière sévérité pour quiconque, homme ou femme, est convaincu d'adultère. Tout examen est permis avant le marché. Et si le marché n'est point conclu, la fille, sur un mot de sa mère, se retire, sans même une manifestation d'étonnement, toute disposée à se prêter, avec la même indifférence, à l'examen d'un autre prétendant, mais bien décidée aussi à ne lui appartenir qu'après le consentement des parents. La naissance d'un enfant, fille ou garçon, est toujours accueillie avec grande joie. Il y a fête pour toute la famille, un mois environ après la délivrance de la mère.

La polygamie n'est pas légalement interdite ; cependant elle est rare et ne se rencontre guère que chez les mandarins ou dans le cas de stérilité. La première femme jouit, du reste, toujours d'une déférence relative, et même d'une certaine autorité.

Les mœurs sont pures : une fille mère est un déshonneur pour toute la famille ; elle est signalée, dans son village, au son du tambour et du gong. Les infanticides sont inconnus. L'adultère est puni de mort infamante. La femme est décapitée ; l'homme, dit la loi, livré à l'éléphant bourreau, qui lui écrase la tête !

CHAPITRE IV

Départ du général Millot. — Le général Brière de l'Isle lui succède. — Une fabrique de papiers à Ké-Buoï et les industries au Tonkin. — La piraterie. — Paludisme et choléra. — Lettres chinoises de Lang-Son. — Les Pavillons noirs et Lao-Kaï. — Le Père Grandpierre et la chrétienté. — Dupuis, Garnier et le fleuve Rouge. — Colonne d'octobre. — Accidents et difficultés. — Le général de Négrier. — Combat de Bao-Loc. — Assaut de Lang-Kep. — L'ambulance. — Évacuation sur Phu-Lang. — Pyramide de têtes. — Combat de Chu. — Un marché à Phu-Lang-Tuong. — Repos forcé. — Combat de Ha-Ho. — Noël à Hanoï. — Combat de Nuï-Bopp. — Rapatriement obligatoire. — L'insurrection au Cambodge. — L'hôpital de Saïgon, les casernes, la ville. — L'évêque d'Adran et l'occupation française. — Dupuis, Garnier et le commandant Philastre. — Le commandant Rivière, aperçu rétrospectif. — Le général Bouët, le docteur Harmand et l'amiral Courbet. — Sontay et l'astucieuse inertie de la cour de Hué. — L'administration en Cochinchine. — A Singapore. — Dans le détroit de Malacca. — La sonde Thomson. — La messe à bord. — Le détroit de Bab-el-Mandeb; l'île de Périm et Obock. — La mer Rouge. — Le golfe de Suez et le canal. — Victimes de la Méditerranée. — La Corse. — Vive la France!

6 septembre. — Le général et Mme Millot, le colonel Guerrier, le médecin-major Gentil et les officiers d'ordonnance Maugin, Camps et Gentz se sont embarqués ce matin à bord de l'*Éclair*, afin de rejoindre, dans la baie d'Along, le bateau qui doit les conduire à Saïgon, où les attendra le paquebot-poste de France.

Leur départ passe inaperçu. De fait, le général Millot, toujours bienveillant quand il a été possible d'arriver jusqu'à lui, n'a pas paru réunir les qualités d'énergie, d'endurance, d'entraînement et de coup d'œil qui font les véritables chefs militaires. Il est ardent républicain, dit-on; cela ne suffit pas au Tonkin. Et son chef d'état-major a abusé de son indolence.

Sous prétexte de respect obligatoire d'un règlement dont il s'était constitué le seul interprète autorisé, il a sûrement entretenu les jalouses méfiances, détruit ou condamné l'esprit d'initiative, et jeté le malaise entre tous les services, notamment de la marine et de la guerre. C'est à lui surtout qu'incombe la responsabilité. Il a cependant, paraît-il, demandé son maintien au Tonkin. Mais le général Brière de l'Isle lui aurait nettement répondu par un refus.

« Je ne veux, a-t-il dit, pas d'autre collaborateur que le commandant Crétin, sous-chef actuel de l'état-major. »

On s'accorde à dire que nous ne perdrons pas au change.

Les camarades eussent désiré, avant son départ, pouvoir dire à leur collègue Gentil leurs compliments de sa belle conduite à Bac-Lé et leurs souhaits de prompt rétablissement. Il s'y est refusé, dit-on. Et sa manière d'être vis-à-vis d'eux, son isolement systématique, son refus de leur assistance dans les soins que nécessite sa blessure lui ont aliéné de vives sympathies.

8 septembre. — Le général Brière de l'Isle a pris, dès hier, possession de son nouveau commandement et reçoit, ce matin, la visite officielle de tous les officiers de la garnison.

Son bienveillant accueil, la droiture de son regard, dont l'éclair paraît pénétrer jusqu'au fond des cœurs, sont de bon augure. « Il sait d'avance pouvoir, dit-il, absolument compter sur l'énergique bon vouloir de tous, et désire ardemment que tous soient convaincus que des relations cordiales entre tous les services sont l'indispensable garantie du succès. L'assistance mutuelle, sans hésitation, sans arrière-pensée, est non pas seulement un devoir, mais bien également une impérieuse nécessité. »

Et chacun, il faut bien en convenir, éprouve comme un véritable soulagement.

«Depuis le retour d'Hong-Hoa, nous dit-il aussi, le corps expéditionnaire est demeuré au Tonkin dans l'inaction forcée des villes de garnison en France. L'état de la température nous en a fait une obligation temporaire. Mais de nouvelles luttes paraissent nécessaires encore pour affirmer enfin le définitif succès. Il faut, dès maintenant, s'y préparer activement. Et cette inaction qui nous pèse, à vous comme à moi, ne sera plus de longue durée. Des renforts sont attendus d'un moment à l'autre, la saison propice est proche, et bientôt nous aurons ensemble à reprendre la lutte. Elle sera laborieuse, car les Chinois concentrent des forces considérables; je demeure certain que très prochainement nous pourrons hardiment aller à leur rencontre, et les chasser vigoureusement du Tonkin. »

12 septembre. — De fait, il y a beaucoup à faire encore pour être prêt. La plupart des hommes sont sans chaussures. Sous prétexte de prochain rapatriement, les approvisionnements n'ont pas été renouvelés; les mieux partagés n'ont guère à leur disposition que de mauvais souliers annamites qui sont usés en quelques jours et ne sont pas une suffisante protection. Et de même les vêtements sont généralement hors de service. C'est aussi, peut-être, parce que les hommes de la classe, qui devraient être renvoyés depuis longtemps déjà, sont maintenus, au moins jusqu'à l'arrivée des renforts, et qu'on estime dès lors inutile le renouvellement des effets.

Il faut bien se tenir en garde. Chaque jour de nouvelles bandes de pirates qui, sans doute, précèdent les Chinois, viennent attaquer, jusque sous nos canons, quelques villages tonkinois, qui sont incendiés, pillés, et dont les femmes sont enlevées, sans qu'il nous soit possible d'intervenir utilement. Tout le pays, un moment apaisé, est ainsi infesté à nouveau par des bandes qui, presque certainement, sont clandestinement protégées par les mandarins.

Des dispositions doivent être prises même en vue d'une attaque possible d'Hanoï, les commandants ont reçu des ordres précis en vue d'une reconnaissance exacte du terrain et des emplacements que doit occuper chaque détachement en cas d'alerte. Le blockhaus de la rive gauche, qui commande la route de Bac-Ninh et les bâtiments de la douane, est tout particulièrement occupé.

Dès aujourd'hui même, une petite colonne, formée de deux compagnies du 111ᵉ et du 23ᵉ, de deux compagnies d'infanterie de marine et d'une section d'artillerie, sous les ordres du lieutenant-colonel de Maussion, reçoit l'ordre d'occuper My-Luong, où des pirates en grand nombre sont, paraît-il, fortement retranchés.

Le général Brière de l'Isle, en donnant l'ordre de marche, rappelle et prescrit les précautions à prendre pour éviter les maladies. « Les marches, dit-il, doivent être commencées dès quatre heures du matin et, sauf événement, suspendues au plus tard à neuf heures. Des précautions sévèrement maintenues seront prises pour éviter les coups de chaleur et les diarrhées, etc., etc. » Le médecin-major Raynaud accompagne la colonne.

On devine, dans cet ordre, la sollicitude du chef qui a combattu sous toutes les latitudes, et qui sait d'expérience que les maladies sont, pour la troupe, plus désastreuses que le feu, même le plus meurtrier.

15 septembre. — Le général de Négrier, rentré à Hanoï depuis le départ du général Millot, et frappé des nombreuses causes d'insalubrité de la citadelle, me charge de lui donner des indications générales suffisantes pour le diriger dans l'exécution des travaux d'assainissement qu'il veut entreprendre. L'accueil qu'il me fait dès notre première rencontre est une large compensation des misères de l'ancien régime. Et de même le général Brière de l'Isle, dont la manière d'être vis-à-vis de tous est un contraste complet de celle de son prédécesseur. Autant, en effet, le général Millot se tenait à l'écart, à peu près invisible, autant le général Brière de l'Isle désire pouvoir s'entretenir directement avec tous ses officiers. Il les invite à le venir voir souvent, les reçoit tour à tour à dîner, et s'entretient familièrement de tous les besoins du service. C'est ainsi que, ce soir même, j'ai de nouveau l'honneur de dîner avec lui, accompagné de plusieurs camarades, parmi lesquels, notamment, le lieutenant-colonel Chapuis du 111e, les commandants Chapotin et Nortier de l'artillerie, et Dupommier, du génie. Chacun dit ses besoins et reçoit aussi complète satisfaction qu'il est possible. Puis, la conversation roule sur les divers incidents de la campagne, sur les habitudes et sur les attributions légales des mandarins, qui, très généralement, exploitent le pays sous prétexte de le gouverner. On parle longuement aussi du rôle des missionnaires, dont le général proclame très haut les immenses services. Et la soirée se termine dans une réconfortante confiance au lendemain.

16 *septembre*. — Les matinées, pendant quelques heures, deviennent supportables. Et dès l'aube, les clairons et trompettes sonnent joyeusement la diane. De suite, les hommes se rendent à l'exercice, de courte durée du reste, et coupé de plusieurs pauses, dans le but seulement d'entretenir une certaine activité.

De notre côté, nous en profitons pour parcourir les environs, toujours par groupes de quatre ou cinq au moins, car il n'est pas prudent, dit-on, de s'écarter isolé de la citadelle

Nous voici, ce matin, en selle sur nos petits chevaux annamites, parcourant à nouveau, mes camarades Baudot, Achard, Manget, le colonel Letellier, le capitaine de Saxé et moi, la belle côte ouest du grand lac, avec l'intention d'une visite des fabriques de papier de Ké-Buoï et des principales industries du pays.

Voici d'abord, à l'angle sud-ouest, vers le grand lac, les ruines, bien insignifiantes du reste, de l'ancienne forteresse des Lé, très antérieure à la citadelle actuelle, commencée en 1804 seulement, nous dit-on. Puis, tout près de là, à côté d'un emplacement choisi pour le nouveau cimetière, la triste pagode du grand Bouddha, que les bonzes, dans l'espérance sans doute d'une bonne obole, nous disent être la statue d'un fier guerrier tonkinois, dont elle porte du reste les attributs symboliques. Puis l'étroite route, bordée de superbes hibiscus aux teintes éclatantes, semée d'arbres qui font, au-dessus de nos têtes, un véritable dôme de verdure, se poursuit longuement sur les bords du lac, dont, à l'abri du soleil, nous pouvons admirer le scintillant pailleté d'or, les îles aux riches pagodes et les très nombreux oiseaux aquatiques, qui paraissent s'y être donné rendez-vous pour de joyeux ébats. Et, très entraînés dans notre course, nous voici bientôt à l'entrée du village de Ké-Buoï, devant une superbe porte en briques, flanquée de deux colonnes à beaux lanterneaux, où nous attendent les notables de l'endroit. C'est jour de marché, paraît-il. De fait, les vastes hangars couverts de tuiles qui sont disposés à droite et à gauche de la porte sont remplis de petites tables garnies de fleurs, de légumes et de fruits, devant lesquelles sont accroupis de nombreux vendeurs ou acheteurs en haillons. Le huong-than et le huong-hao, deux respectables vieillards qui sont, à des titres différents, les notables de l'endroit, nous en font les honneurs. Ils sont accompagnés de leurs serviteurs, les truongs, chargés, paraît-il, d'écarter les importuns. Et voici que le huong-xa, le maire, nous dit notre interprète, vient à son tour nous saluer, suivi de plusieurs boys porteurs de plateaux de fleurs et de fruits. Le huong-xa est relativement jeune; il est, nous dit-on, responsable, vis-à-vis des mandarins, de la perception régulière des impôts, et c'est seulement alors qu'il aura dignement, pendant plusieurs années consécutives, rempli sa difficile mission, qu'il pourra être élevé à la dignité de huong-than.

Tous, ainsi qu'ils l'ont fait déjà pour d'autres officiers, nous offrent gracieusement de nous accompagner dans notre visite des fabriques, qu'il faut découvrir, à un kilomètre environ du village, absolument cachées sous les beaux arbres des bords du lac.

J'ai eu l'occasion, déjà, de parcourir hâtivement ces fabriques, et de me rendre compte des très primitifs procédés employés pour obtenir diverses espèces de papier qui, s'ils n'ont pas la blancheur de nos produits, ont du moins une solidité ligneuse fort remarquable. C'est que sans doute, les indigènes, dans la fabrication, n'utilisent pas les chiffons et menus débris journellement employés par nous, mais bien seulement les macérations de bambou et de caygio provenant, paraît-il, des forêts du haut Tonkin. La pâte, après un long battage, macère dans une décoction gommeuse d'un autre arbrisseau, le gonier, dont les fruits et racines jouissent aussi, parait-il, de propriétés antifiévreuses très appréciées. Puis elle est recueillie par d'habiles ouvrières, sur des claies de bambou, où elle forme la feuille qu'il suffit d'égoutter sous la presse et d'assécher sur des briques maintenues à une température élevée, pour obtenir le papier ordinaire ou parcheminé, toujours très résistant, dont chacun de nous a fait sa petite provision, convenablement rétribuée.

Le retour se fait plus longuement, par la rive nord du grand lac, laquelle, à cause sans doute de la chaleur, devenue accablante, nous paraît beaucoup moins abritée et plus difficile. Ce qui, du reste, ne saurait diminuer le plaisir que nous avons à nous rencontrer, entre camarades, pour les quotidiennes promenades de chaque matin. C'est ainsi seulement qu'il nous est permis d'avoir au moins une idée des autres industries du Tonkin, toutes aussi primitives, nous parait-il, que celle du papier.

Les Tonkinois, cependant, travaillent bien le cuivre, le bronze, l'or et l'argent; ils ont, de même, acquis une réelle habileté dans les incrustations de nacre, dans les broderies de soie, et dans la fabrication des poteries. Mais, très généralement, ils manquent d'initiative personnelle et ne sont que de patients copistes. Les modèles se répètent à peu près identiques, perdant ainsi toute valeur artistique. C'est ainsi qu'ils reproduisent toujours les mêmes sujets dans les tracés, au burin, du bois de trac, sur lequel ils appliquent ensuite, très finement découpées, les lamelles de nacre aux reflets si variés qui font la véritable beauté de leur travail. Ce travail, du reste, parait-il, récemment introduit chez eux, nécessite une patience à toute épreuve. Aussi les récentes exécutions, en raison des nombreux achats, sont beaucoup trop rapides, et n'ont plus du tout la beauté artistique des anciennes.

De même, la bijouterie, très primitive, ne produit guère que quelques colliers ou bracelets massifs, des boucles d'oreilles ou des boîtes à bétel sans valeur. Le procédé est, du reste, très sommaire : un réchaud à charbon de bois, un creuset de pierre, un soufflet formé d'un ou deux cylindres de bambou dans lesquels se meut un piston manœuvré par un boy, une lime et un marteau ; c'est tout ce qu'il faut.

Quelques potiers fabriquent, en terre argileuse insuffisamment cuite, des statuettes et même des statues qui ne manquent pas d'originalité. On trouve parfois aussi, en outre des divers ustensiles de ménage, quelques faïences vernissées, dont j'ai pu, sous forme de tasses à café moulées en ma présence, me procurer un bel échantillon.

Il y a dans Hanoï toute une rue, dite du reste des Brodeurs, qui est à peu près exclusivement occupée par des ateliers de broderies de soie, en relief ou en simple application sur drap, qui garnissent les vêtements de cérémonie des femmes, des bonzes et mandarins. Généralement les magnaneries sont isolées des centres habités ; les vers à soie sont élevés et très soigneusement nourris dans des paniers de bambous disposés par étages, dans de vastes pièces fermées, autant que possible à l'abri de la lumière, de l'humidité, des insectes et du bruit. La filature des cocons est confiée à des jeunes filles qui les ouvrent dans l'eau chaude, et qui remettent l'extrémité du fil à de jeunes boys chargés de l'enroulement sur les dévidoirs. La soie ainsi obtenue est de couleur jaune, d'assez bonne qualité, paraît-il.

Enfin, et parmi les autres industries qui fixent notre hâtive attention, nous ne trouvons guère à remarquer que les fabricants d'éventails en plumes de paon montées sur tiges de bambous, les fabricants de nattes, parfois d'une remarquable finesse, et les dessinateurs ou peintres, dont les productions, à la colle ou à l'aquarelle, ne sont que fort médiocres copies, sans perspective et sans valeur d'exécution, mais parfois très originales.

Évidemment, il n'y a là que des éléments d'industrie, mais assurément susceptibles d'un grand développement par le perfectionnement des méthodes. Les Tonkinois sont patients, et sous leur chétive apparence ils ne manquent ni d'intelligence ni d'ardeur au travail. Sans doute ils ne sont capables ni de notre énergie ni de la vigueur des Chinois. Mais, quel que soit le temps, ils ignorent le repos; ils sont soumis, respectueux, susceptibles même d'attachement vis-à-vis de qui les emploie sans brusquerie. Et surtout, il leur suffit, pour être satisfaits, de gagner, chaque jour, les six à huit sous, prix moyen de la main d'œuvre quotidienne, qui sont nécessaires à leurs besoins.

Mais, il faut, pour cela, qu'ils soient mis à l'abri des exactions des mandarins annamites ou chinois. Sûrement alors, ils apprécieront les bienfaits de la domination française. Nous en sommes loin encore, car le pays, actuellement très divisé, infesté de brigands ou de pirates, menacé d'une invasion chinoise, manque de confiance. Sans aucun doute, la France n'abandonnera pas le Tonkin, mais la conquête sera, sûrement, chèrement payée. Il ne faut pas s'illusionner, c'est, du reste, l'avis des missionnaires et de quiconque a parcouru le pays; c'est à Pékin seulement, et par répercussion à Hué, que nous obtiendrons satisfaction. Et pour cela, des renforts considérables sont nécessaires.

25 *septembre*. — Malgré son énergie, l'amiral Courbet ne pourra guère tenir que quelques points du littoral; son action ne saurait s'étendre au delà. Elle est dès lors insuffisante pour obtenir la soumission de cet immense empire, bien plus puissant par sa patiente inertie que par ses armées.

Et d'autre part, il paraît difficile, à moins d'urgence absolue, de reprendre avant octobre les opérations de terre. Il faut être alerte et jouir de la plénitude de la santé pour résister aux fatigues, aux privations d'une campagne dans un pays malsain et tout particulièrement dans la zone des montagnes, réputée beaucoup plus insalubre encore que le delta, sans doute parce qu'elle demeure à peu près inculte.

Les chaleurs sont encore insupportables; à peine avons-nous deux ou trois heures de repos relatif, au lever de l'aurore; dès huit heures du matin on se trouve dans ce bain continu de vapeurs dont il est impossible de se garantir. Et l'état sanitaire est, sinon absolument mauvais, du moins plus que médiocre.

Du reste, et malgré les quelques renforts, quatre cents légionnaires et six cents turcos qui viennent d'arriver à Haï-Phong, nos effectifs d'action sont actuellement tout à fait insuffisants. Il faut donc savoir attendre. Les Chinois nous en donneront-ils le temps? Nous occupons les principaux centres du delta, depuis Haï-Phong, Ninh-Binh, Sontay. Hong-Hoa, même Tuyen-Quan et Thaï-Nguyen. Et cependant, les pirates, les Pavillons noirs occupent les hauteurs de la rivière Noire et de la rivière Claire, ils sont les maîtres dans la province de Than-Hoa, au sud, comme ils le sont au delà de Phu-Lang, vers le nord. Et nos effectifs sont à peine suffisants pour garder les citadelles. Pour se débarrasser de l'action occulte du gouvernement de Hué, il faut, de l'avis général, soumettre d'abord le gouvernement de Pékin.

La responsabilité d'une telle situation est bien lourde. Et les hésitations de notre gouvernement paraissent bien longues. Il faut agir, cependant, si nous voulons conserver le Tonkin, et y trouver un jour, on est en droit de l'espérer, une fructueuse compensation aux sacrifices que s'impose la Patrie.

28 septembre. — J'ai dû, par ordre, me rendre à Haï-Phong, pour visiter les postes de Phu-Ninh-Gian et du Nui-Voï, dit de la montagne des Éléphants, où paraissent s'être montrés quelques cas de choléra, que je crois être plutôt des accès de fièvre pernicieuse algide. J'ai pu constater, en effet, avec un pouls misérable et d'une extrême fréquence, avec le refroidissement manifeste des extrémités et la peau recouverte d'une sueur froide visqueuse, malgré la sensation de chaleur qu'éprouve la main appliquée sur le ventre, une anxiété des traits, de l'oppression, des vomissements, des déjections alvines d'une extrême abondance, et une soif inextinguible qui rappellent le choléra asiatique. Souvent même les malades ont accusé des crampes qui paraissent les avoir surtout effrayés. Mais, généralement, l'évolution des divers symptômes a été précédée d'un frisson; très habituellement, le stade froid n'a pas duré plus de deux heures; le thermomètre indiquant, en même temps, un relèvement sensible de la température, et la transpiration de bon aloi remplaçant les sueurs visqueuses. Et surtout le traitement classique (notamment les injections sous-cutanées de chlorhydro-sulfate de quinine) a généralement donné des résultats qui ne laissent aucun doute. Parfois, cependant, l'intermission caractéristique ne s'est pas montrée, et l'accès a pu éclater brusquement, sans autres prodromes qu'un malaise général, lié souvent à un état gastrique.

Le poison paludéen est, du reste, si général, même dans le delta, qu'on le doit soupçonner dans tous les cas de pyrexie; et que, sûrement, certains cas, qui se sont terminés fatalement, eussent été heureusement justiciables d'un traitement immédiat par la quinine, qu'aucun autre médicament n'a pu, jusqu'à ce jour, utilement remplacer.

Faut-il, cependant, conseiller son usage à titre préventif? La pratique est très discutable. Il faut tenir compte de l'idiosyncrasie. Quelquefois, rarement à la vérité, le remède ne peut être supporté, même à faibles doses, sans donner lieu à des accidents gastriques fort pénibles, beaucoup plus habituels, du reste, alors qu'on a voulu, à ce titre, le remplacer par des préparations arsenicales. Il apparaît cependant à presque tous les médecins, tant de la marine que de l'armée, qui ont observé dans les pays à poison paludéen, que la fièvre, alors qu'elle éclate, est moins grave chez les sujets qui, depuis un certain temps, ont fait, à titre préventif, un usage quotidien du sulfate de quinine. Et sûrement, il faut combattre la crainte, assez fréquente, chez les personnes dont l'expérience est limitée, du mal imaginaire qu'il peut faire. C'est souvent empêcher le bien immense qu'il réalise sûrement. Il est plus important de prévenir la maladie que d'avoir à la guérir. C'est double économie d'hommes et d'argent. Et c'est ma conclusion au rapport que m'a demandé, à ce sujet, le général Brière de l'Isle. La quinine, le calomel et l'ipéca, l'opium et le thé, les affusions froides et le salacco, telles sont les ressources indispensables à quiconque veut pouvoir parcourir le Tonkin à l'abri de sa nocive action sur l'organisme.

29 septembre. — J'ai pu, pendant les quatre jours que je viens de passer chez Mme de Custine à Haï-Phong, y rencontrer les opinions les plus diverses. Mon ami M. Ranchot, dont l'énergie combattive ne diminue pas l'habileté diplomatique, et le lieutenant-colonel Dugenne, appelé à rentrer en France pour y expliquer son affaire de Bac-Lé, y sont en très vive et très sympathique discussion.

« Je peux communiquer au colonel, dit Ranchot, des lettres qui me paraissent ne laisser aucun doute, sinon sur la mauvaise foi absolue des Chinois de Bac-Lé, du moins sur la connaissance certaine qu'ils avaient du traité de paix. Elles lui seront utiles, car il sera sûrement obligé de se défendre à Paris. » Puis il remet au colonel Dugenne les lettres authentiques, dont il m'est permis de prendre la traduction suivante :

I

Lettre de Vé-Kúng-Ngâi-Dóc-Binh nommé dó au nommé Bui-Düc-My du village de Phaong-Dinh.

« Le mois passé, je vous ai parlé de mon départ pour la Province de Lang-Son, en vous promettant de vous envoyer les nouvelles. J'y suis maintenant, mes hommes sont campés et bien portants ; je me suis présenté aux mandarins provinciaux de Lang-Son, en expliquant ce que j'avais à dire. Ils m'ont très bien reçu. Et voici ce que ces mandarins m'ont dit : que la Chine rassemble tous ses soldats, *et dans un ou deux mois d'ici*, ils viendront combattre les Français. Je suis le mieux considéré des mandarins de Lang-Son ; ils ont fixé ma demeure, et je crois, pour sûr, que je deviendrai quelque chose. Voilà mes nouvelles, et soyez sincère de ce que je vous ai dit dans le passé, et ne vous découragez pas. Enfin je vais revenir dans une dizaine de jours, et je vous raconterai cela en détail.

« Le 15 du cinquième mois de l'année Kûn phuioc (8 juin 1884). » *Signé* : Do.

II

« Le mois passé, je me suis rendu à la province de Lang-Son avec mes autorités supérieures, où moi et mes hommes sont très bien partout. Lang-Son est un pays privé d'aliments, c'est pourquoi j'envoie aujourd'hui ma concubine faire des provisions pour trois portées d'hommes (ba ganh) de poissons salés et de la saumure de poissons (muŏc man), que celle-ci les prendra après qu'elle aura visité sa maison (8 juin 1884). »

III

Le N' Dô' Trich, dô' binh du Vé Kien Ngai, écrit au Phé' lanh Binh, du village de Vu Bôn, canton de Vu Nông.

« Je vous écris cette lettre pour vous informer qu'à mon arrivée à Lang-Son, je n'ai pas manqué de faire part au mandarin Tang-Tüong de tous vos mérites, et de votre réputation, dont ce haut fonctionnaire a été très satisfait. Je me suis présenté devant les autorités de Lang-Son, qui m'ont reçu avec bonté, et m'ont nommé au grade de mandarin. Je vous fais connaître que je suis très content et très heureux de cette nomination ; je n'ai qu'à me flatter de la nouvelle position dans laquelle je me trouve actuellement. Je serais heureux d'offrir aux autorités de la province quelques petits présents que je n'ai pas en ce moment ; je vous prie de vouloir bien m'envoyer, par le porteur de la présente, une livre de thé de Liên tâm, et trois livres de thé de O Long, dont je vous serais très reconnaissant (8 juin 1884). » *Signé* : Do Dinh Trich.

IV

Le N' do' dinh Trich, dô'. binhs (chef d'un bataillon) Vé Kien Ngai à Long-Son, écrit à ses parents.

« Je vous écris cette lettre pour vous donner de mes nouvelles. Avant un mois, je vous ai fait connaître que j'étais au service du mandarin Tan Tuong Quân Vu, à Lang-Son, où je suis actuellement. Je vous fais savoir que je me porte bien, ainsi que les gens qui m'accompagnent. Par cette lettre, je vous souhaite une bonne santé, que vous puissiez vivre de longues années ; quant à moi, je n'ai qu'à travailler à la gloire. Je compte me rendre auprès de vous pour vous voir à la fin du mois ; en attendant je vous prie d'informer tous les dôi, lai et miliciens qui ont servi sous mes ordres de se retirer chacun dans sa famille, pour travailler à vivre. A mon arrivée auprès de vous, je vous en parlerai, nous causerons ensemble tout ce que je pense. Vous ferez part également à ma famille, frères, sœurs, oncles, tantes, etc., de mes bonnes nouvelles. Le 15 du cinquième mois de l'année Kiën phuöc (8 juin 1884). » *Signé* : Do Dinh Trich.

Les lettres dont vous avez la traduction, ajoute M. Ranchot, ont été saisies le 15 juin 1884, sur un individu qui paraissait venir de Lang-Son par le col de Déo-Quan et la route de Chu à Haï-Zuong. Elles ont été remises au Résident et, par lui, immédiatement communiquées à l'état-major du général en chef. Leur auteur est un officier supérieur sûrement envoyé en mission par le gouvernement annamite. Et vous pouvez légitimement induire de ce qu'il écrit que, le 8 juin dernier, c'est-à-dire un mois après la signature du traité de Tien-Sin, par lequel la Chine s'engageait à faire immédiatement évacuer par ses troupes tout le Tonkin, y compris Lao-Kaï et Lang-Son, les mandarins de Lang-Son la déclaraient en train de rassembler tous ses soldats pour, dans un délai d'un à deux mois, venir combattre les Français.

Il n'y a pas de doute possible, c'est à Pékin, seulement à Pékin que s'obtiendra la solution. Sans doute, nos troupes pourront occuper Lang-Son, Cao-Bang, Lao-Kaï ; mais cette occupation, très disputée, demeurera sans résultat pratique définitif autant que nous n'aurons pas imposé notre volonté à Pékin, et par conséquent à Hué. A Lang-Son comme à Lao-Caï, nos soldats, toujours sur le qui-vive, seront surmenés de fatigues, décimés par les fièvres et constamment harcelés, aussi longtemps que la Chine n'aura pas reconnu sa complète impuissance. Actuellement, pour tenir Lang-Son, il faudrait occuper également Canton et le Quang-Si. La route de Phu-Lang-Tuong à Bac-Lé paraît, maintenant, très fortement gardée : celle par Chu et la ligne des montagnes, très difficile, est également gardée : celle de Quang-Yem et Ang-Chau, est peut-être la plus courte, mais elle est peu connue ; enfin, en suivant le littoral par Son-Binh, on rencontrerait presque certainement, vers Tien-An, les forts contingents qui, généralement, quand ils viennent envahir le Tonkin, se concentrent vers Mong-Caï, et arrivent à Tien-Ar par Ha-Koï.

Quant à Lao-Kaï, qui est, sur l'extrême frontière du Yunnam, le repaire des Pavillons noirs de Lu-Vinh-Phuoc, il y a moins encore à espérer son occupation avant la complète pacification du Tonkin, c'est-à-dire avant la soumission de la Chine. « Sans aucun doute, nous dit le capitaine Georges, qui fut le compagnon de Dupuis dans son exploration du fleuve Rouge, Lao-Kaï deviendra un centre important d'échange avec le Yunam. Lu-Vinh-Phuoc a trouvé dans la douane qu'il a établie de très grandes ressources. Mais la voie fluviale, seule pratique, nous est actuellement interdite. La navigation du fleuve Rouge, au delà des Rapides, vers Hong-Hoa, n'est encore possible qu'à l'époque de la baisse des eaux, vers le mois de novembre. Alors seulement les barres (1) deviennent visibles et peuvent être évitées, les courants étant également bien moins puissants. Encore n'est-il possible de les franchir qu'avec des jonques spécialement aménagées à cet effet. Ce sont de longues et étroites pirogues en rotin, enduites d'un mélange siccatif imperméable, et garnies, à l'avant, d'épais faisceaux de bambous, destinés, pendant la descente du fleuve, à amortir les chocs contre les rochers. Ces pirogues peuvent à peine porter 6 à 8 tonnes de marchandises, et 15 à 20 hommes. Les Chinois Pavillons noirs en avaient, paraît-il, réuni un très grand nombre à Hong-Hoa, au confluent du la rivière Noire et du fleuve Rouge. Et c'est grâce à elles qu'ils purent se mettre à l'abri, la route de terre n'étant plus, alors,

---

(1) Sables et cailloux accumulés.

qu'un étroit sentier, constamment coupé de redoutables torrents, dont l'eau, d'autre part, est réputée dangereuse, en raison, dit-on, de l'abondance des sels de cuivre ou autres qu'elle contient.

Lao-Kaï n'est du reste, paraît-il, qu'un marécage pestilentiel, où les Chinois eux-mêmes sont incapables de résister longtemps. Tous, en effet, pendant la mauvaise saison, se retirent à Mang-Hao dans le Yunnam; et seule une garnison demeure dans la citadelle. De toute nécessité, cependant, disent MM. Georges et Rossigneux, qui fut notre premier résident à Sontay, il faudra fortement tenir Lao-Kaï, non pas seulement en raison de sa situation frontière du Yunnam sur le fleuve Rouge, mais encore à cause de la grande richesse des mines d'or et de cuivre disséminées, paraît-il, dans la région. Mais, au dire de certains voyageurs, toute cette région est essentiellement malsaine. Tout récemment encore, trois explorateurs ont, paraît-il, tenté de la pénétrer. Deux sont morts, enlevés par des manifestations fébriles à accès de folie furieuse. Le troisième, M. Villeroi d'Augis aurait seul échappé, mais non sans éprouver lui-même des accidents qu'il prétend, en outre de la fièvre, rappeler ceux de l'intoxication mercurielle. M. Villeroi d'Augis serait actuellement encore, paraît-il, en traitement à Tuyen-Quan. On dit aussi qu'avec la soumission de la Chine nos relations deviendront rapidement faciles et prospères dans le Yunnam, parce que la population y subit difficilement le joug de la Chine, et ne demande qu'à s'en débarrasser. Enfin, c'est en cette région de hautes montagnes qu'il nous sera facile de recruter de bons soldats qui, bien encadrés, pourront, en toute sécurité, être opposés tant aux Chinois qu'aux Annamites et devenir, au Tonkin, ce que sont en Algérie nos tirailleurs africains.

Il est d'ailleurs certain que les Chinois, depuis les événements de Bac-Lé, sont très surexcités. A Hong-Kong même, il est impossible aux négociants français de trouver des chargeurs; les Chinois de Canton, qui seuls sont, paraît-il, autorisés à commercer avec les Européens, ont reçu l'ordre de suspendre toutes relations avec les Français. Et les mandarins menacent sévèrement quiconque cherche à nous assister (1). Bien plus, le vice-roi du Quang-Tong a, dit-on, renouvelé, suivant un tarif proportionnel, la mise à prix de notre tête, engageant nos employés et boys actuels à se montrer prévenants et dociles, mais à saisir aussi toutes les occasions de se débarrasser de nous, soit même par le poison.

Le Père Grandpierre, ce missionnaire qui dès les premiers jours de mars a, dit-on, donné à l'état-major général des renseignements précis sur la marche des armées chinoises, et dont la chrétienté occupe les environs de Tien-Yen, sur leur passage, s'y trouve très menacé; il est obligé de quitter le pays, emmenant avec lui tous ses catéchistes. Le *Jaguard*, avec un détachement d'infanterie de marine, vient d'être mis à sa disposition pour les protéger et les conduire dans l'une des îles de la baie d'Along, où du reste, et tout en vivant de la pêche, ainsi qu'ils en ont l'habitude, ils pourront nous assister dans la chasse aux pirates qui infestent encore la région.

Et de son côté, M. Roques, l'armateur bien connu de Saïgon, Haï-Phong et Hong-Kong, s'est trouvé dans l'obligation, pour pouvoir continuer son commerce, de naviguer sous pavillon anglais.

Telles sont, rapidement résumées, les conversations et les impressions que j'ai pu saisir pendant mon séjour à Haï-Phong, dans mes relations avec les habitués de l'hôtel de Custine. Elles sont assurément une indication que la guerre, loin d'être terminée, ainsi que le supposait le général Millot, paraît seulement commencer.

30 *septembre*. — Voici, de fait, que je reçois l'ordre de rentrer immédiatement. De nouvelles opérations sont imminentes. Et le petit vapeur *Ville-de-Hanoï*, de la compagnie

---

(1) Ils rappellent, à ce sujet, que le crime de trahison est puni sur toute la famille de l'accusé, tant en ascendants qu'en descendants, et jusqu'à un degré fort élevé. La fiancée même d'un jeune homme qui se serait rendu coupable de ce crime serait mise à mort en même temps que lui.

Roques, m'offre l'hospitalité en compagnie de son propriétaire, d'un compagnon de Dupuis, le capitaine Roze, et de quelques officiers rappelés comme moi.

« L'héroïque Jean Dupuis, nous raconte le capitaine Roze en nous rappelant son admirable lutte, ne fut que le continuateur des efforts tentés dès 1866, par le lieutenant de vaisseau Francis Garnier, sous la direction du capitaine de frégate Doudart de Lagrée, victime de son dévouement patriotique.

« La mission, on se le rappelle, remontant le Mé-Kong, avait pu pénétrer le Yunnam et y reconnaître le fleuve Rouge, que Garnier, aussi audacieux qu'énergique, descendit en canot depuis Lao-Caï jusqu'à Hanoï et Haï-Phong, décidant ainsi la priorité de la France dans l'occupation du Tonkin. Peu après, Dupuis, profitant d'une révolte, offrit à la Chine de lui faire parvenir des armes par la voie du fleuve Rouge. Et ce fut notre première étape vers la conquête. Quel pays, en vérité, peut se glorifier de tels hommes. Jean Dupuis, cet audacieux aventurier, méconnu d'abord et s'imposant ensuite tant par sa hardiesse que par les services rendus ; l'héroïque Francis Garnier s'emparant avec cent hommes, en 1873, de l'immense citadelle de Hanoï défendue par 6,000 Annamites et de nombreux éléphants de guerre ; le commandant de Trentinian, le sous-lieutenant Hautefeuille enlevant successivement les places fortes du delta, et s'imposant par leur modération autant que par leur courage, pour être ensuite désavoués par un administratif quelconque, le sieur Philastre, s'aplatissant devant la Cour de Hué. De tels hommes ne sont-ils pas la plus légitime des espérances de la Patrie?

Et les Anglais, non plus que les Allemands, sont-ils capables d'en produire de pareils? « Sans doute, ajoute le capitaine Roze, la navigation du fleuve Rouge est, actuellement encore, à peu près impraticable dans sa partie haute. Mais le fleuve est assurément la voie la plus courte de pénétration en Chine, et des travaux bien conduits auront raison des obstacles. Les débouchés ainsi établis, la France sera la première à bénéficier du commerce avec la Chine ; car la route de terre, par

Pa-Koï sur le littoral, Lang-Son et Cao-Bang vers la frontière nord, qu'a signalée le Père Grandpierre, est, non seulement plus longue, mais encore impraticable aux grands trafics. »

Et causant ainsi du passé, du présent et de l'avenir, le voyage, après la traversée du canal des Bambous, n'est plus qu'une fort instructive promenade à travers un pays d'une incontestable richesse.

« Voyez, me dit M. Roques : les indigènes commencent leur deuxième récolte de riz. Dans le delta, partout où il peut être facilement inondé, il y a deux récoltes au moins. Seuls les terrains montagneux ou mal irrigués ne font qu'une récolte; et le riz y est de moins bonne qualité. Beaucoup de rizières abandonnées sont devenues des marais pestilentiels. Elles reviendront très productives dès qu'on aura pu rétablir les canaux d'arrosement actuellement envahis par la brousse. Il faut, pour cela, la paix dans le pays. L'époque des semailles varie quelque peu, suivant la région ; mais, généralement, suit de quelques jours seulement l'époque des récoltes. »

1er *octobre*. — Et voici que nous débarquons devant la concession, où le général en chef m'invite à prendre des dispositions pour l'organisation du service de santé d'une colonne. Les Chinois, me dit-il, deviennent menaçants, il est temps de les arrêter.

Assistés des Pavillons noirs de Lu-Vin-Phuoc, ils ont en effet envahi tout le nord du Tonkin. Ils occupent Lang-Kep que nous avons abandonné, s'avancent jusqu'à Phu-Lang-Tuong et menacent Bac-Ninh. D'autre part, ils tiennent la montagne entre la rivière Claire et le fleuve Rouge, jusque vers Tuyen-Quan. La flottille doit presque chaque jour engager quelque nouveau combat. Tout récemment, la *Massue*, malgré ses hotchkiss et ses canons, a été entourée de plus de trois mille Chinois. La lutte lui a coûté, en outre de son commandant qui a été tué, dix morts et trente blessés, parmi lesquels plusieurs soldats de l'infanterie de marine. Il a fallu l'énergique intervention du *Mousqueton* et de la *Carabine* pour la dégager.

Aussi, et malgré la persistance des chaleurs, malgré l'insuffisance de nos effectifs qui attendent encore les renforts annoncés, il faut, de toute nécessité, se porter en avant. Et le général Brière de l'Isle, d'accord avec le général de Négrier, a constitué à cet effet trois colonnes distinctes qui doivent opérer séparément, mais à courte distance les unes des autres, de manière à pouvoir, en toutes circonstances, se prêter un mutuel appui.

La première, sous les ordres du lieutenant-colonel Donier, s'est embarquée déjà pour toucher aux Sept Pagodes et remonter le Loc-Nan jusqu'à Lam, avec Chu comme objectif. Elle comprend un bataillon de la légion étrangère, deux compagnies du 143e (capitaines Cuvellier et Frayssinaud,) une compagnie de tirailleurs tonkinois, et une section d'artillerie de montagne.

La seconde, qui est la plus forte, est sous les ordres du lieutenant-colonel D.... Elle comprend un bataillon du 111e (lieutenant-colonel Chappuis), un bataillon du 23e (commandant Godard), deux sections d'artillerie de montagne et une batterie d'artillerie de marine (commandants de Douvres et de Saxé et Rousset), et une section d'ambulance sous ma direction. Elle a Lang-Kep pour objectif.

La troisième, sous les ordres du commandant de Mibielle, avec le 3e bataillon de tirailleurs algériens, deux sections de 80 de montagne, un peloton de chasseurs et un bataillon de tirailleurs tonkinois, a pour mission de parcourir la zone entre les deux premières, de manière à pouvoir, au besoin, s'adjoindre à celle qui serait plus particulièrement menacée. L'ordre de départ m'arrive à deux heures après midi. J'ai à peine eu le temps de grouper le modeste matériel mis à ma disposition. Trois médecins, Baudot, Hocquard et moi, huit infirmiers, quarante coolies, douze brancards, deux cantines de chirurgie, une de pharmacie, une de matériel divers; en raison de la difficulté des transports, cela doit suffire. L'essentiel est d'avoir sous la main le strict indispensable, et d'écarter tout objet encombrant, le transport étant d'autant plus difficile qu'il doit se faire tout entier à dos d'homme. Il faut s'en contenter, tous les mulets étant indispensables pour les canons et les lourdes charges.

La colonne, réunie sur la berge du fleuve, à hauteur de la douane, ne compte guère plus de 1200 hommes. Elle commence le passage vers cinq heures un quart. Mais, en raison de l'insuffiance des sampans, peut-être des remorqueurs employés à d'autres opérations, il n'est terminé qu'à dix heures du soir. Le lieutenant-colonel D..., au lieu de faire prendre les cantonnements au fur et à mesure des passages, fait attendre, l'arme au pied, que le groupement soit terminé. Il n'y a pas cependant d'inquiétude à avoir, car le village de Gia-Lang, où nous devons passer la nuit, est sous la protection immédiate d'un blockaus bien armé, et depuis longtemps occupé par une petite garnison qui garantit la sécurité du voisinage. Du fait de cet inutile stationnement, les cantonnements ne sont pas occupés avant une heure du matin. Et cependant, il faudra se remettre en route, sac au dos, dès la pointe du jour. Le repos nécessaire sera de courte durée.

4 octobre. — En marche dès cinq heures, assez régulièrement jusqu'au canal des Rapides, que la colonne franchit sur des sampans. Mais à ce moment, alors qu'elle est tout entière réunie sur la rive gauche, survient un orage sans pluie, malgré de formidables coups de tonnerre, et l'atmosphère est véritablement étouffante. Il est neuf heures du matin. Il serait prudent de s'abriter, au moins pendant quelques heures; nous le pourrions d'autant plus facilement que la colonne arrive à hauteur du gros village de Quien-Quam. Déjà plusieurs soldats sont tombés épuisés, frappés de redoutables coups de chaleur. Vainement je le fais observer au lieutenant-colonel. Il ne veut rien entendre; et la marche se poursuit semée de malheureux qui réclament une rapide assistance. Les trois manifestations classiques du coup de chaleur, congestion, syncope ou asphyxie, s'observent suivant que les sujets sont sanguins, lymphatiques ou nerveux, suivant surtout l'état plus ou moins avancé de la digestion. Et suivant le symptôme, il faut recourir aux affusions froides, à la respiration artificielle, aux frictions, parfois même à la saignée, et surtout à l'ingestion de quelques gouttes d'éther qui toujours m'a paru fort utile.

Enfin, vers onze heures la colonne arrive au village de Phu-To-Son. La chaleur est accablante, et le tiers, au moins, de l'effectif est dorénavant incapable de suivre. Le colonel se décide à la halte. L'ambulance a dû recueillir déjà trente-sept malades, parmi lesquels douze, très gravement atteints, occupent, difficilement portés par les coolies, tous les brancards dont je dispose. Les autres, débarrassés de leurs sacs et de leurs armes, abrités sous des feuilles de lotus, suivent, péniblement soutenus par les camarades. Hâtivement, et dès l'arrivée au village, tous sont couchés à l'abri. Cependant, et malgré les soins les plus énergiques, un jeune télégraphiste, ramassé sans connaissance sur le revers d'un fossé, où sans doute il n'avait pas été aperçu, succombe; et voici qu'un officier est lui-même sévèrement menacé.

La responsabilité qui m'incombe me paraît d'autant plus lourde que le lieutenant-colonel D..., dès son arrivée au village, s'est enfermé dans une pagode et a donné, à la sentinelle qui la garde, l'ordre formel de ne le déranger pour aucun motif. J'arrive cependant, alors qu'il a fait une longue sieste, à lui faire connaître la situation, et j'obtiens que la marche ne sera pas reprise avant quatre heures du soir.

Tous les brancards sont occupés, car il serait imprudent de laisser des malades en arrière; il faut donc de temps à autre remplacer un malade par un autre. Cela demande beaucoup de temps, et la marche se fait bien lentement. Cependant, et grâce à la fraîcheur du soir, la colonne arrive sans entraves à Dap-Cau. Mais il est deux heures du matin; les hommes n'ont rien mangé; et, du fait de l'incurie du commandement, les cantonnements eux-mêmes n'ont pas été prévus. Pour comble, plusieurs doivent revenir à Bac-Ninh, tant pour y recevoir des vivres que des couvertures et des souliers, dont la distribution a été, paraît-il, oubliée au départ de Hanoï. Et la nuit se passe ainsi sans aucun repos.

5 octobre. — Aussi, quand il faut, ce matin à six heures, se remettre en route, on a grand'peine à réunir les hommes. La colonne est renforcée de deux compagnies du 143ᵉ, avec le capitaine Barbier, d'un détachement du génie, d'une section de télégraphistes, avec le lieutenant Bailly, et d'un peloton de chasseurs à cheval. Heureusement, il s'agit seulement de traverser le Song-Cau, et j'ai pu laisser à Dap-Cau les malades absolument incapables de suivre. Mais, et malgré la dure leçon de la veille, le lieutenant-colonel D... renouvelle les mêmes errements. Au fur et à mesure qu'elles ont franchi le fleuve, les sections attendent l'arme au pied. Et quand enfin l'opération est terminée, vers dix heures du matin, la chaleur est aussi accablante que la veille. Tout de suite surviennent de nouveaux accidents qui m'obligent à une rapide évacuation sur Dap-Cau. Continuer la route dans ces conditions serait aller au-devant d'un désastre. Je signale vivement le danger. Et j'obtiens que la marche ne sera pas reprise avant quatre heures du soir, la colonne pouvant, pendant les heures chaudes, s'abriter au village de Nan-Gamh.

Malgré cette précaution, dès la remise en route, plusieurs s'arrêtent épuisés. Il faut les traîner, et de nouveau tous nos brancards sont occupés, tant par les malades que par les sacs et les armes, dont il faut débarrasser un grand nombre. Quatre indigènes sont indispensables pour porter, pendant un certain temps, un brancard chargé; et l'ambulance en compte à peine une trentaine à sa disposition. La situation devient critique. Tantôt en avant, tantôt à l'arrière-garde, il faut régler la marche, soigner les malades, veiller surtout à ce que personne ne demeure. Les infirmiers ont assez à faire à garder les coolies, toujours disposés à se débarrasser de leur chargement pour gagner l'espace, et à soutenir les efforts des malades qui, malgré la fatigue, veulent avancer quand même. Ils sont eux-mêmes épuisés de fatigue. Nos petits chevaux sont chargés de sacs, et souvent traînent encore les plus fatigués. Il faut arriver, cependant, car, à l'étape seulement, il **sera** possible d'organiser un convoi d'évacuation.

Enfin, à force de bon vouloir et d'efforts, chacun s'entr'aidant, l'ambulance arrive à Phu-Lang-Tuong, sur la rive droite du Song-Thuong, que la colonne a franchi déjà en partie, pour venir cantonner au village de Phu-Lang-Gian, à 1,200 mètres environ du fleuve. Il est onze heures du soir. Il n'y a pas à songer pouvoir traverser. Et je découvre, heureusement, à l'entrée du village, un abri convenable, où je puis grouper les indisponibles. Il faut aussi parquer et surveiller étroitement nos coolies, toujours disposés à nous échapper. C'est fait. Et quand, après minuit, le général de Négrier se présente inopinément à l'ambulance, il me trouve seul debout. Personnel, malades et coolies dorment d'un profond sommeil.

« Merci, me dit-il; je savais pouvoir compter sur vous. » Et me serrant la main : « Reposez-vous, soyez prêt pour demain; il y aura peut-être beaucoup à faire ; je serai près de vous. »

6 *octobre*. — Sans doute en raison des fatigues de la veille, la colonne, aujourd'hui, demeure à Phu-Lang-Gian, pendant une partie de la journée. Et vers trois heures de l'après-midi seulement, je reçois ordre d'avoir à organiser l'ambulance pour le passage immédiat du fleuve. Le général a, du reste, tout prévu, les sampans sont là, et le passage s'effectue rapidement, sous ses yeux, sans le moindre accident. Les ordres sont donnés avec la plus grande précision.

L'ennemi, paraît-il, occupe tout le pays devant nous, et forme deux groupes reliés entre eux, depuis le Loc-Nam et Chu, jusqu'à Lang-Kep et au delà.

Le colonel Donnier, appuyé par le commandant de Mibielle, se porte vers le Loc-Nam.

Le général de Négrier et la colonne D... ont pour mission d'occuper Lang-Kep.

Et l'ordre est ainsi donné :

« On percevra aujourd'hui une journée de vivres de réserve, de manière à être aligné jusqu'au 10 inclus. On mangera la soupe à quatre heures. L'avant-garde se mettra

CHAPITRE QUATRIÈME

en route à cinq heures, pour venir occuper la pagode Thoman. Elle se compose d'une compagnie de tirailleurs tonkinois, du 143e, d'un détachement du génie, d'une batterie d'artillerie et d'une section d'ambulance, précédés d'un peloton de cavalerie, qui passera à cinq heures au point initial, à la sortie nord de Phu-Lang-Tuong (rive gauche).

« Le gros de la colonne, avec le bataillon du 23e, la batterie d'artillerie de marine, le 111e, l'ambulance et le train, passera au point initial à cinq heures vingt-cinq.

« L'arrière-garde, formée de deux compagnies du 111e, se mettra en route à cinq heures quarante.

« La colonne cantonnera ce soir dans les villages qui longent la route de Lang-Son, l'avant-garde à Phu-Xuyem, à 1,500 mètres en avant de la pagode Thoman.

« L'ennemi est très rapproché de Kep. Le cantonnement sera couvert par des avant-postes soutenus par des piquets. Les piquets ne rentreront que quand les cantonnements seront établis, et que les troupes connaîtront leurs emplacements de combat, en cas d'alerte.

« Le général se tient au point initial, à la sortie nord de Phu-Lang-Tuong. Pour se rendre à ce point initial, en partant de Phu-Lang-Gian, il faut prendre le chemin qui longe le front nord-est du village. »

Tel est l'ordre ; il est ponctuellement exécuté. Une section de l'ambulance, avec l'aide-major Hocquard, est formée pour l'avant-garde. Et nous demeurons, le médecin-major Baudot et moi, avec la section principale, immédiatement derrière le 111e.

Infatigable, le général, après avoir ainsi réglé la marche se porte rapidement en avant, escorté seulement de quelques cavaliers. Et, vers huit heures du soir, sans le moindre à-coup, la colonne vient cantonner dans le voisinage de la pagode Thoman, à la jonction de la route mandarine et des sentiers qui conduisaient vers le Loc-Man, par Bao-Loc. Elle est immédiatement avisée qu'un fort parti chinois occupe, vers l'est, Bao-Loc et les contreforts du Loc-Man, paraissant donner la main au groupement considérable qui, d'une part, occupe

Lang-Kep, et d'autre part le Loc-Man et Chu. Il s'agit de s'en débarrasser au plus tôt.

7 octobre. — A cet effet, et dès l'aurore, la colonne, précédée à 1,500 mètres d'une forte avant-garde, se met en mouvement, laissant à la pagode tout le convoi, sous la garde d'une partie du 143ᵉ et d'une batterie d'artillerie de marine. Suivant la tactique habituelle, on avance en file indienne sur les côtés, pendant que la colonne centrale suit la route la moins étroite, rien autre, du reste, qu'un sentier bourbeux, semé de fondrières, pour se développer très péniblement dans une plaine de hautes herbes qui nous couvrent des pieds à la tête. Le pays est abandonné. A peine de-ci de-là, quelques rizières et cultures de patates. La chaleur est accablante. Et bien des hommes y succomberaient sans doute, lorsque le feu, vivement engagé, les oblige à surmonter toute fatigue. Il est dix heures du matin. Les Chinois, surpris, à Bao-Loc même, par quelques obus, s'enfuient précipitamment, d'une part vers le nord-ouest dans la direction de Kep, d'autre part vers l'est et le Loc-Man.

Il a suffi d'une énergique démonstration. La colonne, à la grande joie de nos troupiers et coolies, qui peuvent y faire bombance, se repose pendant quelques heures au village de Bao-Loc, complètement évacué. Mais, et si réduits qu'aient été les effectifs engagés, ils ont dû réaliser un effort considérable. Et la section de l'ambulance, à l'avant-garde, a besoin d'être rapidement assistée pour soigner et transporter vingt-sept malades. L'ambulance tout entière se porte à son secours et demeure temporairement, pendant que la colonne revient vers la pagode Thoman, sous la protection de deux compagnies du 111ᵉ. Péniblement, elle revient elle-même en arrière, ramenant les malades, pour cantonner à mi-chemin, vers neuf heures du soir, dans une misérable pagode, déjà partiellement envahie par la troupe, et dont il faut arracher les parois à coups de hache, pour obtenir au moins un peu d'air respirable. A la hâte, sur le pouce, on mange un morceau. Puis, ayant installé nos malades, avant de pouvoir prendre un instant de repos, dont nous avons cependant grand besoin, nous arrêtons, mes camarades et moi, nos dispositions en vue du lendemain. « La journée sera chaude, demain, m'a dit le général en me quittant. L'ennemi est nombreux et paraît vouloir résister. Préparez-vous en conséquence. »

8 *octobre*. — Et cependant il a fallu, dès le matin, faire transporter encore jusqu'à la pagode Thoman de nombreux malades, absolument incapables de suivre. Et quand j'y arrive moi-même, les ressources de l'ambulance sont, en vue d'une affaire sérieuse, absolument insuffisantes. Vainement je cherche à combler les vides en groupant les brancardiers régimentaires ne conservant que le fusil, et les porteurs des brancards improvisés que j'ai pu faire confectionner la nuit, à l'aide des toiles de tente.

Le commandant Godard, du 23e, s'y oppose absolument, et le général est obligé d'intervenir lui-même pour mettre fin à la très vive discussion que nous avons ensemble à ce sujet.

« L'ennemi, me dit-il, est en grand nombre en avant de Lang-Kep. Tous les hommes sont indispensables pour faire le coup de feu. Il faut assurer la victoire afin de pouvoir ensuite s'occuper utilement des blessés. »

Force est bien de s'incliner. Et l'ambulance est réduite à sept infirmiers, trente coolies et quinze brancards improvisés, alors que vers huit heures, la colonne, précédée de de deux cavaliers et de deux compagnies du 111e, commence le mouvement en avant.

La chaleur est si pénible que, malgré leur énergique bon vouloir, plusieurs hommes s'arrêtent épuisés de forces. Il faut les grouper, les débarrasser du sac, et, quand même, les mettre en état de défense. Voici, en effet, heureusement, je n'hésite pas à le dire, que le feu s'engage très vivement. Cela fait de la surexcitation nerveuse, on veut avancer quand même. Et bientôt on se trouve en pleine action. Le 111e, avec le capitaine Planté, a reconnu le village de Lang-Mà, et s'est rapidement porté devant Lang-Kep, où il est reçu par une grêle de balles. Bien vite, je détache une petite section qui, avec l'aide-major Hocquart, se porte rapidement en avant pour porter les premiers secours (1). Puis on allonge le pas, et tout de suite le combat devient général, à très courte distance. Mais l'élan est donné. Et le village de Lang-Kep, où les Chinois ont abandonné tout leur matériel, est immédiatement occupé. Mais ils tiennent encore toutes les hauteurs, et nous criblent de feux de salve. La colonne, sous le feu, se développe régulièrement à droite et à gauche. Pendant que le capitaine de Saxé gagne à la course un petit mamelon qui, sur la gauche de la route, domine le pays, nos soldats profitent, pour avancer, de tous les accidents du terrain. Nos artilleurs, superbes de courage et d'énergie, enlèvent les pièces et les transportent à dos d'hommes jusque sur le mamelon, où elles sont immédiatement mises en batterie. Il en est grand temps, en vérité, car notre avant-garde, sous un feu meurtrier, est grandement menacée d'être débordée par le nombre. L'artillerie se charge de balayer les ailes, non pas, cependant, sans être elle-même sérieusement exposée, car de nombreux groupes ennemis, dans un suprême effort, arrivent jusque sur les pièces et s'y font tuer à coups de crosse. Et la colonne, ainsi débarrassée, n'a plus qu'à déloger l'ennemi, solidement établi à l'abri des retranchements. Bientôt la place est complètement cernée, malgré les formidables feux de salve des défenseurs.

Dès le début de l'action, j'ai pu moi-même reconnaître le terrain et me diriger, malgré les hautes herbes, vers la pagode que j'ai occupée déjà, sur la hauteur, lors de la première prise de Kep, au lendemain de Bac-Ninh. Mais les Chinois l'occupent encore, et bien qu'ayant abandonné mon cheval, voici qu'une grêle de balles siffle à mes oreilles. Heureusement, à trente pas derrière moi, une compagnie du 23ᵉ s'en aperçoit, et quelques feux de peloton suffisent à me débarrasser.

La pagode est libre; et la canne que mon frère m'a aban-

(1) Il y cinq blessés déjà, et parmi eux, le capitaine Planté, mortellement atteint d'une balle dans le front.

donnée au moment du départ facilite le ralliement des coolies. Mais l'ambulance n'a pas encore eu le temps de se grouper qu'elle a reçu déjà plusieurs blessés. Tout autour, le terrain paraît déblayé; quelques balles perdues et les fusées incendiaires sont seules à redouter. A cinquante mètres au-dessous, la lutte est acharnée, on se bat corps à corps. Dans un réduit central, les Chinois nous opposent une indomptable résistance. Et voici que je suis appelé en toute hâte auprès du général qui, me dit le cavalier d'escorte, est très gravement blessé. Il n'en est rien heureusement. Un simple séton, mais qui a laissé dans son trajet des débris de vêtement dont il importe de le débarrasser au plus tôt, en vue d'une rapide cicatrisation. C'est fait, et j'ai hâte de revenir à l'ambulance, car l'action se maintient terrible. « Merci, me dit le général ; c'est chaud devant nous, il faut en finir. » De fait, le capitaine Fortoul, accompagné d'un cavalier, a pu faire le tour du réduit, se débarrasser des importuns à coups de revolver, et disposer deux compagnies du 23e qui complètent l'investissement. La lutte n'en continue pas moins ardente. Deux fois déjà nos soldats ont tenté l'assaut, deux fois ils ont été repoussés. Les Chinois, armés d'excellents fusils, abrités derrière des parapets percés d'étroites ouvertures garnies de longues lances et de fusils de rempart qui en défendent l'approche, résistent avec acharnement. Seules, les trompes de guerre dominent parfois de leurs lugubres appels le bruit de la fusillade. Il faut successivement enlever plusieurs retranchements, se battre corps à corps, dans les chemins couverts qui entourent le réduit. Et l'artillerie demeure impuissante, dans l'impossibilité de tirer sans danger pour nos propres soldats. Voici cependant que, sur l'ordre du général, deux pièces peuvent être amenées à cinquante mètres du réduit. Elles tirent à coups redoublés, et ne tardent pas à faire brèche. Les Chinois, dans un suprême effort, tentent une sortie. Toutes les issues sont gardées ; et de nouveau la lutte s'engage corps à corps. Mon brave ami le capitaine Gignoux, du 23e, terrassé par un colosse, doit son salut à l'intervention du commandant Godart.

Un dernier assaut; les soldats l'attendent. Mais le lieutenant-colonel D.... malade sans doute, est affaissé dans un fossé, incapable même de donner un ordre. Il serait peut-être la cause d'un désastreux recul, si l'énergie des officiers et l'entrain des soldats ne venaient compenser ses défaillances. Pour comble, son second, le lieutenant-colonel Chappuis tombe lui-même, mortellement atteint d'insolation, pendant qu'il entraîne son bataillon.

Enfin la brèche est largement ouverte. Sur l'ordre du général, tous les clairons sonnent la charge. L'émotion nous prend à la gorge. Nos soldats, électrisés par le capitaine Barbier, du 23e, dont la compagnie a pu, très temporairement, être tenue en réserve, s'élancent à la baïonnette. Et tout plie devant eux. La résistance est vaincue. Les Chinois se font tuer jusqu'au dernier. Et vers quatre heures du soir, on n'entend plus guère que quelques coups de fusil isolés. Il faut être sur ses gardes, parfois sans pitié. Nos soldats fusillent impitoyablement tout Chinois qu'ils aperçoivent cherchant à se défiler à l'abri des hautes herbes. C'est la représaille de Bac-Lé.

Victoire! Une réelle victoire, mais chèrement acquise. A trois heures, quarante blessés, parmi lesquels six officiers, avaient été recueillis déjà par l'ambulance. Et toujours, il en arrive de nouveaux. A côté du lieutenant Berge, atteint par une balle, d'un sillon du cuir chevelu, heureusement sans lésion profonde, voici le lieutenant Triboulet, dont une balle de rempart a broyé le maxillaire inférieur et lacéré tout le plancher de la bouche; puis le lieutenant Dulys, qu'il va falloir, très probablement, amputer du bras; le capitaine Kerdrain atteint de quatre blessures par coups de sabre, les lieutenants Sazonoff et Maissiat; les capitaines Venturini et Verdier, puis cinquante sous-officiers ou soldats, dont six au moins mortellement atteints, et plusieurs chez lesquels l'intervention chirurgicale sera sûrement sévère.

A côté dorment leur dernier sommeil, sous le drapeau de la Patrie, le lieutenant-colonel Chappuis, que la mort a surpris alors que, dans un court instant de répit, il venait de me laisser comprendre un adieu à sa jeune femme, puis le capitaine Planté, tué d'une balle dans la tête, et trente braves, parmi lesquels les sergents Poujade et Bouveret du 141e, le caporal Hoffmann du 143e. Ils sont la douloureuse rançon de la gloire, ce pâle soleil des morts.

Soixante blessés et trente tués sur un effectif de 1,300 combattants! Parfois, çà et là, sur le terrain, des groupes de cinq ou six cadavres. Les Chinois nous ont, cette fois, montré qu'ils sont des soldats! De fait, ils occupaient, en avant de Kep, une demi-circonférence, et n'avaient pas hésité, se défilant à l'abri d'un mamelon, à se jeter jusque sur nos batteries, malgré les feux de salve de deux compagnies du 111e et du 143e; plusieurs étaient arrivés jusque sur nos pièces et s'y étaient fait tuer à coups de crosse et de mousqueton, non sans avoir eux-mêmes grièvement blessé plusieurs officiers et soldats, parmi lesquels notamment le général et son officier d'ordonnance. Et de même, vers leur extrémité de droite, ils avaient résolument attaqué, cherchant à les envelopper, deux compagnies du 23e, Gignous et Gaillon, en marche pour cerner le village. L'artillerie du capitaine de Saxé les avait heureusement très énergiquement et très rapidement repoussés, et disséminés. Et bientôt, l'active poursuite de trois autres compagnies du 23e, du 111e et du 143e, dépassant Lang Kep, les avaient chassés de toutes les positions fortifiées qu'ils occupaient au nord et à l'est. Restait le réduit de Kep, dont l'opiniâtre résistance avait repoussé trois assauts déjà, lorsqu'enfin le canon put faire brèche, et permettre la charge finale. Dans le réduit même, plus de six cents cadavres témoignaient l'énergie de la lutte. Autour du village il y en avait au moins un millier. Mais aussi, de notre côté, les pertes étaient énormes, relativement à notre si petit effectif; et le bataillon du 111e, notamment, avait été cruellement éprouvé. Une seule compagnie, celle du capitaine Planté, tué à bout portant, avait eu ses trois officiers, Planté, Sazonoff et Dulys, hors de combat, et l'ambulance, dans la soirée, avait reçu vingt-huit de ses blessés.

Enfin, vers cinq heures, mes collègues Baudot et Hocquard, qui jusqu'à la dernière minute sont demeurés sous le feu, me rejoignent à l'ambulance. Et tout de suite commence la douloureuse besogne. Il faut avoir passé par là pour se rendre compte des difficultés. Le plancher de la pagode a été détruit, les madriers qui l'isolaient du sol demeurent seuls debout, la toiture a été en partie incendiée, il faut en arracher les planches, s'ingénier pour réserver à nos blessés les plus gravement atteints les très rares brancards dont nous disposons, étendre les autres sur les couvertures et tentes enlevées aux chinois pendant l'attaque du village. On se débrouille, et bientôt, sous les efforts de chacun, tous sont couchés, à peu près abrités et restaurés. Puis les premiers pansements sont revus; et vers minuit seulement, sous la pâle lumière de quelques bougies, les opérations urgentes sont terminées. La garde horaire est assurée, et chacun de nous peut, à tour de rôle, prendre un moment de repos. Il faut en avoir grand besoin, en vérité, pour en jouir ainsi, en plein air, à chaque instant réveillé par quelque coup de fusil d'une sentinelle, par le gémissement des blessés, par le brouhaha des coolies qui mangent, surtout par les rugissements, les cop cop de monsieur le Tigre, Hong-Cop, ainsi que l'appelent les indigènes. Il flaire les cadavres et le sang; et seuls nos feux de garde le tiennent à respectueuse distance.

9 octobre. — Dès cinq heures du matin, chacun reprend sa besogne. Quelques madriers et deux planches nous font une solide table d'opérations, abritée sous une toiture de branchages. Voici d'abord le jeune Dulys atteint d'une balle qui a broyé l'articulation du coude et produit, dans les os de l'avant-bras, de tels désordres qu'il faut renoncer à la résection pour se décider à l'amputation. Et pendant toute la matinée, au milieu du vacarme des coolies, souvent surpris par quelque fusillade, à peine abrités du soleil, il faut demeurer dans une constante tension d'esprit, répondre à tous, agir vite, refouler toute émotion, et toujours paraître souriant. En vérité, la chirurgie militaire est parfois difficile. Et quand on a pu, dans de telles conditions, pratiquer utilement les plus graves opérations, on a quelque droit, peut-être, à se dire un chirurgien.

9 *octobre*. — « Je donnerai l'ordre de départ demain, me fait dire le général, dès que tous les blessés auront été mis en état de supporter l'évacuation. »

Dès ce matin, j'ai pu déjà diriger sur Phu-Lang-Tuong, après un bon pansement, les moins gravement atteints. Comment? Il faut l'avoir vu pour s'en rendre compte. Il n'y a pas de brancards, il n'y a pas de porteurs. En toute hâte, à l'aide de bambous et de toiles de tente, on peut confectionner des brancards. Mais les porteurs? Rien que des femmes requises dans les villages voisins. Tous les hommes ont disparu ou sont occupés à des travaux urgents. Il faut, avant tout, enterrer les morts. On s'en tire tant bien que mal.

A midi, toutes les graves opérations sont terminées. Deux amputations de bras, une désarticulation de l'épaule, une amputation de cuisse, une trépanation et extraction d'esquilles implantées dans le cerveau, une énucléation d'un œil, une résection du maxillaire inférieur, une résection de côte pour extraction de débris de vêtements fixés dans le poumon, une excision d'un testicule, trois ligatures artérielles, plusieurs extractions d'esquilles, débris divers ou projectiles, tel est le bilan de notre laborieuse matinée. Et l'évacuation pourra se faire demain, dès la première heure.

Comment a-t-il pu se la procurer? Je l'ignore. Toujours est-il que notre jeune camarade le pharmacien aide-major Manget nous arrive triomphalement porteur d'une pétillante bouteille de champagne. Il a, de plus, tout en assurant à nos blessés des soins de tous les instants, tout en dirigeant la confection de nouveaux brancards, soigneusement surveillé la popote. Aussi, chacun lui fait honneur. Sur le champ de bataille, après la victoire, on lève cordialement son verre à la patrie. Vive la France! Cela réconforte partout, et toujours!

Ce soir, me rendant auprès du général, j'ai dû traverser la cour centrale du réduit dont nos soldats ont eu quatre fois à faire l'assaut, avant de s'en emparer. Ah! la guerre est atroce! Il y a là un entassement pyramidal de plus de six cents têtes qui, dans l'horreur d'un suprême rictus, semblent nous menacer encore. Les Tonkinois victorieux, les singes, ainsi que les désignent nos soldats, ont repris leurs instincts de bestiale férocité. Ils ont dépouillé les morts, se sont emparés de tout ce qui pouvait leur être utile, puis ils ont coupé les têtes et les ont entassées. Cela n'est pas un cauchemar. C'est la lugubre réalité de la sauvage cruauté, d'autant plus implacable devant la mort qu'elle a sans doute plus redouté la vie. La bête humaine est sinistre !

Pas de prisonniers, c'est entendu. Et les Chinois n'en font pas plus que nous. Mais, avant de tuer, ils torturent impitoyablement tout blessé qui a le malheur de demeurer entre leurs mains. Notre représaille est moins cruelle; nous nous contentons de les fusiller. Et nos auxiliaires tonkinois leur coupent la tête !

10 *octobre*. — Rien que des femmes pour emporter les blessés. Les hommes, trop peu nombreux, sont indispensables au convoi. Il faut s'en contenter. Et dès sept heures du matin, précédée de la colonne, l'évacuation se met en route. Il faut quatre femmes au moins pour enlever un brancard; une cinquième a mission d'abriter constamment le blessé qu'il contient sous une de ces larges ombrelles de papier, dont nos soldats ont fait ample moisson à Kep et dans les environs. Le général est emporté de même, sur une chaise de pagode, la jambe soutenue sur une planche en plan incliné. Seul le bataillon du 23°, avec le commandant Godard, demeure à Lang-Kep. La colonne revient à Phu-Lang. Elle est trop faible, sans aucun doute, pour se porter immédiatement en avant.

« J'ai hâte, me dit le général, d'arriver à Phu-Lang. Mais je vous laisse le 111° avec le lieutenant-colonel D... Vous passerez, à la pagode Thoman, les heures chaudes de la journée, et repartirez seulement dans la soirée, quand vous jugerez la chaleur supportable. Vous commanderez le convoi, et donnerez en conséquence des instructions à l'arrière-garde, chargée de vous garder contre une surprise possible. »

Il importe en effet, paraît-il, d'envoyer des renforts au colonel Donnier, aux prises, vers le Loc-Nam, avec des forces chinoises très supérieures. La situation préoccupe visiblement le général. Cependant, dit la rumeur, la colonne de Mibielle, avec un bataillon de tirailleurs algériens, deux sections d'artillerie de montagne et un peloton de chasseurs d'Afrique, a pu rejoindre le colonel Donnier, qui vient de débarquer à Lam. La bataille est engagée devant Chu, où les Chinois, très nombreux, sont formidablement retranchés. Attendons et espérons!

A la pagode Thoman, après un repos qui leur a permis un solide repas, nos porteuses, déjà faites au métier, reprennent doucement leurs précieux fardeaux. Et, vers quatre heures, le convoi, entre deux compagnies du 111e, se remet régulièrement en route. Mais voici que, vers cinq heures, éclate un formidable orage. Et de suite les chemins sont défoncés, en véritables torrents. Nos porteuses, étroitement surveillées, soutenues dans les passages difficiles, avancent avec grandes précautions, mais bien lentement, bien péniblement. Et malgré les parasols, nos blessés ne sont plus abrités. L'un d'eux, le pauvre Montagnié, du 111e, qui était encore atteint de dysenterie alors que j'ai dû, hier, l'amputer de la cuisse, succombe après plusieurs syncopes.

J'avais, peu de jours avant, reçu et je portais sur moi une lettre de ma fille contenant quelques violettes : « Prenez, lui dis-je, mon ami; c'est un souvenir de France. Cela remonte. Bon courage! » Et lui, dans un suprême effort, comme réveillé par le souvenir, me prenant vivement la main : « Merci, dit-il. C'est pour la France! Adieu! » Puis il s'éteignit doucement, quelques minutes après. Pauvre enfant! Et surtout pauvres parents dont il était le si digne fils, peut-être la seule légitime espérance. Et combien attendent là-bas, qui sont dans le même cas!

Enfin vers neuf heures, nous arrivons à Phu-Lang-Thuong, mouillés jusqu'aux os, grelottant de froid. De suite, nos blessés sont enveloppés de nouvelles couvertures, réconfortés et doucement déposés sur les claies de bambou, garnies de matelas, qui seront leurs lits jusqu'à l'évacuation sur un hôpital. Mais, à mon tour, je suis pris d'un terrible frisson, et ne réussis à me réchauffer qu'au coin d'un grand feu, après une longue heure de souffrance. J'ai pu cependant changer d'effets, et surtout avaler une bonne dose de quinine.

La rumeur annonce que le colonel Donnier, appuyé par une division du commandant de Mibielle, a vivement attaqué les Chinois massés en avant de Chu, et qu'il les a chassés de toutes leurs positions. Il a fallu, cependant, plusieurs charges à la baïonnette, l'ennemi ayant tenté plusieurs retours offensifs. Nos troupes sont demeurées maîtresses du terrain; mais, en raison de nos pertes et de l'insuffisance des effectifs, elles ont dû s'abstenir de poursuite. Nous avons eu vingt tués, parmi lesquels le capitaine Cuveiller du 143e, et près de cent blessés. Le sacrifice est relativement plus grand qu'à Kep. Et les secours médicaux sont absolument insuffisants. Il faut d'autant plus se hâter d'y remédier que, sans doute, la bataille est seulement engagée.

De fait, et conformément aux ordres, je devais, dès mon arrivée à Phu-Lang, réapprovisionner immédiatement l'ambulance, complètement épuisée de ressources, réunir deux cents coolies et, dès l'aube, être prêt à repartir. Mais voici, vers dix heures, qu'arrivent le général Brière de l'Isle et mon chef immédiat M. Driout.

« Je vais moi-même à Chu, me dit-il. Vous demeurerez ici, votre présence y est, du reste, indispensable; vous y recevrez sans doute de nombreux malades ou blessés. Je vous prends cependant votre aide-major M. Hocquart, et le sergent Morvillers. Votre ambulance sera bien réduite, faites pour le mieux, et soyez toujours prêt pour la marche en avant, auquel cas M. Lasserre, actuellement ici, y demeurerait seul. »

11 *octobre*. — De suite, en effet, une nouvelle colonne, formée des mêmes éléments qui viennent de vaincre à Kep, se tient prête à repartir. Elle s'est embarquée cette nuit même,

pour remonter le Loc-Man jusqu'à Lam, où elle formera l'arrière-garde de la colonne Donnier. Nos soldats ont à peine eu le temps de se reposer. Mais l'élan est donné. Les malades seuls demeurent en arrière. Et je suis condamné à rester avec eux.

12 *octobre*. — Malgré leur audacieux retour offensif, le colonel Donnier a pu, hier, rejeter les Chinois de toutes leurs positions, et s'emparer de Chu, qu'ils avaient transformé en un véritable camp retranché, avec forts et casemates armés d'une nombreuse artillerie. Nos pertes sont sérieuses, mais l'ennemi en déroute a, dit la rumeur, perdu son général et laissé près de 1,200 cadavres sur le champ de bataille. Allons-nous enfin le pousser jusqu'à Lang-Son, qui demeure notre objectif actuel? C'est probable, car voici que le général de Négrier, à peine remis de ses fatigues, s'embarque aujourd'hui même à destination d'Haï-Phong, où sont attendus, venant de France, des renforts qui paraissent devoir aussitôt être mis en route pour Quang-Yem, et de là sur Lang-Son par la route des montagnes de Dong-Son, pendant que, de son côté, le colonel Donnier s'avancera parallèlement, suivant la ligne des sommets qui évite les défilés de Bac-Lé, sur la route mandarine. Nous avons devant nous, paraît-il, les forces réunies du Quang-Si et du Quang-Tong. Et les combats de ces jours derniers prouvent surabondamment leur valeur militaire.

Du lieutenant-colonel D..., il n'est plus question; il est rappelé en France à la disposition du ministre; il paraît véritablement incapable de tout effort.

Nous demeurons, Baudot et moi, chargés des blessés et malades qui nous arrivent des environs. Et notre présence est véritablement nécessaire, car l'aide-major Lasserre, sans ressources, ne sait ni se les procurer ni les créer. Si mal que soient nos blessés, à peine abrités sous de misérables paillotes, nous avons pu, cependant, donner à tous des matelas, des draps, des chemises de rechange et des couvertures; et bien que couchés sur de simples claies de bambou, presque tous paraissent en bonne voie. Mais, chaque jour, malgré les antiseptiques usuels, il faut renouveler tous les pansements. C'est l'indispensable garantie, car les causes d'infection pullulent autour de nous, une grande propreté peut seule y remédier.

16 *octobre*. — Nous avons, cependant, le chagrin, dans la nuit du 13 au 14, de perdre un jeune officier, le lieutenant Triboulet, du 23e, foudroyé par une hémorragie secondaire, probablement de l'artère sublinguale. Bien qu'atteint d'une fracture esquilleuse du maxillaire avec dilacération considérable des tissus, toutes les esquilles et débris hachés des tissus avaient été enlevés ; mais la balle n'avait pas été retrouvée, et le blessé ne paraissant pas en souffrir, je m'étais prudemment abstenu d'une longue investigation. Il n'avait pas eu d'accident depuis, se plaignait seulement d'une légère dysphagie, se nourrissait convenablement d'œufs et de potages, et se promenait pendant une partie de la journée. Rien qui pût, par conséquent, faire prévoir une grave hémorragie. Et l'état général demeurait satisfaisant, lorsque subitement, au dire de l'infirmier de garde, vers deux heures du matin, le blessé s'était levé sur son séant, avait poussé quelques gémissements, et était retombé inanimé. Aussitôt prévenu, je ne pus hélas! que constater la mort; toute tentative fut infructueuse, et l'abondance de l'évacuation du sang qu'il avait inconsciemment avalé ne pouvait laisser de doute sur la cause de l'accident. Assurément, en plein jour, il eût été possible d'intervenir utilement. Une ligature de la carotide externe eût probablement suffi. La destinée ne l'a pas permis, et le bataillon, si cruellement éprouvé déjà, a fait encore une perte d'autant plus sensible que le lieutenant Triboulet passait pour un de ses meilleurs officiers.

Un autre, le caporal Pasty, également du 111e, atteint de paralysie par suite de fracture esquilleuse des dernières vertèbres dorsales, s'est éteint doucement dans la journée du 16. Cela porte à sept le nombre des blessés qui ont succombé depuis leur passage à l'ambulance. Tous les autres paraissent devoir guérir.

Il semble, d'autre part, que nos victoires de Kep et de Chu sont de nature à faire réfléchir les Chinois. De fait, et depuis lors, le corps expéditionnaire paraît en repos, et n'étant plus inquiété, attend sans doute des renforts pour marcher de l'avant.

17 *octobre*. — La rumeur prétend que des ordres formels sont arrivés de France, interdisant toute nouvelle action offensive avant l'issue des négociations actuellement engagées. Voici, en effet, que je reçois l'ordre de diriger immédiatement blessés et malades sur l'hôpital d'Haï-Phong, et qu'un petit paquebot, le *Dagotna*, se tient à ma disposition pour les enlever. J'eusse préféré les envoyer à Dap-Cau, car les hôpitaux d'Haï-Phong et de Quang-Yem sont actuellement encombrés. Et des blessés ne s'y trouveront assurément pas en bonne situation pour une guérison rapide. On pourra à la vérité plus facilement, et plus régulièrement, les renvoyer en France.

20 *octobre*. — Il n'y a plus ici que quelques malades et blessés légèrement atteints, ou journellement envoyés par les troupes échelonnées dans le voisinage. Nous avons ainsi tout le temps de parcourir le pays, et nos promenades ne manquent pas d'intérêt.

Phu-Lang-Thuong n'est cependant qu'un pauvre village, bâti sur les deux rives du Song-Thuong. La garnison, sous les ordres du commandant Donnier, occupe la rive droite, le village annamite est à peu près entièrement sur la rive gauche. Vers le sud-est, à deux kilomètres environ, se trouve le village de Phu-Lang-Gian, où résidait, à l'abri d'une petite citadelle, le gouverneur militaire chinois. A peu de distance, un détachement occupe, vers le milieu du fleuve, une petite île qui permet une utile surveillance. Le pays est débarrassé; il paraît actuellement tranquille, mais aussi triste qu'il est calme d'apparence. Il est, de fait, entouré de mares infectes, et l'eau des puits y est réputée de fort médiocre qualité. Les indigènes ont, du reste, repris leur genre habituel de vie, et déjà quelques marchés retrouvent l'animation du temps de paix. Les femmes surtout, généralement fort laides, malgré leurs yeux noirs demi-clos, l'abondance de leurs cheveux noirs entourés en longue natte autour de la tête, et la remarquable finesse de leurs mains, aux doigts allongés, qu'envieraient nos belles mondaines, y apportent chaque jour, dans des paniers suspendus aux deux extrémités d'un bambou posé en balancier sur l'épaule, des légumes, des fruits ou des œufs, qui font le bonheur de nos troupiers. Elles se tiennent habituellement accroupies, mâchant constamment du bétel, à peine vêtues de misérables haillons, devant leurs marchandises étalées sur des nattes, triplant et quintuplant leur valeur réelle, et sont toutes joyeuses de l'aubaine qu'elles discutent vivement, ou qu'elles attendent très patiemment. Il y a là tous les produits du pays, des légumes, des fruits, des œufs, du riz cuit à l'eau, du poisson fermenté et le fétide nuoc man, qui est l'assaisonnement obligatoire de tout aliment, du thé et de l'huile rance, de la viande de chien, de porc et de rat, du fil et des aiguilles, des offrandes à Bouddha, lingots de papier, chevaux, poupées de carton et baguettes d'encens. Parfois des musiciens ensorcelés, raclant horriblement sur une sorte de violon, frappant des gongs ou battant des planchettes avec de fines baguettes de bambou, et surtout nasillant, pendant des heures, quelque mélopée, ou poussant des cris inarticulés, puis finissant par se disputer au jeu les quelques sapèques qu'ils ont pu ramasser. Il faut quarante sapèques, je crois, pour représenter la valeur d'un sou français. Et des enfants demi-nus, au ventre proéminent, la tête à peu près complètement rasée, grouillent à l'entour, quémandant eux aussi la sapèque. Tous, du reste, hommes et femmes, ont dans la physionomie une expression de résignation placide et de méfiance astucieuse véritablement caratéristiques de l'affaissement moral. Race d'esclaves qu'il s'agit de ramener à la dignité. Ce doit être notre but, celui qui justifiera la conquête. Et, si nous le voulons, nous pourrons assurément le réaliser, tout particulièrement chez les Tonkinois, qui, s'ils sont peut-être généralement moins instruits, paraissent également moins vicieux que les Annamites.

De fait, si respectueux qu'il soit dans ses manifestations de servile politesse, le Tonkinois sait cependant bien saisir les défauts du maître, et parfois très malicieusement s'en moquer. Il est joueur, fataliste autant que travailleur infatigable, aussi sobre dans la nécessité qu'insatiable dans l'abondance, aussi observateur que vaniteux et désireux de s'instruire, aussi voleur qu'astucieux, aussi menteur qu'hospitalier, aussi sédentaire que résigné, n'ayant enfin, bien évidemment, perdu l'idée de patrie que sous le joug impitoyable de la Chine et de ses mandarins, dont il n'a, depuis des siècles, cessé d'être le misérable esclave. Nos missionnaires le savent bien ; ils ont pu, depuis le père de Rhodes en 1620, malgré les plus atroces persécutions, et grâce sans doute à l'énergie des martyrs, bien connaître autant les vices que les qualités. Ils savent qu'ils ont à combattre surtout l'indifférence et le scepticisme, pour réaliser des néophytes aussi entreprenants que courageux, aussi dignes dans leurs personnes que respectueux des lois morales et de l'autorité légitime.

Il y a de l'avenir au Tonkin ; il appartient à la France, si rude que soit la besogne, de l'assurer et d'en tirer profit, autant dans son propre intérêt que dans l'intérêt de ses futurs sujets. Elle aura, dans ce but, d'abord à maintenir l'invasion chinoise ou japonaise, toujours en éveil de nouvelles exploitations. Non seulement, en effet, les Chinois sont, dans le pays, tenus pour les seuls véritables maîtres, ce qui, du reste, est absolument rationnel, étant donnée leur incontestable supériorité tant physique qu'intellectuelle ; mais encore, notamment à Hanoï (1), ils détiennent actuellement tout le gros commerce. Et cela, même au détriment de nos négociants français, parce que, n'ayant aucune charge, ils savent attendre, se contenter des plus modestes bénéfices, alors que le négociant français, surchargé d'impôts, n'a d'autre but que de réaliser, dans le plus bref délai, une fortune qui lui permettra le prompt retour et la vie tranquille au pays. C'est cependant, avec le croisement des races qui est l'avenir, seulement par le commerce

(1) Avec les Allemands et les Anglais qui paraissent déjà vouloir nous envahir.

et dans l'industrie, que la France paraît pouvoir s'implanter au Tonkin. Il n'y a pas, en effet, à espérer pouvoir coloniser par l'agriculture. Elle est pour nous, dans le pays, absolument impraticable ; mais assurément elle peut être perfectionnée, rendue par conséquent plus productive, sous l'impulsion de notre intelligence et de notre argent. Mais certaines industries sont réalisables ; et, surtout, le Tonkin est actuellement, pour nous, la voie de pénétration en Chine. Déjà quelques rares remorqueurs à vapeur, et surtout des jonques, actionnées par la maison Roques, d'Haï-Phong (1), sillonnent les rivières du delta, si difficile que soit parfois la navigation, entravée autant par les courants et les récifs que par les pirates. Et quand la France aura remplacé par de bonnes routes les digues et les affreux chemins actuels, quand elle aura jeté des ponts et construit des chemins de fer qui, reliant les principaux centres entre eux, se poursuivront jusqu'à la frontière, alors elle aura vaincu l'Angleterre ; alors, mais seulement alors, le Tonkin pourra devenir un fructueux débouché de nos produits, dans un fructueux échange avec les produits de la Chine incommensurable.

21 octobre. — J'ai transmis déjà tous rapports, propositions, états signalétiques, certificats d'origine de blessures. Et voici que, ce matin, un télégramme d'Hanoï : « Général de Négrier à docteur Challan, Phu-Lang. Établissez en votre faveur une proposition pour officier de la Légion d'honneur, et joignez-la aux autres propositions » me fait battre le cœur !

La croix d'officier de la Légion d'honneur ! Oui, j'en ai conscience. Dans le but d'être utile, j'ai donné sans ménagements tout ce qu'il y a en moi d'intelligence, d'énergie et de vitalité. J'en suis largement récompensé. Patrie ! Famille ! Tout pour elles, tout par elles ! Et j'ai quarante-deux ans. Vive la France !

(1) Ils ont profité des précieux enseignements que leur a valus la hardiesse de l'héroïque Garnier et de ses continuateurs Jean Dupuis et de Kercaradec.

22 *octobre*. — Partout autour de nous le pays paraît pacifié. Les Chinois, malgré notre inquiétante infériorité numérique, se sont retirés, ne laissant guère derrière eux que quelques bandes de pirates et de malheureux, réduits par la misère aux dernières extrémités. Une petite colonne, sous les ordres du lieutenant-colonel Donnier, les a sans grand résultat pourchassés jusqu'à Thin-Dao et Dao-Quan. Ils sont au moins une indication qu'il importe d'être toujours en éveil. Et les feux qui s'allument chaque soir dans les montagnes voisines nous paraîtraient suspects, s'ils n'étaient, dit-on, fort habituels à cette époque de l'année pour la fabrication du charbon.

Voici, du reste, que si les Chinois du Quang-Si paraissent s'être retirés, il n'en est pas du tout de même de ceux du Yunnam, sur le cours de la rivière Noire. Et si le corps expéditionnaire demeure dans l'inaction, c'est que, sans doute, il est dans un tel état d'infériorité numérique qu'il lui est véritablement difficile, qu'il serait assurément dangereux de reprendre immédiatement l'offensive. En réalité, nos canonnières sont chaque jour attaquées au cours de leurs pérégrinations sur le fleuve Rouge et ses affluents. Sur la rivière Claire, l'*Éclair* a dû se replier en toute hâte, après un combat qui lui a coûté plusieurs blessés. Et la citadelle de Thuyen-Quan, occupée seulement par deux compagnies de la légion étrangère, est grandement menacée. Pour comble, l'état sanitaire laisse beaucoup à désirer. Le régiment de France notamment est très éprouvé. Il compte à peine la moitié de son effectif valide. Ne faut-il pas, sans doute, l'attribuer à l'inexpérience coloniale des officiers, aux défectuosités de l'habillement, à l'insuffisance de certains cantonnements, et surtout à la mauvaise nourriture?

24 *octobre*. — Des bandes chinoises du Yunnam et les Pavillons noirs ont attaqué Thuyen-Quan; elles ont été repoussées; mais, grâce surtout à nos canonnières, qui ont pu arriver assez tôt avec des renforts. Sous les ordres du lieutenant-colonel Duchesne d'une part et du commandant Ber-

ger d'autre part. Et l'ennemi a pu être ainsi repoussé à plusieurs journées de marche.

Immédiatement devant nous, le pays est tranquille. L'effort paraît se porter actuellement du côté de Formose, où, dit-on, le contre-amiral Lespès vient de subir un échec. Et nos effectifs sont tellement réduits qu'il est impossible d'agir avec énergie.

Mais les Chinois, repoussés de Kep et de Chu, paraissent vouloir profiter de notre obligatoire attente pour se reformer activement entre Lang-Son et Chu. On assure cependant qu'ils sont eux-mêmes décimés par le typhus famélique, et que le pays entre Kep, Chu et Lang-Son, à peu près inhabité, est absolument incapable de subvenir à leurs besoins. Évidemment, du reste, ils cherchent à constituer des approvisionnements de réserve. Et le lieutenant-colonel Servières, de la légion étrangère, a pu s'emparer au marché de Ha-Ho, à quelques kilomètres seulement de Chu, de 4,000 quintaux de riz qu'ils y avaient réunis. Il faut pourtant savoir patienter, car non seulement nos effectifs sont insuffisants, mais encore, à Chu comme à Kep et dans toute la région, l'état sanitaire est déplorable. La fièvre nous décime, et le sulfate de quinine lui-même paraît insuffisant. Nos soldats, obligés de bivouaquer là où ils sont, insuffisamment abrités sous de misérables gourbis, généralement mal nourris et astreints, par les nécessités de la défense, à remuer des masses de terre, quand ils ne sont pas empoisonnés par les émanations des cadavres, sont fatalement atteints de fièvre infectieuse et de dysenterie. Il en sera toujours de même ici, alors que le séjour se prolongera sur le même emplacement, alors surtout qu'on y devra faire des travaux de terrassement, et que la situation ne permettra pas de prendre les dispositions préventives indispensables.

Même à Phu-Lang, où le repos est, relativement, à peu près complet, les émanations des marais qui nous entourent sont désastreuses. Sous la misérable paillote que j'habite, entourée de marais fétides, et malgré mes précautions, malgré la quinine, j'ai moi-même presque chaque jour un accès de fièvre, et la débilitation générale s'accentue visiblement, aussi bien pour tout mon entourage que pour moi-même. A peine avons-nous encore le courage de quelques matinales promenades aux environs. Et cependant, elles sont engageantes, avec les villages semés çà et là, parmi des bouquets d'arbres qui les dissimulent et les rendent impénétrables pour quiconque n'a pas l'habitude de se débrouiller dans les sentiers-digues qui paraissent y aboutir, et qui, à l'exception du plus impénétrable de tous, se terminent impitoyablement devant un talus protecteur ou quelque infranchissable marais. Les montagnes voisines ne sont pas assez sûres pour nous permettre de nous y aventurer en petit nombre. Cependant, disent les indigènes, cette année nous pourrons conserver nos récoltes; les pirates qui nous les enlevaient à peu près complètement, n'osent plus s'aventurer jusqu'ici.

10 *novembre*. — Décidément, les troupes paraissent s'immobiliser dans leurs tristes cantonnements. La saison est meilleure, cependant, et les chaleurs très supportables. Mais les effectifs sont si réduits qu'il serait, paraît-il, fort imprudent de marcher de l'avant. Les routes vers Lang-Son, autant celle qui, partant de Kep, remonte le Song-Thuong et aboutit au redoutable défilé de Bac-Lé, que celle parallèle de Chu par les cols de Déo-Quan et de Déo-Van, sont, paraît-il, formidablement retranchées. Les Chinois, en très grand nombre, y ont accumulé des défenses qu'il faudrait enlever de vive force. Nous sommes trop peu nombreux pour cela. Et la diplomatie s'en mêle. L'inertie chinoise est voulue, sans doute. Et bien qu'elle soit, ici surtout, notre plus redoutable ennemie, notre gouvernement paraît préférer la diplomatie à l'action. C'est le moyen de nous épuiser misérablement, et sûrement sans compensation.

16 *novembre*. — J'ai lutté jusqu'au bout, je suis épuisé de forces, la fièvre et la dysenterie m'abîment. Sur les instances du colonel Donnier, qui commande actuellement le cercle de Phu-Lang, et dont la prudente énergie

égale la bonne camaraderie, je suis rappelé à Hanoï, où je pourrai, j'espère, me remettre avant la reprise des opérations de guerre.

17 *novembre*. — De Phu-Lang à Ti-Kao et de Ti-Kao à Hanoï, à cheval ; deux bien longues étapes pour un malade. Je résiste, cependant, grâce surtout à mon ordonnance, le brave Lambert, qui me réconforte autant qu'il lui est possible. Puis, le cordial accueil que je reçois de mes jeunes camarades de l'hôpital de Ti-Kao, que j'ai la joie de voir organisé suivant mes précédentes indications, malgré l'opposition première du général Millot, ou plutôt de son chef d'état-major, est un grand allègement à ma fatigue.

18 *novembre*. — Dès ce matin, le général de Négrier et mon ami le capitaine Fortoul viennent me voir au mirador de la porte ouest, mon ancien logement, que j'ai péniblement réintégré. Sur mon refus d'entrer à l'hôpital, dont j'ai conservé un si triste souvenir, le général m'engage à me soigner, sans autre préoccupation que celle de ma santé. Sa bienveillante sympathie m'est un puissant réconfort. Une haute intelligence chez un homme de cœur. Heureux qui a l'honneur d'être apprécié de lui !

Mon état, d'autre part, nécessite un très minutieux examen de mes camarades Driout et Hocquart, qui l'un et l'autre voudraient me renvoyer immédiatement en France. Je résiste, je puis lutter encore.

27 *novembre*. — Un télégramme du ministre de la marine annonce le départ d'Alger de deux mille tirailleurs et soldats de la légion étrangère, avec un matériel complet et quarante-trois officiers. Un second bataillon, fort de mille hommes, part à la même date pour Formose, où le colonel Duchenne, quittant Hong-Hoa, ira les rejoindre, à la disposition de l'amiral Courbet. Ces renforts n'arriveront pas avant le commencement de janvier. Seront-ils, alors, suffisants pour combler les vides ?

Ma santé, malgré le repos et les soins empressés de mes camarades, ne s'améliore pas. Je suis ardent, inquiet, presque sans sommeil, et réduit à l'état squelettique.

2 *décembre*. — Un rude anniversaire, pour moi. C'était à Loigny, il y a de cela quatorze ans ; là aussi j'ai senti la vie, et j'ai pu, comme à Kep, comme ici même, apprécier le danger. Qu'est-ce aujourd'hui ? Je vais mieux, me paraît-il, et cependant je demeure incapable d'aucune activité, en proie à des rêvasseries aussi bizarres qu'importunes. Est-ce donc que le Tonkin me rend véritablement incapable de travail ? Rêver aux mouches, suivre, pendant des heures, le travail des fourmis ou parfois des coolies paresseux autant que voleurs, incapable même d'une lecture, j'en suis là. Le temps est superbe cependant, et Lambert me porte chaque jour au grand air, où je reçois l'amicale visite de mes camarades, notamment du colonel Letellier et du commandant Levrat, de l'artillerie de marine, qui m'apportent régulièrement les nouvelles.

15 *décembre*. — Le général de Négrier est parti, depuis quelques jours déjà, pour étudier la situation en avant de Kep et de Chu. On paraît cependant attendre l'arrivée des renforts annoncés pour reprendre les opérations. Le général Brière de l'Isle s'y prépare activement. « Nous fabriquons, me dit le commandant Levrat, quantité de petits chariots susceptibles d'être traînés par un seul bœuf, et de suppléer l'insuffisance ou le mauvais vouloir des coolies qui refusent de sortir du delta. Les bœufs sont réunis en grand nombre, chaque jour exercés sur tous terrains, bâtés pour le transport des bagages et munitions, et destinés, d'autre part, à fournir une bonne viande de boucherie sur place. » On prétend que deux colonnes seront appelées à marcher de concert sur Lang-Son ; l'une par Chu-Dongson et le col de Déoquan, la seconde suivant le littoral de Quang-Yem à Tian-Yen, et probablement le cours du Song-Chi-Kang jusqu'à Lang-Son.

A quand le départ ? Le temps est superbe depuis quelques

jours déjà. Nous allons en profiter, sans doute. Serai-je capable de suivre? Mon état, bien qu'amélioré, est bien misérable encore. Je puis cependant espérer.

18 *décembre*. — Un nouveau combat, où nous avons subi de grandes pertes, vient d'avoir lieu à quelques kilomètres à peine de Chu, au village de Ha-Ho, où se tient chaque semaine un important marché.

Trois mille Chinois affamés, dit l'ordre, sont descendus de la montagne pour piller le marché de Ha-Ho, et dans ce but se sont groupés en embuscade, couverts par les hautes herbes, à trois kilomètres environ du village. Ils s'y rencontrèrent avec une compagnie de la légion étrangère, capitaine Gravereau, que le colonel Donnier avait envoyée pour le protéger, en même temps qu'il dirigeait une autre compagnie, capitaine Bolgert, en reconnaissance au nord-est vers le col de Déoquan, et une du 111e, capitaine Verdier, sur la rive gauche, en amont de la rivière, pour reconnaître un gué supposé à quinze ou vingt kilomètres de Chu, et dont les patrouilles n'avaient jamais été rencontrées dans la plaine.

Brusquement, la compagnie Bolgert, qui venait de dépasser Ha-Ho, vint se heurter à l'embuscade chinoise. Elle fut immédiatement entourée, et obligée de se défendre à coups de crosse. Néanmoins, les Chinois, plusieurs fois repoussés, revenaient à la charge, et le capitaine Bolgert, très menacé, n'avait eu que le temps de se former en carré, lorsqu'enfin il fut secouru par son camarade Gravereau, prévenu par la fusillade. Mais alors les Chinois débordaient de tous les côtés, et la situation devenait des plus critiques, lorsque heureusement le 111e et le capitaine Verdier, encore sur la rive gauche, n'hésitèrent pas à se jeter à la rivière, ayant de l'eau jusqu'au cou, et vinrent les prendre à revers. De son côté, le colonel Donnier, hâtivement prévenu, avait mobilisé toutes les forces disponibles, de telle sorte que les Chinois furent, à leur tour, rapidement entourés. Alors ils se débandèrent en déroute, s'efforçant de gagner rapidement les montagnes. Nous demeurions maîtres du terrain; mais la surprise nous avait été bien cruelle : seize tués dont la plupart furent, dès le lendemain, retrouvés décapités, horriblement mutilés, et trente et un blessés, dont neuf très gravement atteints.

C'est un sérieux avertissement dont nous aurons à tenir le plus grand compte. Les Chinois, armés d'excellents mausers, fournis, paraît-il, par les Allemands, actuellement fort nombreux à Hanoï, et aussi hypocrites qu'ils sont nombreux, savent nous permettre, sans nous inquiéter aucunement, de nous aventurer par petits groupes, assez loin de nos centres d'occupation. Puis, quand ils connaissent nos habitudes, ils saisissent une occasion de nous écraser sous le nombre. C'est ce qu'ils ont tenté, sans succès, à proximité du marché de Ha-Ho. Mais il a fallu l'énergie de nos troupes pour échapper à la souricière. Et c'est aussi ce qui explique le nombre fort élevé des tués ; tout blessé incapable de suivre ayant été presque fatalement massacré. Et cette guerre féroce menace de durer bien longtemps encore !

23 *décembre*. — On annonce l'arrivée du lieutenant-colonel Herbinger, un savant professeur de l'école de guerre, appelé à remplacer, au quatrième régiment de marche (23e, 111e et 143e), le lieutenant-colonel Defoy. On le dit fort sévère, et malgré sa réputation et ses brillants états de service, beaucoup plus préoccupé de la tenue des troupes, qu'il trouve déplorable, que de leurs fatigues, de leurs privations et de leur héroïque endurance. Il est sûrement malade, disent déjà quelques officiers ; nous ne gagnons pas au change. Et son état habituel de surexcitation paraît justifier cette première impression.

On raconte, d'autre part, que les pirates ont de nouveau pris possession de la région du canal des Bambous, qu'il a fallu en fusiller près de trois cents, et incendier plusieurs villages pour s'en débarrasser. Les femmes et les enfants ont seuls échappé ; cela suffira-t-il pour nettoyer le pays ? De fait, la piraterie est une habitude invétérée jusque dans le delta. Et la réponse d'un chef de brigands conduit, enveloppé de son drapeau, au commandant Berger, est véritablement typique.

« Détruisez tous les villages, dit-il, réduisez le pays à la misère; alors seulement il n'y aura plus de pirates, *parce qu'il n'y aura plus rien à prendre.* »

Incorporer de tels brigands et compter sur eux, cela paraît bien peu praticable. Ils sont incapables de discipline. Et l'expérience tentée par le général Millot, après la prise de Tuyen-Quan, n'est pas encore oubliée. Il avait, on se le rappelle, incorporé près de cent cinquante Pavillons noirs, apparemment soumis. Tous ont déserté, emportant armes et bagages. Et nous les avions instruits contre nous!

25 décembre. — Noël. Bien triste pour moi, cette glorieuse fête de la délivrance! Je n'obtiens pas l'autorisation de m'adjoindre à la concentration des troupes en vue de la marche sur Lang-Son. « On va seulement étudier le terrain, me dit le général de Négrier; on ne fera rien avant l'arrivée des renforts. Reposez-vous et soignez-vous. Vous en avez le plus grand besoin. Et vous pourrez nous rejoindre assez tôt. »

La messe, à laquelle je me fais conduire, est célébrée, avec grande solennité, par Mgr Puginier, en présence des généraux et de la plupart des officiers ou soldats actuellement à Hanoï. Et la misérable paillotte qui, temporairement et jusqu'à la construction de la cathédrale, à peine commencée, permet la célébration des offices, rappelle la modeste étable où naquit le vainqueur du monde. Imposante simplicité. Le tamtam et le gong remplacent, ici, la traditionnelle clochette, la flûte tonkinoise dit les bergers de Bethléem, et nos généraux apportent l'hommage des Rois.

Tous, cependant, nous sommes péniblement impressionnés de la brusquerie des indigènes de service, vis-à-vis de leurs coreligionnaires. J'ai vu vivement bousculer hommes et femmes, parce qu'ils négligeaient, pour arriver plus vite à la table de communion, de suivre le défilé ou de s'arrêter assez tôt. Cette brusquerie est indispensable, disent les autoritaires; et ce peuple, dont la soumission est si près du servilisme, la subit sans murmure, sans même manifester le moindre étonnement.

27 *décembre*. — Le conseil de santé, sur la demande de mon chef et ami M. Driout, décide à l'unanimité qu'il y a lieu de me renvoyer en France. Inutilement, je sollicite encore un ajournement. J'ai pitoyable aspect sous ma squelettique maigreur, et, malgré mes précautions, je suis épuisé, autant par mes quintes de toux que par la dysenterie. « Allez-vous-en bien vite, me disent le général de Négrier et mon ami le capitaine Fortoul; il en est grand temps. Soignez votre santé, sans autre préoccupation, rétablissez-vous. Nous nous retrouverons ailleurs. »

En vérité, je n'ai pas le droit d'oublier mes obligations de famille. J'ai fait ce que j'ai pu; mes forces me trahissent, il faut se soumettre.

29 *décembre*. — Avant son départ pour Chu, qui est devenu notre centre de concentration, le général veut encore me serrer la main, et décide que mon ordonnance, le soldat Lambert, qui m'est absolument dévoué, devra m'accompagner en France. Puis il s'en va, paraissant ignorer la fatigue, préparer au milieu de ses troupes les nouvelles victoires qui, bientôt, il faut l'espérer, termineront cette guerre, si lourde déjà pour nous.

1er *janvier*. — Temps triste, sombre comme ma pensée. La mort, cette année, a exigé la tête de ma famille. Veuille Dieu entendre ma prière et garder de tous maux ma femme, ma fille chérie, mes frères, ma sœur, tous ceux qui me sont chers!

Qui sait la fin d'un jour? Bien triste ce matin, je suis, ce soir, à la joie. Un télégramme m'apporte la croix d'officier de la Légion d'honneur. Et mon chef Driout, accompagné de mes amis le colonel Letellier et le commandant Levrard, s'empressent de m'en dire la nouvelle officielle, en me souhaitant le prompt rétablissement de ma santé. Officier de la Légion d'honneur comme, il y a quatorze ans, chevalier, sur le terrain même de l'action, à même date. Cela devrait donner l'élan nécessaire pour un nouvel effort.

4 janvier. — Je n'espérais pas si vite cette haute distinction. Je voudrais pouvoir m'en montrer digne, être utile encore. Mais inutilement je le demande. « Non, non, me répond affectueusement le général Brière de l'Isle; trop longtemps peut-être vous avez déjà résisté; il faut partir; les chaudes sympathies de tous vous accompagnent et disent le plaisir que leur a fait votre nomination. » Et me serrant amicalement les deux mains : « Partez bien vite, répète-t-il, il en est temps encore, mais il le faut absolument. » Et tous mes camarades m'en disent autant.

5 janvier. — Hier, le général de Négrier a battu les Chinois en avant de Chu. « J'ai, dit-il, surpris le camp retranché des Chinois en avant des hauteurs de Nui-Bop et me suis emparé de tout leur matériel ; ce matin j'ai été, à mon tour, attaqué dans les positions occupées la veille. Malgré son immense supériorité numérique, non seulement l'armée chinoise a échoué dans son attaque, mais encore j'ai réussi à la repousser, lui enlevant deux batteries de canons Krupp et m'emparant de tous les forts (17) ou retranchements établis en avant de notre ligne au delà de Chu. L'ennemi a laissé plus de six cents morts sur le terrain ; nous comptons de notre côté treize morts et soixante blessés. »

C'est une victoire ; mais nos pertes sont grandes aussi, et le général, malgré son éclatant succès, ne peut immédiatement poursuivre.

6 janvier. — Un déjeuner d'adieu, à mon intention, chez le commandant Parot, notre résident à Hanoï. Tous mes amis; le docteur Rey, notre directeur du service de santé de la marine ; le docteur Driout ; le colonel de Maussion ; le commandant Régasse ; le trésorier payeur Massé, actuellement à Hanoï, s'y trouvent réunis. Et tout naturellement la conversation est tout entière à la victoire du général de Négrier.

« Dès le 3 janvier, raconte le colonel de Maussion, la brigade, profitant d'un épais brouillard, a pu, sous la conduite du capitaine Verdier du 111e, traverser le Loc-Nam au gué de

Taï-Lam, et remonter la rive gauche de la rivière jusqu'au gué, préalablement reconnu, de Dong-Cong. Pendant cette marche, deux compagnies de la légion furent chargées de détourner l'attention des Chinois, en se portant directement vers Nui-Bopp, à l'entrée du col de Déo-Quan. Et le général put ainsi, sans être signalé, remonter la rivière jusqu'au gué de Dao-Bé, au sud et en face des positions chinoises. De suite, pendant que le 111e occupe les hauteurs de Phon-Cot, que le capitaine Verdier repousse les premiers assauts de l'ennemi et assure le service d'avant-garde, la colonne franchit la rivière, pour prendre position sur la rive droite.

« La nuit venue, le combat cesse; et le général en profite pour disposer son artillerie. Il donne au colonel Herbinger l'ordre d'occuper, avec le 111e et le 143e, un plateau central qui, dans son projet, devra le lendemain lui servir de pivot pour l'attaque des positions de l'ennemi.

« Dès l'aube, en effet, la lutte recommence. Les Chinois sont les premiers à se porter en avant, et bientôt, en masses considérables, ils enveloppent notre avant-garde, qui lutte héroïquement, et doit son salut autant à l'énergie du capitaine Verdier qu'à l'intervention d'une compagnie d'infanterie de marine, hâtivement envoyée par le général à son secours.

« Le capitaine Verdier, ainsi dégagé, se précipite en avant, et s'empare d'un premier fort, pendant que l'artillerie des capitaines de Saxé, Jourdy et Palle réduit au silence l'artillerie chinoise. La lutte alors devient générale, et la brigade, précédée d'un bataillon de tirailleurs algériens, avec le 143e et le 111e, se précipite en avant pour tourner la gauche de l'ennemi. L'assaut donné, quatre forts sont en notre pouvoir. Le général alors porte tous ses efforts contre les formidables retranchements du camp, que les Chinois, parfaitement abrités, défendent énergiquement. L'artillerie fait rage, les clairons sonnent à la baïonnette. Alors les Chinois se précipitent en déroute vers le nord, longtemps poursuivis par nos obus, jonchant le sol de leurs blessés et de leurs morts, qu'ils abandonnent misérablement, et nous laissent maîtres du camp retranché de Nui-Bopp avec dix canons Krupp, et tout un immense matériel. »

Dix mille Chinois au moins, parfaitement armés, solidement retranchés, à l'abri dans huit ou dix forts, sont mis en déroute par une brigade comprenant à peine deux mille combattants. Aussi, la victoire nous coûte cher : treize tués, soixante-sept blessés, parmi lesquels trois officiers gravement atteints. Mais c'est la victoire. Et chacun de dire : La gloire en est au général. Nos soldats ont été superbes de courage et d'entrain. Les capitaines Verdier, Sazonoff et Mailhat, le lieutenant Simoni, l'adjudant Fargues, les soldats Araud et Meffret, presque tous du 111e, sont tout particulièrement à signaler. Quant au lieutenant-colonel Herbinger, on se rit, très généralement, de ses manies théoriques. Son outrecuidante prétention, dit-on, est aussi désagréable à tous qu'elle est peu pratique, sinon même dangereuse.

Et, devisant ainsi, chacun veut m'accompagner au bateau, le *Sontay*, de la compagnie Roques, qui doit m'emmener jusqu'à Haï-Phong, puis à la baie d'Along, où, paraît-il, attend le *Winh-Long*.

Adieu, mes chers et bons camarades! Que Dieu vous garde des dangers qui vous menacent encore. Personnellement, je suis à bout de forces, ayant à peine accompli la moitié de ma tâche, et dans l'impossibilité de faire plus. La joie du retour est ainsi bien amoindrie.

Et c'est fini. Déjà j'ai perdu de vue la citadelle, ce mirador de la porte ouest où tant de misères, tant de tristes pensées mêlées de courtes joies sont venues m'assaillir.

8 janvier. — A bord du *Sontay*, un mauvais remorqueur, où je n'ai d'autre installation que ma chaise de campagne, et dont tous les coins sont occupés par de pauvres malades, plus épuisés encore que moi-même, et qui, bien certainement, n'arriveront pas tous en France. Un jour et deux nuits ainsi. C'est bien long. Et j'ai véritablement grand besoin, dès mon arrivée à Haï-Phong, de la cordiale hospitalité que m'offrent les de Custine.

CHAPITRE QUATRIÈME

10 janvier. — Départ d'Haï-Phong à midi, à bord du remorqueur *Schi-Chuen*, un chinois à notre service, pour arriver ce soir au *Winh-Long*, ancré dans la baie d'Along, à côté du *Bien-Hoa*, d'où viennent de débarquer, avec mon ami le docteur Zuber, appelé, je crois, à me remplacer à l'ambulance, les quelques renforts impatiemment attendus pour la marche sur Lang-Son. Impossible même de se serrer la main.

11 janvier. — En route vers la France. Le *Winh-Long*, un superbe bateau-hôpital, s'engage hardiment dans le dédale de la fantastique baie d'Along, se dirige sur les trois rochers en aiguille qui jalonnent la passe, côtoie parfois de si près le rocher qu'il semble devoir s'y briser, signale bientôt l'île de Nortengal (rarement aperçue) et se lance avec une vitesse de quatorze nœuds, malgré la houle d'un fort vent du sud, vers le cap Saint-Jacques, à l'entrée de la rivière de Saïgon, qui sera notre première étape.

Vent debout sud-est contraire aux prévisions ; à travers le golfe du Tonkin, vers la pointe de Do-Son et longeant les bouches, Cua-Cam, Cua-Lac-Tray, Cua-Van, Cua-Thaï-Binh, Cua-Dien-Ho, Cua-Tray-Li, Cua-Lone, Cua-Batat, dérivées plus ou moins directement du fleuve Rouge. On passe en vue des Thanh-Hoa et de l'île Poulo-Canton, pour toucher bientôt la côte de Chuan-Ane à hauteur de Hué, qui sera fatalement, il n'y a pas à en douter, l'étape obligatoire dernière de notre conquête du Tonkin.

Notre résident actuel, dit-on autour de moi, n'a pas l'air de s'en préoccuper, et se laisse malencontreusement endoctriner par les mandarins.

13 janvier. — Enfin la mousson du nord-est nous reprend, nous fait doubler le cap Padaran, et longer les côtes, inhospitalières, dit-on, de la province de Tourane. Et voici, vers sept heures du soir, la haute falaise du cap Saint-Jacques, à l'entrée de la rivière de Saïgon. Mais malgré nos fusées d'appel, malgré les signaux du phare, les pilotes arrivent à bord seulement vers neuf heures du soir. Il est trop tard; l'entrée de la rivière est semée de dangereux rochers; il faut pour les franchir attendre la marée haute, et le *Winh-Long* doit mouiller à l'entrée de la baie des Cocotiers, pour y passer la nuit.

15 *janvier*. — Ce n'est plus la mer scintillante de clarté, nous voici dans l'eau saumâtre d'un marais torrentueux. Les berges de la rivière sont faites d'une épaisse couche de vase fétide, bordées par une véritable forêt de palétuviers. Ça sent la fièvre; ce qui n'empêche pas les Annamites d'y patauger jusqu'à la ceinture, tout occupés à entasser les chargements du bois destiné au chauffage de la plupart des remorqueurs à vapeur qui sillonnent la rivière. De fait, paraît-il, le charbon, fort rare, coûte ici beaucoup trop cher. Et la plupart des remorqueurs, de même que les tramways à vapeur de la colonie, sont chauffés avec le bois de palétuvier, qui croît très rapidement et en très grande abondance sur les berges du fleuve. Il n'en sera plus de même, sans doute, alors qu'il nous sera possible d'exploiter les mines du Tonkin, notamment celles de la baie de Hone-Gay et de l'île de Kébao, où la houille est, paraît-il, fort abondante, et que le gouvernement a concédées déjà, au moins en partie, à M. Bavier-Chauffour, un proche parent de notre ministre M. Ferry.

Pendant de longues heures, le *Winh-Long*, prudemment conduit dans les incessantes sinuosités du fleuve, lutte contre l'impétuosité du torrent. Parfois, au brusque tournant d'un coude, on aperçoit les hautes tours de la cathédrale ou la flèche élancée de la chapelle dite de la Sainte-Enfance; puis vers midi, pendant que sonne l'angélus, apparaît le drapeau qui couvre le palais du gouverneur. Enfin nous sommes en France, et si pénible qu'elle soit, la chaleur nous paraît moins accablante.

Le *Winh-Long* aborde à quai, à hauteur de la statue de l'amiral Rigaud de Genouilly. Et tout de suite : « Fâcheuse nouvelle, nous disent les quelques officiers venus à notre rencontre. Il n'y a plus personne ici; le Cambodge est en pleine révolte, et notre gouverneur, M. Thomson, vient de partir, emmenant avec lui toute la force armée dont il a pu disposer. Est-ce le commencement d'une grave insurrection? On peut le craindre. De fait, notre poste de l'infanterie de marine sur le Mékong, à Sambor, a été surpris par une bande commandée par Si-Vota, que notre gouvernement a, paraît-il, sacrifié pour faire régner son frère cadet, plus disposé à accepter notre autorité. Le capitaine Bellanger, qui commandait le poste, a été tué, et son second, un jeune enseigne de vaisseau, a dû s'abriter en toute hâte dans un réduit, où il ne paraît pas très en sûreté. Et Si-Vota qui compte, dit-on, de nombreux partisans, profite, pour fomenter la révolte, de l'éloignement de nos régiments d'infanterie de marine, actuellement en grande partie au Tonkin. Sans doute, on saura quand même le rappeler à ses obligations, mais non sans difficultés. »

Mes camarades de la marine me conduisent à l'hôpital, où, disent-ils, je serai plus tranquille, et j'en ai grand besoin, pendant les trois ou quatre jours que je devrai passer à Saïgon. Et véritablement, je ne sais rien qui soit mieux compris, mieux aménagé contre le pénible climat de la Cochinchine, que ce superbe hôpital de la marine à Saïgon. Composé de plusieurs pavillons, isolés les uns des autres par des jardins, il occupe, au sommet de la ville, un véritable parc luxuriant de végétation. Les bâtiments, élevés sur voûtes largement ouvertes et isolées du sol pour une facile circulation de l'air, comprennent seulement un étage, entouré de belles galeries couvertes. Les chambres vastes, très élevées de plafond, coupées de distance en distance par des cloisons à hauteur d'homme, sont éclairées par de nombreuses portes-fenêtres, disposées sur les deux faces. Dans ce pays d'énervante chaleur, il fallait, avant tout, réaliser une facile circulation de l'air; c'est ce qu'on a fait. Plusieurs escaliers couverts et de pente très douce desservent chaque pavillon. Aux deux extrémités de chaque galerie, et tout à fait indépendants des chambres de malades, se trouvent les cabinets, avec sièges faïencés d'une rigoureuse propreté, et toujours abondamment lavés. Pas de fosses; rien que des tinettes disposées dans le sous-sol. A proximité : de nombreux lavabos individuels, avec des robinets d'eau courante.

Une superbe galerie couverte met en communication les divers services avec le bâtiment des bains, qui est véritablement remarquable. Cabinets individuels, vastes piscines d'eau froide et d'eau chaude, belles salles de douches pourvues de tous les appareils usuels, le tout approvisionné par un château d'eau actionné par une puissante machine à vapeur, rien n'y manque; et peu d'établissements publics sont mieux outillés. La cuisine et la pharmacie occupent chacune un pavillon distinct. La cuisine, vaste, largement aérée, parfaitement éclairée, bien dallée, est pourvue d'un fourneau central avec appareils de cuisson par la vapeur et nombreuses cheminées pour les rôtis. En dehors, des cabinets sont spécialement aménagés pour la conservation des aliments, autant que possible soustraits à l'action atmosphérique; des caves occupent les sous-sols, et de vastes lavoirs à eau courante, chaude ou froide, complètent l'aménagement.

La pharmacie et les nombreuses dépendances nécessaires à la conservation des médicaments ne laissent rien à désirer. La tisanerie, avec son générateur et ses appareils de circulation pour la décoction, sous l'action de la vapeur, des différentes plantes médicinales, est une fort remarquable innovation; chaque tisane a sa bassine distincte.

La buanderie occupe le rez-de-chaussée d'un pavillon dont le premier étage, affecté à la lingerie, est surmonté lui-même des greniers-séchoirs, le tout desservi par des ascenseurs. Des étuves à vapeur sous pression et à air sec permettent la désinfection. Une vaste chapelle; des pavillons d'isolement, tant pour les officiers que pour les maladies contagieuses et les consignés, occupent tout un quartier. Le pavillon pour les maladies contagieuses est très excentrique, complètement isolé, à cabinets individuels, avec seulement quelques chambres pour deux ou quatre lits; c'est un petit hôpital distinct à côté du grand hôpital.

Les médecins réclament cependant encore, et depuis longtemps déjà, paraît-il, un amphithéâtre convenable. De fait, le local dont ils disposent actuellement pour les examens nécroscopiques est non seulement insuffisant, mais encore dangereux. Mes collègues de la marine sont, on le comprend, peu disposés à faire des autopsies dans un pareil local. Et bien certainement le climat du pays ne permet guère de passer outre aux commodités nécessaires à des travaux de ce genre.

Tel est ce superbe hôpital, dont les sœurs de l'ordre de Saint-Paul de Chartres assurent les différents services avec un courage et une abnégation qui égalent, s'ils ne les dépassent, le dévouement et l'abnégation de nos admirables sœurs de Saint-Vincent, tant dans nos grands hôpitaux militaires que dans les hôpitaux civils.

Non loin de l'hôpital sont les casernes de l'infanterie de marine, construites en fer et en briques, avec vérandas circulaires, dans l'enceinte même de la citadelle. Elles réalisent tout ce qu'on peut raisonnablement désirer ; les chambres sont vastes, largement aérées, chaque lit est abrité sous une moustiquaire ; il y a des salles de douches et de bains, des cuisines bien aménagées, des latrines à cuvettes très surveillées. Seule l'infirmerie est insuffisante, mais sa construction, dans un pavillon indépendant, est actuellement à l'étude.

A côté, se trouvent le château d'eau et quelques bassins d'approvisionnement. L'arsenal mérite également l'attention. Il est pourvu d'un immense matériel. Mais, pendant que je le parcours à la hâte, mon collègue me fait remarquer encore un exemple de la routinière incompétence de l'administration. Des ouvriers y sont occupés à construire des brancards pour le transport des malades et des blessés, et l'administration, sans daigner consulter le service compétent, reproduit scrupuleusement l'antique catafalque fermé dont on retrouve encore quelques rares exemples oubliés dans les greniers de nos infirmeries régimentaires. Il faut huit hommes pour transporter cet inénarrable appareil antédiluvien, et son prix de revient est quatre fois plus élevé que celui du brancard à équerre de notre service courant. « Chacun de ces brancards coûte au moins 150 francs, me dit mon collègue; pour le même prix on pourrait avoir trois brancards du nouveau modèle! »

Tout près de la citadelle, dans la belle avenue de Chasseloup-Laubat, mon attention a été très frappée par un immense échafaudage en bambous, qui paraît former la cage d'une nouvelle construction. Tous ces bambous sont maintenus par de simples liens ou chevilles. Il n'y a pas un clou, pas une ferrure, pas une poutre, rien que des bambous. Cet échafaudage, de construction indigène, d'une solidité à toute épreuve, est véritablement remarquable de hardiesse et d'habileté.

De fait, avec de tels ouvriers, sous la direction de nos ingénieurs constructeurs, Saïgon, qui n'était, avant la conquête, qu'une misérable bourgade, est devenue véritablement *la ville des palais*. Les Anglais, nos aimables voisins, peuvent être jaloux. Ils n'ont rien fait de mieux à Singapore, ni même à Ceylan. Les quais, les rues, les larges avenues ombragées de tamariniers ou autres arbres exotiques, les places et les marchés couverts; puis au centre d'un véritable parc, le palais du gouverneur, resplendissant dans sa ceinture de gracieuses colonnettes et de vérandas, avec dôme central agrémenté d'un escalier monumental à rampes de fer forgé d'un remarquable travail, puis encore le palais de justice, à peine achevé, la cathédrale aux tours massives de briques rouges, l'hôtel des postes, le trésor, le cercle des officiers, le vaste collège d'Adran et le séminaire de la mission catholique, le superbe pensionnat de la Sainte-Enfance, dont le clocher, ajouré en aiguille, domine tout le pays; plusieurs belles maisons particulières...; tout ce riche ensemble démontre une colonie qui n'a pas craint les dépenses de luxe. Je n'ai que le temps d'un coup d'œil, ma misère physique ne ne me permet pas de longues visites. Ce que je vois, c'est l'apparence d'une riche colonie. Et cependant c'est à peine si, parmi cette grouillante population de diverses races, surtout de Chinois et d'Annamites, on rencontre quelques Français à face terreuse, dont la vive allure contraste avec l'état manifeste de profonde débilitation.

Beaucoup de palais, dit la médisance, pour loger quelques fonctionnaires utiles, mais surtout des déclassés, des exploiteurs intrigants, pour lesquels la justice a trop souvent la plus paternelle indulgence !

Est-ce vrai? Je veux en douter. Il paraît certain, cependant, que le seul traitement des fonctionnaires absorbe, en Cochinchine, la moitié au moins du budget de la colonie. En sera-t-il de même au Tonkin? Il faut espérer que non. Le climat de la Cochinchine est, paraît-il, des plus pénibles. Les Français le subissent très difficilement, et doivent, sous peine de déchéance fatale, n'y demeurer qu'un certain temps. Il n'en sera pas de même au Tonkin. Les mois de novembre, décembre et janvier y sont généralement, non seulement supportables, parfois même agréables. Les fonctionnaires utiles pourront donc y demeurer; la colonie n'aura pas à subir la hâtive exploitation de politiciens arrivistes et sans scrupules.

Grâce à la délicate attention de Mme de Poyen-Bellisle, qui, sachant nos communes alliances et nos relations de famille, veut bien, malgré la très légitime préoccupation qu'elle a de son mari, colonel commandant l'artillerie de marine devant Formose, me permettre de l'accompagner dans une fort agréable promenade en landau, nous pouvons, ensemble, visiter le couvent de la Sainte-Enfance, superbement aménagé dans le goût indigène, avec sa vaste chapelle gothique, surmontée de la flèche élancée qui domine la région; le jardin botanique dans lequel circulent en toute liberté, ou sont enfermés dans des cages de fer abritées sous de superbes arbres, les divers animaux du pays, depuis l'agile chevreuil, l'autruche et les oiseaux divers, jusqu'au tigre royal et au paresseux crocodile; puis, au milieu des tombeaux annamites actuellement en ruine, le jardin public qui, sous cette énervante atmosphère, est bien, en vérité, le plus délicieux refuge qu'on puisse espérer.

Le couvent de la Sainte-Enfance, tenu par les sœurs de Saint-Paul de Chartres, reçoit et élève les jeunes filles annamites qui deviendront de bonnes mères de famille **par leur** mariage avec les catholiques indigènes. Non loin de là se trouvent le collège d'Adran, le séminaire de la mission, et l'école Chasseloup-Laubat, où de nombreux enfants indigènes reçoivent l'instruction française.

« C'est un fait remarquable et qui frappe toute la colonie, me dit Mme de Poyen, que la facilité avec laquelle les enfants indigènes apprennent la langue française, et deviennent rapidement d'excellents interprètes. Alors que, même après un certain temps de séjour, nous ignorons encore les premiers mots de la langue annamite, presque tous nos boys, des enfants employés au service courant dans les maisons, parlent le français, et le comprennent très suffisamment pour nos besoins journaliers. »

C'est l'œuvre, notamment, des frères de la doctrine chrétienne, depuis quelque temps déjà installés à Saïgon et dans toute la Cochinchine. Mais voici que, par une singulière aberration, ces modestes pionniers de l'influence française sont pourchassés comme des malfaiteurs, par ceux-là mêmes qui devraient, fût-ce seulement par patriotisme, les soutenir le plus énergiquement. Gambetta a pu mitiger; J. Ferry se montre plus intransigeant, et ses fonctionnaires n'hésitent pas, même aux colonies, à interdire l'enseignement, si français qu'il soit, à quiconque a l'audace de porter la soutane!

Causant ainsi, nous parcourons la terrible plaine des tombeaux, ces rudes lignes de Ki-Hoa que les Annamites, en 1861, ont si bien su défendre contre nos troupes; et nous arrivons à hauteur d'une petite pagode qu'on me dit être le tombeau du fameux évêque d'Adran, Mgr Pigneau de Behaine. La croix du christianisme domine ici les dragons hérissés et les autres emblèmes du bouddhisme. Elle est là le puissant emblème de l'action française dans l'extrême Orient. Et ce n'est point sans émotion que je la salue, comme il faut saluer le drapeau de la patrie. L'histoire est connue; j'ai cependant besoin de l'entendre encore et de la redire comme un témoignage autant du patriotisme de l'évêque que de la constante impulsion de nos rois vers une fructueuse expansion coloniale. Et ce soir, chez Mme de Poyen, entre ses invités et moi, elle est le sujet de la conversation.

L'évêque avait été prié par le roi Gia-Long, de la dynastie encore régnante des Nguyen, alors à peu près dépouillée de ses pouvoirs par les Tonkinois désireux de rétablir l'ancienne famille des Lé, de solliciter l'alliance protectrice de la France. Dans une longue audience du 28 novembre 1787, le roi Louis XVI promit, sur ses instances, d'envoyer sur les côtes de Cochinchine quatre navires, avec une puissante artillerie et deux mille hommes de troupes de débarquement. En échange de cette protection, l'évêque avait obtenu de Gia-Long, en outre de la cession à la France de la baie de Tourane, des îles de Haï-Nam et de Poulo-Condore, la promesse d'une entière liberté commerciale. Il s'engageait en outre à respecter la libre pratique du culte catholique, et à défendre lui-même, contre toute attaque étrangère, le territoire qu'il nous concédait. Mais l'Angleterre veillait, elle favorisa clandestinement la Révolution; et Louis XVI fut ainsi mis dans l'impossibilité de tenir ses engagements.

L'évêque d'Adran ne se découragea pas cependant. Il fit appel aux officiers français et aux volontaires de notre colonie des Indes, à Pondichéry. Il obtint ainsi le concours de plusieurs officiers, parmi lesquels le lieutenant de vaisseau Dayet, l'auteur des études hydrographiques de la région; les colonels Olivier et Lebrun qui devinrent les constructeurs de la plupart des forteresses et citadelles de l'Annam et du Tonkin; le médecin royal J.-M. Despiaux; les lieutenants Chaigneau de Forsanz, Girard de Lisle, Laurent Barrizy, etc., de différentes armes.

Grâce à leur habile concours, Gia-Long put organiser une armée. Et, favorisé par les événements, il réussit à vaincre les Tonkinois, s'empara de leur flotte à Ki-Non, et bientôt put reprendre possession d'une partie du pays.

L'évêque résidait alors à Ki-Phu, non loin de Saïgon. Gia-Long reconnaissant voulut à sa mort, survenue en 1799, lui faire rendre les honneurs royaux. Escorté de toute sa cour, suivi de ses éléphants de guerre, il accompagna lui-même, jusqu'à sa dernière demeure, l'évêque français qui avait été son premier ministre, et le restaurateur de sa dynastie. Et, peu de temps après, sur l'emplacement même de la sépulture, il fit construire la riche pagode surmontée de la croix du christianisme qui abrite, en outre de la tombe de l'évêque, auquel il décerna le titre suprême d'Accompli, les dalles de granit des autres évêques et missionnaires morts en Cochinchine, victimes de leur dévouement.

La pagode dite de l'Évêque-d'Adran est, depuis 1861, propriété nationale, entretenue aux frais de la colonie.

Après diverses péripéties, et grâce aux officiers recrutés par l'évêque d'Adran, Gia-Long fut bientôt le souverain incontesté de l'Annam et du Tonkin. En 1804, après avoir réprimé dans le sang diverses insurrections provoquées par les Lé, il obtint, avec le titre d'empereur, la consécration officielle de son suzerain l'empereur de Chine, et vint dorénavant résider à Hué, capitale du nouveau royaume.

C'est à Hué, après la Restauration, que le roi Louis XVIII essaya de renouer avec lui les relations commencées par Louis XVI, si malencontreusement interrompues, au profit des Anglais, par la Révolution et les guerres de l'Empire. Gia-Long reçut avec ostentation l'ambassadeur du roi, le comte de Kergariou, mais ne voulut plus entendre parler du traité de 1787, et consentit seulement à charger le commandant Chaigneau de dire, au roi, ses respectueux autant que reconnaissants hommages. Il mourut peu de temps après, en 1820. Et son successeur au trône, redoutant l'action des Européens, leur défendit, sous peine de mort, de résider dans son empire. En 1825, les derniers officiers français qui avaient assisté Gia-Long furent contraints de quitter le pays. En 1826, l'empereur poussa l'audace jusqu'à refuser audience au commandant de Bougainville, du vaisseau la *Thetis*, chargé par le roi d'une nouvelle mission, et recommença les persécutions contre les chrétiens. En 1836, il opposa le même refus à l'installation, comme consul à Hué, du commandant Chaigneau. En 1837, sous prétexte d'une nouvelle insurrection des partisans des Lé, il fit égorger nombre de catholiques, parmi lesquels plusieurs missionnaires français. Néanmoins, peu de temps après, effrayé par de nouvelles révoltes entretenues par le Cambodge, il crut pouvoir encore faire appel à la France. Mais alors, le roi Louis-Philippe refusa de recevoir ses ambassadeurs. Et peu de temps après, de nouvelles persécutions contre les chrétiens (1841-1847) motivèrent une première intervention armée.

Sous les ordres des commandants Lapierre et Rigaud de Genouilly, la flotte annamite fut, le 15 avril 1847, complètement anéantie dans la baie de Tourane. La démonstration fut cependant insuffisante. Et les persécutions recommencèrent, malgré les promesses.

De 1847 à 1881, son successeur Tu-Duc put impunément continuer les mêmes errements. Une seconde intervention s'imposait. Elle fut, en 1856, confiée au commandant de Montigny, à bord du *Catinat*. Il lui suffit d'une compagnie de débarquement pour s'emparer de Tourane, et enclouer plus de soixante canons. L'avertissement fut encore inutile, les persécutions sévirent plus atroces que jamais.

C'est alors que fut conclue l'alliance franco-espagnole, et que l'empereur Napoléon III confia, en 1858, à l'amiral Rigaud de Genouilly le soin d'y mettre fin. Mais l'amiral dut se contenter d'occuper Tourane et Saïgon ; le choléra et l'insuffisance des moyens d'action ne lui permirent pas d'aller plus loin. Alors, comme aujourd'hui, nos hésitations nous devinrent funestes. Bientôt même il fallut évacuer Tourane, et nous fûmes étroitement bloqués dans Saïgon. Les Annamites, se moquant de notre indécision, comptaient sur l'insalubrité du climat pour nous décourager et nous chasser. La garnison franco-espagnole de Saïgon, grâce à l'énergie du commandant Duriès, put cependant repousser plusieurs assauts. Mais elle était à bout de forces, alors que la fin de la guerre de Chine permit enfin de venir à son secours. Le 7 février 1861, l'amiral Charner, avec trois mille hommes revenant de Chine, se présenta devant Saïgon. Malgré l'énergie de la défense, dirigée par le général annamite Nguyen-Tri-Phuong, il réussit à enlever, après deux jours de luttes, le redoutable camp retranché de Ki-Hoa, et à délivrer la garnison. Puis, successivement, il s'empara de tout le pays environnant.

Les Annamites, alors, demandèrent la paix. Elle fut signée le 5 juin 1862, à Saïgon, entre l'amiral Bonnard et les ambassadeurs de Tu-Duc. Le traité nous cédait les provinces de Saïgon, de Bien-Hoa, de Mytho et les îles de Poulo-Condore, consentait une indemnité de vingt millions à partager avec nos alliés les Espagnols, ouvrait le port de Tourane au commerce européen, réduisait l'armée annamite au contingent fixé par la France, et accordait toute liberté tant aux missionnaires qu'aux chrétiens indigènes en résidence dans l'empire.

Mais Tu-Duc ne tarda pas, malgré les énergiques représentations qui lui furent faites à Hué, à se déclarer impuissant à faire respecter le traité. Bientôt, sous l'impulsion des mandarins de la cour, des bandes de pirates infestèrent les provinces soumises à notre autorité, et la situation devint si difficile que l'amiral de la Grandière dut, en 1867, décider l'occupation de toute la Cochinchine. La cour de Hué y entretint alors une sourde hostilité, et l'abandon en eût été très probablement la conséquence, si la sage administration et l'énergie de l'amiral de la Grandière (1) n'eussent, véritablement, imposé le maintien de nos troupes.

Afin de détourner Tu-Duc de ses hypocrites agissements, l'amiral de la Grandière chercha à l'occuper au Tonkin, dans une nouvelle révolte des partisans des Lé pour obtenir la libération de leur pays. Dans le même temps, la mission Doudart de Lagrée, après avoir reconnu l'impossibilité de pénétrer dans le Yunnam par le Mékong, confiait à l'héroïsme du lieutenant Garnier l'exploration du fleuve Rouge. Les premiers résultats, confirmés par les renseignements du lieutenant Senez, par l'énergique initiative de Jean Dupuis, démontrèrent la possibilité de la pénétration du Yunnam par le fleuve Rouge. C'était l'Angleterre vaincue.

Dès 1872, Dupuis revint en France, fit part au gouverne-

---

(1) Grand-oncle de l'intendant actuel du corps expéditionnaire.

ment, autant de ses observations que des dispositions du Tonkin, désireux de se soustraire à l'autorité de Tu-Duc et de l'Annam, et sollicita son active intervention, qu'il s'efforçait de démontrer devoir être très fructueuse. Le gouvernement crut néanmoins devoir s'abstenir de toute intervention officielle, et consentit seulement un concours officieux.

C'est alors que, malgré les efforts occultes de la cour, Dupuis créa une véritable flottille ; puis, accompagné d'une vingtaine d'Européens, se mit en route pour le Tonkin. Longtemps retenu à Haï-Phong, il put cependant remonter le fleuve jusqu'à Hanoï où il débarquait le 22 décembre 1872. Mais, il y fut arrêté et dut, pour vaincre l'hostilité des mandarins, se décider à transborder ses marchandises sur les simples sampans du pays, laissant toute sa flottille à Hanoï, sous la garde de son second, le lieutenant Millot.

On sait le reste : Dupuis vint débarquer à Lao-Kaï ; il parcourut tout le Yunnam, où il fut accueilli en véritable triomphateur. Le vice-roi voulut le mettre à la tête de ses troupes, pour purger le pays des pirates qui l'infestaient. Il refusa et revint à Hanoï, le 30 avril 1873, avec un énorme chargement de produits chinois. Les mandarins annamites, gouverneurs du Tonkin, lui suscitèrent alors de nouvelles difficultés. Malgré la protection officieuse de la France, une partie de sa flottille fut incendiée, ses sampans furent canonnés et coulés. Et le général Nguyen-Tri-Phuong, que nous avions battu devant Saïgon, vint lui-même lui opposer les troupes de Tu-Duc.

Dupuis n'en fut pas découragé. Se sentant en communion d'idées avec le peuple du Tonkin, il fit appel à l'amiral Dupré, alors gouverneur de la Cochinchine. Vainement l'amiral invita la cour de Hué à respecter les conventions. Elle ne voulut rien entendre ; et l'empereur poussa la hardiesse jusqu'à s'adresser directement au président de la République, pour obtenir l'expulsion de Dupuis.

Heureusement l'amiral Dupré veillait. A son tour, il avisa le gouvernement des agissements de la cour de Hué, lui montra la courageuse autant que fructueuse initiative de

Dupuis, et les efforts tant des Anglais pour le supplanter, que des Chinois pour s'emparer, à leur seul profit, de la navigation du fleuve Rouge. Il obtint enfin qu'une enquête contradictoire serait confiée au lieutenant Francis Garnier, dans le but d'arrêter, de concert avec les autorités annamites, les obligations et les droits. Il donnait en même temps, au courageux explorateur, l'ordre de s'abriter temporairement dans un port de son choix, à résidence autorisée, et d'y attendre de nouvelles instructions.

Le 25 octobre, Garnier, avec quatre-vingts soldats et quelques officiers, à bord du *d'Estrées*, se présentait devant Hanoï. Dupuis l'y attendait. Et pendant que sa flottille saluait de trente coups de canon le drapeau de la France, pendant que les soldats du Yunnam à son service rendaient les honneurs, tout le peuple tonkinois venait acclamer le libérateur; seuls, les mandarins s'étaient abstenus. Ils poussèrent l'audace jusqu'à assigner pour résidence, à la petite troupe de débarquement, la plus misérable des cagnas de la ville.

Garnier n'était pas homme à subir l'affront. De suite, accompagné de quinze soldats seulement, il se rendit à la citadelle, et somma le gouverneur de le loger convenablement, sa troupe et lui. Le gouverneur parut céder d'abord, mais ayant ensuite réuni les mandarins, il déclara que n'ayant reçu aucune instruction de son gouvernement, il se trouvait dans l'obligation non seulement d'exiger l'expulsion de Dupuis, mais encore de lui refuser toute indemnité pour les pertes qu'il avait subies, et d'interdire formellement la navigation du fleuve Rouge, à toute puissance étrangère. Puis, et pendant que le général Nguyen-Tri-Phuong préparait ses troupes à marcher contre les Français (auxquels, dit-il, il faut couper la tête), les mandarins firent empoisonner les puits et mirent le feu au camp préalablement concédé.

Garnier avait heureusement reçu quelques renforts, deux cents hommes avec douze pièces d'artillerie, amenés par deux canonnières, l'*Espingole* et le *Scorpion*. Il n'hésita pas. Malgré son immense étendue, malgré ses redans et ses fossés, malgré ses dix mille Annamites de garnison, il résolut de s'emparer de la citadelle. Et dès l'aube, le 20 novembre, pendant que les canonnières ouvraient le feu, deux cents Français se précipitaient à l'assaut de la porte ouest, l'enfonçaient à coups de canon et pénétraient dans l'enceinte. Une heure après, le drapeau tricolore flottait sur le mirador central. Les Annamites laissaient sur le terrain quatre-vingts morts et trois cents blessés (parmi lesquels le général Nguyen, mortellement atteint) et nous abandonnaient, en outre de la citadelle, de ses canons et de son matériel, plus de deux cents prisonniers, avec la plupart des mandarins.

Garnier, ainsi maître de la citadelle, y installa sa troupe, confia à Dupuis l'administration de la ville, et s'adressant aux Tonkinois, leur confirma la libre navigation du fleuve Rouge, les invitant à reprendre, sous la protection de la France, leurs travaux habituels et leurs échanges commerciaux.

En quelques jours, et grâce à la sagesse de sa prudente administration, il avait conquis toute la population, créé de nouvelles milices, et placé à leur tête le chef de la famille royale des Lé. Pendant le même temps, ses officiers s'emparaient, sans coup férir, des autres principales citadelles du delta, ou obtenaient la facile soumission des habitants.

Le 1ᵉʳ janvier 1874, la France pouvait se dire maîtresse du Tonkin. Et sa domination eût été sûrement effective, si le guet-apens des Pavillons noirs de Lu-Vinh-Phuoc, payé par la cour de Hué, n'était venu tout remettre en cause. Garnier y fut assassiné. Et sa petite troupe, découragée, allait abandonner peut-être même la citadelle, lorsque les instances de Dupuis et de Mgr Puginier lui rendirent l'énergie nécessaire. Bientôt, en effet, elle reçut un très modeste renfort, et les négociations furent reprises.

Pour la deuxième fois, les Annamites consentirent la libre navigation du fleuve Rouge et le protectorat de la France sur le Tonkin. Mais seulement en apparence. Et le traité était à peine à la signature que surgirent de nouvelles difficultés. Pour comble, et contrairement à l'avis formel tant des officiers, notamment du lieutenant de vaisseau Baizeau, commandant à Hanoï, que des missionnaires, notre administrateur M. Philastre fut gagné. Il consentit à obtenir, du gouvernement de la République, l'ordre d'expulser Dupuis, de désavouer Garnier et de retirer complètement nos troupes de la citadelle d'Hanoï. Les Annamites s'engageaient, en échange, à reconnaître notre occupation sans conteste de la Cochinchine, à consacrer la liberté du fleuve Rouge, à traiter les chrétiens sur le même pied que les autres indigènes, et à consentir la résidence d'un consul français dans les villes de Qui-Nhone, Haï-Phong et Hanoï. En vue de ces avantages, la République faisait remise à l'Annam de toute indemnité de guerre, s'engageait à lui livrer cinq canonnières à vapeur, cent canons, mille fusils et des munitions. C'était reculer et reconnaître notre affolement, sinon notre infériorité. Le 15 mars 1874, Philastre et l'empereur Tu-Duc signèrent le traité. Il nous laissait à la merci de l'Annam et de la Chine suzeraine.

De fait, à peine était-il signé, que la cour de Hué, évidemment assurée de notre volonté gouvernementale de complète abstention, affecta de le considérer comme étant sans valeur. De suite les persécutions furent réorganisées, et trente mille chrétiens indigènes, nos partisans, dit-on, périrent dans les supplices ; puis la navigation du fleuve Rouge nous fut interdite à nouveau, et les douanes remises à Lu-Vinh-Phuoc. Et de nouveau les Pavillons noirs, ces brigands dont la Chine s'efforçait de se débarrasser en les poussant à la frontière, où ils pouvaient uniquement vivre de vols et de rapines, redevinrent, du consentement de l'Annam, les véritables maîtres du pays. Pendant sept années ils purent impunément ainsi nous humilier.

Enfin, même en Cochinchine, la situation devint intolérable. Notre gouverneur, M. Le Myre de Villers, en montra tous les dangers. Et non sans peine il obtint l'autorisation d'envoyer, à Hanoï, un modeste contingent sous les ordres du commandant Rivière, chargé d'imposer la stricte exécution du traité de 1874.

Le commandant Rivière, bientôt convaincu de la duplicité orientale, acquit, en même temps, la certitude que la force seule pourrait imposer la satisfaction demandée. Digne de son héroïque prédécesseur, il n'hésita pas. Après de longs pourparlers, le 25 avril 1882, il adressait un ultimatum au gouverneur annamite de Hanoï, lui rappelait la patience de la France, et l'invitait à faire acte immédiat de soumission. Le gouverneur n'ayant rien répondu, dès le matin, à huit heures, il ouvrait le feu sur la citadelle. A midi il en était le maître, et ses défenseurs annamites l'avaient complètement évacuée.

De nouveau, les mandarins affectèrent la soumission, mais clandestinement, pour faire appel tant aux Pavillons noirs qu'à la Chine suzeraine. De fait, et pendant que les bandes de Lu-Vinh-Phuoc ne cessaient de nous harceler, la Chine intervenait, à son tour, officiellement, nous demandant l'explication de notre maintien au Tonkin.

Le commandant Rivière, de son côté, n'oubliait pas sa lourde mission. Il avait repris possession du delta, dont ses troupes tenaient les principales citadelles. Cependant, dans Hanoï même, il n'avait à sa disposition que le strict indispensable, 400 hommes à peine, sans cesse harcelés par les Pavillons noirs, qui déjà bloquaient la ville. Il fallait agir énergiquement. Dans ce but, et pour répondre à l'audacieux défi de Lu-Vinh-Phuoc, Rivière, à peine accompagné de 300 hommes, avec deux canons seulement, se mit en route dès l'aube du 14 mai 1883, se dirigeant vers Sontay. A peine était-il au pont de Papier, à trois kilomètres de la citadelle, là même où Garnier avait été tué, qu'il fut assailli, complètement enveloppé et mortellement atteint, comme l'étaient également quatre officiers, parmi lesquels le commandant de Villers et 75 de ses soldats, le cinquième de l'effectif engagé.

Fallait-il donc renoncer au Tonkin, et décidément l'abandonner? Cette fois, les Chambres françaises s'y refusèrent. Elles avaient l'obligation de venger les glorieux enfants de la patrie. Et le général d'infanterie de marine Bouët reçut l'ordre, avec quelques renforts, d'occuper immédiatement le delta, pendant que de son côté l'amiral Meyer bloquerait les côtes de l'Annam et surveillerait la Chine. Mais en même temps, et pour marquer une fois de plus son désir d'apaisement, le gouvernement crut devoir imposer au commandement la surveillance d'un commissaire général chargé de le garder de tout entraînement militaire, et de le maintenir dans la répression strictement indispensable pour pouvoir traiter utilement, tant avec la cour de Hué, que même directement avec les Pavillons noirs!

Assurément, mon ancien camarade d'école, le docteur Harmand, qui avait été le compagnon de Garnier, et déjà s'était illustré dans ses voyages en Indo-Chine, réunissait toutes les conditions d'intelligence et de patriotisme nécessaires à sa délicate mission. Mais il avait reçu, il recevait chaque jour, des instructions si formelles et si sévères qu'il ne crut pas pouvoir s'y soustraire.

Le général Bouët, de même que ses prédécesseurs, fut immédiatement convaincu de la nécessité d'une énergique action militaire. Le docteur Harmand crut devoir également agir.

Pendant que le général organisait la défense à Hanoï et se préparait à repousser aussi bien les Annamites et les Pavillons noirs que les Chinois qui tenaient toute la rive gauche du fleuve Rouge, Harmand mobilisa lui-même toutes les troupes dont il pouvait disposer en Cochinchine, confia l'administration à des fonctionnaires civils, et se mit en mesure de marcher contre Hué, à la tête d'une division navale, sous les ordres du contre-amiral Courbet. Et pendant que le général réussissait, non sans pertes considérables, relativement à l'effectif dont il disposait, à dégager toute la région entre Hanoï et le Day, sans pouvoir cependant pousser plus loin, l'amiral, de son côté, s'emparait des forts de Thuan-An et forçait les barrages de la rivière de Hué.

Alors, encore une fois, le gouvernement annamite vint solliciter la paix, s'engageant à reconnaître notre protectorat sur l'Annam et le Tonkin, à retirer immédiatement ses troupes du Tonkin, à nous remettre les forts de Thuan-An, et à nous céder en toute propriété la province de Binh-Thuan.

Mais, cette fois encore, le traité fut plus apparent qu'effectif. La cour de Hué, qui venait de perdre l'empereur Tu-Duc et l'avait remplacé par le roi Hiep-Hoa, son fils, se prétendit dans l'impossibilité d'écarter du Tonkin les Pavillons noirs, qui, disait-elle hypocritement, « maintiennent prisonniers à Sontay le général annamite Hong-Ki-Vien, et les troupes sous son commandement. »

Et le général Bouët, plus que jamais convaincu de la nécessité d'une énergique action, demandait instamment l'envoi immédiat de toute une division sur le pied de guerre, avec artillerie et matériel de siège.

La France parut enfin comprendre l'inutilité et le danger des hésitations. Quelques renforts furent envoyés, le général Bouët fut rappelé, le docteur Harmand, mécontent, dit-on, obtint lui-même l'autorisation de rentrer, et l'amiral Courbet reçut mission d'agir énergiquement.

Grâce aux renforts, il disposait de 8,000 hommes environ parmi lesquels deux bataillons de tirailleurs algériens et un bataillon de la légion étrangère. De suite, comme base d'opérations, il fit occuper Ninh-Binh et Quang-Yem, se concentra à Hanoï, et résolut d'enlever Sontay. Dans ce but, le 11 décembre 1883, deux colonnes, la première sous les ordres du lieutenant-colonel Belin, des tirailleurs algériens, avec trois mille hommes et trois batteries de montagne, la seconde en sampans remorqués par trois canonnières sous les ordres du colonel Bichot, de l'infanterie de marine, avec deux mille hommes et quatre batteries, se mirent simultanément en route.

La première colonne, s'avançant par terre, fut longuement arrêtée par le passage du Day, et put, seulement le surlendemain de son départ, rejoindre la seconde, débarquée sans difficulté au confluent de la rivière et du fleuve. Et dès l'aube du 14, les deux colonnes, bien que toujours distinctes, reprirent ensemble la marche, pour se trouver bientôt sous les feux de la place de Sontay.

Lu-Vinh-Phuoc avait organisé une longue ligne de retranchements casematés pourvus d'une nombreuse artillerie, englobant plusieurs villages fortifiés, et allant du fleuve jusqu'à la citadelle. Ce furent les premiers obstacles à réduire. Ceux de Phu-Sa surtout résistèrent avec une superbe énergie, et nous coûtèrent de nombreux morts et blessés Quand enfin l'amiral en fut maître, il se trouva en présence de nouveaux formidables retranchements entourant la ville, elle-même sous le canon de la citadelle, qui en occupe le centre. Il avait devant lui vingt-cinq mille hommes au moins, parmi lesquels dix mille Chinois, dix mille Pavillons noirs et cinq mille Annamites. L'amiral, cependant, crut pouvoir attaquer. Il fit cheminer vers le nord de manière à gagner la porte ouest, plus facilement abordable. Et bientôt, sous un effroyable feu, il réussit à s'emparer de la ville.

Restait à enlever la citadelle. La nuit était venue, l'amiral dut suspendre la lutte. Il se préparait à la reprendre dès l'aube, le lendemain, lorsqu'il fut avisé d'une complète évacuation. L'ennemi s'était enfui par la porte sud, abandonnant ses morts, ses armes, ses munitions, un immense matériel de guerre et tous ses approvisionnements en vivres. . . Mais la lutte nous avait coûté 82 tués et 320 blessés, parmi lesquels plusieurs officiers. La poursuite fut reconnue trop aléatoire. Et Lu-Vinh-Phuoc put se retirer à Hong-Hoa, pendant que les Chinois occupaient Bac-Ninh.

Alors, et malgré ces retentissants échecs, la cour de Hué, soumise en apparence, crut pouvoir continuer encore ses hypocrites invitations à la résistance. Elle comptait sur les déplorables hésitations qui déjà lui avaient été si propices. Bientôt notre résident général à Hué, M. de Champeaux, ne fut lui-même plus en sûreté ; et les mandarins poussèrent l'audace jusqu'à faire empoisonner le roi Hiep-Hoa, qu'ils supposaient désireux de s'entendre définitivement avec lui.

Mais enfin, sur les instances de Paul Bert et de Philipotaux, la Chambre des députés invita le gouvernement à plus d'énergie ; elle obtint, avec un crédit de vingt millions, l'envoi d'une nouvelle brigade placée, ainsi que tout le corps expéditionnaire, sous les ordres du général Millot, l'amiral Courbet demeurant seulement commandant de l'escadre.

Tels sont, succinctement racontés, les graves événements qui sont, ce soir encore, le thème de notre longue causerie chez Mme de Poyen. Ils disent les dangers des hésitations, des tergiversations, alors surtout qu'on se trouve en présence des races asiatiques, toujours disposées aux concessions, mais seulement apparentes, et toujours avec la volonté d'opposer à leur réalisation l'hypocrisie de la force d'inertie.

Je suis amené à les redire aujourd'hui, parce qu'ils sont une sévère leçon dont le souvenir ne doit pas être perdu. La lutte est engagée. Gardons-nous de retomber dans les mêmes errements.

Le tombeau de Mgr Behaine est toujours debout. Il est le premier jalon de l'action française en Annam et au Tonkin. La patriotique diplomatie du digne héritier de son nom, notre ambassadeur chez le pape, nous montre, chaque jour, combien est laborieuse, souvent difficile, la lutte engagée autant par certaines puissances étrangères, telles notamment que la protestante Allemagne et la franc-maçonne Angleterre contre l'action française catholique, aussi bien au Tonkin que dans tout l'Orient. Depuis cent ans les souffrances de nos missionnaires, comme celles endurées par nos soldats, nous donnent des droits à large compensation. Ce que nous avons réalisé en Cochinchine, permet d'entrevoir ce que nous pourrons obtenir, plus rapidement sans doute, de l'Annam et du Tonkin. La Cochinchine, si malsaine qu'elle soit, est devenue, sous nos efforts, une colonie prospère. La ville de Saïgon, notamment, est dès maintenant un centre fort important d'importation. Son port jouit de la franchise. Et les revenus, provenant surtout des impôts sur l'opium, sur le jeu, sur les permis de séjour aux Chinois qui détiennent presque tout le commerce, sont, dit-on, très rémunérateurs.

Aussi bien, la colonie gaspille ses ressources. Et ce soir même encore, un habile ingénieur, M. Morandière, me signalait l'inutile dépense d'un chemin de fer, dont il est cependant chargé d'assurer l'exécution.

« Assurément, me dit-il, ce chemin de fer n'est ni indispensable ni même nécessaire à la colonie. Les rivières qui sillonnent le pays sont plus que suffisantes pour les transports. Et les avantages de rapidité ne sauraient aucunement compenser l'importance des dépenses. Dans ces terrains de vase et d'argile, et malgré la solidité première des constructions, les ponts sont emportés ou minés, dès que surviennent des crues importantes. Et les réfections sont aussi coûteuses que dispendieux les procès qu'elles provoquent.

« Certain député bien connu, qui est criblé de dettes et qui ne craint pas, grâce à l'impunité que lui assure son impétueux radicalisme, de recourir à tous les expédients pour satisfaire ses créanciers, s'obstine seul à soutenir la nécessité d'une rapide exécution; ce qui ne l'empêche aucunement, du reste, au moins en conversation privée, de reconnaître qu'elle ne sera rien qu'une très coûteuse fantaisie, sans grande utilité pratique. »

Je n'ai pas la satisfaction, avant mon départ, de saluer le gouverneur, M. Thomson. Nos anciennes relations, pendant qu'en 1868, à Dellys, il était payeur adjoint, et plus tard, alors qu'en 1873 il était devenu préfet du Doubs, eussent pu, peut-être, me permettre d'être mieux ou plus exactement renseigné. Je ne puis donc que répéter ce que j'ai entendu.

J'ai, du moins, la très grande bonne fortune de rencontrer le général Bouët, si malmené, dit la rumeur, après son insuffisante action sur le Day, contre les Pavillons noirs, et dès lors remplacé d'abord par l'amiral Courbet, ensuite par le général Millot, à la tête des indispensables renforts qu'il avait, jusqu'alors, inutilement sollicités.

« Le gouvernement de la République, dit-il, paraît vouloir se décider à reconnaître enfin qu'il n'y a pas à marcher à l'aventure, et que le bavardage diplomatique est, au moins, insuffisant là où la force armée peut, évidemment, seule imposer une solution définitive. Il y a douze ans, depuis la mort du commandant Garnier, qu'il en devrait être convaincu. Ces douze années d'hésitation, de tergiversations l'ont amené d'abord à l'incroyable traité, aussitôt violé que signé, dont nous subissons les conséquences, ensuite à la très difficile situation du moment. Il est temps, en vérité, que cela finisse. Le docteur Harmand avait sûrement compris l'absolue nécessité d'une énergique action; il était animé des meilleures intentions. Le gouvernement l'a empêché d'agir ainsi qu'il le voulait et qu'il le fallait. Et de même encore aujourd'hui. On hésite, on palabre, alors qu'il faudrait aller de l'avant. Si le général de Négrier, au lendemain de Bac-Ninh, n'avait été empêché d'aller à Lang-Son, ainsi qu'il le voulait et qu'il le pouvait, très probablement la guerre serait actuellement terminée. Il a dû s'abstenir. Le commandant Fournier, grâce à ses relations personnelles avec le vice-roi du Pé-Tchi-Li, a pu traiter avec le Tsong-li-Yamen. A la date du 9 mai, la paix était faite, la Chine s'engageait à retirer immédiatement ses troupes du Tonkin et renonçait à sa suzeraineté. Et le 23 juin, l'armée du Quang-Si nous barrait cyniquement la route de Lang-Son. Les concessions faites à l'Annam par M. Patenôtre, le 6 juin dernier, de même encore les condescendances du colonel Guerrier, lors du couronnement du jeune roi, sont tenues pour autant de marques de faiblesse. Pour qui sait le formalisme et la duplicité des races asiatiques, cela n'a rien de surprenant. Une concession de leur part n'est rien qu'une ruse de guerre, un moyen d'attendre. Ils la méconnaîtront dès qu'ils croiront pouvoir impunément le faire, et seul le canon peut alors en avoir raison.

« Le gouvernement ne s'en rend pas compte, il hésite, et la guerre recommence alors qu'il croyait la paix assurée. C'est ainsi que nous subissons l'insurrection du Cambodge, et que, demain peut-être, des bandes de pirates envahiront la Cochinchine. Non certes, et si lourde qu'elle soit déjà pour nous, la guerre n'est pas finie. Les mandarins, Nguyen-Thuong en tête, nous ménagent encore des surprises; ils ne tarderont pas à nous faire regretter notre apparente faiblesse. »

Tel est, sinon le texte exact, du moins le sens de ma conversation avec le général Bouët. Et tous les anciens pensent de même. « On constate les fautes, disent-ils, on signale le remède, on dit les besoins, puis on piétine sur place, incapable, semble-t-il, d'imposer un plan, autant que d'obtenir une résolution. »

Et, par une étrange aberration, c'est alors que nous avons besoin de l'union de toutes nos forces, avec toutes nos influences, que nous entendons vouloir nous séparer de celles qui, jusqu'à ce jour, nous ont incontestablement été les plus utiles. Sous un fantaisiste besoin de laïcisation, dans ce pays où toute notre influence est d'origine catholique, où elle est l'œuvre de nos missionnaires, non seulement on les méconnaît, mais encore on entend les éloigner de toute action publique.

Il y avait à Saïgon, et dans plusieurs centres, en Cochinchine, des écoles où les enfants indigènes étaient instruits par des Français, frères de la Doctrine chrétienne. Si manifestes qu'aient été les services rendus, ils ont été chassés. Ils étaient catholiques. Ils parlaient de la France et la faisaient aimer. Qu'importe : périssent les colonies plutôt qu'un principe, a dit je ne sais quel fanatique de positivisme, et la laïcisation des écoles est un principe !

Ont-ils donc oublié, ces sectaires, que la France est encore, qu'elle sera toujours, la fille aînée de l'Église catholique, et que c'est là son titre premier d'attraction, de rayonnement universel ? *Gesta Dei per Francos !* Ont-ils la prétention, ces impudents, de nous amener à refuser notre protection, sous prétexte qu'ils sont catholiques, à ceux-là mêmes qui nous font le chemin ? Ce serait l'abdication du bon sens.

Parlementarisme, gouvernement de tous par tous, suffrage universel : quel Français de bon sens patriotique peut croire encore à l'excellence de telles utopies !

J'ai le temps encore, avant le départ, de parcourir hâtivement Cholon, qui est, à peine, à quelques kilomètres de Saïgon, le véritable centre commercial de la colonie. C'est la ville des riches pagodes. Elle est reliée à Saïgon par un rapide tramway à vapeur, et bâtie sur le canal dérivé du La-Gom. De superbes quais en pierre, coupés de distance en distance par des ponts arrondis en dos d'âne, autant que ses pagodes lui donnent un réel cachet d'originalité. Les maisons, généralement bien construites, sont pour la plupart surmontées, à leur faîte, des fantastiques dragons chinois, et coupées de larges fenêtres garanties par des stores. Les magasins du rez-de-chaussée, largement ouverts, et protégés par des vérandas, sont du plus facile accès. Tous sont garnis de larges inscriptions en caractères chinois. La ville est divisée en quartiers distincts, suivant la nature des produits qui s'y rencontrent le plus habituellement. Et chaque quartier, sous l'autorité spéciale de deux mandarins, l'un chinois et l'autre annamite, jouit d'une véritable autonomie. La circulation dans les rues, remplies de marchands ambulants, est aussi laborieuse qu'à Hanoï, dans les quartiers chinois. Il y a surtout ici, du reste, des Chinois qui seuls sont les véritables commerçants, et dont l'opulente prestance autant que le luxe des vêtements en soie de toutes couleurs contrastent avec la misère en haillons des Annamites qu'ils emploient. A peine, de temps à autre, rencontre-t-on un Européen, généralement émacié et traînant la jambe.

22 *janvier*. — Je n'ai que le temps d'acheter quelques poteries artistiques avant de reprendre cette belle route de Ki-Hoa, couverte de tombeaux qui perpétuent tristement les glorieuses luttes du passé. Ce sont mes adieux à Saïgon.

A midi, chacun doit être à bord, mais le pilote, moins exact, se fait attendre. Vers deux heures seulement, le *Winh-Long* remonte la rivière de manière à se trouver assez au large pour évoluer sur lui-même. La manœuvre est difficile. Le bateau engage fortement son avant dans la vase de la berge, puis fait machine en arrière, et se dégage doucement, pour se présenter au courant. Il faut beaucoup de prudence pour éviter un échouage, même à marée haute.

Et Saïgon défile sous nos yeux. Le *Winh-Long* échange les saluts d'usage avec les navires de commerce, anglais pour la plupart, qui sillonnent le fleuve. On montre au passage un superbe paquebot, le *Canton*, retenu captif, dit-on, jusqu'à solution d'un procès intenté à son propriétaire. Le malheureux bateau, dans une fausse manœuvre, s'est jeté sur un dock flottant et l'a coulé à pic. L'épave, qui émerge à peine à marée basse, est encore un gros danger. A côté, un superbe voilier complètement désemparé par un coup de vent, puis un autre voilier français, chargé, me dit-on, pour la maison Espivent de Givet. Seuls quelques Anglais s'abstiennent du salut habituel. C'est l'expression d'une sympathie bien réciproque assurément.

Vers huit heures, le *Winh-Long* vient mouiller à hauteur du cap Saint-Jacques, dont la nuit nous permet à peine de distinguer la pointe, couverte d'arbres, et dominée du phare qui signale le difficile passage de la rivière, infranchissable à marée basse, à cause des rochers à fleur d'eau qui s'y rencontrent.

23 janvier. — Dès l'aube, nous côtoyons les îles Poulo-Condore, dont nous avons fait le pénitencier de nos possessions de l'extrême Orient. Ce sont des masses d'apparence granitique, coupées à pic sur la mer. On y jouit, dit-on, d'un climat relativement agréable, et les forces épuisées par un séjour de quelque durée en Cochinchine s'y relèvent rapidement. Pourquoi, dès lors, n'y pas établir un sanatorium, si nécessaire dans la région ? Et faut-il qu'elles soient seulement l'asile des brigands ?

Nous voici, ayant doublé le cap, dans le golfe de Siam. Malgré la brise du nord-est, la chaleur est accablante, 27 degrés à l'ombre, dès le matin. On sent l'équateur, et chacun attend impatiemment le repos de Singapore.

24 janvier. — A sept heures, le *Winh-Long* s'engage dans le dédale des verdoyants îlots qui forment la rade. Des villages bâtis sur pilotis, des cases indigènes perdues au milieu des arbres, puis un étroit chenal ; et bientôt nous sommes ancrés à quai, entourés d'énormes approvisionnements de charbon. Une foule de petites barques, conduites par des Malais, s'accrochent aux parois du bateau, remplies de superbes coquillages, d'oiseaux, de fruits appétissants et autres menus objets, dont les voyageurs, dans ces parages, sont toujours amateurs. Il y a là, aussi, toute une escouade de blanchisseurs qui se disputent la faveur, généralement bien payée du reste, de laver, de repasser le linge, de nettoyer les effets. Et chacun donne ce qu'il a, certain d'avance que le tout lui sera scrupuleusement rapporté en parfait état, et sûrement dans la journée.

Mon aimable correspondant, M. Hinnekindt, m'attend à quai. Tout de suite une voiture nous enlève à la cohue, pour nous emmener au galop d'une longue et poussiéreuse avenue, vers la ville commerçante, aussi chinoise, semble-t-il, que l'est Cholon à côté de Saïgon. C'est le grouillement de toute une population en travail.

Singapore, il y a soixante ans, n'était qu'une vaste plage occupée par des pêcheurs malais; sa situation exceptionnelle, à la pointe du détroit de Malacca, entre l'île de Sumatra, le golfe du Bengale et le golfe de Siam, ne pouvait échapper aux Anglais, qui l'achetèrent, en 1819, au sultan de Djaore. C'est actuellement la relâche obligée de tous les navires qui sillonnent l'Océan. On y rencontre tous les types; les Malais de Sumatra, les Indiens, les Chinois, les Japonais, les Javanais, les Birmans, les Siamois, et les nègres y coudoient les Européens, surtout Anglais; tous paraissant vivre en bonne intelligence, et cependant prêts à s'entre-tuer sous le plus futile prétexte, au moindre signal.

De même que tous les peuples, toutes les religions s'y rencontrent; tous les cultes y sont librement pratiqués. Catholiques et protestants, juifs et mahométans, brahmanistes et bouddhistes ou adorateurs du soleil y trouvent également leur temple. L'église catholique, l'évêché, la mission, plusieurs temples protestants, de nombreuses pagodes, des temples hindous aux amoncellements de dômes et de pyramides sont remarquables tant par l'élégance que par l'originalité des constructions.

Mais surtout les environs de la ville sont merveilleux de luxuriante végétation, et tout parfumés d'enivrantes senteurs. Partout des fleurs, et les jardins publics, notamment le jardin Wampoo, du nom d'un riche Chinois qui en a doté la ville, sont des merveilles. J'ai malheureusement trop peu de temps à leur consacrer, dans la toute gracieuse compagnie de Mme et de Mlles Hinnekindt, afin de pouvoir encore, avant le départ, visiter quelques magasins encombrés des produits de l'Orient, où, grâce à elles, les Chinois font un appel presque loyal à ma modeste bourse. Le bibelot d'Orient! Qui donc peut résister à ses enchantements, alors surtout qu'il compte de nombreux amis ou parents à émerveiller?

C'en est fini du reste, non sans avoir pu, cependant, me rafraîchir à cette merveilleuse fontaine qu'est l'arbre dit du voyageur. Une simple entaille dans le tronc d'un palmier aux larges feuilles en éventail, et de suite on obtient un verre d'eau, claire autant qu'elle est fraîche et parfumée. Et dès ce soir il faut réintégrer le bord. Le *Winh-Long*, en quelques heures, a englouti mille tonnes de charbon. Demain, dès l'aube, il aura quitté la rade, pour s'engager dans le détroit de Malacca, entre la pointe méridionale de l'Indo-Chine et l'île de Sumatra, et très probablement, me dit le commandant Picot, ne relâchera plus avant Suez.

26 janvier. — Les Anglais ont balisé le passage; la côte est semée de phares, dont quelques-uns, d'une grande portée; la brise est agréable malgré les éclairs qui sillonnent l'horizon, et le *Winh-Long*, favorisé par le courant, file en moyenne quatorze nœuds, nous permettant à peine de deviner la ville de Malacca perdue dans les arbres.

27 janvier. — Pendant la nuit, le fils d'un riche négociant, passager à bord depuis Saïgon seulement, est mort presque subitement. Il était poitrinaire; il avait voulu, me disait-il, il y a quelques heures à peine, retrouver la France, espérant encore y rétablir sa santé, minée par des fièvres contractées dans les forêts de la Cochinchine. Et ce soir, son corps enveloppé d'une toile à voile chargée d'un lingot de fer sera glissé à la mer, où tant d'autres parmi les braves soldats qui eux aussi espéraient revoir la patrie et la famille, l'ont précédé déjà. Le *Winh-Long* stoppe pendant quelques secondes, le prêtre dit les dernières prières, et la mer s'entr'ouvre pour une dernière demeure.

28 *janvier*. — A hauteur des côtes, inhospitalières, dit-on, de Sumatra, où les Hollandais qui l'occupent depuis bien longtemps déjà sont, paraît-il, toujours en lutte avec les indigènes réfugiés dans les montagnes du centre de l'île, la mer est superbe, mais la chaleur est accablante. A tribord voici le *Lapeyrouse*, un croiseur français se rendant, paraît-il, à Kelung, au nord de l'île Formose, pour y renforcer notre escadre. On le dit armé de seize canons. C'est, depuis le départ, le seul bateau français rencontré en route. Le point indique 82° de longitude nord-ouest.

Les parages du Sumatra sont dangereux ; il faut fréquemment sonder pour éviter des rochers couverts. On utilise à cet effet, à titre d'expérience peut-être, la sonde dite de Thomson, basée sur le changement de coloration que fait subir à un liquide spécial, enfermé dans un tube de verre à parois épaisses, son immersion plus ou moins profonde dans l'eau de mer. Le tube de verre, lui-même protégé par un étui métallique, est entraîné au fond par une masse de plomb fixée à l'extrémité d'un fil d'acier enroulé sur une bobine. Le contact du fond est perçu par la main de celui qui tient le fil pendant qu'il se déroule. Le plomb se termine en cupule, remplie de suif blanc qui prend, par contact, l'empreinte du fond et permet d'en connaître la nature.

La composition du liquide est, paraît-il, tenue secrète ; le changement de coloration serait dû à l'action indirecte de la pression plus ou moins forte, suivant que la profondeur est plus ou moins grande. Actuellement, l'expérience nous la dit de 85 mètres. M. Thomson, l'inventeur de cette sonde, est un officier de la marine anglaise, et l'auteur, également, d'un compas compensateur d'usage courant.

28 janvier. — Encore dans le détroit, ayant évité l'île Diamant, réputée de dangereux abord, pour longer les îles Poulo-Way et bientôt, par bâbord, la pointe septentrionale de Sumatra, dite Tête d'Achem, du nom de la ville hollandaise qui s'y abrite. Un navire de guerre hollandais échange les saluts habituels. Nous voici dans le golfe du Bengale, gouvernant directement vers l'ouest, et poussés par une brise du nord-est, qui permet toutes voiles dehors. Ainsi paré, le *Winh-Long* est véritablement superbe.

La mer est bleue comme le ciel. Des bandes compactes de poissons volants sillonnent notre parcours, et de superbes méduses, aux longues tentacules complètement déployées, pullulent autour de nous. Le soleil brille d'un pur éclat. Pas une ride à la surface, et les incessantes métamorphoses que subit la coloration de l'eau disposent à la méditation.

30 janvier. — Depuis hier midi, le *Winh-Long* a parcouru 345 milles, près de 640 kilomètres, plus de 14 nœuds à l'heure. « C'est superbe, dit le commandant Picot. Ce soir nous serons à hauteur de Ceylan. » Vers sept heures, en effet, nous doublons Pointe-de-Galles, à trop grande distance pour distinguer la ville, mais sous le feu rouge, parfaitement reconnaissable, de son phare à éclipses, d'une portée de plus de vingt milles, paraît-il.

31 janvier. — Et sans même pouvoir la reconnaître, nous longeons cette délicieuse Ceylan, au grand regret de ne pouvoir nous y arrêter encore, et d'y jouir quelque temps du merveilleux panorama dont j'ai personnellement conservé si bon souvenir.

Direction ouest-nord-ouest. La mer est grosse, le roulis insupportable, malgré la superbe pureté du ciel. Presque tous les passagers ont le mal de mer, et je n'y résiste pas moi-même. « Seulement 312 milles, dit le commandant, ce n'est que passable, et nous avons à gagner du temps pour arriver suivant mes prévisions. » Voici les Laquedives et Maldives, dont nous distinguons à peine les groupements lointains.

1er *février*. — Et ce matin, la mer, redevenue calme, permet à chacun de suivre les rapides évolutions des poissons volants qui paraissaient vouloir, en demi-cercle, se précipiter, sans succès du reste, à l'assaut de notre bateau.

C'est dimanche aujourd'hui. Les radicaux de la libre pensée, ainsi désignés sans doute en raison de leur zèle apostolique, n'ont pas réussi encore à faire supprimer la messe à bord. Notre aumônier profite du scandaleux répit, pour installer un autel provisoire sur le pont. Et la très grande majorité des officiers du bord, des matelots et des passagers, assiste respectueusement à l'office. Les honneurs sont rendus par un piquet en armes. Et les clairons sonnent aux champs pendant l'élévation. Quel scandale ! Quel criminel attentat à la liberté... de ceux qui ne pensent pas comme nous !

5 *février*. — Voici, à peine entrevue, l'ile Socotora. La mer redevient méchante. Et l'une des passagères en est impressionnée au point d'accoucher, avant terme, de deux enfants jumelles vivantes, mais de bien débile apparence. Les passagères ont hâte de confectionner les layettes. La vie ! Rien qu'une misérable et bien chétive cellule, mais une cellule animée par Dieu, seul maître des destinées !

6 *février*. — Dès l'aube, à hauteur du Raz-Driz, au cap Guardafui, à l'entrée du golfe d'Aden. Le cap Guardafui est la pointe extrême d'une vaste terre, en partie encore occupée par les sauvages Somalis et Gallas, dont la peau noire et les cheveux redevenus roux sous l'action de la chaux vive, contrastent avec la teinte cuivrée des Abyssins, presque civilisés, dit-on. C'est à la pointe nord de cette terre que se rencontre Aden que les Anglais ont faite maîtresse de la mer Rouge, vers l'océan Indien.

Trois avisos français, l'*Oise*, la *Romanche* et la *Seudre*, croisent actuellement dans le passage, s'en allant, nous dit-on, porter des troupes, d'une part à Madagascar, d'autre part au Tonkin. Le *Winh-Long* passe sans s'arrêter, ayant seulement échangé les saluts habituels.

7 février. — Et nous voici à l'entrée du détroit de Bab-el-Mandeb, dont les Anglais entendent être également les maîtres exclusifs, en couvrant de canons l'île de Périm, qui en commande l'entrée. L'Afrique et l'Asie, la première à 10 kilomètres environ, la seconde à 3 ou 4 kilomètres au plus, sous le canon des Anglais, garantis encore par les innombrables écueils de la côte. La porte de la force, la porte des larmes! Tout navire qui entre ou sort de la mer Rouge est tenu sous le canon. La France paraît s'efforcer, cependant, d'atténuer cette redoutable menace par l'occupation, à hauteur de Périm, et sur terre africaine, du territoire d'Obock dont un Français patriote, Soleillet, a obtenu la concession d'un sultan indigène, et où, depuis quelque temps seulement, nous avons, paraît-il, une petite garnison. C'est le défi du droit à la force, et aussi, peut-être, un centre possible d'importantes transactions commerciales.

8 février. — Nous voici dans la mer Rouge; et l'insupportable chaleur qui s'y observe pendant la plus grande partie de l'année nous est actuellement fort clémente. Le vent du nord nous protège, mais aussi nous retarde. La côte apparaît au loin, brûlée par le soleil, aride et désolée. On la dit habitée seulement par quelques tribus errantes, notamment des Somalis et des guerriers Danakils, toujours en quête du pillage des bateaux qui, parfois, y sont forcément abandonnés.

Il y a fête à bord, à l'occasion du baptême de nos sœurs jumelles. Suivant l'usage, les parrains sont le commandant et le second, les marraines deux passagères : Mmes Lehup, femme d'un magistrat, et Pugnet, toutes deux revenant de Saïgon. La vie, la mort! A côté de ces deux enfants qu'un prêtre appelle à la vie chrétienne, voici qu'une toute jeune femme, une actrice de Saïgon, se meurt de la poitrine, et demande, elle aussi, les secours de la religion. « Je veux, me dit-elle, mourir en chrétienne, confiante en la miséricorde de Dieu que j'implore dans le fond de mon âme. » Et le prêtre qui bénit les berceaux a le pouvoir aussi de pardonner au nom de Dieu. Là où la science est impuissante, la Foi console.

10 *février*. — Le *Winh-Long* qui, ce matin, a franchi la ligne du Cancer, vient de rencontrer, vers dix heures, le paquebot-poste français parti de Marseille le 1ᵉʳ février. Et nous savons par lui les nouvelles qu'il a pu obtenir au passage à Suez.

Nos troupes, dit-il, paraissent devoir être actuellement devant Lang-Son. Le général Brière de l'Isle a rejoint le général de Négrier. Malgré les difficultés du terrain et la résistance opiniâtre des Chinois, elles ont, les 4 et 5, franchi le col de Déo-Van et enlevé les formidables retranchements qui constituaient les principales défenses chinoises en avant de Lang-Son. Malgré plusieurs retours offensifs, les Chinois sont en pleine déroute, mais nos pertes sont relativement considérables.

A bientôt, sans doute, l'heureuse confirmation de nos succès ; car nous voici dans le golfe de Suez, à hauteur de l'île Massouah, autrefois de si dangereuse rencontre, mais aujourd'hui signalées par le superbe phare de Jubal, entretenu, sous la surveillance anglaise, par des prisonniers arabes, seuls capables de résister au terrible soleil de l'inhospitalière région. Il y a cependant là quelques arbres qui contrastent avec l'aridité du sol. Voici, du reste, que nous approchons le cap Pétroléum, puis que nous apercevons, perdues dans le lointain, les cimes dorées du mont Sinaï. Par bâbord les côtes de l'Arabie d'Afrique, la Nubie, l'Abyssinie, l'Éthiopie ; par tribord la chaîne du Sinaï, les montagnes désolées de l'Arabie d'Asie, puis la miraculeuse fontaine de Moïse.

12 *février*. — En rade de Suez à deux heures du matin, seulement le temps de confirmer les superbes succès de nos

armes, de remplir les formalités exigées par la santé et d'obtenir le libre passage du canal. A sept heures le pilote est à bord, à huit heures le *Winh-Long* est en route. Et voici, bientôt, le pont de bateaux mobile utilisé pour le passage des caravanes qui vont à la Mecque. Dans le lointain, les hauts contreforts de l'Arabie; puis, sur la rive gauche, le Sérapéum de Memphis, victorieusement arraché à l'enfouissement par un Français, le savant Mariette. Et bientôt les lacs amers, sillonnés de barques et de petits vapeurs. De grands poteaux, fixés de distance en distance, indiquent la route à suivre par les paquebots.

13 *février*. — Voici le lac Timsah, de l'eau boueuse où cependant se profilent encore, au point même de jonction du canal avec le lac, les débris du palais occupé par l'impératrice Eugénie lors de l'inauguration; puis, à courte distance, dans un véritable nid de verdure, le palais d'Ismaïl pacha, et la gracieuse Ismaïlia. A peine une étroite oasis, alimentée par le canal d'eau du Nil qui, de Suez à Port-Saïd, entretient, sur la rive gauche, les maigres plantations des employés. Tout autour le désert. Et le *Winh-Long* avance très lentement, étroitement enserré par des montagnes de sable mouvant, au milieu desquelles la drague, constamment en travail, peut seule entretenir un passage suffisant. Puis voici le lac Ballah, où nous jouissons d'un fantastique coucher de soleil, successivement irisé de blanc, de bleu, de rose et de violet, et paraissant s'anéantir dans le sable jaune du désert. C'est là, me dit-on, que s'observent, presque journellement, les plus remarquables effets du mirage. Mais il est aujourd'hui trop tard, sans doute, et nous ne pouvons guère que deviner, perdues dans l'espace, quelques baraques autrefois, paraît-il, occupées par les ouvriers du canal, des croix de bois et des groupes d'Arabes suivant des chameaux. Rapidement, sans nous arrêter dans aucun des garages où de nombreux bateaux paraissent attendre notre passage, nous franchissons le lac Menzaleh pour arriver enfin, après minuit, en rade de Port-Saïd, ce caravansérail de toutes les nations que M. de Lesseps

a construit à l'entrée du canal. Malgré l'assaut des portefaix et des marchands d'amour à bon marché, je résiste au plaisir d'y passer la nuit, me contentant de confier à notre pilote une simple dépêche de famille. Dès l'aube, du reste, le *Winh-Long* a complété son approvisionnement de charbon, acheté quelques légumes verts dont nous sommes privés depuis Singapore, et bientôt nous voici dans la Méditerranée, dans l'anxiété de la dernière étape vers le retour.

15 *février*. — En vue des côtes de Candie, le mont Ida paraît couvert de neige. Il fait froid, les derniers jours de traversée paraissent devoir être particulièrement pénibles. Déjà, dans le canal, nous avons perdu un malheureux soldat épuisé par la dysenterie. Et voici que deux autres succombent, dans la journée, bientôt suivis par cette jeune actrice qui, ainsi qu'eux, espérait encore revoir la patrie, peut-être même y oublier les menaces de la mort. L'impitoyable Méditerranée, au retour de l'extrême Orient, exige le sacrifice, et engloutit les plus douces comme les plus légitimes espérances. Encore n'est-elle point satisfaite, et voici qu'elle se venge, vis-à-vis de ceux qui entendent lui échapper, par un formidable coup de vent qui nous désempare dès que nous quittons les côtes protectrices de Candie et du mont des Muses.

15 *février*. — Si violente qu'elle soit, la mer est impuissante; bientôt les côtes de la Tripolitaine, à hauteur de l'île Caprera et de la Grèce, paraissent quelque peu nous abriter. Et le *Winh-Long* semble redoubler d'efforts pour dévorer l'espace. Il le faut bien, en vérité, car plusieurs qui redoutaient la mer Rouge ont assurément beaucoup plus à redouter la Méditerranée.

17 *février*. — Voici les côtes de la Sicile, puis l'Etna majestueux couvert de neige, et laissant cependant deviner son immense cratère, d'où s'échappe, de minute en minute, un énorme nuage de vapeur incandescente. Bientôt la pointe aride de l'Italie, le cap Spartivento, la petite ville de Mellito,

puis, à l'entrée du détroit, le cap Pellaro, et bientôt, d'un côté, l'importante Messine, de l'autre la gracieuse Reggio, en amphithéâtre, aux flancs d'une coquette montagne richement plantée et couverte de villas. Puis voici la ville de Scylla dont il nous est facile de distinguer les belles habitations, et, grâce à nos jumelles, l'active circulation des habitants. Et presque en face, les redoutables rochers de Charybde et de Scylla, dont le légendaire tourbillon n'est pas du tout à dédaigner par les vents du sud-est, au moins pour les voiliers.

Puis, ayant franchi le détroit, voici qu'apparaissent les îles Lipari, petites, rocailleuses et toujours dignes, semble-t-il, du séjour d'Éole, le redoutable maître des vents. Au centre le panache blanc du Stromboli, en pain de sucre coupé d'une large échancrure d'où s'échappent parfois des flammes, et toujours de la fumée ; le séjour des âmes du purgatoire, dont les supplications s'entendent au loin en douloureux gémissements, dit la vieille légende des Croisés de la Terre sainte.

Nos loustics, beaucoup moins respectueux, n'hésitent pas à l'invectiver, le déclarant incapable de jamais casser sa pipe.

18 *février*. — Mer superbe, ce matin, mais pour quelques heures seulement. Rien de changeant comme la Méditerranée ; vers midi la brume nous permet à peine de distinguer la côte d'Italie, de deviner Naples et de signaler Civita-Vecchia, la porte de la Ville éternelle. Le vent souffle d'ouest, et la houle devient très pénible. A peine un peu de répit à l'abri de l'île d'Elbe, du légendaire rocher de Monte-Cristo et du phare de Giglio. Nous sommes à 60 milles à peine du cap Corse, que nous doublerons dans la nuit.

19 *février*. — Le cap Corse ! La France ! Ce soir nous serons à Toulon ! Et malgré le froid, malgré de continuelles ondées, chacun se tient sur le pont, agité, anxieux, tout absorbé dans l'attente de l'heure. Voici les Alpes maritimes, dont les sommets, couverts de neige, semblent soulever leur blanc manteau pour égayer les cœurs. Dans le lointain, Menton, Nice, puis les îles d'Hyères, et bientôt la rade de Toulon !

Ah! Patrie! Bien aimée Patrie! Chère France, sol béni que Dieu nous a donné pour y naître, y vivre et y mourir, dans la tradition des glorieux et des douloureux souvenirs des ancêtres, dans la communauté des joies, des larmes et des espérances! Patrie, indestructible Patrie, l'âme de tes enfants s'élance vers toi, tout entière! Regarde; ils sont là sur le pont, tous émaciés par la maladie, quelques-uns ayant à peine le souffle qui les attache à la vie. Et voici que, chez tous, le cœur bondit, qu'il apporte au visage les dernières gouttes d'un sang généreux, comme pour protester encore de leur dévouement absolu à ta grandeur, à ta prospérité.

Patrie chérie! France! douce France! Combien de ces braves qui, jusqu'à l'épuisement de leurs forces, ont lutté pour toi vont, de ce bord, aujourd'hui te saluer, et, demain, peut-être, s'endormir dans la paix de Dieu, n'ayant au cœur d'autre satisfaction que la conscience de t'avoir bien servie. Patrie! couvre-les de ton noble drapeau! Il est leur idéal, comme il a été toujours l'idéal de ceux qui ont succombé là-bas!

Et l'anxiété redouble. Le *Winh-Long* a hissé le grand pavois. Aura-t-il la libre pratique?

Oui, tout de suite! Et voici que la rade se couvre de bateaux parmi lesquels, à peine espérée, une petite barque qui m'apporte, à force de rames, tout ce que j'ai de cher au monde : ma fille, ma femme, mon frère, ma sœur!

Le départ et le retour sont habituellement tristes et silencieux. Au départ, on pense à ceux que l'on va quitter; au retour, à ceux que l'on revoit, puis à ceux que l'on ne retrouvera pas. Et c'est vous, mon père et ma mère si regrettés, qui m'avez donné du cœur!

CHAPITRE V

Le lieutenant-colonel Herbinger. — Marche sur Lang-Son. — Le col de Deo-Van. — Combats de Dong-Son, Than-Moï, Dio-Quao. — Combats de Pho-Vy, Bac-Viey. — Occupation de Lang-Son. — Ordre du jour. — Devant Tuyen-Quan. — Marche et victoire de la brigade Giovaninelli. — Tuyen-Quan débloqué. — Reprise des hostilités devant Lang-Son. — Combat de Dong-Dang. — La Porte de Chine démantelée. — Désastre de Bang-Ba. — Combat de Ky-Lua. — Le général de Négrier gravement blessé. — Retraite du lieutenant-colonel Herbinger.

J'ai raconté ce que j'ai pu voir. Plus énergiques que moi, des amis ont résisté jusqu'au bout. D'autres, bien nombreux, hélas! ont payé de leur vie leur courageux dévouement. Mon camarade au régiment, le médecin-major Raynaud, a été tué et décapité, au combat de Bang-Bo, pendant que, sous le feu de l'ennemi, il s'efforçait d'arracher à la mort les blessés qui l'entouraient. Tués et décapités comme lui, mes amis le commandant Levrat de l'artillerie, le capitaine Mailhat, le lieutenant Normand et tant de braves soldats qui furent autant de héros ignorés. Mon camarade de l'ambulance, le médecin principal Zuber, est mort, épuisé de fatigue, à Haï-Phong, peu de temps après la paix. Deux autres de mes amis de là-bas sont morts également, le premier, le colonel Letellier, du Ier régiment des tirailleurs algériens, ayant joui, pendant quelques années seulement, de la haute considération que lui avaient méritée ses brillants services ; le second, le commandant Tonnot, des tirailleurs tonkinois, emporté par les fièvres de Madagascar, pendant qu'il y continuait la glorieuse tradition du drapeau. Ce sont leurs notes et impressions, fidèlement résumées, que je raconte ici. Elles sont la dernière page de l'expédition du Tonkin. Elles montrent, dans une succession d'héroïques combats, ce que sont les soldats de la France, mais aussi, quelle est leur impuissance, alors que la fatalité leur impose des chefs qui n'ont pas su mériter leur confiance.

1er *février.* — « Je t'ai raconté déjà la fâcheuse impression qu'a faite le colonel Herbinger, dès son arrivée au Tonkin. La sévérité de ses exigences de tenue vis-à-vis de soldats surmenés et sans ressources, autant que la brutalité de ses observations techniques à des officiers dont l'expérience avait si souvent justifié l'heureuse initiative, lui ont aliéné déjà son régiment, et ne tarderont pas à ébranler la confiance que paraissent lui mériter sa prétendue compétence et ses antécédents. Assurément, on ne regrette pas le colonel D...; mais, et la première émotion passée, voici qu'on commence à se moquer de son successeur au régiment. Qu'en adviendra-t-il?

« Je t'ai dit le rude combat de Nui-Bopp, qui nous a livré huit forts, deux batteries Krupp de montagne et l'immense matériel du camp retranché de Ha-Ho. La base d'opérations est maintenant assez assurée, et la concentration des forces suffisante, pour permettre enfin, au général Brière de l'Isle, de marcher hardiment à l'assaut de Lang-Son, notre dernière étape au Tonkin. »

3 *février.* — Donc, dès le 3 février, deux brigades commandées, la première par le colonel Giovaninelli (1), récemment arrivé de France, la seconde par le général de Négrier, et fortes d'environ sept mille combattants, avec quatre batteries de 80 et deux batteries de 4 de montagne se sont mises en route, sous la direction du général Brière de l'Isle.

4 *février.* — Dès le 4, après une démonstration sur la route mandarine en avant de Kep, dans le but de détourner l'attention de l'ennemi, et malgré le brouillard, elles ont réussi à franchir le col de Déo-Van, sans autre empêchement sérieux

(1) Membre du conseil supérieur de la guerre, mort à Fresnois le 29 août 1903.

que la difficulté du terrain. « Il y a là, devant nous, un nouveau camp retranché qui, dit-on, est très fortement occupé. »
« Vers dix heures, en effet, le brouillard s'est levé et a permis de reconnaître le terrain. De suite, le général de Négrier a pris ses dispositions. Les Chinois, à l'abri de formidables retranchements, paraissent nous attendre. Le temps presse. Le général donne au colonel Herbinger, avec le 143e, l'ordre d'occuper, à 3 kilomètres environ, un fort qui domine. Mais le terrain est difficile, montueux, rempli de fondrières. Le colonel paraît longuement méditer. Il aligne les compagnies, se porte successivement de l'une à l'autre pour rectifier les positions, et n'avance pas. Trois heures lui sont nécessaires pour arriver seulement à hauteur des premiers escarpements. Le général manifeste une vive impatience. Pendant que l'artillerie fait rage, il porte vigoureusement à l'assaut le commandant Scheffer, avec un bataillon de la légion étrangère. Et la situation est enlevée pendant que le colonel Herbinger médite encore le meilleur mouvement d'attaque. »

C'est un premier succès qui nous a coûté cher, et qu'il eût été possible de rendre moins onéreux par une action latérale.
« Mais les hommes sont impatients; et le 143e, notamment, manifeste son mécontentement d'avoir été dépassé par la légion. Il voudrait, de suite, courir à l'assaut des autres forts qu'il a sous les yeux. Le colonel contient le mouvement. Mais, pour la seconde fois, la légion le devance. Et le capitaine Gravereau réussit, au prix de sa vie, à s'emparer de deux nouveaux forts. Vainement les Chinois tentent de furieux retours offensifs. Les tirailleurs algériens viennent heureusement à la rescousse, et les obligent à y renoncer. »

5 *février*. — La brigade, ainsi maîtresse des positions avancées, se trouve en présence d'une succession ininterrompue de mamelons, tous couronnés de forts solidement occupés; c'est l'affaire de l'artillerie; les batteries de Saxé et Jourdy s'en chargent; et le terrain est bientôt déblayé. La route est libre, mais pour quelques heures seulement.

6 *février*. — Il s'agit, aujourd'hui, d'enlever la redoutable position de Dong-Song. Elle est, paraît-il, avant Lang-Son, le dernier rempart des Chinois. De fait, ils résistent avec une remarquable énergie. Mais la brigade, entraînée comme elle l'est, ne connaît pas d'obstacles. Et, pendant qu'elle enlève victorieusement Dong-Song, la première brigade peut, de son côté, occuper vers l'est tous les forts qui couvrent la région. Les Chinois fuient en désordre, abandonnant de nombreux morts sur le terrain conquis par nos armes.

7 *février*. — Il suffit alors d'une furieuse reconnaissance poussée à la baïonnette, vers Than-Moï, pour nous rendre maîtres, par un chemin latéral, entre Than-Moï et le col de Déo-Quao, des principales voies d'accès à Lang-Son, d'une part par la route mandarine Kep et Baclé, encore solidement occupée, d'autre part, depuis Chu, par les cols de Déo-Van et de Déo-Quan. Et la colonne peut jouir, pendant les journées du 8 et du 9, d'un repos bien mérité.

10 *février*. — Dès l'aube, avec la première brigade en tête, la colonne reconnaît les situations successivement enlevées et, sans nouveaux engagements, vient bivouaquer au village de Dong-Bou.

11 *février*. — Le 11, précédée du bataillon du 111e, elle chasse devant elle, de mamelon en mamelon, les Chinois qui s'opposent à sa marche, et devient ainsi maîtresse des hauteurs qui dominent la plaine de Pho-Vy, où paraît s'être concentrée la résistance dernière.

Le général donne au colonel Herbinger l'ordre de s'emparer d'un mamelon qui domine la plaine, mais dont le 111e est séparé par une rizière découverte, et par une profonde rivière. Le colonel veut, avant de donner l'assaut, préparer un mouvement stratégique. Les compagnies Sazonoff et Verdier partent malgré lui, se défilent à l'abri des haies, et viennent, au pas de charge, se heurter à la redoutable rivière. Qu'importe! le capitaine Sazonoff s'élance à la nage, reconnaît un fond qu'il est possible de traverser ayant de l'eau jusqu'au cou, et les deux compagnies passent pour se reformer rapidement sur l'autre rive. Il n'y a plus qu'à grimper. On se débarrasse des sacs, et l'élan est tel qu'on arrive au sommet. Mais les Chinois, devant cette poignée de braves qu'ils espèrent écraser sous le nombre, redoublent d'énergie. On se forme en carré, on s'abrite tant bien que mal derrière des tranchées établies sous le feu même de l'ennemi ; et les assauts se succèdent impuissants. Il y a là des soldats intrépides, admirablement commandés ; ils demeurent inébranlables ; et l'ennemi, maintenu par de formidables feux de salve, est enfin contraint de leur abandonner le terrain.

12 *février*. — Grâce à leur indomptable énergie, les capitaines Sazonoff et Verdier demeurent maîtres de la situation. Mais, dès l'aube, la lutte recommence avec plus d'acharnement encore. Les Chinois viennent enlever leurs morts jusque dans nos rangs. La situation devient critique. Heureusement, les turcos arrivent au pas de course. C'est la délivrance. Ils se ruent tête baissée, à l'arme blanche, sans souci du nombre. Et les Chinois affolés s'enfuient l'épée dans les reins.

« De son côté, la première brigade a pu, successivement, occuper toutes les hauteurs et forts de Bac-Viey. Nous sommes dorénavant les maîtres de Lang-Son. Mais la rude journée nous a coûté trente-sept hommes et deux officiers tués, le lieutenant Brossant, officier d'ordonnance, et notre ami le commandant Levrard, de l'artillerie de marine, et cent quatre-vingt-douze blessés, dont huit officiers, parmi lesquels les commandants Tonnot et Camoy, les capitaines Bigot et Baziole. »

13 *février*. — Un simple engagement : le dernier. La première brigade pousse l'ennemi sur la rive gauche du Song-Ky-Lua ; et dès le matin, la deuxième peut arborer le drapeau national au sommet du mirador central de la citadelle. Les Chinois affolés ont disparu, laissant sur le terrain leurs dra-

peaux et leurs morts, abandonnant, en outre de deux batteries Krupp et de plusieurs canons de divers modèles, d'immenses approvisionnements de vivres, de munitions et de matériel. La lutte a duré dix jours. Ils sont enfin vaincus, obligés d'évacuer le Tonkin. Et si lourdes que soient nos pertes, soixante-quinze tués et trois cent quatre-vingts blessés, le général en chef peut enfin annoncer le triomphe. Il le fait simplement :

« Officiers, sous-officiers et soldats,

« Vous avez arboré le drapeau national sur Lang-Son. Une armée chinoise dix fois plus nombreuse que vous a dû, entièrement en déroute, repasser la frontière, laissant entre vos mains ses étendards, ses armes et ses munitions. Elle a été réduite à vous abandonner ou à disperser dans les montagnes le matériel européen sur lequel elle avait tant compté pour s'opposer à votre marche.

« Gloire à vous tous qui, successivement, vous êtes mesurés avec elle, dans les combats de Taï-Hoa, de Ha-Hoa, de Dong-Son, de Déo-Quao, de Pho-Vy, de Bac-Viey et de Lang-Son, et l'avez chassée, malgré sa vigoureuse résistance, des positions formidables qu'elle occupait.

« Honneur aux officiers chargés des convois de vivres et de munitions! Grâce à leur dévouement, à leur infatigable énergie, vous avez pu vivre et combattre. Nos progrès n'ont pas été longtemps retardés.

« Au nom de la France, je vous remercie tous. »

Cela vaut mieux que l'emphase républicaine du général Millot.

TUYEN-QUAN

L'armée de Quang-Si est vaincue, repoussée au delà de ses frontières; mais il n'en est pas encore de même de celle du Yun-Nam et des Pavillons noirs, contre laquelle lutte, sans un instant de répit, depuis le mois de décembre, la poignée de braves que commande l'héroïque commandant Dominé.

Il n'y a pas un instant à perdre. Dominé a pu, dit-il, attendre la certitude de l'occupation de Lang-Son ; mais il se trouve actuellement dans l'absolue nécessité d'appeler au secours. Il a, jusqu'à ce jour, résisté à tous les assauts, détruit par des contre-galeries, poussées par le sergent du génie Bobillot, les mines que l'ennemi a conduites jusqu'aux remparts, construit, dans l'intérieur même de la citadelle, de nombreux retranchements-abris qui limitent l'étendue de la défense. Mais, voici qu'une explosion vient de faire sauter plus de 15 mètres du rempart, et que la brèche est largement ouverte. Il a fallu repousser un triple assaut. Et malgré l'énergie des combattants, malgré l'infatigable dévouement du médecin-major Vincent, l'effectif de résistance, déjà si réduit par les combats de chaque jour, diminue d'une manière effrayante sous l'action des maladies. C'est à peine si quatre cents hommes, avec six petits canons, quelques pelles et quelques pioches, demeurent encore pour défendre, contre un ennemi vingt fois plus nombreux, une enceinte de 1,500 mètres. Le moral demeure à l'abri, mais les forces physiques s'épuisent. Il n'est que temps d'intervenir.

16 février. — Seule, la brigade Giovaninelli est actuellement disponible. Avec les tirailleurs algériens et le contingent tonkinois, son effectif n'atteint pas trois mille hommes. A marches forcées, sous les ordres du général en chef, elle se remet en route pour Hanoï, où elle arrive dans la soirée du 21, ayant, en cinq jours, parcouru près de 130 kilomètres, malgré l'immense difficulté du terrain.

22 février. — Et de suite elle embarque, pour arriver, dans la journée du 25, au confluent du fleuve Rouge et de la rivière Claire, à 60 kilomètres encore de Tuyen-Quan.

25 février. — A peine le temps de former la colonne de marche et de l'engager, par un sentier de chèvres, jusqu'à Phu-Doan, au confluent de la rivière Claire, que nos bateaux sont impuissants à remonter. La colonne s'y concentre dans la soirée du 27. Il n'y a plus qu'un coup de collier, mais un rude coup, à donner. L'ennemi est là, formidablement retranché; et, certainement, au moins dix fois supérieur en nombre. Sûrement la lutte sera chaude. Il faut s'y préparer activement.

28 *février*. — Et cependant, à partir de Phu-Doan, il n'y a plus de chemin tracé. A peine, de temps à autre, un semblant de sentier, coupé de ravins et de torrents, dont on ne vient à bout qu'au prix des plus grands efforts. Et nous sommes encore à 20 kilomètres.

1ᵉʳ *mars*. — « Enfin, nous y voici. L'ennemi est là devant nous, à l'abri de solides retranchements établis entre la rivière et les hauteurs avoisinantes, à 3 kilomètres environ de Tuyen-Quan. Il s'agit de le déloger, et surtout de rassurer immédiatement nos héroïques camarades. De suite, des fusées tricolores, parties de différents points de la colonne, leur permettent autant de reconnaître les positions que d'apprécier la valeur des troupes de secours. Et le combat s'engage par petits groupes, d'abord si étroitement mêlés, que l'artillerie demeure impuissante. Mes turcos eux-mêmes se heurtent à de telles difficultés qu'il leur est impossible de gagner du terrain. On piétine sur place, et cependant, la nuit, les Pavillons noirs réussissent à se faufiler jusque dans nos rangs, pour emporter en trophées les têtes de nos morts qu'il a fallu, temporairement, abandonner sur le terrain. »

3 *mars*. — « Mais, dès l'aube, la lutte reprend avec une nouvelle ardeur. Pendant la nuit, l'infanterie de marine a pu gagner les mamelons de gauche et déborder la zone dangereuse de la défense. L'ennemi, à l'abri de ses retranchements, n'en oppose pas moins la plus énergique résistance. « Mais nos assauts le déciment, et bientôt il se disperse, non sans nous avoir imposé les plus douloureux sacrifices. Il y a là, parmi nous, 79 tués, dont 9 officiers, et 384 blessés, dont 18 officiers.

Tuyen-Quan est débloqué; Lu-Vinh-Phuoc et les Chinois sont en fuite. Et l'émotion nous prend à la gorge en embrassant les héroïques camarades que guettait l'impitoyable mort. »

Quels soldats ont pu, jamais, mieux mériter de la Patrie?

DEVANT LANG-SON

21 *février*. — La Chine vaincue ne paraît cependant pas encore décidée à s'incliner. L'armée du Quang-Si semble peu disposée à nous venir attaquer. Mais de nombreuses bandes, avisées du départ d'une partie de nos forces pour Tuyen-Quan, croient pouvoir se masser à hauteur de Dong-Dang, à quelques kilomètres à peine de la frontière, en avant de Lang-Son. Cela ne saurait impunément durer. Il importe de leur faire comprendre qu'il est enfin temps de déguerpir définitivement. Le général de Négrier décide, en conséquence, d'aligner à six jours les vivres de sac, et de marcher à leur rencontre.

23 *février*. — On se met en route dès sept heures du matin : le bataillon du 111e, une compagnie de la légion étrangère, deux compagnies de tirailleurs tonkinois, deux batteries de 4 et une section d'ambulance. Douze cents hommes au plus. Vers neuf heures l'action s'engage. Vainement les Chinois, qui tiennent toutes les hauteurs de la cuvette dont le fond est occupé par le village de Dong-Dang, et qui sont beaucoup plus nombreux, s'efforcent de nous déborder. Ils sont partout maintenus, et bientôt obligés de se grouper sur un plateau qui domine à pic le village de Dong-Dang, qu'ils criblent d'obus. Mais la batterie de Saxé a tôt fait de réduire leurs pièces au silence. Il n'y a plus qu'à les chasser du redoutable plateau. La mission en incombe, avec le 111e, au colonel Herbinger. De suite, il traverse Dong-Dang, et repousse à la baïonnette les quelques groupes qui lui barrent le passage. Mais il vient se heurter à la muraille à pic du plateau, il ne réussit pas à l'enlever et demeure hésitant.

Heureusement, vers la gauche, deux compagnies du 111e, échappées à sa direction, ont pu rencontrer une brèche.

Elles y sont rejointes par une compagnie de la légion. Et le feu de l'ennemi est impuissant à les arrêter. Mais ils vont succomber sous le nombre, alors que la compagnie de Colomb, à l'abri d'une tranchée, peut à son tour escalader les rochers. Et les Chinois, en déroute, s'enfuient d'une part vers That-Qué, d'autre part directement vers la frontière par Cua-Aï.

« Et nos soldats n'ont plus qu'à se moquer, non pas des hésitations très justifiées de leur colonel, mais bien de la bizarrerie qui le porte à la tête d'une section, à laquelle il fait exécuter, contre un invisible ennemi, l'escrime à la baïonnette. Est-il donc sous le coup de quelque hallucination? Il n'y a pas, à son étrange allure, d'autre plausible explication. »

Cependant, la petite colonne, maîtresse du terrain, entend poursuivre l'ennemi. Et la voici bientôt au village de Cua-Caï, devant la porte de Chine. Le général donne au colonel l'ordre de le rejoindre immédiatement, et de prendre, à cet effet, la route mandarine qui traverse Dong-Dang.

Mais le colonel se trouve alors à un kilomètre en avant du village. Il lui paraît inutile de revenir sur ses pas. Et voici que, pour rejoindre, il s'engage, avec le 111e, dans un étroit sentier dont il faut franchir les escarpements à la courte échelle. Pendant plus de deux heures il erre ainsi, pour venir enfin déboucher, en plein territoire chinois, devant une vallée traversée par une véritable route. Mais des groupes chinois apparaissent, occupant, de droite et de gauche, les crêtes qui dominent. Le bataillon compte à peine quatre cents hommes. Les Chinois sont assurément dix fois plus nombreux. Et cependant, ils paraissent hésitants, peu disposés à ouvrir le feu. Bien évidemment, ils supposent une ruse; ils n'osent pas s'engager. Vainement officiers et soldats font observer qu'on s'est évidemment trompé de route. Le colonel ne veut rien entendre. Vainement un officier lui propose une jumelle. « Ce sont des buffles, dit-il. En avant, et pas un mot de plus. »

« Heureusement arrive un adjudant, envoyé en toute hâte

par le général. Et le capitaine Sazonoff, malgré les plus grossières invectives, peut enfin montrer l'évidence de l'erreur. Le bataillon se trouve alors à un kilomètre au plus d'un nouveau camp retranché, bien évidemment occupé par toute une armée. Il n'est que temps de décamper. Alors, et sans doute pour couvrir son équipée, le colonel, comme pour une halte horaire, fait mettre sac à terre, passe une rapide inspection, et se décide enfin à rétrograder. Les Chinois se contentent de quelques coups de fusil, heureusement sans autres conséquences qu'une balle dans le genou d'un malheureux coolie. Et bientôt, ayant retrouvé la route, le bataillon débouche à la porte de Chine, où l'attend anxieusement le général. »

24 février. — L'ennemi ne se montre plus, et la colonne peut, sans être aucunement inquiétée, passer toute la journée à Cua-Caï, devant la porte de Chine, occupée seulement à brûler ou détruire les munitions chinoises qui y sont accumulées.

Le général estime qu'il faut l'effrayer par une nouvelle démonstration de notre puissance. Il décide de faire sauter la porte de Chine. Les Chinois ont abandonné là de nombreux tonnelets de poudre et caisses de cartouches. Le tout, sous la surveillance du colonel de Douvres, est accumulé près de la porte, dans la voûte et dans les pagodes avoisinantes. Une simple trainée de poudre, puis à deux heures une formidable détonation, et la porte est en ruine.

Quelques pancartes en gros caractères chinois :
« Le respect des traités protège plus sûrement un pays que les portes aux frontières ! »

Et la colonne revient à Dong-Dang.

25 février. — Le général laisse à Dong-Dang, sous les ordres du commandant Diguet, seulement un bataillon de la légion étrangère, avec deux canons ; puis, après une rapide reconnaissance vers That-Qué, il revient tranquillement à Lang-Son.

28 *février*. — Les Chinois ont-ils enfin cédé? On le dit à Lang-Son. Et cependant, en réponse à la destruction de la porte de Chine et à la provocation du général de Négrier, ils viennent de répondre par cette audacieuse menace, partout affichée aux environs de Cua-Caï :

« Nous reconstruirons notre porte avec des têtes de Français. »

Mais ils demeurent tranquilles. Et la colonne en profite pour mettre rapidement en bon état les affreux sentiers qu'il a fallu souvent escalader à la force des poignets pour arriver jusqu'à eux. Il s'agit maintenant de les rendre praticables aux convois d'approvisionnement. Tous le comprennent. Et la rude besogne est activement menée, d'une part par nos soldats, entre Lang-Son, Cut et Thaï-Moï, où aboutit la route mandarine Kep-Bac-Lé ; d'autre part, sous la direction du génie, par les coolies, entre Thaï-Moï et Dong-Song, à travers les mamelons du col de Déo-Quao, où aboutissent, par les cols de Déo-Van et de Déo-Quan, les sentiers d'accès vers Chu, notre centre de ravitaillement sur le Loc-Nam.

C'est grande fatigue pour tous ; et l'ordinaire, cependant, laisse bien un peu à désirer. Ni pain ni vin, cela n'est pas réconfortant; mais on a du cœur au ventre; la quotidienne de riz, de viande, de thé et de tafia suffit pour entretenir la machine.

Le capitaine d'artillerie Renaut dirige les travaux. L'exécution est assurée, à tour de rôle, en outre des coolies, par un bataillon d'infanterie, régulièrement relevé tous les quatre jours.

6 *mars*. — « Les mercantis commencent à arriver à Lang-Son. Ils apportent, avec la presque certitude de la paix, les moyens d'améliorer sensiblement l'ordinaire. On peut même, au moins tous les deux jours, remplacer le biscuit par une ration de pain. Mais le vin demeure encore exclusivement réservé pour les malades et les blessés. Et le thé, non plus que le tafia, sont impuissants à le remplacer. Encore un peu de patience, dit-on. Il n'y en a plus pour longtemps. »

15 mars. — Mais voici que des rassemblements sont signalés à quelques kilomètres de la porte de Chine ; ils nous font craindre de nouvelles complications. Il faut se tenir en garde, savoir au moins les intentions. Depuis le 10, nous occupons That-Qué, que les Chinois ont abandonné sans combat, sur simple reconnaissance d'un peloton de chasseurs à cheval.

17 mars. — Le général décide, en conséquence, une forte reconnaissance par Dong-Dang, jusqu'à la porte de Chine. Mais les Chinois s'abstiennent de toute manifestation, et la reconnaissance peut rentrer dans son cantonnement de Lang-Son sans être aucunement inquiétée.

18 mars. — Le colonel Herbinger, avec les bataillons du 111e et du 23e, une batterie et un peloton de chasseurs, remplace à Dong-Dang le commandant Diguet.

Le général, d'autre part, accompagné de tous les chefs de corps et de services, y compris le colonel Borgnis-Desbordes, récemment arrivé de France, poursuit une attentive étude des hauteurs qui dominent Lang-Son, et des deux routes par Cut et Pho-Vy qui s'y rejoignent. Il paraît inquiet ; il constate que les travaux ne sont pas assez avancés encore pour donner à la place la sécurité nécessaire. « La brigade, dit-il, est très en l'air, elle n'est pas assurée de sa base d'opérations, et les communications sont encore impraticables aux convois. Il faut, coûte que coûte, activer les travaux, dussions-nous manger ici nos bottes. »

22 mars. — Et, comme pour lui donner raison, voici que les Chinois essaient, pendant la nuit, de nous surprendre à Dong-Dang. Mais la petite garnison veille, elle est immédiatement sur pied. De suite la grand'garde, avec le capitaine Bœsch, crible de balles le terrain où ils paraissent vouloir se grouper. Mais déjà sans doute ils ont disparu. Seulement vers le matin, il est facile au capitaine Verdier de les constater très nombreux, et s'avançant régulièrement, après occupation de toutes les hauteurs, jusqu'à la porte de Chine, sur un parcours de 3 kilomètres environ. Quelques-uns même passent la frontière. Et voici qu'un mandarin pousse l'audace jusqu'à s'avancer à 300 mètres à peine de notre grand'garde, contre laquelle, sans résultat du reste, il décharge tranquillement ses pistolets. La provocation est manifeste. Mais ordre formel a été donné de s'abstenir. Les Chinois peuvent impunément, à 1,200 mètres à peine, nous cribler d'obus à l'aide d'un obusier bizarre dont, heureusement pour nous, ils paraissent ignorer la pratique, et qui bientôt leur éclate dans les mains. Vainement le capitaine Verdier signale au colonel Herbinger l'arrivée de nombreuses réserves qui débouchent difficilement d'un col, et demande de l'artillerie pour les déloger. Le colonel refuse formellement; il ne veut même pas se rendre compte, par lui-même, de la position. Il n'a pas d'ordre, dit-il, et se croit dans l'obligation d'attendre.

Et les Chinois, ayant ainsi réussi dans leur démonstration offensive, peuvent se retirer sans être aucunement inquiétés.

23 *mars*. — Mais le général n'entend pas ainsi se laisser moquer. Dès le soir même, il est à Dong-Dang. Et ce matin, il décide de se porter résolument en avant, et d'enlever les principales positions devant lui, laissant en arrière seulement deux compagnies de réserve. L'effectif dont il dispose est bien faible; un millier d'hommes, avec la batterie de Saxé et deux pièces de marine. Mais il sait d'expérience la valeur de ses soldats.

Après deux heures d'attente à la porte de Chine, la petite colonne se décide à passer la frontière; elle occupe immédiatement les hauteurs. Mais le brouillard est impénétrable; et seulement vers dix heures, alors qu'il se lève, on peut constater, à 3 kilomètres à peine de la porte, que des forces considérables sont massées sur toutes les hauteurs dont nous sépare une étroite vallée, fermée, à son débouché, par de formidables retranchements.

Bataille de Bang-Bo. — « Faut-il néanmoins pousser de l'avant? Il y a là, devant nous, un espace découvert, sous le feu, avant d'arriver au pied des forts et retranchements qui couronnent toutes les hauteurs, ferment toutes les issues. Longuement le général étudie la situation. Et sa détermination prise, il la fait clairement connaître à son entourage.

Coûte que coûte, dit-il, il faut s'emparer d'abord, vers l'est, des forts qui dominent la vallée, de manière à prendre à revers le retranchement qui en ferme l'issue. Et de suite il charge le colonel Herbinger, avec le 143e, de se porter directement en avant, au pied du versant nord-est de la vallée, avec mission de s'emparer des deux forts qu'il a devant lui, et de s'y établir jusqu'à ce qu'il puisse, lui-même, les occuper avec son artillerie. Il donne ordre, d'autre part, au commandant Faure, avec le 111e, de se porter directement vers Bang-Bo et de balayer le terrain devant lui.

Mais la difficulté est telle que, d'une part, le colonel Herbinger a besoin de l'assistance hâtive d'une compagnie de la légion pour réussir dans son entreprise; et que, d'autre part, le commandant Faure, avec le 111e, obligé de repousser immédiatement les contingents chinois rencontrés dans son défilé, doit se contenter de faire occuper par une seule compagnie quelques rochers qui dominent, mais ne réussit pas à trouver vers l'ouest la position nécessaire à l'artillerie.

Et déjà le jour décline. Le 111e revient sur ses pas, il gravit péniblement l'escarpement au sommet duquel se trouve le fort enlevé par le 143e et la légion, et dont le général, avec l'artillerie, a, dorénavant, fait son centre d'action. Cependant, l'importance de la situation qu'il vient d'abandonner paraît telle, qu'il faut, de toute nécessité, la réoccuper. Rebrousser chemin : la fatigue est si grande que l'absolue nécessité peut seule y décider. Quelques mots suffisent; le moral déborde le physique. Et nos braves troupiers reviennent virilement occuper la position prévue, sur la route centrale, au débouché de la vallée, devant Bang-Bo.

Le général et l'artillerie, avec un bataillon de la légion, tiennent donc, dorénavant, deux forts. Et de son côté, le 111e occupe une solide position au débouché de la vallée devant Bang-Bo. Mais des forces considérables sont signalées vers l'est, cherchant à se défiler de notre artillerie, pour rejoindre les contingents massés devant nous, à quelques kilomètres au delà. Et le général paraît inquiet. »

24 *mars*. — La préparation est bonne, cependant, et la lutte se présente bien. Dès l'aube, en effet, le colonel Herbinger a reçu l'ordre de gagner, toujours à l'est, mais en arrière de Bang-Bo, une position d'attente. Et le général lui a prescrit de s'emparer rapidement de deux nouveaux forts qui permettront de prendre l'ennemi à revers, pendant qu'il attaquera directement de face.

Mais le brouillard est impénétrable. Le colonel s'égare dans la recherche d'un chemin d'accès. Il n'arrive à se présenter au pied du mamelon fortifié qu'il doit occuper qu'après les Chinois, qui, s'apercevant de son mouvement, se sont hâtés de le devancer et y ont réussi. Et quand le brouillard se lève, vers dix heures, le général, croyant la position occupée, précipite aussitôt l'action.

Il s'agit d'enlever directement un remblai central. C'est là que se concentre toute la résistance, et le colonel Herbinger paraît la dominer en arrière.

Le général donne, en conséquence, à l'artillerie, l'ordre de la prendre en écharpe, de manière à permettre au 111e, dès que le moment sera venu, de l'attaquer directement de face.

Mais l'artillerie demeure sans action efficace. Et quand le général ordonne au 111e de se préparer à l'assaut, le commandant Faure, assuré que l'ennemi n'est pas ébranlé, qu'il est là, devant lui, dix fois plus nombreux, à l'abri d'un retranchement à pic, se trouve dans l'obligation de prévenir que son effectif, à peine 300 hommes, ne lui permet pas de tenter utilement l'aventure.

Sans doute il ignore, et le général le suppose, que le colonel Herbinger doit dominer l'arrière, que l'ennemi, malgré ses retranchements, va se trouver pris entre deux feux, et, par conséquent, dans l'impossibilité d'opposer une longue résistance.

« Il n'en est malheureusement rien. Et quand, sur un ordre impératif, le 111ᵉ se précipite à l'assaut, de suite il est entouré par des forces considérables qui, demeurées impassibles, jusqu'alors à l'abri, se précipitent dans un formidable mouvement d'enveloppement. Les compagnies, superbement enlevées, traversent au pas de charge, baïonnette au canon et sous une grêle de balles, les huit cents mètres qui les séparent du retranchement. Elles se brisent devant un mur infranchissable de plus de trois mètres d'élévation, et se trouvent entourées par un ennemi vingt fois plus nombreux. Alors commence l'effroyable carnage. Vainement on se reforme par petits échelons, à l'abri du moindre soulèvement de terre, vainement on se débarrasse des sacs. Seule la compagnie Verdier peut se faire jour vers la gauche, arriver ainsi jusqu'au pied même du retranchement, et occuper un monticule qui domine quelque peu. Les Chinois débordent de tous les côtés. En quelques minutes, le bataillon a perdu plus du quart de son effectif; et, sous les yeux mêmes de leurs camarades impuissants, tous les blessés, parmi lesquels l'héroïque médecin-major Raynaud, le capitaine Mailhat, les lieutenants Normand et Canin, le brave soldat Meffret, dont on venait encore d'admirer le superbe courage, sont horriblement décapités. Et les Chinois, ivres de sang et de poudre, s'arrachent, entre eux, les têtes convulsées de nos malheureux camarades. »

Trois cents soldats se sont élancés à l'assaut; quatre-vingt-quatre hommes et quatre officiers sont tués, blessés ou décapités; le lieutenant de Colomb, blessé au pied, doit son salut à l'affectueux dévouement de ses hommes, qui se sacrifient pour lui, comme ils ont inutilement tenté de le faire pour tous, notamment pour le docteur Raynaud, dont la grave blessure ne paraissait cependant pas immédiatement mortelle. Seul le capitaine Verdier, qui a réussi à grouper ses hommes, peut échapper au carnage, et rejoindre son camarade Bœsch, jusqu'alors en réserve. Il faut se décider à battre en retraite; et l'artillerie demeure impuissante!

« Le colonel Herbinger, le 143ᵉ et les Tonkinois, empêchés par les difficultés du terrain, ont échoué dans l'attaque du plateau, clef de la position, que les Chinois avaient pu, dès le matin, rapidement occuper. Seule une compagnie, celle du capitaine Gayan, s'est maintenue à mi-côte, mais pour s'y trouver bientôt complètement entourée, et obligée de se frayer un chemin dans une lutte corps à corps qui lui coûte la moitié de son effectif, parmi lesquels ses deux officiers, le lieutenant Thiébaud, aussitôt décapité, et le sous-lieutenant Bruneau, mortellement blessé. »

Vainement les deux compagnies de la légion, temporairement en réserve, tentent un mouvement offensif de dégagement. Le brave capitaine Cotter qui les entraîne est aussitôt décapité. Et les Chinois, dans une furieuse poussée, réussissent à réoccuper les mamelons, que nous devons successivement abandonner. Bientôt ils arrivent, jusqu'au pied du piton où se tiennent encore l'artillerie et le général. Ils sont en tel nombre, ils nous tiennent de si près que la résistance est impossible. Il faut battre en retraite. Et malgré la nuit l'évacuation s'effectue sous le feu ; avec l'ambulance et les blessés qu'il faut entourer et garantir, avec les canons qu'il est impossible de charger sur les quelques mulets encore debout, et qu'il faut enlever au prix d'efforts surhumains, pendant que d'énormes pierres roulantes bondissent, au milieu des groupes, des pentes abruptes à descendre. Et quand le général se décide à son tour à se retirer, il n'en est véritablement que temps, car déjà les Chinois sont au sommet !

Heureusement, du reste, ils paraissent peu disposés, au moins immédiatement, à nous poursuivre longuement. Au centre, ils sont très occupés du pillage des sacs abandonnés, et quelques feux de salve suffisent à les maintenir. Sur les côtés, deux compagnies de la légion peuvent, au prix d'énormes sacrifices (capitaine Brunet tué et capitaine Gaucheron gravement blessé), écarter les masses qui cherchent à nous envelopper. Grâce à leur courageux dévouement, la route, dans la plaine, demeure relativement libre. Et la petite colonne est si réduite qu'elle n'est plus guère qu'un convoi de blessés,

De fait, sur un effectif total de 925 combattants, elle en a perdu plus du quart, 275 tués ou blessés, parmi lesquels 13 officiers. L'épreuve est cruelle. Chez tous, cependant, le moral demeure inébranlable. Le général est là. Et ses paroles sont aussi réconfortantes qu'est martiale son énergique attitude.

« L'échec de Bang-Bo, dit-il, est un douloureux épisode; il nous a coûté un bien lourd sacrifice, mais il n'aura pas d'autre conséquence si nous savons demeurer prêts pour de nouvelles luttes. »

Et la retraite s'effectue régulièrement, par échelons successifs, sous la constante surveillance du général, qui demeure à l'arrière-garde, et prend toutes dispositions, tant pour garantir les blessés que pour maintenir l'ennemi. Enfin, très tard dans la soirée, la colonne arrive à Dong-Dang, reprend ses cantonnements de la veille, et peut jouir, sous la protection des postes avancés, d'un indispensable repos. Seule l'ambulance veille, encore impuissante, malgré ses prodigieux efforts, à assurer aux blessés tous les soins immédiats dont ils ont un impérieux besoin.

25 mars. — Les reconnaissances du matin apprennent que les Chinois, demeurés sur leurs positions, n'ont pas encore franchi la frontière. Cependant, l'abandon de Dong-Dang s'impose, autant en raison de sa position trop en l'air que de l'insuffisance absolue des effectifs nécessaires à la défense. En conséquence, dès huit heures, le général fait sonner le refrain de la brigade, puis la diane et la soupe, que tous les clairons des postes de grand'garde, face à l'ennemi, répètent éperdûment, comme pour lui faire bien comprendre qu'on l'attend de pied ferme, prêts à lui faire payer son éphémère succès.

Et vers dix heures seulement, ordre est donné de retirer les avant-postes, pour se replier sur Lang-Son. La route est gardée par le 23ᵉ, appuyé de quelques renforts arrivés de France depuis deux jours. Et la retraite se poursuit dans un ordre parfait, sans à-coups, sans autre préoccupation qu'une efficace protection des blessés.

26 *mars*. — Les Chinois, du reste, à part quelques patrouilles facilement écartées, ne paraissent pas empressés à la poursuite. Et la brigade, renforcée des contingents arrivés de France, peut, sans être inquiétée, se préparer à de nouvelles attaques. On en profite pour mettre en état de défense la rive gauche et le village de Ky-Lua, dont la face nord est pratiquement crénelée, pendant que la redoute est armée de pièces Krupp de 65 et de canons anglais de 4 précédemment pris à l'ennemi. On active également les travaux des routes, encore en assez mauvais état, notamment dans la ligne de jonction Thaï-Moï-Dong-Song, par le col de Déo-Quan.

27 *mars*. — Il en est temps, car voici que dans la soirée, des masses chinoises sont signalées, s'avançant en bon ordre, à 5 kilomètres environ de Ky-Lua. Ce n'est, du reste, encore qu'un avertissement, et le général se contente de placer des avant-postes qui nous mettent en garde de toutes éventualités.

28 *mars*. — Les Chinois avancent lentement, méthodiquement; ils prennent position sur toutes les hauteurs. Par ordre, nos avant-postes se replient devant eux, les attirant ainsi jusqu'à portée des redoutes de Ky-Lua. Alors la batterie de Saxé et le détachement d'artillerie de marine ouvrent le feu, et deux compagnies de la légion suffisent pour balayer rapidement le terrain, pendant que le 23ᵉ et deux autres compagnies de la légion disséminent les masses qui, de droite et de gauche, à travers les marais, arrivent jusque sur les berges du fleuve. A leur tour, le 143ᵉ, un bataillon de la légion et les tirailleurs tonkinois, jusqu'alors en réserve à hauteur d'un gué qui pourrait permettre un mouvement tournant, prennent énergiquement l'offensive, et repoussent vivement les masses qui cherchent à nous déborder.

« Cependant, vers deux heures après midi, l'ennemi revient à la charge. On le voit sortir en masses profondes de Dong-Dang, se déployer régulièrement en demi-cercle dans les villages et sur les hauteurs qui forment les bords de la cuvette devant Ky-Lua. Et vers trois heures, tout en accentuant les mouvements des ailes, il se lance résolument à l'assaut de la redoute qui concentre alors la défense. Il est repoussé, et malgré de nouveaux efforts, il demeure impuissant à nous entamer. »

Voici, d'autre part, que le colonel Herbinger a pu, vers la droite, avec le 143°, un bataillon de la légion, les Tonkinois et la batterie Ropert, jusqu'alors en réserve, prononcer un mouvement excentrique qui le précipite, en déroute, jusqu'au débouché de la route de Dong-Dang, vers That-Qué et Bang-Bo.

Le 111°, si cruellement éprouvé devant Bang-Bo, est en réserve, au sud de Lang-Son, gardant les débouchés des deux routes par Cut et Pho-Vy.

Et nous demeurons incontestablement les maîtres du champ de bataille.

Cependant une nouvelle attaque se prépare sur notre droite, et voici que le général, en sortant de la redoute, est lui-même atteint d'une balle dans le ventre.

« Le général blessé, très gravement, mort peut-être! La nouvelle s'en répand comme une traînée de poudre, au milieu de ces rudes soldats dont il est la tête et le cœur.

Et chacun dit sa douloureuse impression : « Qu'a dit le docteur? Qu'allons-nous faire au milieu de ces Chinois qui deviennent d'autant plus nombreux qu'ils sont plus souvent battus, et que nos effectifs diminuent de jour en jour? Nous sommes à Lang-Son. Faut-il donc aller les chercher chez eux, et n'allons-nous pas enfin en finir ?... »

Et comme pour légitimer leur inquiétude, loin de les remonter, en leur montrant l'indéniable succès de la journée, non seulement son successeur fatal au commandement, le colonel Herbinger, arrête net le mouvement offensif de poursuite; mais encore, malgré l'avis formel du général, malgré les instances de plusieurs officiers, il décide que la retraite est indispensable.

Il suffirait assurément, ainsi que le conseille le général, de tenir les passages importants vers les routes de Pho-Vy et de Than-Moï, d'évacuer tous les impedimenta, de laisser à Ky-

Lua seulement une arrière-garde, d'occuper toutes les hauteurs de la rive gauche, et d'observer ce que fait l'ennemi.

Mais le colonel semble avoir, depuis longtemps déjà, pris une décision. A peine a-t-il quelques instants d'hésitation. Contrairement à l'évidence, et sans même vouloir entendre son entourage, il déclare que, faute de vivres et de munitions, il lui est impossible de maintenir ses positions à Lang-Son. De suite, il abandonne Ky-Lua et la rive droite, ainsi que toutes les pièces prises antérieurement aux Chinois. Et dès que la brigade est groupée, il la réunit à la porte sud de la citadelle, donne l'ordre de jeter immédiatement à l'eau une batterie d'artillerie de marine, dont les difficultés temporaires de la route avaient retardé la marche en avant, y fait jeter également le trésor, et prescrit de détruire tous les approvisionnements. Puis, vers onze heures, il fait relever, avec ordre de repasser immédiatement sur la rive gauche, deux compagnies du 111e, auxquelles il avait, quelques instants auparavant, prescrit d'occuper et de défendre jusqu'à la mort deux fortins inoccupés de la rive droite. Et, malgré la nuit, malgré les supplications du colonel Servières, qui lui demande de demeurer seul à Lang-Son avec un bataillon de la légion, il donne l'ordre de l'immédiate retraite.

Dans ce mouvement, la brigade forme deux colonnes. La première, sous ses ordres directs, constituée par le régiment de France, un bataillon de la légion et l'artillerie de marine, prend la route mandarine par Cut et Than-Moï; la seconde, avec le commandant Schœffer, la légion, la batterie de Saxé et les Tonkinois, la route de Pho-Vi, Dong-Song, plus directement menacée, lui paraît-il.

29 mars. — Malgré la nuit, cette retraite s'effectue régulièrement, sans incidents. Et sans autre répit qu'une courte halte, vers six heures du matin, les deux colonnes, à cinq heures du soir, cantonnent, la première à Than-Moï, la seconde à Dong-Song, dès lors seulement séparées par le col de Déo-Quao, qu'une route récemment établie parcourt sur une longueur de 5 à 6 kilomètres.

30 mars. — Elles paraissaient devoir s'y reposer en toute sécurité, et pouvoir s'y reformer en vue de nouvelles éventualités de lutte, lorsque, vers trois heures de l'après-midi, apparut au loin, vers l'est, un faible détachement chinois. D'où venait-il? Assurément pas de Lang-Son, puisqu'en même temps qu'il apparaissait, revenaient également de Lang-Son, sans être aucunement inquiétés, plusieurs légionnaires, parmi lesquels quelques-uns, assoiffés de tafia, étaient demeurés aux environs des magasins d'approvisionnement abandonnés, pendant que d'autres stationnaient, épuisés de fatigue par la double étape qu'ils avaient dû faire au pas de course, au titre de renforts, dans la soirée du 28. Et tous assuraient que, lors de leur départ, dans la matinée, les Chinois n'avaient pas encore paru.

Mais on avait vaguement aperçu l'ennemi vers l'est. Il n'en fallut pas davantage pour précipiter à nouveau la retraite.

Le colonel prescrit d'évacuer immédiatement, sur Chu, par le col de Déo-Quan, tous les blessés et malades. Et quand le médecin-major Folenfant se présente à lui, sollicitant des ordres pour la confection immédiate de nouveaux indispensables brancards, il lui répond éperdu : « Il est difficile de songer à cela ; la situation est tellement grave que personne n'en sortira, blessés ou autres! »

1er *avril.* — Cependant, le convoi des blessés, sans autre protection que quelques infirmiers valides, se met aussitôt en route. Et le colonel, sans s'occuper des bagages et approvisionnements arrivés à Than-Moï, sans songer même à faire détruire les munitions d'artillerie et d'infanterie, donne l'ordre de briser immédiatement les appareils de télégraphie optique, de brûler les archives du trésor et de l'intendance, et de hâter le départ pour Chu, à la seule exception du 23e et du commandant d'état-major Fortoul, qui doivent se rendre directement à Kep.

« Bien évidemment, il se croit très gravement menacé ; il estime qu'une retraite rapide peut seule atténuer le danger. Et le voici, passant devant les rangs, hors de lui, démoralisant sa troupe dans un langage d'impuissance désespérée, et dans un état d'indescriptible surexcitation. »

« Chacun ici pour sa peau, dit-il au 111°, pas un coup de fusil qui serait inutile, seulement de la baïonnette; que chacun garde une cartouche pour se faire sauter le caisson avant d'être pris. »

N'est-ce point là le langage d'un insensé? « Faut-il donc qu'un inconscient respect de la discipline, qu'une étrange conception de la responsabilité imposent l'obéissance passive à ce chef d'un jour, dont tous les ordres, soit qu'ils disent la résistance jusqu'à la mort, soit qu'ils prescrivent la retraite sans une minute de retard, portent l'empreinte du plus complet affolement, dont aucune apparence réfléchie ne justifie l'épouvante, qui, pour s'en garer, court évidemment au-devant d'un désastre, et dont plusieurs officiers de son entourage disent ouvertement qu'il est fou ! »

Ignorait-il, cet étrange halluciné, que grâce aux renforts qu'elle venait de recevoir, la brigade, malgré ses pertes, pouvait encore grouper plus de 3,000 combattants ; que de nouveaux renforts étaient en route, que les vivres et munitions étaient suffisants, au moins pour quelques jours enfin, et surtout, que l'évidente hésitation de l'ennemi lui laissait tout le temps nécessaire, sinon pour attaquer, du moins pour résister sur place?

Quoi qu'il en soit, la retraite, malgré sa précipitation, s'effectue sans à-coups. Et quand, dans la journée du 1er avril, la colonne arrive à Chu, elle y retrouve les malades et blessés qui ont pu, sous la conduite du médecin principal Zuber, s'y abriter temporairement, en attendant l'évacuation préparée sur Dap-Cau et Haï-Phong, à bord du *Ruri-Maru*.

Faut-il, maintenant, revenir sur l'appréciation des faits, telle que l'a présentée, dans son rapport, le colonel Borgnis-Desbordes?

« Sans doute, et de l'avis de plusieurs officiers, il eût été possible, après la prise de Lang-Son et l'occupation de Dong-Dang, de s'en tenir là. Alors, en effet, les Chinois paraissaient peu disposés à l'offensive; tout au plus, essayaient-ils quelques escarmouches ou démonstrations sans conséquence. Cependant l'attaque nocturne de Dong-Dang, le 21 mars, parut émouvoir outre mesure le colonel Herbinger. Et ses rapports eurent, sur l'esprit du général de Négrier, une telle influence qu'il se crut, il l'a dit lui-même, *dans la nécessité de se donner de l'air*. Il fallait être tranquille à Lang-Son, pendant que les troupes en étaient éloignées, occupées à la réfection des routes nécessaires à la facilité des ravitaillements.

Ainsi fut décidée l'attaque de Bang-Bo. Très certainement, elle eût été couronnée de succès, si les ordres du général eussent été exécutés. Non seulement, ils ne le furent pas; mais, bien plus malheureusement encore, le général n'en fut pas avisé. Et l'assaut qui devait être un triomphe devint un désastre. Sans aucun doute, du reste, cet échec de Bang-Bo fut pleinement réparé dans la journée du 28. Les Chinois, mis en déroute, se replièrent en désordre, à 15 kilomètres de la frontière. Et la situation était, sinon parfaite, du moins très suffisante, lorsque le général fut, si malheureusement, gravement blessé.

Alors, presque certainement depuis plusieurs jours déjà, sans doute en raison des premières difficultés qu'il avait rencontrées dans l'application de ses théories stratégiques, le lieutenant-colonel Herbinger avait prévu la nécessité d'une retraite. Après la blessure du général, malgré la ligne de conduite si pratique qu'il lui avait tracée, malgré l'avis des officiers sous ses ordres, elle s'imposa dans son esprit, non plus à l'état de préoccupation justifiable, mais bien *dans une idée fixe*, dont l'exécution lui parut immédiatement indispensable.

De l'avis de presque tous les officiers, le lieutenant-colonel Herbinger fut un fou temporaire. Seul son état mental doit être rendu responsable du désastre de Lang-Son. Ses fantastiques télégrammes justifient l'inquiétude du général en chef, qui avait, en effet, lui aussi, la conviction de la haute valeur, de l'indiscutable compétence d'un officier supérieur, sorti le premier de Saint-Cyr, ayant fait déjà ses preuves, tant au

Mexique qu'en France, et dont un ministre, réputé pour un des plus habiles tacticiens de l'armée, avait fait un professeur de tactique à l'école supérieure de la guerre.

Le sévère rapport du colonel Borgnis-Desbordes est tristement justifié. Et ce n'est pas sans raison qu'un officier général a pu dire de ce malheureux halluciné que fut le lieutenant-colonel Herbinger :

« Savant en théorie, il n'était qu'un lièvre dans la pratique ; un lièvre apercevant l'ombre de ses oreilles ! »

CHAPITRE VI

La situation au mois d'avril 1885. — L'amiral Courbet aux îles Pescadores. — Les Chinois devant Lang-Kep. — Les pirates dans le delta. — La paix avec la Chine. — La mort de l'amiral Courbet. — L'Annam insoumis. — Le général de Courcy. — Le guet-apens de Hué et le commandant Metzinger. — La fuite du roi et l'investiture donnée à son frère Don-Kants à la Légation française. — Humanitarisme et politique coloniale. — Conclusions.

Nous voici donc, au commencement d'avril 1885, dans la même situation que lors du départ du général Millot le 6 septembre 1884. Sans doute, nous occupons Chu, le Kep et Tuyen-Quan ; en réalité, rien de plus que le delta. Sans doute encore, le général Brière de l'Isle dit, très justement, que la retraite pouvait sûrement être évitée, qu'elle fut la déplorable mais non pas irrémédiable conséquence des erreurs du lieutenant-colonel Herbinger. Cependant, si réelles que soient sa compétence et son énergie, on lui tient quelque rigueur de son effarement et de son retard inexplicable à venir, aussitôt la blessure du général de Négrier, se mettre lui-même à la tête de ses troupes.

Il n'a, dit-on, ni le coup d'œil ni l'audace réfléchie du général de Négrier. Et malgré les renforts annoncés, on prévoit une nouvelle campagne que l'approche de la mauvaise saison fera sûrement encore de longue durée.

Il faut dès maintenant s'y préparer activement. On apprécie très généralement, du reste, autant l'énergie du général Giovaninelli, commandant de la première brigade, que celle du colonel Borgnis-Desbordes, de l'artillerie de marine, appelé à remplacer le colonel Herbinger, mis à la disposition du ministre et renvoyé en France. Il n'en es pas moins évident que, dans le delta même, comme sans doute en Chine et dans l'Annam, l'évacuation de Lang-Son et la retraite jusqu'à Chu-Lang-Kep sont tenues pour des preuves de manifeste impuissance. Et, de nouveau, la cour de Hué provoque clandestinement des soulèvements, de nouveau Lu-Vinh-Phuoc et ses pirates infestent le pays.

8 avril. — Mais, d'un autre côté, l'amiral Courbet a vigoureusement agi. Après le refus systématique, malgré ses instances, de l'autorisation nécessaire pour gagner Port-Arthur et bloquer ainsi, avec le golfe de Pé-Tché-Li, la route directe de Pékin; après l'insuccès prévu d'une tentative d'occupation de l'île Formose et de la très coûteuse attaque de Kélung par le colonel Duchenne, il a dû se contenter de tenir les îles Pescadores, entre Formose à l'est et la côte de Fo-Kien à l'ouest. Il intercepte ainsi, dans le détroit de Fo-Kien, la route maritime vers la Chine du nord, dès lors privée de ses moyens habituels d'approvisionnement, notamment de riz, et, dit-on, menacée de la famine.

Et la Chine qui, d'autre part, sait l'envoi de nombreux renforts, vient de consentir un armistice qui paraît préparer la paix.

14 avril. — Les Chinois du Quang-Si n'en persistent pas moins, cependant, dans leurs tentatives offensives. Aujourd'hui même, ils viennent de nous attaquer, en grand nombre devant Lang-Kep, d'où le colonel Godard, avec le 23e, n'a du reste pas eu grand'peine à les écarter, après leur avoir infligé des pertes considérables.

Et les pirates continuent à infester le delta; ils s'installent pendant des semaines dans les villages soustraits à la surveillance directe, y frappent des contributions, brûlent tout, enlèvent les femmes et les enfants quand ils ne sont pas satisfaits, et disparaissent pour occuper d'autres villages dès qu'ils se sentent menacés.

Vainement une colonne, commandée par le colonel Borgnis-Desbordes, avec une batterie d'artillerie, sous les ordres du commandant de Douvres, s'efforce de les poursuivre et de les éloigner de la très difficile région qu'ils occupent habituellement vers le sud-est, entre Quan-Yem et Chu. Elle ne réussit guère qu'à semer les halliers de nombreux malades qui tombent épuisés de forces, ou sont tués par le soleil. Tout au plus est-il possible de relever le croquis topographique, en vue d'une occupation ultérieure.

Et de même, la petite colonne qu'emporte l'*Éclair* jusqu'à Dap-Cau, et qui doit fouiller le pays entre Bac-Ninh et Thaï-Nguyen, n'est pas plus heureuse. Elle a du moins ce résultat de montrer une fois de plus, aux populations, la volonté bien arrêtée de la France d'occuper dorénavant tout le Tonkin.

10 juin. — Voici du reste, très heureusement, que la paix est officiellement signée avec la Chine, et que les contingents annamites n'ont plus à compter sur son appui. Il en est temps, car les chaleurs et des orages quotidiens imposent, de toute nécessité, le repos. Sachons donc nous contenter, non pas cependant que nous ayons obtenu complète satisfaction. Car, si la Chine abdique dorénavant toute prétention à la souveraineté de l'Annam et du Tonkin, c'est à la condition que, sans la moindre indemnité ou compensation, nous évacuerons nous-mêmes, immédiatement, Formose et les Pescadores, y compris cette rade de Makung si glorieusement conquise par nos armes, et si importante à notre garantie d'avenir.

En réalité, le nouveau traité n'est rien que le retour pur et simple au traité de Tien-Tsin, impunément violé, il y a près d'un an, en avant de Bac-Lé. Il suffit, paraît-il, à notre nouveau ministre, M. Brisson.

11 juin. — Et, pour augmenter encore notre tristesse de cette très incomplète satisfaction, voici que la France a l'immense douleur de perdre le véritable héros de sa campagne dans l'extrême Orient. L'amiral Courbet, dont on peut assurément dire qu'il fut, lui second, le chevalier sans peur et sans reproche, vient de mourir à Makung, épuisé de souffrances morales bien plus encore, peut-être, que de fatigues physiques.

L'amiral avait, de longue date, appris à mépriser la mort, ayant dans l'âme la certitude de la vie dans l'au-delà. La satisfaction de la conscience lui fut assurément le seul encouragement dans sa lutte incessante, dans son dévouement absolu à la France qui, elle, doit vivre, toujours et quand même, prospère, puissante et respectée de tous. La Patrie, dont il était la force dans le présent autant que la légitime espérance, ne pouvait être plus cruellement frappée. Et nul soldat n'a mieux que lui mérité le suprême salut du drapeau.

10 *juillet*. — La Chine s'est inclinée. Mais nous avons encore à soumettre l'Annam. La cour de Hué, dont les agissements occultes n'ont jamais permis la moindre illusion, n'a pas dit encore son dernier mot.

Mais le général de Courcy, appelé à remplacer le général Brière de l'Isle dans le commandement d'un nouveau corps expéditionnaire sensiblement renforcé, vient de débarquer à Tourane. De suite, il a formellement exigé d'être reçu à Hué, en audience solennelle, par le jeune roi assisté de son conseil. Les régents, Nguyen-Thuong et Than-Thuyet, après s'être inutilement efforcés d'endormir sa demande sous les apparences de la plus respectueuse soumission, ont cru pouvoir se débarrasser de lui dans un odieux guet-apens. Ils ont clandestinement soulevé le pays. Puis, au milieu de la nuit, alors qu'ils supposaient nos soldats endormis, ils se sont rués tant sur la concession française que sur la légation, résidence temporaire du général, et sur le très petit contingent de nos troupes à la citadelle, qu'ils ont, pendant plusieurs heures, criblé de mitraille et d'obus.

La répression ne s'est heureusement pas fait attendre. Grâce à l'énergie et au sang-froid du commandant Metzinger, du bataillon des zouaves, nos troupes ont pu rapidement débloquer la légation, puis occuper le palais royal et la citadelle, et soumettre la ville.

La lâche agression ne nous en a pas moins coûté huit officiers et quatre-vingt-deux soldats tués ou blessés, appartenant, pour la plupart, au bataillon des zouaves. Et le jeune roi Han-Nghi, entraîné par le régent Thuyet, a réussi à s'enfuir, mais laissant au palais, en outre d'une quantité d'objets précieux qui furent scrupuleusement inventoriés et conservés en lieu sûr, près de douze millions en barres d'argent, qui vont permettre d'organiser immédiatement l'indispensable expédition à travers le pays.

Jusqu'à ce jour, les mandarins et lettrés sont demeurés les maîtres absolus. Il s'agit, non pas de les remplacer immédiatement, du moins de les surveiller de très près, de contrôler activement leur pouvoir. Tout naturellement, ils redoutent notre immixtion dans les affaires, assurés qu'ils sont que le protectorat français n'est pas une vaine formule, et qu'il entend empêcher l'arbitraire exploitation du peuple. Le régent Thuong est l'un des premiers à s'en apercevoir : malgré ses protestations de soumission et de dévouement, son astucieuse action a bientôt été convaincue de félonie. Et voici qu'il est interné à Poulo-Condore, où sans doute il sera bientôt rejoint par son compère Thuyet.

10 août. — Le jeune roi, toujours en fuite, demeure introuvable. Et le général de Courcy, justement préoccupé de l'indispensable reconstitution d'un pouvoir reconnu par le pays, vient de le remplacer, sur le trône, par un petit-fils de Tu-Duc que les mandarins, malgré son droit d'aînesse, avaient antérieurement écarté, dans le but de gouverner eux-mêmes sous le nom d'un enfant. Le nouveau roi, Dou-Kanh, ayant publiquement reconnu le protectorat de la France, a consenti, en présence du peuple et des mandarins, à recevoir l'investiture officielle du général. La cérémonie étant accomplie à la légation française, le roi a dû, pour pénétrer en souverain dans le palais royal, se faire assister du général et du résident, qui marchaient à ses côtés.

Et maintenant, c'est en son nom que la force armée de la France est appelée à maintenir le pays. De l'avis des missionnaires et des anciens, il eût été rationnel et sage de profiter de cette agitation de l'Annam pour reconstituer le royaume du Tonkin autonome. Il faudrait, disent-ils, et c'est, dit-on, aussi l'avis du général, appeler au trône, sous notre suzeraineté, l'un des descendants encore existants de l'antique famille royale des Lé, qui compte au Tonkin de nombreux et fidèles partisans, très généralement amis de la France. Ce serait non pas seulement affirmer notre puissance et nous attacher le Tonkin, heureux d'échapper ainsi à l'exploitation des mandarins, mais encore établir, pour notre sécurité, une solide barrière entre la Chine et l'Annam.

Notre gouvernement, paraît-il, ne partage pas cet avis. Il ignore le pays et, malgré les avertissements, commet une erreur regrettable.

Le gouvernement du Tonkin par l'Annam, c'est, disent les anciens, l'exploitation du peuple par les mandarins. Ce n'est assurément pas là ce qu'espéraient les Tonkinois, ni ce qu'a promis la France.

Quoi qu'il en soit, on peut considérer que le pays est dorénavant pacifié. Sans doute, des bandes de pirates l'agiteront longtemps encore, mais éparses, sans cohésion, et, dès lors, impuissantes à provoquer un soulèvement général, ni de l'Annam ni moins encore du Tonkin.

Une fois de plus, la rude campagne a prouvé que les mauvaises conditions hygiéniques sont, partout et toujours, plus préjudiciables aux armées que le feu de l'ennemi, même le plus meurtrier; qu'il est dès lors d'obligation de prendre les plus rigoureuses mesures, avant toute entrée en campagne, pour garantir la santé des troupes. Elle nous montre encore que la victoire est aussi souvent le prix de l'endurance à supporter les fatigues et les privations, que le résultat de la science et du courage.

Assurément, le protectorat de l'Annam et du Tonkin justifie les sacrifices que s'est imposés la Patrie pour le réaliser. C'est la Chine ouverte, c'est l'Indo-Chine reconstituée, et comme une réparation de la désastreuse impéritie du gouvernement de Louis XV dans son abandon des Indes, comme, du reste, de toutes nos colonies d'alors. C'est le retour à la politique traditionnelle de la France à toutes les grandes époques de sa glorieuse histoire, et, certainement, le seul titre de J. Ferry à la reconnaissance du pays (1).

Et la France, a dit très justement J. Ferry, je crois, a, plus qu'aucune autre nation civilisée, mission, pour continuer sa glorieuse tradition, de porter, partout où elle le peut, sa langue et ses mœurs, son drapeau et son génie.

L'humanitarisme qui refuse aux peuples civilisés le droit d'expansion coloniale est la plus dangereuse des utopies, parce qu'il méconnait la loi de la lutte pour la vie. L'humanité tout entière n'est rien, en effet, qu'un composé d'êtres réels, constituant un tout idéal, de même que notre corps n'est rien qu'un composé de cellules constituant un tout matériel. Or, s'il est absolument juste et rationnel de reconnaître que tous les hommes sont solidaires les uns des autres, n'est-il pas évident qu'ils le sont à la manière même des cellules de notre corps, sans cesse agissantes et réagissantes, toujours en lutte et parfois dans l'obligation de s'entre-détruire pour l'indispensable entretien de la collectivité qui constitue l'organisme tout entier. *To be or not to be*, dit Hamlet. Pour être, il faut lutter, c'est la loi de la vie, qu'elle soit la vie de l'humanité dans son ensemble, ou de notre corps dans son aménagement cellulaire. Faire de l'humanitarisme dans la bonne acception du mot, c'est modifier, perfectionner l'humanité. C'est l'acte même de la vie. L'humanité ne peut vivre qu'en se modifiant sans cesse dans une incessante pénétration de ses éléments constitutifs. Son bien être, c'est l'équilibre, il n'est que temporaire. Que s'il est juste de dire du monde terrestre qu'il est la Patrie de l'humanité, n'est-il pas

---

(1) Il s'agit actuellement de maintenir; cela nécessitera sûrement encore de longs efforts, surtout une étroite surveillance. La Chine assurément n'est que temporairement soumise. Et de leur côté, les Japonais, étroitement parqués dans leurs iles, n'attendent qu'une occasion pour s'étendre en Asie. Sans aucun doute, alors, ils voudront repousser la domination de l'Europe. La lutte des races est fatale comme est, raisonnablement, indispensable la protection des peuples faibles par les peuples forts. Elles sont une conséquence du perfectionnement comme une nécessité de la civilisation.

évident que cette Patrie est, de même que notre corps, un assemblage d'organes distincts, qui, tous, ont à remplir une fonction distincte. Est-ce donc que l'estomac peut remplacer le cœur, est-ce donc que le cœur a les mêmes fonctions que le cerveau dans l'ensemble des échanges, des incessantes modifications qui constituent la vie matérielle? Et n'est-il pas évident que l'internationalisme prétend une incompréhensible aberration, alors qu'il soutient l'inutilité des Patries distinctes, comme s'il était possible de prétendre l'inutilité des organes distincts. On a dit, justement, que la France a le génie de l'expansion. N'est-ce pas qu'il faut, dès lors, la dire le cœur du monde? Or, le cœur ne peut battre qu'à la condition de recevoir et de transformer, sans cesse, les éléments globulaires qui lui sont apportés de toutes les extrémités du corps, et qui sont eux-mêmes le produit de la lutte, de la destruction, d'une incessante régénération. Nos organes sont solidaires, c'est incontestable. Ils n'en sont pas moins astreints, en raison des fonctions spéciales de chacun, sinon toujours à lutter les uns contre les autres, du moins à travailler sans cesse pour trouver au loin et s'incorporer les éléments nécessaires à leur entretien, par conséquent à leur utile fonctionnement. La loi qui régit les fonctions de nos organes est également la loi qui régit la politique coloniale de la part des nations civilisées.

De même que pour greffer, il faut de toute nécessité déchirer; de même que la soudure du liber et de l'aubier implique, en outre d'une exacte juxtaposition, et quel que soit le mode d'opération, l'écartement préalable des fibres nécessaire à la pénétration; de même que la greffe n'est pas le parasite, mais bien l'instrument de conjonction indispensable à la production du meilleur fruit... de même la civilisation d'un peuple primitif ou dégénéré implique nécessairement écartement, juxtaposition et force de pénétration.

Avant de se faire tolérer, avant de s'affirmer dans une généreuse fermeté, avant de réaliser la véritable fraternité des peuples, la civilisation doit nécessairement écarter les obstacles. Et pour les écarter, elle a besoin de la force.

C'est par le catholicisme que la France a préparé ses colonies; c'est par la force et par l'ordre social qu'elle a pu les réaliser. Puisse-t-elle demeurer convaincue que l'humanitarisme n'est pas la fraternité; que partout, et dans tous les temps, la civilisation a nécessité le sacrifice du sang, tant celui des martyrs que celui des soldats, que la vie c'est la lutte, et que l'abandon dans l'indifférence aboutit fatalement à la mort.

La France catholique, fille aînée de l'Église, a des prérogatives comme elle a des obligations. Ce qu'a dit Gambetta, J. Ferry et plus récemment Paul Bert, malgré leur sectarisme religieux, ont compris qu'il le fallait appliquer au Tonkin. Par patriotisme, ils furent l'un et l'autre les protecteurs décidés des missions catholiques françaises. Nos ennemis, ceux qu'attristent un réveil patriotique, les Anglais surtout, dont les passagères démonstrations ne sauraient faire oublier l'incessante autant que la sournoise action, peuvent en être mécontents. Ils n'ont pas à nous imposer une ligne de conduite. Mais le plus sage est assurément de les imiter. Dans toutes leurs colonies, les Anglais, comme aussi les Allemands, se sont, avant la conquête, imposés par l'infiltration religieuse. Les congrégations protestantes disent la foi nationale allemande, l'*Aldeutschland*, le culte de la Patrie allemande, comme les diaconesses de Mild-May propagent, avec la Bible, surtout le culte de la *Greater-Britain*. Que si les missions catholiques ont, avant tout, le devoir de répandre le divin enseignement du Christ, les missionnaires français, ces messagers de la bonne parole et de la pure morale, ces courageux autant que résignés pionniers de la civilisation, savent aussi l'obligation qu'ils ont de faire surtout aimer la France. Et certes, on a le droit de le dire; il faut le dire parce que c'est la vérité : avec nos missionnaires, le plus souvent par eux, les Français, dans toutes leurs colonies, sont généralement aimés. C'est qu'ils sont partout des frères aînés, et non pas seulement des exploiteurs.

En Annam et au Tonkin, comme dans toutes ses colonies, la France catholique affirme et pratique la véritable fraternité des peuples, non pas cet humanitaire altruisme qui n'est rien que l'égoïste oubli du devoir dans l'indifférence.

Maintenant que l'indispensable force matérielle a fait sa besogne, il appartient à la force morale d'accomplir aussi la sienne. C'est, dans le monde, la traditionnelle mission de la France. Elle n'y faillira pas.

APPENDICE

CORPS EXPÉDITIONNAIRE
DU TONKIN.

Service de santé.

Ambulance
de la 2ᵉ brigade.

29 février
au 21 mars 1884.

RAPPORT sur les opérations de l'ambulance de la 2ᵉ brigade depuis sa constitution, le 29 février, jusqu'à sa rentrée à Bac-Ninh le 20 mars.

Le médecin chef de l'ambulance de la 2ᵉ brigade à Monsieur le médecin principal, directeur du service de santé du corps expéditionnaire.

Monsieur le médecin principal,

Conformément à la demande que vous en avez faite et aux ordres du général commandant en chef, l'ambulance de la 2ᵉ brigade (brigade de Négrier) est ainsi constituée :

MM. CHALLAN DE BELVAL, médecin-major de 1ʳᵉ classe, chef.
BAUDOT,   —   2ᵉ classe ⎫
ACHARD,   aide-major de 1ʳᵉ classe ⎬ médecins traitants.
RENAUD (Henri),   —   — ⎭
MANGET,   pharmacien aide-major.
GUITTON,   officier d'administration gestionnaire.
DARBON,   —   —

Elle comprend, d'autre part, 36 infirmiers dont 9 de visite et 27 d'exploitation ; puis 8 cantines de chirurgie et pansements, 3 de pharmacie et 12 d'administration, constituant le matériel d'une ambulance de brigade, augmentée du supplément propre au Tonkin.

Dès son organisation à Haï-Zuong, le 29 février, j'ai obtenu du général la concession des quelques jonques disponibles; je me suis empressé de les faire aménager, tant pour le transport du personnel et du matériel que pour celui des malades et des blessés, pendant les opérations de la brigade à proximité du Song-Cau. Les jonques ou sampans, utilisés par les indigènes surtout en vue du transport des marchandises, et généralement conduits à la rame et à la perche, ne répondent pas, en effet, aux besoins prévus pour le transport, parfois à de grandes distances, d'un certain nombre de malades et de blessés. Les sampans ne sont rien autre que des corbeilles en bambou tressé, pouvant à peine abriter deux ou trois personnes. Les jonques, beaucoup plus vastes et construites en planches, ne soutiennent, sur une carcasse de poutrelles, qu'un pont sans bastingage et presque à fleur d'eau, sur lequel se tiennent les rameurs. La cale, à fond arrondi, ne peut abriter que des marchandises, et c'est à peine si quelque très modeste réduit, disposé à l'arrière pour recevoir la barre du gouvernail, est très sommairement aménagé pour le logement de la famille.

J'ai cru devoir, en conséquence, faire démolir le pont de toutes les jonques mises à ma disposition, fixer, à fond de cale, un plancher horizontal, et disposer, le long des parois latérales, deux rangées de lits sommaires, avec nattes en bambous (généralement 12 par jonque), séparées entre elles de manière à permettre, en outre de la circulation debout, une facile exécution du service d'assistance. J'ai, de plus, surélevé les toitures, garni les espaces intercalaires de nattes et de toiles de tente, donnant à tous, ainsi, un abri passager convenable, avec de l'air et de la lumière.

Une jonque spéciale a été affectée au logement du personnel et des infirmiers, et le matériel a été réparti de manière à ce que, même séparées les unes des autres, chaque jonque soit pourvue du nécessaire.

J'ai pu, d'autre part, obtenir de l'administration de la marine 80 matelas et traversins, quelques lanternes, et faire confectionner, avec des bambous et des toiles à voile, 50 brancards, destinés à assurer l'enlèvement et le transport rapide des blessés qui, relevés sur le champ de bataille, devront être immédiatement amenés à bord. Les moyens d'éclairage, ainsi qu'un approvisionnement de quatre jours de vivres de réserve pour 150 hommes, ont été fournis par l'administration, ou directement achetés à Haï-Zuong.

Ainsi constituée, l'ambulance, après une marche d'essai avec déploiement de brancards portés tant par les infirmiers que surtout par les coolies indigènes sur un parcours de cinq kilomètres environ, à travers les rizières qui avoisinent Haï-Zuong, a été tout entière réunie sur jonques.

Et, dès le 6 mars, dans la soirée, elle a été mise en route, remorquée par un petit vapeur, le *Kouang-Niam,* commandé par un Chinois, et mis à ma disposition pour la durée des opérations sur le parcours du Song-Cau jusqu'aux Sept-Pagodes, à la jonction du fleuve avec le canal des Rapides. Elle y arrive vers dix heures, et s'y complète de M. l'abbé Mac, aumônier, venu de Hanoï.

8 *mars.* — En vue des opérations à terre, l'ambulance fut immédiatement sectionnée. En raison des difficultés des transports, les pansements furent répartis entre les infirmiers, chargés, d'une manière toute spéciale, d'assurer l'enlèvement rapide des blessés, et de les diriger sur le fleuve, où ils devaient être recueillis par le service demeuré sur jonques. Vingt-quatre infirmiers, dont six de visite, cent vingt coolies et quarante brancards, sous la direction du médecin-major Baudot assisté de MM. l'aide-major Achard et l'officier d'administration Darbon, reçurent ainsi mission d'assurer le service du champ de bataille.

La portion principale, demeurée sur jonques, appelée à suivre les mouvements de la colonne le long du Song-Cau, fut aménagée en vue d'une rapide exécution du service. Des instructions furent données à la section envoyée à terre d'avoir à se tenir, autant que possible, pendant les marches, à hauteur des réserves de l'artillerie, de demeurer constamment en rapport avec les médecins régimentaires, et de constituer un va-et-vient régulier vers le fleuve, de manière à assurer aux blessés les soins impossibles à réaliser pendant l'action à terre, et leur rapide évacuation vers l'arrière.

Ainsi, l'ambulance sur jonques, remontant le fleuve à 500 mètres environ en arrière de la flottille de combat, put suivre toutes les péripéties de la lutte, et se tenir constamment en rapport avec la section détachée à terre. Elle vint, dans la soirée, après destruction, par la flottille, des défenses accumulées vers la berge du fleuve, mouiller à hauteur de Yen-Dinh.

Le rapide succès de nos armes pendant cette journée nous a coûté un jeune sous-lieutenant du 23ᵉ, M. Duchez, tué à l'attaque du village de Yen-Dinh, et huit blessés aussitôt reçus à bord. Un seul, le nommé Husson, du 23ᵉ, est très gravement atteint de plaie pénétrante par balle au niveau de l'ombilic. Un débridement immédiat paraît cependant établir que les viscères sont demeurés indemnes, et que la guérison est possible sans complications ultérieures.

9 et 10 mars. — Le général ayant réalisé, dans la journée du 8, le but poursuivi, les troupes demeurent dans les cantonnements conquis; et l'ambulance peut immédiatement évacuer sur Haï-Phong les quinze malades et blessés qu'elle a reçus. On profite du repos pour transformer et aménager de nouvelles jonques, en vue des opérations ultérieures. Le corps du lieutenant Duchez est conduit aux Sept-Pagodes pour y être inhumé, par les soins des infirmiers, avec l'assistance religieuse de M. l'abbé Mac.

11 mars. — Un infirmier de l'ambulance, le nommé Debaune, passant d'une jonque à une autre pour donner des soins à des malades, a fait une chute dans le fleuve, et s'est noyé. Malgré les actives recherches de ses camarades, dont plusieurs, préalablement attachés en raison du courant, n'hésitèrent pas à se jeter à l'eau, le corps fut retrouvé seulement une demi-heure après la chute. Il avait été entraîné à 150 mètres, et fut ramené à l'aide de filets jetés par des pêcheurs indigènes. Malgré leur persistance, tous les soins furent inutiles. L'infirmier Debaune était un excellent serviteur, aussi énergique dans son service que dévoué aux malades. Son corps repose aux Sept-Pagodes, à côté de celui du lieutenant Duchez.

12 mars. — La brigade Brière de l'Isle s'est portée en avant, a franchi le canal des Rapides à hauteur de Xam, et se prépare à marcher, avec la deuxième brigade, pour l'attaque de Bac-Ninh. Dès ce matin, la flottille se porte en avant; elle ne tarde pas, après une vive canonnade, à s'emparer de toutes les positions de l'ennemi autour d'un énorme barrage établi sur le Song-Cau, à hauteur de Lag-Buoï, et dont il faut poursuivre activement la destruction pour pouvoir forcer le passage. L'ambulance mouille à 300 mètres de là. Mais le général de Négrier a pu, successivement, s'emparer de toutes les hauteurs qui avoisinent Bac-Ninh et, dans un dernier effort, il s'est rendu maître de la citadelle où, dès six heures du soir, flotte notre glorieux drapeau de France. Cet éclatant succès nous a coûté vingt-neuf blessés, dont quatre mortellement atteints.

13 mars. — Malgré les difficultés, le barrage de Lag-Buoï a pu être suffisamment ouvert pour permettre le passage d'un remorqueur. Et, dès le matin, l'ambulance peut le franchir pour venir à 2 kilomètres de Bac-Ninh, à Dap-Cau, s'établir à hauteur d'un pont flottant qui relie la place à la route dite mandarine, vers Lang-Son. Aussitôt tous les blessés et malades sont réunis et mis en état de supporter une immédiate évacuation sur Haï-Phong. Il n'y a, du reste, aucune opération grave à pratiquer immédiatement.

15 mars. — En raison des nouvelles opérations à terre et de l'éloignement du fleuve, cinq jonques, aménagées pour toutes éventualités, demeurent seules à Dap-Cau, sous la surveillance du médecin-major Baudot. L'ambulance, en vue de nouveaux combats, se constitue en deux sections, dont une d'avant-garde avec vingt brancards et les moyens provisoires de pansement; la seconde, plus forte, marche à hauteur du convoi de l'artillerie. L'ennemi, rapidement poursuivi, est atteint le même jour à hauteur de Phu-Lang-Tuong. Il n'y a pas de blessés, mais trois tués, atteints de coups de feu tirés à bout portant à l'assaut d'un village. Ce sont les nommés Bruny, de la légion étrangère, Mattu et Tü, des tirailleurs annamites, atteints de fracture du crâne et d'hémorragie abdominale. Les corps sont inhumés sur place. Et, dans la soirée, l'ambulance, cantonnée dans une pagode, reçoit seulement quelques malades.

16 mars. — La poursuite de l'ennemi se complète par la prise de la forte position du camp retranché de Lang-Kep. Les bandes chinoises, vivement divisées, sont très éprouvées. De nombreux cadavres sèment le terrain conquis. Mais il n'y a pas de blessés; tous paraissent avoir été rapidement entraînés. La brigade, de son côté, n'a perdu qu'un seul homme, le caporal Thoman (1), de la légion étrangère, atteint d'une balle dans la région du cœur, à l'attaque d'une pagode, et inhumé au pied de cette même pagode, qui doré-

(1) Un fils d'Alsace.

navant portera son nom. Deux blessés seulement, le nommé Morcq, de la légion étrangère, puis un jeune garçon chinois, sont recueillis par l'ambulance, qui ne reçoit, d'autre part, qu'un certain nombre de malades.

17 *mars*. — Pendant cette journée, la brigade a complété sa victoire, en se portant rapidement à 15 kilomètres au delà de Lang-Kep. Les bandes ennemies sont disséminées. Et là paraît être, par ordre du général en chef, le point ultime de la marche en avant.

Dans la soirée, la brigade reprend son cantonnement autour de Lang-Kep; l'ambulance demeure installée dans une pagode à mi-côte; elle n'a guère à soigner que quelques malades, parmi lesquels plusieurs atteints d'accidents, vertiges, fourmillements à la peau et nausées, qui paraissent attribuables à l'ingestion d'une eau de mauvaise qualité. Le pays parcouru à partir de Lang-Kep est, en effet, très accidenté, sans culture, et semé de ruisseaux dont l'eau, d'une parfaite limpidité mais actuellement peu abondante, coule sous un dôme de superbes solanées, qui ne sont pas étrangères, peut-être, aux accidents observés. Par ordre, l'usage de cette eau, dont nos soldats, en raison de sa fraîcheur et de la chaleur, ont pu peut-être abuser, a été signalé comme étant dangereux. Et les accidents, observés chez plusieurs, notamment chez le lieutenant-colonel Duchenne, de la légion étrangère, ont rapidement cessé, sous l'action de quelque boisson stimulante chaude et de frictions sur le corps.

La région autour de Lang-Kep est, du reste, réputée fort insalubre. Je n'ai pas eu cependant, pendant mon séjour, à constater aucun accès de fièvre tellurique, mais de nombreuses diarrhées et embarras gastriques. L'eau des puits, examinée par le pharmacien aide-major Manget, lui paraît fort suspecte, souillée, dit-il, de matières organiques. Mais l'analyse est encore insuffisante.

20 *mai*. — Pendant le retour de la colonne vers Bac-Ninh, où elle arrive dans la journée du 20, l'ambulance n'a recueilli qu'un certain nombres de malades, 17, assez sérieusement atteints de diarrhée et embarras gastriques fébriles pour nécessiter l'évacuation sur l'hôpital d'Haï-Zuong. Parmi les malades dirigés à bord des jonques demeurées à Dap-Cau, le médecin-major Baudot signale quelques dysenteries et deux cas suspects de fièvre typhoïde. Ils ont été évacués sur Haï-Phong.

Je n'ai que des éloges à adresser au personnel tout entier. Je crois devoir cependant, monsieur le médecin principal, vous signaler spécialement le médecin-major Baudot, qui a été remarqué pour son courage et son dévouement au combat de Yen-Dinh et dans la conduite de l'ambulance devant Bac-Ninh. MM. les aides-majors Achard et Renaut ont dirigé avec intelligence et courage le service aux avant-postes. MM. Gitton et Darbon ont, avec le plus grand zèle, assuré les approvisionnements. M. l'abbé Mac, bien que fort souffrant, a suivi partout, malgré les dangers qu'il a parfois courus. J'ai l'agréable devoir de signaler aussi les caporaux infirmiers Barrée, Saubatte et Pliglouski, ainsi que les soldats Bernard et Lambert, qui ont été remarqués pour leur entrain, leur énergie et leur dévouement, aussi bien sur le terrain de la lutte qu'à l'occasion de la mort de leur camarade noyé dans le Song-Cau, et d'un incendie allumé par l'ennemi à Phu-Lang, dans un local rempli de poudre et d'obus, très proche de l'ambulance.

Les coolies fournis par la mission espagnole d'Haï-Zuong nous ont rendu de très réels services, et se sont acquittés, parfois au prix de cruelles fatigues, du transport des malades et blessés recueillis pendant les marches.

Le médecin chef.

Dap-Cau, le 21 mars 1884.

CORPS EXPÉDITIONNAIRE
DU TONKIN.

Service de santé.

Ambulance
de la 2e brigade.

COLONNE DU 20 MARS AU 20 AVRIL

OCCUPATION D'HONG-HOA

Le médecin-major de 1re classe chef de l'ambulance de la 2e brigade à M. le médecin principal directeur du service de santé du corps expéditionnaire.

Hanoï, le 1er mai 1884.

Monsieur le médecin principal,

L'ambulance de la 2e brigade, cantonnée d'abord à Dap-Cau, sur la rive droite du fleuve Rouge, à proximité des jonques d'évacuation aménagées par ses soins, a reçu, le 23 mars, l'ordre d'occuper les magasins à riz de la citadelle de Bac-Ninh.

Des dispositions furent aussitôt prises pour mettre ces locaux, alors dans un état de saleté repoussante, en état d'abriter des malades ou blessés. Des lits furent construits avec des claies en bambous; des nattes, des matelas, des draps, des couvertures et des moustiquaires furent distribués suivant les besoins. Des tinettes mobiles furent installées à proximité. Et le service, divisé en deux sections, médicale et chirurgicale, fut régulièrement assuré.

Malgré la dislocation apparente de la brigade, il s'exécutait, s'améliorant chaque jour, lorsque, par ordre du général en chef, en date du 1er avril, en application de nouvelles dispositions ministérielles, il parut devoir être assuré par les médecins de la marine, temporairement assistés par le personnel et avec le matériel de l'ambulance.

De nouveaux ordres, en date du 3 avril, enjoignirent au personnel de l'ambulance de le reprendre, et de l'exécuter entièrement, sans aucune cession à la marine, jusqu'au jour où le médecin chef Rey, de la marine, pourrait l'assurer lui-même. Ces nouveaux ordres, très précis, donnèrent lieu, cependant, à quelques hésitations. Nos collègues de la marine, mais non le médecin chef Rey, personnellement mis en cause, déclarèrent, en effet, pouvoir, dès le jour même, se passer du concours de l'ambulance. Ils refusèrent ainsi la remise au médecin-major Baudot, maintenu à cet effet à Bac-Ninh, avec deux officiers d'administration, dix-huit infirmiers et le matériel indispensable.

L'ambulance, d'autre part, recevait, dès le 4 avril, ordre de se rendre aussitôt à Hanoï, pour être, de là, dirigée sur Hong-Hoa. Le maintien à Bac-Ninh du médecin-major Baudot la réduisait à trois médecins, un officier d'administration et seize infirmiers sans matériel. Dès l'arrivée à Hanoï, elle put remplacer, en partie, le matériel demeuré à Bac-Ninh, et se tenir ainsi préparée pour les mouvements vers Hong-Hoa. La mise en route, à partir de la citadelle d'Hanoï, commença le 6 avril, à cinq heures et demie du matin, sous les ordres du général de Négrier. Elle se poursuivit par Sontay et la rive droite du fleuve Rouge, jusqu'à Vu-Chu et Trinh-Xa, en aval du confluent avec la rivière Noire.

11 *avril*. — La brigade, dans la matinée du 11, vint prendre position de combat sur un mamelon du village de Trung-Ha qui domine, à 6 kilomètres environ, la citadelle d'Hong-Hoa ; et le bombardement fut aussitôt commencé, pour se continuer jusque vers six heures du soir.

Le 12, la brigade ayant, à l'aide de sampans remorqués par nos canonnières, franchi la rivière Noire, vint prendre position en amont du confluent, s'approcha méthodiquement d'Hong-Hoa, où elle fit son entrée dans l'après-midi. La ville, incendiée, avait été complètement abandonnée, l'ennemi paraissant avoir passé le fleuve Rouge et s'être enfui dans la direction de Phu-Lam-Tao.

19 *avril*. — La brigade dut demeurer à Hong-Hoa jusqu'au 19 avril. L'ambulance, convenablement installée dans une pagode mandarine à 500 mètres en dehors de la citadelle, n'eut du reste à soigner qu'un certain nombre de malades, atteints, pour la plupart, d'embarras gastriques fébriles, simulant parfois les débuts de la fièvre typhoïde, mais cédant généralement, après trois ou quatre jours de surveillance, à de légères purgations suivies de petites doses de sulfate de quinine. Il y a également de nombreuses

diarrhées dues, peut-être, autant à des imprudences nocturnes et au genre d'alimentation qu'à l'usage de l'eau des puits, tenue pour fort suspecte, malgré les sommaires analyses du pharmacien-major Worms.

Avant son retour, elle dut évacuer, par jonques, jusque sur l'hôpital d'Hanoï, quarante-trois malades ou éclopés, laissant à Hong-Hoa les seuls indisponibles de la légion étrangère confiés aux soins du médecin-major Vincent. Le pays, autour d'Hong-Hoa, paraît fort accidenté, mais sans culture suivie. Des mamelons sont, pour la plupart, couverts d'une épaisse végétation d'espèces marécageuses, qui naissent, vivent et pourrissent sur place, donnant lieu, sans doute, aux miasmes délétères qui valent au pays sa réputation de notoire insalubrité. A quelque distance commence la zone des puissantes forêts et des montagnes élevées.

Ainsi qu'antérieurement je n'ai que des éloges à adresser au personnel sous mes ordres. Il est fâcheux cependant que la dualité de direction médicale et administrative occasionne, parfois encore, au moins de la part des infirmiers, des hésitations et des retards dans l'exécution des ordres. Il est regrettable qu'un ordre donné par un médecin à un infirmier puisse être discuté entre cet infirmier et l'officier d'administration qui a le commandement de la section. Cela amoindrit d'autant l'indispensable autorité du médecin, dont la responsabilité est ainsi parfois gravement engagée.

J'ai l'honneur de soumettre à votre approbation des propositions en faveur des officiers et infirmiers spécialement désignés pour leur bon service.

En ce qui me concerne personnellement, monsieur le médecin principal, je suis dans l'obligation de protester contre la situation qui m'est faite depuis le retour de l'ambulance à Hanoï. En m'attribuant, pendant la période d'action effective, la direction de l'ambulance de la 2ᵉ brigade, vous avez apprécié, d'accord avec le haut commandement, que le titre de chef du service médical du cinquième régiment de marche (23ᵉ, 111ᵉ et 143ᵉ), qui m'a été attribué lors de mon départ de France, est purement illusoire; qu'en réalité, et par suite de l'organisation de ce régiment avec des bataillons administrativement indépendants les uns des autres, et jamais réunis pour une action commune, mes fonctions se réduisent, en réalité, à celles d'un médecin de bataillon, le 23ᵉ. C'est cependant cette situation qui vient, à nouveau, de m'être imposée, dès mon retour à Hanoï. Je vous prie en conséquence, monsieur le médecin principal, de vouloir bien appuyer et transmettre, au général en chef, la réclamation ci-jointe.

« Hanoï, le 1ᵉʳ mai 1884.

« Mon général,

« Vous avez décidé, après l'occupation d'Hong-Hoa, que je devrais cesser mes fonctions de médecin-chef de la deuxième brigade, pour reprendre, au 5ᵉ régiment de marche, bataillon du 23ᵉ, la place qui m'avait été assignée antérieurement. Ainsi que j'ai eu l'honneur de vous le faire remarquer déjà, je suis médecin-major de première classe, et j'appartiens, par concours, au service des hôpitaux. Sans doute, la circulaire ministérielle du 21 juillet 1883 prévoit que les médecins des hôpitaux peuvent être appelés à remplir les fonctions de leur grade dans un régiment. Mais, le régiment formé en France à destination du Tonkin n'est pas autonome sous une seule autorité. Il se compose, en effet, de trois bataillons distincts, indépendants les uns des autres, et s'administrant isolément. Évidemment donc, et les trois chefs de bataillon des 23ᵉ, 111ᵉ et 143ᵉ le déclarent absolument, je ne saurais être le médecin responsable de la direction effective du service, ainsi que cela pourrait être dans un régiment régulièrement constitué; mais bien seulement le médecin du bataillon du 23ᵉ, ainsi, du reste, que l'indique ma lettre de service. Or les fonctions de médecin de bataillon, même en campagne, sont confiées soit à un aide-major, soit parfois à un médecin-major de deuxième classe, et jamais, au moins réglementairement, à un médecin-major de première classe, alors surtout qu'il est le plus ancien de son grade, et que, de plus, il appartient, par concours, au service des hôpitaux.

« J'ai l'honneur, en conséquence, mon général, de solliciter ma réintégration dans l'emploi de médecin-chef de l'ambulance de la deuxième brigade que vous avez bien voulu me confier dès le début des opérations, et où je crois pouvoir être plus utile que dans un seul bataillon. »

CORPS EXPÉDITIONNAIRE
DU TONKIN.

Service de santé.

Ambulance
de la 2º brigade.

COLONNE D'OCTOBRE

COMBATS DE BAO-LOC, LANG-KEP ET CHU.

*Le médecin principal de 2ª classe chef de l'ambulance
à M. le général commandant la 2ª brigade.*

Phu-Lang-Tuong, le 14 octobre 1884.

Mon général,

3 octobre. — La colonne primitivement commandée par le lieutenant-colonel Defoy, et comprenant les bataillons des 23ª, 111ª et 143ª, appuyés de deux batteries d'artillerie, d'un détachement du génie, d'une section de télégraphie de campagne, fut assistée d'une ambulance composée seulement de 3 médecins, avec 7 infirmiers, 60 coolies, 10 brancards du type réglementaire, quelques hamacs, 3 cantines d'objets de pansement et une petite caisse de vivres de réserve. Elle franchit le fleuve Rouge, à Hanoï, le 3 octobre dans la soirée, pour venir, après une longue attente, cantonner, vers minuit, à hauteur et dans les environs du blockaus qui, sur la rive gauche, couvre la route de Bac-Ninh. L'ambulance put occuper quelques cagnas du village de Gia-Lam.

Le lendemain, 4 octobre, dès cinq heures du matin, elle se mit en route, et fut longtemps arrêtée au passage du canal des Rapides, qu'elle put effectuer, vers neuf heures du matin seulement, à l'aide de quelques sampans. La chaleur était alors accablante. La colonne poursuivait néanmoins sa route, lorsque, vers dix heures du matin, plus de cinquante hommes furent atteints de coups de chaleur. Tous furent immédiatement secourus. L'ambulance dut cependant en conserver quinze, assez gravement atteints pour nécessiter le transport en brancards. Et l'un d'eux, un jeune télégraphiste, tombé au revers d'un fossé où il ne fut pas aussitôt aperçu, mourut sans reprendre connaissance.

En raison de la gravité de la situation, il me parut que la marche devait temporairement être suspendue, et j'en avisai le lieutenant-colonel commandant. Elle fut, en effet, reprise seulement à partir de quatre heures et demie. Et grâce tant à sa lenteur qu'aux précautions prises pour alléger les hommes, elle put s'effectuer sans nouveaux graves accidents. Mais la colonne, ainsi attardée, ne put arriver au gîte, à Dap-Cau, que vers onze heures du soir. Et les hommes n'ayant pas mangé, durent, en outre, passer une partie de la nuit, occupés par la préparation des vivres, par le versement en magasins de certains effets de campement et, pour plusieurs, par une nouvelle distribution de chaussures.

Aussi, le lendemain 5, quand il fallut se remettre en route, plusieurs se déclarèrent dans l'impossibilité de suivre. Le passage du Song-Cau fut terminé vers dix heures du matin seulement. De même que la veille, la chaleur était alors accablante; et la marche dut être suspendue jusque vers quatre heures du soir. Malgré cette précaution, de nombreux malades durent être recueillis par l'ambulance. Il fallut utiliser tous les moyens de transport. En raison de l'insuffisance numérique des porteurs indigènes, tous les chevaux furent eux-mêmes chargés de malades et de sacs. Et la colonne put ainsi, péniblement, arriver jusqu'à Phu-Lang-Tuong, vers dix heures et demie du soir, ayant à peine parcouru 15 à 16 kilomètres. Elle parut exténuée de fatigue, et l'ambulance dut immédiatement abriter, dans l'une des premières maisons de la rive droite, 67 malades, qui y reçurent aussitôt les soins indispensables. Il fallut néanmoins, le 6 au matin, en prévision d'une nouvelle étape, évacuer 16 d'entre eux sur l'hôpital de Dap-Cau, savoir 8 du 111e, 6 du 23e, un du 143e, et un du 12e d'artillerie.

6 octobre. — Des jonques et sampans ayant été préparés d'avance, le passage du Song-Thuong, devant Phu-Lang, fut effectué sans incidents, dès le matin du 6, l'ambulance seule demeurant temporairement sur la rive droite. La colonne fut alors groupée entièrement sur la rive gauche, au village de Phu-Lang-Gian, où elle put se reposer jusqu'au soir. Et des ordres précis furent donnés pour la marche, qui s'effectua, dès lors, sans incidents ni accidents, à partir de cinq heures, jusqu'à la hauteur de la pagode Thoman et du village de Phu-Xuyen, où, couverte par des avant-postes soutenus par des sentinelles avancées, elle put tranquillement passer la nuit, l'ennemi cependant occupant tout le pays avoisinant.

Le 7, dès l'aube, je fus avisé d'avoir à prendre des dispositions en vue d'une forte reconnaissance offensive entre la pagode Thoman et la rivière du Loc-Nam, remontée par la colonne Donnier.

Une section d'ambulance, avec l'aide-major Hocquard, fut désignée pour marcher avec l'avant-garde, pendant que la portion principale avancerait de son côté avec le gros de la colonne. Conformément à l'ordre, le passage au point initial s'effectua régulièrement à cinq heures quinze pour la section d'avant-garde, et à cinq heures trente-cinq pour la portion principale.

Malgré la difficulté de la route et la chaleur, la colonne put avancer sans graves accidents jusqu'à hauteur de Bao-Loc où, vers, dix heures du matin, l'avant-garde vint se heurter à un fort contingent de réguliers chinois. Quelques coups de canon et quelques feux de salve suffirent pour le disperser. Mais les efforts et la chaleur occasionnèrent plusieurs graves atteintes de coups de chaleur. Tous les atteints, hâtivement relevés, furent groupés à la pagode Bao-Loc, et secourus efficacement. L'ambulance tout entière dut cependant y passer la nuit.

Le 8, dès la première heure, il fallut regagner la pagode Thoman, et s'y préparer immédiatement à une nouvelle action. « L'ennemi, dit l'ordre, occupe très fortement Lang-Kep, à dix kilomètres à peine de la pagode Thoman. Il est urgent de l'en déloger, et la lutte paraît devoir être très vive. »

En conséquence, et de même que la veille, l'ambulance forme deux sections. Mais, en raison de l'obligation d'évacuer sur Phu-Lang les malades qui ne peuvent être abandonnés sans protection à la pagode Thoman, et surtout eu égard à l'effectif très réduit des troupes, elle se trouve dans l'obligation de se séparer de tous ses brancardiers capables de combattre, et dès lors réduite à cinquante-deux coolies porteurs. Si réduite qu'elle soit, elle peut cependant, pendant la marche, assister quelques retardataires, mais se trouve dans l'obligation de négliger les sacs, temporairement abandonnés, malgré les plus énergiques efforts.

Subitement, au reste, vers dix heures du matin, l'avant-garde est aux prises avec l'ennemi, et, de suite, le combat devient général.

Mais, l'élan est donné. La section d'avant-garde, renforcée d'un second envoi de porteurs et de brancards, sous les ordres du médecin-major Baudot, avance avec les combattants. Non sans difficultés et sous le feu, à travers broussailles et hautes herbes, la portion principale gagne hâtivement une pagode déjà antérieurement occupée à mi-côte du village; et, grâce à sa proximité du terrain de la lutte, elle peut immédiatement y recevoir les premiers blessés.

Vers midi, je suis appelé à secourir le général de Négrier, atteint d'une balle dans la jambe pendant un assaut d'un fort contingent chinois contre l'artillerie de Saxé, en batterie sur une hauteur qui domine le village, à gauche de la route. La blessure, aussitôt débarrassée de quelques débris de vêtements, paraît heureusement sans gravité, non plus que la plaie en sillon du cuir chevelu chez le lieutenant Berge, officier d'ordonnance, atteint pendant le même assaut.

La lutte se poursuit ardente tout autour de Kep, tant à l'abri du mamelon dit de La Cham, que les Chinois tentent inutilement de réoccuper, que surtout devant le réduit qu'ils tiennent en très grand nombre, protégés par d'épais retranchements de terre. Mais le village est complètement cerné, le canon fait brèche dans le réduit; le combat s'engage corps à corps, et la résistance désespérée demeure impuissante devant un dernier assaut. Superbes d'énergie, les Chinois se font tuer, mais non sans nous infliger des pertes bien cruelles.

A trois heures, la lutte est finie. Et l'ambulance a reçu 60 blessés, parmi lesquels 8 officiers, 13 sous-officiers et soldats du 23e, 37 du 111e, 2 du 143e et 2 coolies brancardiers. Trois succombent presque immédiatement, les nommés Poujade et Bourré du 111e atteints, le premier d'une balle dans la poitrine et le second d'une balle dans le ventre, ainsi que le nommé Hoffmann du 143e. Il faut, de plus, compter 28 morts, parmi lesquels le capitaine Planté du 111e, tué dès le début de l'action par une balle au niveau de l'articulation sterno-claviculaire, le lieutenant-colonel Chapuis, également du 111e, atteint d'apoplexie cérébrale en plein effort de combat, et 26 sous-officiers et soldats, dont 6 paraissant avoir succombé à des coups de chaleur, comme le lieutenant-colonel Chapuis.

Avant minuit, tous les blessés et de nombreux malades ont été visités, pansés, réconfortés et abrités. J'ai dû, avec l'assistance de mes collègues, consacrer toute la journée du 9 à la pratique des indispensables opérations chirurgicales, parmi lesquelles deux amputations de bras (sous-lieutenant Dulys du 111e et soldat

Thiébaut du 143e), deux désarticulations obligatoires de l'épaule (les soldats Pillot du 111e et Danjean du 143e), une amputation de cuisse (le soldat Mantagné du 111e, victime de son énergie au combat, bien qu'étant à peine convalescent de dysenterie, et mort sous le coup d'un orage survenu le 11 dans la soirée, pendant le transport à Phu-Lang), une excision d'un testicule (le soldat Souchois du 111e), une trépanation du crâne (le soldat Legof du 23e), une énucléation d'un œil après resection de l'os malaire (le soldat Quatremar du 23e), une résection du maxillaire inférieur atteint de fracture esquilleuse (le lieutenant Triboulet du 23e, décédé, contre toute prévision, dans la nuit du 14, par suite d'une hémorragie foudroyante d'une artère profonde, temporairement oblitérée), une résection de côte et extraction de débris de vêtements dans le poumon (le soldat Garnier du 23e), plusieurs ligatures, débridements et extractions d'esquilles ou projectiles.

Les blessés légèrement atteints, transportés sur des brancards improvisés, furent évacués dès le 10, au matin. Il fallut, pour le transport, se contenter de femmes indigènes recrutées à la hâte dans quelques villages avoisinants, les coolies hommes faisant complètement défaut.

Le 11, dès le point du jour, à l'aide des mêmes femmes, seules disponibles, un second convoi put être organisé, comprenant tous les malades et les blessés gravement atteints. Mais il fallut suspendre la marche et s'abriter à la pagode Thoman de neuf heures à trois heures de l'après-midi.

Pendant la deuxième partie de la route, vers cinq heures du soir, un formidable orage, accompagné d'une pluie torrentielle, rendit le transport fort difficile; et, malgré les précautions prises, incommoda sérieusement plusieurs de nos blessés, sans en excepter le personnel, lui-même épuisé de fatigue.

L'ambulance, alors complètement dépourvue de ressources, dut demeurer à Phu-Lang. Et le médecin principal Driout, directeur, accompagnant le général en chef vers le Loc-Nam, dut n'emmener avec lui qu'un seul médecin, M. Hocquart, assisté du seul infirmier disponible, le sergent Morvillers.

Les blessés et malades, tant ceux provenant de Lang-Kep que ceux évacués des environs de Chu, et du Loc-Nam, furent conservés et soignés à Phu-Lang jusqu'au 17, puis évacués à bord des jonques sur l'hôpital d'Haï-Phong.

Tous, au moment de leur départ, se trouvaient en bonne voie de guérison. Et l'ambulance, pendant son séjour à Phu-Lang, n'a perdu que deux blessés : le lieutenant Triboulet, enlevé par une hémorragie, et le soldat Pasty, par suite de paralysie consécutive à une fracture esquilleuse de trois vertèbres dorsales, sans intervention chirurgicale possible.

En terminant ce rapport, je suis dans l'obligation, mon général, de signaler à votre attention l'insuffisance du personnel, des pansements et des moyens de transport mis, pendant l'expédition, à la disposition de l'ambulance. Ce n'est pas avec trois médecins, avec sept infirmiers, avec douze brancards, quelques hamacs et seulement trois cantines d'approvisionnements chirurgicaux ou de pansement qu'il est possible d'assurer des secours efficaces rapides à deux mille hommes appelés à combattre sous une chaleur accablante. Ainsi que vous avez pu le constater, certaines marches ont été des plus pénibles, laissant à l'arrière de nombreux malades, dont quelques-uns très gravement atteints. Dans ces conditions, l'insuffisance des ressources et du personnel eût pu devenir la cause de désastreuses complications. Et je puis dire, en toute vérité, que de grands efforts d'énergie sont devenus nécessaires à l'utile accomplissement d'une très lourde mission. Chacun a fait son devoir ; j'ai la grande satisfaction de vous en rendre compte.

Le médecin chef.

Phu-Lang-Tuong, le 17 octobre 1884.

CORPS EXPÉDITIONNAIRE
DU TONKIN.

Service de santé.

Ambulance
de la 2ᵉ brigade.

A PROPOS DE L'ÉTAT SANITAIRE

ET DES MALADIES HABITUELLES AU TONKIN

*Le médecin principal de 2ᵉ classe chef de l'ambulance
à M. le général commandant la 2ᵉ brigade.*

Mon général,

Vous m'avez fait l'honneur de me demander quelles maladies menacent plus particulièrement nos soldats pendant leur séjour au Tonkin, et quelles dispositions peuvent être prises pour en atténuer la fréquence et la gravité. Mes observations personnelles sont insuffisantes encore pour me permettre de répondre d'une manière définitive. Voici du moins ce que j'ai pu constater, ou apprendre de mes devanciers.

Et d'abord il est manifeste que, chez les indigènes, l'inobservance des règles les plus élémentaires de l'hygiène est l'habitude. Les habitations, aussi bien dans les villes que dans les villages, sont généralement repoussantes de saleté, l'alimentation paraît laisser beaucoup à désirer, les vêtements sont insuffisants, et les précautions prophylactiques sont inconnues.

Il n'en faut assurément pas davantage pour expliquer leur état de débilité organique, la rareté de la longévité et l'effrayante mortalité des enfants, à peine compensée par le nombre fort élevé des naissances.

D'autre part, le climat est très débilitant, notamment pendant la saison chaude, c'est-à-dire depuis le mois d'avril jusqu'au commencement de novembre. Non pas, cependant, que la température soit habituellement très élevée. A ma connaissance, elle n'a pas, dans le delta, dépassé 41 degrés (le 19 mai à Hanoï). Mais à partir du mois d'avril jusqu'à ce jour (29 octobre) le thermomètre, vers le milieu du jour, ne s'est pas abaissé au-dessous de 23 degrés

(18 octobre, au lendemain d'un orage). Il résulte des observations des médecins de la marine, notamment de celles du docteur Borius, qu'à partir du mois de mai, le thermomètre n'a pas accusé plus de 33 degrés et, *toujours vers le milieu du jour*, ne s'est pas abaissé au-dessous de 22 degrés, la moyenne des maxima étant de 28°,5 et celle des minima de 17 degrés.

Il paraît que le mois de mai est, dans le delta, le plus chaud; et le mois de février, qui est aussi le mois le plus humide, relativement le plus tempéré. Mais il faut redouter alors les brusques écarts de température, qui parfois, dans une même journée, atteignent près de 20 degrés, de cinq heures du matin à cinq heures du soir.

D'autre part, et même aux périodes de beau temps, dans les mois de novembre et décembre notamment, bien qu'ils soient relativement les mois de la plus grande sécheresse, l'air est véritablement saturé d'humidité. Et dès qu'arrive la saison chaude, à partir du mois de mai, il est en outre chargé d'électricité, au grand détriment, semble-t-il, de ses éléments les plus vivifiants. Alors, le Tonkin devient la *véritable étuve humide;* l'état hygrométrique se maintient entre 90 et 95, les vents du sud-est sont à peu près constants, et la pression barométrique, en dehors des périodes d'orage, demeure à peu près invariable entre 760 à 763.

Avec la période des chaleurs coïncide celle des orages, à peu près quotidiens à partir du mois d'avril jusqu'à la fin d'octobre, et parfois aggravés de formidables bourrasques, typhons ou cyclones qui causent de véritables désastres. L'échauffement de la terre saturée d'eau devient alors tel que les nuits sont elles-mêmes fort pénibles et sans sommeil.

Telles sont, mon général, les influences cosmiques qui favorisent l'évolution des germes morbides constitutifs de la plupart des maladies. Il faut reconnaître que, malgré les précautions prises, malgré les nombreuses périodes d'un repos obligatoire, nos soldats, en raison des fatigues, des privations, d'une installation provisoire insuffisante, sont, actuellement, particulièrement disposés à en subir les redoutables effets. La lutte est temporairement inégale. Il n'en sera pas de même dans l'avenir, alors que pourront être prises les dispositions nécessaires de protection.

Dans l'état actuel, sous l'action de fatigues qui seraient subies sans inconvénient sous un climat tempéré, le corps demeure constamment en sueur. C'est l'*indispensable émonctoire, mais d'autre part une cause certaine d'épuisement*. Et cependant, malgré les insupportables éruptions de bourbouilles et de furoncles auxquelles elle donne lieu, la transpiration est sûrement, ici, la meilleure garantie de la santé. Malheureusement, pendant que la peau fonctionne ainsi pour débarrasser l'organisme des toxines qu'il crée normalement, la sécrétion urinaire, cet autre indispensable émonctoire, diminue d'autant. D'autre part, il semble que l'oxygène atmosphérique, saturé d'humidité, peut-être aussi d'électricité, devient insuffisant, tant aux oxydations et combustions internes qu'à la régénération des globules sanguins. De fait, alors, l'amplitude respiratoire, sinon le nombre des inspirations, de même que la tension vasculaire paraissent diminuer. Et, malgré la sueur, malgré la fréquence des battements du cœur, les accumulations de toxines se font dans tout l'organisme.

Chez les plus résistants, cela se traduit, à la vue, par une pâleur de mauvais aloi, ou par un rapide amaigrissement; chez d'autres, par des congestions viscérales passives, notamment par un engorgement du foie, qui est l'organe chargé autant de la rénovation cellulaire que de la destruction éliminatrice des éléments usés ou des déchets toxiques provenant de l'alimentation. Alors aussi, l'innervation subit un état d'alanguissement parfois coupé de courtes périodes d'une excitation pénible; les meilleurs organismes n'y résistent pas. Puis encore, et de même que la sécrétion urinaire, les sécrétions gastriques, épuisées par l'exagération fonctionnelle de la peau, sont d'autant diminuées, ce dont il est journellement facile de se rendre compte par le besoin qu'éprouvent tous les estomacs, après quelque temps de séjour au Tonkin, de rechercher, dans l'absorption des condiments les plus pimentés, une excitation factice, qui épuise autant qu'elle paraît temporairement nécessaire.

Telles sont les influences climatiques, celles contre lesquelles il faut sans cesse réagir, non pas, je crois, dans l'espoir légitime de s'acclimater complètement, ce qui me paraît bien improbable, mais du moins de pouvoir longuement résister.

Il apparaît, en effet, que la prédisposition morbide d'origine climatique est d'autant plus redoutable que la nosologie médicale du pays y démontre un plus grand nombre de maladies endémiques.

Quelles sont donc les maladies endémiques au Tonkin, celles

contre lesquelles il importe de prendre des précautions spéciales?

A n'en pas douter, ce sont surtout la fièvre et la cachexie palustres, la diarrhée, la dysenterie et les congestions du foie. Viennent ensuite la variole, qui décime les enfants, la scrofule et la tuberculose, l'ulcère annamite et la syphilis. Il faut redouter encore les insolations et coups de chaleur, se garantir du rhumatisme, et éviter la lèpre.

Et d'abord, la fièvre palustre : elle est véritablement le fléau du Tonkin ; elle s'y montre sous les aspects les plus divers, à tel point qu'on peut véritablement dire qu'il n'y a pas, dans le pays, de maladies qui ne soient aggravées par le poison palustre.

Le marais et la forêt broussailleuse, non la rizière, en sont les principaux foyers. Il est certain, en effet, que les formes graves sont plus rares dans le delta, où la culture intensive constitue un véritable drainage du sol, que dans la région inculte des plateaux et des forêts. C'est de tout temps, du reste, que la rude expérience a montré l'action néfaste des eaux stagnantes et des décompositions putrides d'origine végétale. Les indigènes ne redoutent pas le delta, où la population atteint une densité qu'on ne rencontre peut-être pas dans la campagne française ; ils ont une véritable terreur des montagnes incultes qui avoisinent le delta. Le pays au delà d'Hong-Hoa, sur le fleuve Rouge, et de Lang-Kep, sur la route de Lang-Son, est redouté pour sa notoire insalubrité. Quelle que soit, du reste, la région, les travaux qui exigent des déplacements de terre sont pernicieux. Les terrassements de Hai-Zuong, de Phu-Li, de Phu-Lang, de Lang-Kep, de Chu, ont fort malmené nos soldats, et plusieurs ont subi un redoutable état cachectique. De même, l'action des premières pluies et des chaleurs orageuses est manifeste, comme aussi toutes les causes débilitantes, notamment la fatigue et les excès. Le poison est évidemment le même, l'incubation varie suivant le degré plus ou moins grand de résistance organique. Mais que l'intoxication soit subite, progressive ou retardée, la diversité de la manifestation n'est rien qu'une question de résistance individuelle. Que tels individus fassent des accès quotidiens ou tierces qui sont l'habitude dans le delta, que tels autres soient atteints de manifestations algides syncopales, ou comateuses, délirantes hémorrhagiques ou bilieuses, la diversité du symptôme n'est en réalité qu'un modus d'action, en rapport autant avec l'énergie de l'attaque qu'avec l'énergie de la résistance. Les formes graves sont fréquentes dans la zone des montagnes brousailleuses. Les indigènes les décrivent sous le nom de fièvre des bois, généralement précédée, disent-ils, d'un état gastrique très prononcé, mais présentant, en outre de l'intermittence caractéristique, les stades habituels, frisson, chaleur, sueur, et généralement suivie, quand elle n'est pas d'emblée mortelle, d'un état cachectique avec œdème fatalement mortel pour tout Européen qui s'obstine à la lutte. Le *miasme terrible*, disent les indigènes, ne s'étend pas très loin au delà des régions broussailleuses incultes. C'est, disent-ils, un *miasme lourd*, maintenu sur place partout où la couche argileuse du sol inculte présente une végétation touffue. Parfois l'intermittence est peu prononcée, et la fièvre simule les débuts d'une fièvre typhoïde. C'est la forme à laquelle a succombé mon collègue le docteur Claude, à son retour de la désastreuse colonne de Bac-Lé.

Les indigènes opposent au poison paludéen un grand nombre de remèdes, parmi lesquels, notamment, la poudre de noyaux d'aréquier mélangée des racines d'une espèce de chicorée, la scorsonère; les feuilles et racines d'un arbrisseau, Dichroa (Shuong San), réputées très efficaces dans la fièvre hématurique, puis l'Aralia palmata (Ngu-Gia-Bi), ou racine de ginseng des Chinois, que j'ai vu conseiller souvent pendant mon séjour à Phu-Lang-Tuong. En réalité, la quinine est le seul remède efficace actuellement connu. Et je n'hésite pas à la conseiller, même à titre préventif, par petites doses de 15 à 20 centigrammes. J'en ai personnellement fait l'expérience; je demeure convaincu que c'est grâce à cette pratique que j'ai pu, malgré mon état de débilitation, résister, jusqu'à ce jour, à de véritables accès. Le sulfate de quinine, à titre préventif, me paraît devoir être très recommandé aux colonnes en marche, ou en résidence obligatoire dans les régions suspectes. Il est, d'autre part, certain que l'état cachectique impose le rapatriement rapide, au moins à défaut de la possibilité de séjour suffisant dans un sanatorium de montagne. Les changements d'air et de climat sont, dans l'état cachectique d'origine palustre, la seule garantie du rétablissement de la santé. Le sanatorium actuel de Quang-Yem me paraît insuffisant; et, du reste, dans une région qui n'est pas, elle-même, à l'abri des miasmes palustres.

Diarrhée et dysenterie. On peut dire que presque tous nos soldats, et aussi les officiers, ont été, peu de temps après leur arrivée au Tonkin, atteints de diarrhée, ordinairement de courte durée quand elle est immédiatement traitée. Malheureusement la plupart négligent de se traiter dans le début, et la diarrhée devient alors chronique. Elle s'observe très fréquente surtout pendant les mois d'avril, mai et juin, déterminée, presque toujours, par un refroidissement du ventre. Mais *l'eau du pays en paraît la cause la plus habituelle*. Les indigènes se contentent de l'eau des puits ou des rivières, qu'ils ont l'habitude de clarifier à l'aide d'un nouet d'alun. Nos soldats, quand ils sont en résidence fixe dans certains cantonnements, se servent de filtres très primitifs, futailles garnies de charbon et de graviers, qui sont utiles à la clarification, mais impuissants à la purification. De fait, il faut le reconnaître, les eaux du Tonkin sont généralement suspectes. Le pharmacien-major Worms a constaté le faible degré hydrotimétrique de celles qu'il a pu analyser en cours de route ; cela ne suffit pas pour affirmer leur bonne qualité, eu égard surtout aux analyses non moins précises de l'aide-major Manget, qui signale, dans presque toutes, l'abondance des *matières organiques à l'état d'azotites*. J'ajoute qu'il faut se méfier aussi de leur *contamination possible par les plantes vénéneuses*, parfois très abondantes sur les bords de certains ruisseaux. Je vous ai signalé déjà, mon général, les accidents observés dans notre colonne en marche au delà de Lang-Kep, le 7 mars dernier. La marche fut longue et la chaleur très pénible. J'eus alors l'occasion de vous rendre compte que les coolies de l'ambulance, considérant l'eau limpide et fraîche des aroyos rencontrés sur notre route comme étant dangereuse, lui préféraient l'eau boueuse des rizières à peine clarifiée. De fait, et malgré vos avertissements, plusieurs de nos soldats, après avoir bu l'eau fraîche des aroyos tributaires du Song-Thuong, notamment à proximité de Lam, furent atteints de vertiges et de nausées, de fourmillements dans les membres et d'une extrême prostration. Ces accidents, dont furent atteints également quelques officiers, parmi lesquels le lieutenant-colonel Duchesne, furent activement combattus, et n'eurent pas de suites graves. Ils sont à signaler cependant, et m'ont paru attribuables, peut-être, à la contamination, par une luxuriante végétation de solanées diverses, constatée sur les bords. Dans tous les cas, et je ne saurais trop insister à cet égard, il parait indispensable, au moins jusqu'à garantie sérieuse, de n'utiliser, pour la boisson, que *l'eau préalablement bouillie*, ainsi débarrassée des nombreux germes qui la rendent, sinon toujours dangereuse, du moins fort suspecte. La décoction légère de thé paraît, à cet égard, la meilleure préparation, et doit être maintenue autant qu'il est possible.

Très habituellement, la diarrhée ne résiste pas longtemps aux précautions usuelles; mais il n'en est pas de même de la *dysenterie*, qui en devient parfois la conséquence, quand très souvent elle n'éclate pas d'emblée, ou n'est pas transmise, de proche en proche, par une évidente contagion. Et *la dysenterie est, après la fièvre palustre, la maladie qui fait le plus de victimes au Tonkin.* Elle est très fréquente, même dans le delta, parfois manifestement compliquée d'impaludisme; elle nécessite alors un rapatriement, qui est peut-être le seul moyen d'éviter l'évolution ultérieure d'un abcès de foie. Elle est, du reste, après des améliorations passagères, sujette à de fréquents retours offensifs qui, souvent, aboutissent à la gangrène du gros intestin, et à la mort dans l'algidité. A vrai dire, ces retours offensifs si dangereux m'ont paru, souvent, la conséquence de quelque imprudence dans l'alimentation des malades. J'ai eu, à plusieurs reprises déjà, l'occasion d'appeler votre attention à ce sujet. Le régime lacté, malgré la difficulté de son emploi (il n'y a au Tonkin que du lait concentré de réserve, qu'il est même parfois difficile de se procurer), nous a rendu de grands services. Mais les malades s'en dégoûtent, et parfois, malgré les recommandations, ils commettent des imprudences dont ils ne comprennent pas le danger. Ainsi s'explique la grande mortalité occasionnée parmi les hommes du corps expéditionnaire par cette terrible maladie qui, je le répète, impose de grandes précautions, tant préventives que curatives, et nécessite un prompt rapatriement.

Je n'ai pas eu l'occasion de constater de véritables atteintes de *choléra* chez nos soldats. Et cependant on le dit endémique au Tonkin, où il revêt, paraît-il, assez fréquemment, la forme épidémique. Pour les indigènes, les épidémies coïncident généralement avec certaines perturbations atmosphériques. Ils les disent la conséquence d'émanations telluriques condensées parfois sous forme d'épaisses vapeurs, qui, malgré le soleil, se répandent sur quelques régions où de suite éclate la maladie, pour se propager bientôt par contagion.

Maladies du foie. — Elles sont également fréquentes, et de début parfois fort insidieux. Je crois avoir constaté, que les grands mangeurs, les buveurs, *notamment les alcooliques* et les obèses, y sont prédisposés; mais il est bien certain que la sobriété n'est pas une garantie absolue. La congestion du foie évolue, au Tonkin, presque fatalement vers la suppuration, d'une manière tellement insidieuse que le diagnostic demeure indécis. Quoi qu'il en soit, et dès qu'il est soupçonné, *le rapatriement paraît la seule ressource*.

Les congestions, les abcès ne sont pas, d'autre part, les seules maladies du foie qu'on observe au Tonkin. Les missionnaires signalent la *fréquence des hydatides*. Et j'ai pu savoir que certains médecins indigènes ont fréquemment ponctionné des collections qui, bien évidemment, étaient dues à la présence d'hydatides dans le foie. « Lorsqu'il sort du pus, la guérison est l'exception, mais s'il sort *de l'eau claire*, elle est presque certaine. » Cette eau claire est évidemment le liquide hydatique.

Les *hydatides* échinocoques ne sont pas, tant s'en faut, les seuls entozoaires signalés. La multiplicité des remèdes employés par les indigènes contre les vers intestinaux suffit à démontrer leur fréquence, et nos soldats n'y ont point échappé. Les vers lombricoïdes sont habituels, mais les tœnias également. Heureusement, ils ne résistent généralement pas à la potion de pelletiérine, ou à la prise de quelques capsules d'extrait éthéré de fougère. Souvent le calomel a suffi pour l'élimination de certains lombrics.

Variole. — Il suffit de quelque temps de séjour au Tonkin pour constater la fréquence de la variole chez les indigènes. Certainement elle est la maladie à laquelle succombe plus de la moitié des enfants. Jusqu'à ce jour, nos soldats en sont demeurés complètement indemnes, démontrant, une fois de plus, que la vaccination jennérienne est la garantie indispensable à la sécurité de la colonie européenne. J'ajoute, si j'en juge par les dispositions prises à Hanoï, et par moi-même autour de Bac-Ninh, que les indigènes s'y soumettent sans difficulté. C'est ainsi que j'ai pu successivement vacciner tous les coolies employés à l'ambulance.

Tuberculose. — Il paraît certain que la tuberculose classique fait également de nombreuses victimes dans la population indigène, où elle paraît très fréquemment propagée par la contagion. C'est la maladie de la misère. Et l'influence débilitante du climat n'est pas étrangère à son évolution, manifestement plus rapide chez les soldats ou coloniaux qui en sont atteints. *Tout soldat suspect doit donc être écarté, et immédiatement renvoyé en France.*

Scrofule. — La scrofule est également fréquente; elle ne m'a pas paru, cependant, présenter chez les enfants, les signes habituels qu'on observe chez les petits Européens. Cela tient probablement à ce qu'ils meurent avant l'évolution classique.

Lèpre et syphilis. — La syphilis n'était certainement pas inconnue, bien que le fait ait été soutenu, avant notre occupation. De fait, les indigènes la désignent sous la généralité de maladie vénérienne. Il apparaît, d'autre part, qu'il y a, parmi les lépreux cantonnés près d'Hanoï, ou répandus dans le pays, bon nombre de syphilides ulcéreuses et de nécroses osseuses de même origine. Ce que j'ai vu déjà de la prétendue lèpre kabyle, dont l'origine syphilitique ne fait plus doute, me confirme dans cette supposition. Il n'en est pas moins évident que la lèpre véritable, ce résultat probable de la contagion et de l'encombrement, dans des habitations malsaines et humides, d'individus mal nourris et épuisés de misère, est très répandue au Tonkin, notamment dans le delta.

Je n'ai pas à rechercher sa cause déterminante. Il est du moins évident qu'elle impose, par elle-même, comme aussi l'éléphantiasis qui en est une variété, l'organisation de ladreries, seule garantie actuellement connue contre sa dissémination. Je n'ai, du reste, pas eu l'occasion d'en constater un seul cas parmi nos soldats.

Ulcère annamite. — Il n'en est pas de même de l'ulcère annamite, qui est un des fléaux de nos colonnes en marche, engendré, sûrement, autant par les piqûres de moustiques que par la malpropreté, la marche, pieds et jambes nus, dans les terrains marécageux, et surtout le grattage. A mon sens, l'ulcère dit annamite n'est rien autre que l'ulcère diphtéroïde, observé dans tous les pays chauds et humides; il est peut-être contagieux et constitue, dans tous les cas, un danger manifeste pour nos blessés dont, malgré les précautions prises, il retarde assurément la guérison. Dans tous les cas, il nécessite une très grande surveillance et un traitement énergique. J'ai, personnellement, obtenu de bons résultats de l'application temporaire d'une solution d'iodure de potassium au dixième. Cette application est douloureuse, mais elle fait rapidement disparaître la membrane diphtéroïde; il suffit alors d'un pansement méthodique régulier avec l'alcoolature d'aloès et du repos horizontal, pour une rapide cicatrisation.

Je n'ai plus à vous signaler, mon général, que les *dangers sans cesse renaissants des insolations et coups de chaleur.* Ainsi que vous avez pu le constater vous-même, souvent, pendant les marches, les hommes tombent véritablement foudroyés, sans connaissance, agités de quelques mouvements convulsifs, avec la respiration anxieuse, malgré l'amplitude du pouls; ils sont alors en danger de mort et ont besoin de secours urgents. Parfois aussi, on observe la rougeur de la face, la jactitation, la tendance au sommeil et les épistaxis qui caractérisent les cas légers. La forme syncopale est également fréquente. En réalité, les manifestations classiques, congestion cérébrale, syncope, asphyxie, s'observent *suivant la prédominance des tempéraments* sanguin, lymphatique ou nerveux, suivant aussi l'état de réplétion de l'estomac.

Les affusions froides répétées, les ventouses, la saignée, les vomitifs sont indiqués dans les cas de congestion cérébrale avec réplétion de l'estomac; la respiration artificielle et les frictions énergiques, quand domine la forme asphyxique; l'ingestion ou l'injection sous-cutanée de quelques gouttes d'éther, dans la forme syncopale. Il importe surtout *d'agir promptement*, et les officiers au moins me paraissent devoir recevoir une instruction spéciale à ce sujet. Malheureusement, et j'insiste à cet égard, il est dans notre caractère de négliger les précautions les plus banales. Malgré des recommandations réitérées, j'ai pu voir, souvent, des hommes du régiment de France se promener tête nue, même pendant les heures les plus chaudes de la journée. De telles imprudences ne sont pas commises par les soldats de l'infanterie ou de l'artillerie de marine, toujours punis lorsqu'ils négligent les précautions ordonnées par le commandement.

Pendant les marches, même le matin, il importe d'exiger le port du casque colonial, non du simple képi, le couvre-nuque est insuffisant. Il faut, de plus, éviter les lourdes charges, les vêtements trop serrés, *et surtout les excès alcooliques*. Les turcos ne résistent pas mieux que les Européens. J'ai eu l'occasion de vous signaler plusieurs atteintes constatées dans une compagnie de turcos; la distance à parcourir n'avait cependant pas dépassé 6 kilomètres; mais c'était le 24 juin, à onze heures du matin. Vingt hommes furent atteints, deux succombèrent; un officier eut un accès, heureusement de courte durée, de véritable folie délirante. Pendant les marches autour de Lang-Kep, les mêmes accidents se renouvelèrent. Le 8 octobre, pendant le combat, sur un effectif de mille cinq cents hommes à peine, une centaine au moins furent atteints, et dix ou douze succombèrent, parmi lesquels le commandant Chapuis, foudroyé, après une légère atteinte, pendant qu'il entraînait ses hommes à l'assaut du réduit.

J'ajoute que la disparition rapide des premières manifestations n'est pas une garantie de complications ultérieures. Un sergent-major du 23e, parfaitement rétabli en apparence, a été atteint, quelques jours après, d'une méningite à laquelle il a succombé. C'est assez dire quelles sévères précautions sont indispensables.

Telles sont, mon général, les maladies et accidents qui sont surtout à redouter au Tonkin. Je n'ai pas à vous entretenir aujourd'hui des blessures de guerre. Qu'il me suffise de dire que, malgré les conquêtes de la chirurgie conservatrice, malgré les ressources de l'antisepsie, les complications de gangrène et de pourriture sont malheureusement bien fréquentes encore. Elles imposent, sous danger de mort, des sacrifices qu'il serait sans doute possible d'éviter dans d'autres conditions, et sous un climat plus clément.

J'ai pansé presque tous nos blessés avec une solution étendue de bichlorure de mercure. Je la crois préférable à l'eau phéniquée. Elle a du moins l'avantage d'un approvisionnement facile, ce dont il faut tenir grand compte dans l'aménagement, forcément très sommaire, des cantines médicales de campagne.

Quelles conclusions à mes observations? Les voici, mon général, résumées comme étant le minimum des nécessités réalisables.

Le Tonkin actuel est malsain. Nos soldats ont à résister à la chaleur et à l'humidité autant qu'à l'état électrique de l'atmosphère; aux émanations telluriques autant qu'aux fatigues. Ils sont actuellement mal abrités et forcément mal nourris. Dans ces conditions, pendant la belle saison d'hiver, la lutte est possible; pendant l'été elle devient si épuisante qu'elle constitue, en dehors de toute action de guerre, le plus grand des dangers.

Même dans l'état relatif de repos actuel, si j'en juge par les renseignements que j'ai pu me procurer, le chiffre des malades a plus que doublé, à partir du mois de mai; et la mortalité dépasse probablement 30 pour mille de l'effectif présent.

Il n'en sera pas toujours ainsi. J'estime que des précautions sévères doivent suffire, *sinon pour un complet acclimatement, du moins pour une résistance de suffisante durée.*

Dans l'état actuel, la situation nécessite l'envoi de fréquents renforts. Il faut, à cet égard, prendre d'indispensables précautions. C'est ainsi que, de toute évidence, des soldats qui arrivent au Tonkin pendant la saison d'été sont presque fatalement condamnés à la maladie, pour peu qu'ils aient à subir quelque fatigue. Il importe donc que nos soldats, sévèrement recrutés parmi ceux indemnes de toute tare constitutionnelle, n'arrivent ici, autant que possible, qu'au commencement de la bonne saison; alors, ils pourront résister à l'épuisement fatal de l'été. Cela paraît actuellement difficile, en raison de l'urgence probable de certaines opérations de guerre. Il faut, dès lors, limiter au strict nécessaire, quinze à dix-huit mois au plus, la durée du séjour. Dans les conditions actuelles, deux étés successifs paraissent l'extrême limite de la résistance possible.

Il faut surtout se hâter d'établir des casernements à l'abri de l'humidité et des émanations du sol, remplacer les gourbis ou baraques par des constructions en briques, *sur voûtes isolées du sol*, largement aérées, et pourvues de lits de fer individuels.

Il importe, de même, de surveiller étroitement l'alimentation qui doit être aussi variée que possible, avec prédominance de légumes, pommes de terre notamment, très préférables aux vivres de conserve, aux endaubages trop fréquemment distribués.

Il faut exiger aussi que l'eau de boisson, généralement suspecte, soit, pour l'usage alimentaire, *préalablement bouillie*, et, autant que possible, additionnée d'une petite quantité de thé ou de café ; que *l'usage des eaux-de-vie, tafias, absinthes* ou autres prétendus apéritifs, qui sont, ici, *de véritables poisons, soit formellement interdit*. Sous prétexte de se donner des forces, de combattre l'humidité, d'activer la digestion, nos soldats, épuisés de fatigue, ou bien ayant besoin d'une surexcitation temporaire, croient pouvoir utilement recourir soit au tafia d'administration, soit parfois à l'eau-de-vie de riz, le redoutable chum-chum des indigènes. *Je ne sais rien de plus pernicieux*, car bien certainement (l'expérience l'a maintes fois démontré) loin d'augmenter la puissance de résistance, ils l'épuisent, au grand détriment de la santé.

Il faut encore assurer à nos soldats des vêtements en rapport avec la saison. Deux tenues paraissent nécessaires : l'une d'été, très légère, de préférence en coton; la seconde d'hiver, en flanelle bleue analogue à celle adoptée par l'infanterie de marine. La ceinture de flanelle est nécessaire pour protéger le ventre, alors surtout que les troupes sont obligées de bivouaquer. Le port du salako est indispensable, alors même que le soleil est caché. Pendant les marches, il paraît fort utile d'interposer, entre la tête et lui, des feuilles fraîches de bananier ou autres, suffisantes, à défaut du mouchoir mouillé, pour maintenir la fraîcheur.

Sans renoncer aux exercices quotidiens modérés qui, même

pendant la mauvaise saison, sont une nécessité autant qu'une garantie, il faut alors éviter les fatigues, s'opposer aux siestes de trop longue durée, qui sont sûrement déprimantes, mais cependant exiger le repos, au moins pendant les heures chaudes. Toujours il importe d'éviter les marches de nuit, mais, autant que possible, de se mettre en route dès l'aube, d'interrompre la marche vers neuf heures du matin, et de ne la reprendre avant quatre heures du soir.

Enfin, mon général, au point de vue préventif, je crois devoir recommander l'usage quotidien de petites doses de sulfate de quinine (au besoin les injections sous-cutanées de chlorhydro-sulfate à l'aide de la seringue de Pravaz) et les douches froides quotidiennes, que j'estime préférables aux bains de rivière.

Telles sont, à mon avis, les précautions indispensables. Si nos soldats sont convenablement abrités, bien nourris et bien vêtus, s'ils évitent les excès, si de plus il est possible de rapatrier rapidement ceux qui sont affaiblis par la maladie, alors ils auront la force de résistance nécessaire; alors il suffira d'un petit nombre pour pacifier tout le pays. Ce ne sont pas, généralement, les hommes qui manquent, même pendant les campagnes les plus pénibles, telles que celle du Tonkin, ce sont les soldats robustes et bien portants.

TABLE DES MATIÈRES

CHAPITRE PREMIER

Le corps expéditionnaire. — Médecin major du 4ᵉ régiment de marche. — Le départ. — A bord du *Saint-Germain*. — Le détroit de Messine. — Port-Saïd, le canal de Suez et les Anglais. — La mer Rouge, le détroit de Bab-el-Mandeb et la pointe d'Aden. — L'océan Indien et la Mousson. — Socotara, les Laquedives. — Ceylan et la légende du Paradis terrestre. — Le golfe de Bengale. — Le détroit de Malacca. — Singapore. — Races, commerce et religions. — Poulo-Condore et les côtes d'Annam. — La baie d'Along. — L'escadre et l'amiral Courbet. — La flottille de débarquement. — Haï-Phong, aperçu général. — Les missions catholiques. — En route pour Haï-Zuong. — Concentration. — Médecin chef de la deuxième brigade.. 1

CHAPITRE II

L'ambulance de la deuxième brigade. — L'hôpital d'Haï-Zuong. — Aménagement de bateaux pour l'ambulance. — Marche, reconnaissance d'essai. — Dernières dispositions. — En avant. — Les Sept-Pagodes. — Action parallèle de la flottille et de la troupe à terre. — Assaut de Yen-Dinh, des forts Nao et Do-Son. — Le lieutenant Duchez, l'infirmier Debeaune et les premiers blessés. — Le barrage de Lac-Buoï, les retranchements de Kéroï. — Assaut de Dap-Cau et prise de Bac-Ninh. — La première brigade devant le Trung-Son. — Poursuite tardive et insuffisante. — L'ambulance à Phu-Lang-Tuong. — La pagode Thoman. — L'assaut de Lang-Kep. — Retour à Bac-Ninh. — Repos forcé. — La mission espagnole. — La situation à Bac-Ninh et l'hôpital projeté de Ti-Kao. — Le service des hôpitaux assuré exclusivement, par la marine. — Difficultés d'exécution. — En route pour Hong-Hoa. — Devant Sontay. — Bombardement et occupation sans poursuite. — Le jour de Pâques à Hong-Hoa. —

Retour à Hanoï. — Cessation des hostilités et rapatriement prévus. — Le traité de Tien-Sin. — Insuffisance des hôpitaux. — Organisation défectueuse des infirmeries régimentaires. — Mort de mon père.. 69

CHAPITRE III

Une descendante des Lé. — Les origines du protectorat français au Tonkin. — Action climatérique. — Visite aux pagodes à Hanoï. — Des funérailles; bouddhisme, brahmanisme et christianisme. — L'immortalité de l'âme et les esprits. — Colonne de Lang-Son. — La pagode des Dames et le petit pied. — M. Patenôtre et le traité de paix. — Le rapatriement officiellement annoncé. — Le lieutenant-colonel Dugenne et l'affaire de Bac-Lé. — Les blessés à l'hôpital de la citadelle. — Le docteur Claude; épuisement physique. — A Haï-Phong et Quang-Yem. — La mission espagnole. — Le général Brière de l'Isle et le chef d'état-major. — L'amiral Courbet à Fou-Tchéou. — Une fête tonkinoise........................ 173

CHAPITRE IV

Départ du général Millot. — Le général Brière de l'Isle lui succède. — Une fabrique de papiers à Ké-Buoï et les industries au Tonkin. — La piraterie. — Paludisme et choléra. — Lettres chinoises de Lang-Son. — Les Pavillons noirs et Lao-Kaï. — Le Père Grandpierre et la chrétienté. — Dupuis, Garnier et le fleuve Rouge. — Colonne d'octobre. — Accidents et difficultés. — Le général de Négrier. — Combat de Bao-Loc. — Assaut de Lang-Kep. — L'ambulance. — Évacuation sur Phu-Lang — Pyramide de têtes. — Combat de Chu. — Un marché à Phu-Lang-Tuong. — Repos forcé. — Combat de Ha-Ho. — Noël à Hanoï. — Combat de Nuï-Bopp. — Rapatriement obligatoire. — L'insurrection du Cambodge. — L'hôpital de Saïgon, les casernes, la ville. — L'évêque d'Adran et l'occupation française. — Dupuis, Garnier et le commandant Philastre. — Le commandant Rivière, aperçu rétrospectif. — Le général Bouët, le docteur Harmand et l'amiral Courbet. — Sontay et l'astucieuse inertie de la cour de Hué. — L'administration en Cochinchine. — A Singapore. — Dans le détroit de Malacca. — La sonde Thomson. — La messe à bord. — Le détroit de Bab-el-Mandeb; l'île de Périm et Obock. — La mer Rouge. — Le golfe de Suez et le canal. — Victimes de la Méditerranée. — Patrie!..... 255

CHAPITRE V

Le lieutenant-colonel Herbinger. — Marche sur Lang-Son. — Le col de Deo-Van. — Combats de Dong-Son, Chan-Moï, Déo-Quao. — Combats de Pho-Vy, Bac-Viey. — Occupation de Lang-Son. — Ordre du jour. — Devant Tuyen-Quan. — Marche et victoire de la brigade Giovaninelli. — Tuyen-Quan débloqué. — Reprise des hostilités devant Lang-Son. — Combat de Dong-Dang. — La Porte de Chine démantelée. — Désastre de Bang-Bo. — Combat de Ky-Lua. Le général de Négrier gravement blessé. — Retraite du lieutenant-colonel Herbinger... 346

CHAPITRE VI

La situation au mois d'avril 1885. — L'amiral Courbet aux îles Pescadores. — Les Chinois devant Lang-Kep. — Les pirates dans le Delta. — La paix avec la Chine. — La mort de l'amiral Courbet. — L'Annam insoumis. — Le général de Courcy. — Le guet-apens de Hué et le commandant Metzinger. — La fuite du roi et l'investiture donnée à son frère, à la légation française. — Humanitarisme et politique coloniale. — Conclusions............................... 372

APPENDICE... 383

PARIS. — TYP. PLON-NOURRIT ET Cie, 8, RUE GARANCIÈRE. — 5214.

A LA MÊME LIBRAIRIE

Carnet de campagne d'un aide-major (15 juillet 1870-1er mars 1871), par le Dr CHALLAN DE BELVAL. 2e édition. Un vol. in-16. . . . 3 fr.

L'Expansion française au Tonkin. En territoire militaire, avec lettre du général GALLIÉNI, par Louis DE GRANDMAISON, capitaine au 131e d'infanterie. Un vol. in-18 accompagné d'une carte . . . . . . 3 fr.
(Couronné par l'Académie française, prix Furtado.)

La Colonisation française en Annam et au Tonkin, par JOLEAUD-BARRAL, membre de la Société de géographie commerciale. Ouvrage orné de gravures d'après des photographies de l'auteur et de 3 cartes. Un vol. in-18. . . . . 4 fr.

Vingt-deux mois de campagne autour du monde. Journal d'un aspirant de marine, par le comte Henry DE MENTHON, ancien lieutenant de vaisseau. Un vol. in-16 avec une carte-itinéraire. . . . . 3 fr. 50
(Couronné par l'Académie française, prix Montyon.)

Le Tour d'Asie, par Marcel MONNIER :
 I. *Cochinchine — Annam — Tonkin.* 4e édition. Un vol. petit in-8° accompagné de 58 grav. d'après les clichés de l'auteur, et d'une carte-itinéraire. 4 fr.
 II. *L'Empire du Milieu.* 4e édition. Un vol. petit in-8° accompagné de 51 gravures d'après les clichés de l'auteur, d'un plan et d'une carte-itinéraire. 4 fr.
(Couronné par l'Académie française, prix Marcellin Guérin.)

En Indo-Chine (1894-1895). *Cambodge — Cochinchine — Laos — Siam méridional*, par le comte DE BARTHÉLEMY. Ouvrage accompagné de gravures. Un vol. in-18. . . . . 4 fr.

En Indo-Chine (1896-1897). *Tonquin — Haut Laos — Annam septentrional*, par le marquis DE BARTHÉLEMY. Ouvrage accompagné de 20 gravures et de cartes. Avec le portrait de l'auteur. Un vol. in-16. . . . . . 4 fr.

Au Pays Moï. Ouvrage accompagné de 17 gravures hors texte et de deux cartes, par le marquis DE BARTHÉLEMY. Un vol. in-16. . . . . . 4 fr.

Au Tonkin et dans les mers de Chine. Souvenirs et croquis (1883-1885), par M. ROLLET DE L'ISLE, ingénieur de la marine. Un beau vol. in-8° illustré de plus de 500 dessins en noir et en couleur, élégamment relié. 12 fr.

Comment j'ai parcouru l'Indo-Chine. *Siam — Birmanie — États Shans — Laos — Tonkin*, par Isabelle MASSIEU. Préface de M. F. Brunetière, de l'Académie française. Un vol. petit in-8° accompagné de 35 gravures et d'une carte. . . . . 5 fr.
(Couronné par l'Académie française, prix Montyon.)

Un Voyage au Yunnan, par le docteur Louis PICHON (de Shang-haï). 2e édition. Un vol. in-18 accompagné d'une carte. . . . . 3 fr. 50

Les Routes commerciales du Yunnan, province chinoise au nord du Tonkin, par W. HOSKIER, colonel du génie. Brochure in-8° avec carte coloriée. . . . . 1 fr.

Un Voyage au Laos, par le docteur E. LEFÈVRE, membre de la mission Pavie. Un vol. in-16 avec 32 gravures et une carte. . . . . . . 4 fr.

Les Marins en Chine. Souvenirs de la colonne Seymour, par Jean DE RUFFI DE PONTEVÈS, enseigne de vaisseau. Un volume in-16 illustré. 4 fr.

La Station du Levant, par le vice-amiral JURIEN DE LA GRAVIÈRE, de l'Académie française et de l'Académie des sciences. Deux vol. in-18 avec carte spéciale. . . . . 8 fr.

Du Tonkin au Havre. *Chine — Japon — îles Hawaï — Amérique*, par Jean D'ALBERT, ancien élève de l'École polytechnique. Un volume in-18 accompagné de cartes. . . . . 3 fr. 50

PARIS. — TYP. PLON-NOURRIT ET Cie, 8, RUE GARANCIÈRE. — 5214.

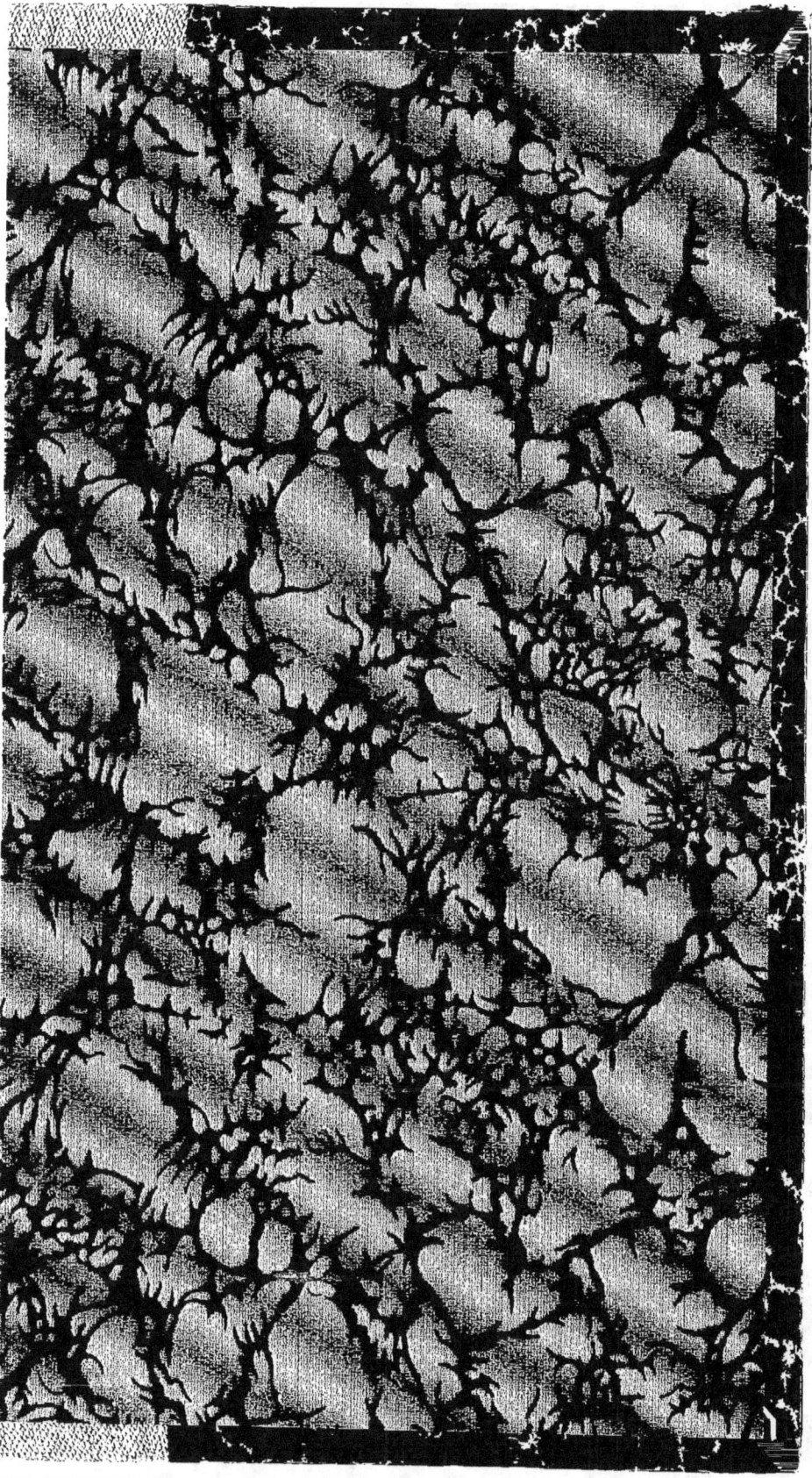